AF743582

El CESID al descubierto

ANTONIO J. CANDIL

El CESID al descubierto

El control de la inteligencia en España

ALMUZARA

© Antonio J. Candil, 2024
© Editorial Almuzara, s. l., 2024

Primera edición: marzo de 2024

Reservados todos los derechos. «No está permitida la reproducción total o parcial de este libro, ni su tratamiento informático, ni la transmisión de ninguna forma o por cualquier medio, ya sea mecánico, electrónico, por fotocopia, por registro u otros métodos, sin el permiso previo y por escrito de los titulares del *copyright*.»

Cualquier forma de reproducción, distribución, comunicación pública o transformación de esta obra solo puede ser realizada con la autorización de sus titulares, salvo excepción prevista por la ley. Diríjase a CEDRO (Centro Español de Derechos Reprográficos, www.cedro.org) si necesita fotocopiar o escanear algún fragmento de esta obra.

Editorial Almuzara • Colección Historia
Director editorial: Antonio Cuesta
Editor: Manuel Ortiz de Galisteo

www.editorialalmuzara.com
pedidos@almuzaralibros.com - info@almuzaralibros.com

Editorial Almuzara
Parque Logístico de Córdoba. Ctra. Palma del Río, km 4
C/8, Nave L2, nº 3. 14005 - Córdoba

Imprime: Black Print
ISBN: 978-84-11315-37-1
Depósito legal: CO-57-2024
Hecho e impreso en España - *Made and printed in Spain*

Nunca un caballero que se precie debe leer la correspondencia ajena.

Henry Stimson, secretario de Estado norteamericano, en 1929, cuando rechazó crear un departamento para descifrar los mensajes diplomáticos de otros países

A todas las personas honorables que conocí durante mi tiempo de servicio en el CESID.

A todos mis compañeros que siempre obraron con dignidad y espíritu de servicio.

A todos mis amigos, y compañeros, de la comunidad de inteligencia británica, y de los que tanto aprendí.

A mis hijos, asegurándoles que nunca desempeñé ninguna tarea de la que se puedan avergonzar.

A todas las personas honradas y de buena voluntad que trabajan en el campo de la confidencialidad y de la seguridad nacional.

A las nuevas generaciones en la confianza de que sabrán hacer inteligencia y construir un servicio de Estado. En el nuevo orden internacional la necesidad de contar con inteligencia precisa y oportuna crecerá en importancia. La sociedad necesitará saber, y deberá conocer mejor sus capacidades y limitaciones. Ello es una de las razones por las que he escrito esta obra.

A los que me han animado y hecho sugerencias para mejorar mi obra. Ellos saben quiénes son.

A mi editor, por su paciencia y minuciosidad.

Índice

PRÓLOGO

«Vamos a continuar trabajando para redoblar la seguridad y blindarla lo máximo posible en el futuro».

Esperanza Casteleiro, secretaria de Estado y directora del CNI, tras anunciar que acudirá a dar cuentas anualmente al Congreso, en mayo de 2022

A pesar de la afirmación efectuada por la Sra. Casteleiro, no hay constancia de que se haya producido ninguna comparecencia al efecto durante 2023. La última comparecencia conocida tuvo lugar a finales de 2022, defendiendo el «sometimiento a la legalidad» y el «servicio al Estado» de los servicios de inteligencia —como no puede ser de otro modo—, pero negándose a dar más explicaciones, y recordando a los diputados que el Centro solamente tiene un foro en el que puede dar explicaciones: la Comisión de Secretos Oficiales del Congreso de los Diputados. No muy diferente de lo que decía el general Alonso Manglano, y no seré yo quien le quite la razón. Otro tema es que se pidan explicaciones cuando existan dudas de ese sometimiento a la legalidad, aunque sea debido a órdenes emanantes de la superioridad, en este caso de la ministra de Defensa, o del presidente del Gobierno. Por otra parte, ¿qué es lo que quiere decir la Sra. Casteleiro?, ¿que se blinda y redobla la seguridad?, ¿que se blinda la transparencia del Centro ante el Poder Legislativo, y ya no va a haber explicaciones? Este libro, en cualquier caso, no versa sobre el CNI sino sobre el CESID en los años en que lo dirigió el general Alonso Manglano.

Mi amigo Antonio me ha pedido que prologue su obra y no puedo negarme. Primero, porque es mi amigo, y en segundo lugar, porque siempre fue un oficial excelente y uno de los pocos que en esa segunda transición que vivimos en la década de los ochenta, tras la nefasta fecha del 23-F, entendió el significado de hacer «inteligencia» a pesar de como muy bien dice en su obra, no tenía ninguna experiencia en ese campo, como no la teníamos casi ninguno de los que fuimos destinados al CESID en aquellos días.

Apoyo sus razones para escribir lo que ha escrito y quiero manifestar que todo lo que dice es absolutamente cierto, y que incluso se ha quedado corto en algún aspecto. Yo fui destinado al CESID y lo dejé voluntariamente antes que Antonio, cuando me di cuenta del alcance de la falacia que estábamos viviendo y reconozco que, sin llamar la atención, procedí simplemente a solicitar otro destino, militar, dentro de la cadena de mando del Ejército. Antonio se fue diciendo las verdades del barquero y ello, a la larga, fue probablemente lo que le costó su posible ascenso a general.

Hoy, en retrospectiva, creo que no obré honorablemente. Yo también debería haber hablado alto y claro; muchos deberíamos haberlo hecho. La realidad es que Antonio estuvo solo, era la voz que clamaba en el desierto. Sin embargo, aquello no acabó bien; ya que, no tardando mucho del CESID de Serra y Manglano, ya no quedaba ni rastro, motivado todo por la conducta que, en algún modo, denunció Antonio de manera personal.

Ha sido Antonio quien me ha pedido que escriba estas líneas de forma anónima, y aunque no me hace muy feliz, respeto y acato su solicitud, pero eso no me impide hablar alto y claro. El CESID, efectivamente, no fue un servicio de inteligencia, sino que más bien era un *pool* de observadores perspicaces que escribían, con mayor o menor agudeza, lo que creían ver o interpretar en las relaciones internacionales que podía ser de interés para los órganos de decisión del Poder Ejecutivo en España y, las más de las veces, por propia iniciativa y no porque lo solicitase ninguna autoridad. En mi caso, no estuve nunca destinado en el exterior, pero pude observar la poca importancia que se atribuía a la labor de exterior y de obtención de información de fuentes secretas, algo que, como muy bien nos dice Antonio, quizás ni siquiera hubiera sido aprovechable.

El esfuerzo principal de la capacidad del CESID estaba en el ámbito doméstico: en descubrir rivalidades políticas, en garantizar la opacidad de la conducta de la Jefatura del Estado, en cubrir con tupidas cortinas lo que pudiera ser reprobable en la conducta de algunas altas personalidades afines y en hacer público lo que pudiera convenir sobre aquellos que pudieran estorbar en las alturas, fuera cual fuera el estamento al que pertenecieran. No era posible controlarlo todo, sin embargo, ya que el CESID no era ni la Gestapo ni el KGB soviético y pronto lo que era un servicio de inteligencia «a la española» hizo aguas.

Básicamente, esa fue la historia, y algunos dedicamos un periodo importante de nuestra vida, personal y familiar, a ello. Lo hicimos creyendo en lo que nos habían enseñado y que era un servicio a la nación. Hoy, mirando atrás, debo decir que no lo era, y cuando algunos nos dimos cuenta, decidimos cambiar de aires.

Antonio ha sido valiente una vez más, pero no tengo ninguna duda de que será criticado por algunos, e incluso negado por otros, y hasta no creído por aquellos que siempre aplauden lo que les dicen los que creen tener el poder de definir lo que es correcto y lo que no. Otros, estoy seguro de que no serán pocos, estarán de acuerdo con lo que Antonio relata y expone, aunque no lo digan.

Con esta obra mi amigo cierra una ventana importante desde la que el lector puede tener una visión muy certera de lo que fueron aquellos años que hemos dado en llamar la «Transición», y que han conformado, sin duda, el panorama sociopolítico actual español. Animo a que lean la obra de Antonio, al tiempo que le expreso a él mi reconocimiento por la oportunidad que me ha dado de valorar su trabajo y de agradecer su estima.

JMPB

Antiguo directivo del CESID

Madrid, 10 de septiembre de 2023

PREFACIO

> «Cuando tienes la oportunidad de echar un vistazo al archivo que guarda el servicio de inteligencia sobre ti mismo, es cuando descubres que, en general, es extremadamente incompetente».
>
> Noam Chomsky[1]

La cita de Chomsky se la podría atribuir, sin duda, el exgeneral Julio Rodríguez, integrante de la cúpula directiva del partido radical marxista Podemos, que no hubiera llegado nunca a general —y mucho menos a ser el jefe del Estado Mayor de la Defensa—, si los servicios de inteligencia españoles hubieran sido mínimamente competentes.

Las razones por las que escribo esta obra, que es parcialmente una memoria, son muchas, pero en este breve prefacio solo voy a citar una que se sobrepone a cualquier otra y, esencialmente porque cuando ya no esté en estos andurriales, si no está plasmada esta memoria en papel, nadie la habrá conocido. La cantidad de escritos y libros, radicalmente falsos y equivocados, que se han publicado en los últimos tiempos me obliga, además, a ello.

---

1 Avram Noam Chomsky es un filósofo norteamericano de origen judío, profesor emérito de lingüística en el MIT (Massachussets Institute of Technology), y una de las figuras más destacadas de la lingüística del siglo XX. También es reconocido por su activismo político, caracterizado por una fuerte crítica del capitalismo contemporáneo. Se le considera exponente del pensamiento socialista libertario y uno de los más importantes pensadores contemporáneos.

Muchas de las cosas que hacemos en nuestra vida útil, las hacemos porque queremos lo mejor posible para las generaciones que nos sucedan. De entre todo lo que dejaremos a nuestros herederos, se debe destacar el conocimiento acumulado en nuestra vida profesional, algo que muchas veces somos reticentes a compartir y que no nos pertenece.

Al escribir estas páginas no considero, en mi memoria individual, haber llevado a cabo nada especial que haya sido vital para los intereses nacionales, pero he plasmado aquí aquello de lo que fui testigo y que creo que se debe conocer en relación con los grandes cambios que tuvieron lugar en aquellos años de la historia de España.

Adicionalmente, confieso que escribo esta obra con propósito terapéutico. Por muy doloroso o frustrante que pueda resultar el revivir ciertos momentos del pasado, el proceso de recordarlos, y de encontrar su sentido y significado, así como reconstruirlos y exponerlos en forma comprensible, no es solo terapéutico, sino que supone mi propia reconciliación con el pasado. No hay nada más reconfortante a la par que duro.

No puedo decir que yo haya desarrollado una carrera en el campo de la inteligencia. Estuve destinado en el CESID justamente diez años, y en retrospectiva tengo que decir que fueron bastantes. Aún recuerdo las palabras del que fuera jefe del Estado Mayor del Ejército, general José Faura, cuando me dijo a los pocos años de haber dejado ya el Centro: «Bien hecho Antonio, ya casi nadie se acuerda de que estuviste destinado en la Casa». De alguna manera, era un triste epitafio. El CESID no había colmado ninguna aspiración profesional que pudiera haber sentido y además el máximo cargo militar me decía que mi tiempo allí destinado ya había sido prácticamente borrado de la memoria profesional. Dejé el servicio de inteligencia voluntariamente en 1992 con mal sabor, lo que explicaré a lo largo de estas páginas.

A pesar de ello, parafraseando al que fuera director de los servicios norteamericanos, William Colby, en el CESID había «gente honorable» que estaba motivada por el servicio a la nación, y creían en lo que hacían, quizás sin preguntarse demasiado las razones —o incluso sin querer saber—, pero imbuidos de su respeto al superior y confiando en las órdenes que emanaban de la dirección, y muchos fueron mis compañeros y amigos. A ellos va dedicada también esta obra con todo mi respeto.

No tengo consciencia de que en los niveles de la administración del Estado con los que tuve relación estuvieran animados de ese mismo espíritu de servicio y entrega que pude comprobar en el servicio. Si acaso, pudiera decir que observé justamente lo contrario: zancadillas políticas, desinterés por la seguridad nacional y desconfianza respecto del estamento de defensa. El solo hecho de que en la jornada del 11-M, el presidente Aznar no convocase ni al CNI —de hecho, el CNI fue excluido de la investigación y no se le invitó a ninguna reunión sobre el asunto hasta cinco días después—, ni a la Comisión Delegada del Gobierno para Asuntos de Inteligencia —organismo creado en 2002—, y que, en mi conocimiento, no se ha reunido nunca, revela el interés del Ejecutivo por los asuntos de inteligencia, incluso ante un caso tan apremiante como fue el terrible atentado terrorista sufrido aquel día, todavía hoy rodeado de muchos claroscuros.

La integración de España en el orden internacional hizo necesario contar con un servicio de inteligencia, y las ideologías radicales se fundieron en una sola amenaza, de índole externa e interna a la vez, añadiendo el terrorismo una nueva dimensión a todo ello. Grupos de carácter incluso privado y no gubernamental surgieron por doquier como posibles amenazas a la seguridad nacional de los países y la globalización complicó aún más la situación. Contar con información precisa y oportuna se ha convertido, desde entonces, casi en condición *sine qua non* para garantizar la supervivencia de las naciones y España no es una excepción, aunque la irresponsabilidad de gran parte del liderazgo actual y de la clase política española no sea consciente de ello.

Para bien o para mal, mi tiempo en el CESID estuvo marcado por la actividad en declive de la entonces Unión Soviética, la crisis de los misiles de alcance intermedio, la caída del Muro de Berlín, el desmantelamiento del Pacto de Varsovia, y la caída del comunismo y de todo el Imperio soviético. Fueron los años del presidente Reagan y de Margaret Thatcher, del atentado terrorista sobre Lockerbie, y del ataque norteamericano contra Libia, de la cumbre de Maastricht que daría paso a la Unión Europea, y de los acuerdos de Schengen sobre libre paso entre todos los países europeos. Fue, sin duda, un tiempo esencial en el mundo y lo viví, mayormente, desde Londres, alejado del «felipismo» y de la España del «pelotazo». Me considero muy afortunado, a pesar de todo, por haber sido testigo de todo ello, desde una ventana preferente como fue mi puesto en Gran Bretaña. Eso, en alguna medida, se lo debo al CESID. Que mi labor fuera utilizada o no es otro problema.

Cuando dejé el CESID no puedo decir que ni el mundo ni España estuvieran mejor, ni que las amenazas fueran menores. La Unión Soviética y el Pacto de Varsovia desaparecieron y lo que vino, desde mi pequeña ventana de observación, no resultó mejor. Se abrieron nuevos frentes y conflictos: Oriente Medio y Próximo, Balcanes, África, etc., y surgiría un terrorismo radical de orden internacional que, comenzando por el 11-S, persiste incluso hoy en día, y llevaría al 11-M, en Madrid, y al 7-J, en Londres. En ninguno de los casos citados los servicios de inteligencia afectados de cada país pudieron advertir siquiera de los hechos, que se sepa, pero ello no exime que el CESID, ya entonces CNI, no lo hiciera tampoco. Hoy, no es necesario que describa nada, y en Europa ha estado a punto de desencadenarse una guerra en la que España no habría sido neutral. Alguien deberá analizar cuál ha sido la actuación y contribución del CNI en el marco de este conflicto; quiero creer que, esta vez, podrá haber aportado algo más que la información obtenida a través de los servicios aliados. Estoy seguro de que la crisis ocurrida en Ucrania habrá eclipsado cualquier otra posible actividad que se pudiera haber contemplado en el ámbito de la inteligencia, aunque la aportación que el CNI pueda hacer sobre el conflicto sea mínima o, después de todo, irrelevante, y no por las capacidades con que se pueda contar, sino por el papel que España juega hoy en las relaciones internacionales. Este conflicto ha significado, por otra parte, el estreno de una mujer al frente de la inteligencia española casi en época de guerra; estoy seguro de que lo habrá hecho bien. Otra cosa es que intereses partidistas, más propios de cotilleos que de lo que cabe esperar de un servicio de inteligencia, se lo hayan impedido. A la nueva y flamante directora, aunque antigua del CESID, ni la conozco ni recuerdo haber sabido de ella en ningún momento.

No obstante, es un gran infortunio que durante todo el tiempo transcurrido desde la creación del CESID en 1977, con la entronización de la democracia finalmente, hasta el momento presente, no se haya sido capaz de crear esa herramienta necesaria para la gestión de Estado, y se haya perdido miserablemente el tiempo en utilizar esas capacidades en el beneficio personal y político de autoridades y monarcas, sin ninguna mira en el bienestar y provecho de la nación. Ignoro si, tras la gestión del general Sanz Roldán, será capaz el Centro de reconducir sus pasos en la dirección correcta sin afinidades de ningún tipo, ni partidistas ni coronadas.

INTRODUCCIÓN

> «Esto no es un servicio de inteligencia. Pero alguien ha pensado que, por la módica cifra de mil millones de pesetas anuales de presupuesto, se puede decir que se tiene un servicio de inteligencia».
>
> Coronel de Infantería Rafael Pérez de Sevilla, exoficial del CESID, 1984

Como viene siendo norma en la comunidad internacional, España supuestamente cuenta con un servicio de inteligencia; esto es, una organización que proporciona inteligencia a la autoridad política para que tome decisiones con la mínima incertidumbre posible y, por otra parte, le alerte de las hipotéticas amenazas que pueden afectar a la seguridad nacional. Esta estructura, sin embargo, no nace realmente en España hasta 1977, cuando el primer Gobierno tras la muerte de Franco se encuentra ante la necesidad de adaptar las instituciones de información y seguridad franquista al esquema de un servicio de inteligencia democrático. En esencia, se trata de establecer una organización sin precedentes hasta el momento en la administración para hacerse cargo de una nueva área de competencia estatal.

España no ha tenido nunca tradición de contar con servicios de inteligencia[2]. La información ha sido siempre una asigna-

---

2 «A los españoles nos repugna sobremanera la palabra espionaje. Nuestro temperamento no está formado para emplearnos en tan bajos menesteres. El espionaje, como otros vicios que se extienden por España, ha sido importado del otro lado de los Pirineos y es una planta exótica en nuestro país. Por eso

tura pendiente en los anales de la seguridad nacional, incluidos momentos tan graves como las diferentes crisis en Marruecos a lo largo del siglo XX[3], e incluso Guerra Civil. Han existido servicios de información y seguridad, esencialmente dedicados a la seguridad interior y la protección de las autoridades, y ni siquiera se puede decir que esos servicios han destacado y ahí están los asesinatos de varios presidentes del Gobierno —Prim, Canalejas, Eduardo Dato, o Carrero Blanco en tiempos más recientes—, y diversas situaciones de crisis (ataque a Ifni en 1957, Marcha Verde en 1975, desencadenamiento de la actividad terrorista de ETA, FRAP y GRAPO) que lo corroboran, pero lo que no ha existido nunca, de manera efectiva, es un servicio de inteligencia que proporcione información al Gobierno en materia de política exterior y defensa. Esa tarea se ha delegado en el servicio diplomático y en los agregados militares cuando se ha dispuesto de ellos, pero no ha resultado relevante en la mayoría de las ocasiones. El primer servicio de inteligencia español ha sido, por lo tanto, el Centro Superior de Información de la Defensa, más conocido como CESID[4], que fue creado en 1977, siendo presidente del Gobierno Adolfo Suárez, en el primer Gobierno de la monarquía, por impulso del teniente general Gutiérrez Mellado.

Sin embargo, un servicio de inteligencia, además de no ser una empresa privada, es una organización muy particular dentro del entramado administrativo del Estado. Por una parte, las estrictas normas de seguridad que se deben aplicar hacen que la innovación

---

los españoles no sabremos ser jamás espías de ninguna nación, ni incluso de la nuestra. En cambio, el español habilidoso, audaz y travieso, riéndose de esta clase de maniobras, sin espiar a nadie, sabrá explotar la candidez de los extranjeros que creen sin duda que eso del espionaje sirve para algo más que para sostener a cuatro vivos». *La Tribuna de Madrid*, 30/06/1918.

Referirse a los oficiales destinados en el CESID como «espías» era una referencia despreciativa muy extendida en el seno de las Fuerzas Armadas.

3 Se podría citar aquí incluso la crisis de Perejil, en 2002, que fue una sorpresa total, ya con el CNI operativo y dirigido por primera vez por un civil.

4 Con su creación por el Real Decreto 1558/77, España se equiparaba al resto de países occidentales, que ya contaban entre sus organismos oficiales con instituciones de características similares. Cuatro meses después, el 2 de noviembre, el Real Decreto 2723/77 establecía que el CESID sería el órgano encargado de obtener, evaluar, interpretar y facilitar al ministro de Defensa cuanta información fuera necesaria o interesara a la Defensa Nacional, atendiendo prioritariamente a las necesidades de la Junta de jefes de Estado Mayor. De alguna manera, su tarea era de naturaleza esencialmente militar.

sea muy limitada y sus intensos controles no facilitan la introducción de mejoras. Por otra, sus clientes no son los ciudadanos como sucede con el resto de la administración, sino que solo lo son un reducido número de integrantes de esa administración, y son estos clientes quienes se convierten en los amos del servicio, aquellos que lo financian y protegen, algo que sucedió de manera patente en el caso de Emilio Alonso Manglano. Y no podemos perder de vista que este control se convierte en una garantía de protección de los políticos, lo que es uno de los factores que favorecen la larga vida de un servicio de inteligencia, sin la cual la organización así dependiente podría tener graves problemas para sobrevivir en una situación de crisis grave; es lo que le ocurriría al CESID y a su director en 1995.

Cuando fui destinado voluntariamente al CESID en 1982, la situación del nuevo servicio de inteligencia español no era como para echar las campanas al vuelo. Las repercusiones del 23 de febrero de 1981 todavía estaban calientes y se notaba que había que reformarlo, o quizás, mejor dicho, crearlo. Contra todos los pareceres, el Servicio se había confiado a un oficial, que por aquel entonces no era aún ni siquiera general, Emilio Alonso Manglano, y que cuando tomó el mando ostentaba solo el grado de teniente coronel y solamente alcanzaría el generalato algún tiempo más tarde, en una de las más audaces acciones de absoluta falta de respeto con la legalidad interna de las Fuerzas Armadas, a las que nos tuvo acostumbrados el entonces ministro de Defensa, Narcís Serra. Muy probablemente si el teniente coronel Alonso Manglano hubiera permanecido en un destino puramente militar dentro del Ejército, nunca habría ascendido a general; la intriga y el dar la espalda a sus compañeros le valió, sin embargo, el ascenso. Curiosamente uno de los personajes depurados del CESID de entonces fue el también teniente coronel Javier Calderón, quien catorce años más tarde volvería a dirigir el CESID, ya como teniente general retirado —tras Manglano—, y cuando nadie podía imaginar tal cosa. Sin duda, la historia se escribe con renglones torcidos.

Aún recuerdo con toda claridad el momento en el que tuve conocimiento del nombramiento del teniente coronel Alonso Manglano como nuevo director del CESID. Sucedió en mayo de 1981, y nos enteramos del hecho a bordo del avión que, con destino a Roma, nos llevaba a toda la promoción del Curso de Estado Mayor en viaje de estudios de fin de curso a Italia. Personalmente no había oído hablar nunca del teniente coronel Manglano, como la mayoría de mis compañeros —todos capitanes y comandantes—, y nos pareció muy extraño, ya que estaba legislado que el director del CESID debería ser un general. Manglano fue nombrado en puesto de superior categoría según unas «circunstancias especiales» que en él concurrían, y que nunca fueron explicadas. En aquellos momentos ignoraba que un año más tarde yo mismo me incorporaría al CESID.

Emilio Alonso Manglano.

Cuando dejé el Servicio, en 1992, la situación interna del CESID era casi de caos absoluto, a lo que había que añadir el control ejercido de forma total, y dictatorial, por el entonces ya teniente general Manglano. El CESID se había convertido en un órgano totalmente al servicio, no ya del PSOE, como erróneamente se ha creído, sino del entonces vicepresidente del Gobierno, Narcís Serra, que había ascendido al puesto desde el cargo de ministro de Defensa, con la ayuda del general Manglano. Ya en esa época se podía adivinar el rumbo que había tomado el Centro, y que posteriormente saltaría a la luz pública —escuchas telefónicas, espionaje en *La Vanguardia*, etc.—, todo en beneficio y a la mayor gloria personal del vicepresidente, culminando en 1995 con las dimisiones en cadena del propio Narcís Serra, del general Manglano, y del entonces ministro de Defensa, Julián Garcia Vargas, escogido un poco como chivo expiatorio y que vino a pagar, en alguna forma, el desastre organizado por el tándem Serra-Manglano. El Servicio había mejorado enormemente de cara a la galería: instalaciones, medios, personal, estructuras, etc., pero eso no significaba que fuera mejor ni que proporcionara inteligencia valiosa al Estado ni que al Estado le preocupase. Se había transformado por completo en un organismo al servicio del vicepresidente, y en última instancia, del presidente igualmente, que lo utilizaban para fines políticos personales entre los que estaba el desacreditar o chantajear a sus adversarios. Esta y no otra es la razón que permitió la supervivencia de Manglano durante tanto tiempo. Como dijo uno de sus subordinados «Manglano se había entregado con armas y bagajes por completo al vicepresidente Serra»[5].

En 1996, tras la victoria electoral del PP, la situación del CESID siguió sin ser buena. El Servicio no se ha había reformado, conforme a lo postulado por el Partido Popular durante las elecciones generales de aquel año, ni parecía que iba a reformarse a corto plazo, y aunque se había iniciado una apertura, el nuevo director, el general Félix Miranda, carecía del carisma para abordar ningún cambio. El general Calderón, elegido por el PP en un primer momento, no era sino una segunda edición del general Manglano, mucho peor aún si cabe, y era absolutamente la persona menos conveniente para dirigir el Servicio, y rotundamente con ninguna lealtad hacia el PP, a cuyos dirigentes, incluido el presidente Aznar, despreciaba. Calderón fue nuevamente el hombre de confianza de Eduardo Serra, una persona tan intrigante y enigmática como su predecesor del mismo apellido, que había sido secretario de Estado en el primer Gabinete de Felipe González, y de dudosa lealtad al Partido Popular. Dentro del propio Servicio, los cambios de personal fueron escasos y más bien cosméticos y, lo que es más, hombres de la máxima confianza del general Manglano se introdujeron en la Moncloa, algo que ni siquiera sucedió en el periodo socialista.

¿Cómo pudo permitir el Gobierno de Aznar que semejante despropósito llegase a suceder? Es difícil encontrar una explicación, pero desde luego las consecuencias directas se pudieron ver en cómo se desarrolló la crisis desatada tras el atentado del 11-M y la consiguiente caída del Gobierno del PP en marzo de 2004. Las quejas y reclamaciones que hoy todavía hacen los actuales líderes del PP no pueden interpretarse más que como lágrimas de Boabdil.

---

5 General de división, intendente general, Vicente Mateo Canalejo —exdirector de la Division de Asuntos Económicos del CESID entre 1981 y 1991—, en conversación privada con el autor de esta obra, en la primavera de 1996.

El manejo y tratamiento dado al CESID, y en general a todos los servicios de inteligencia e información del Estado, por el PP durante sus ocho años ejerciendo el poder, fueron un cúmulo de despropósitos. Desde la tan cacareada reforma de los servicios, pactada con el PSOE a cambio de nada, y que no produjo ningún resultado práctico —de hecho, solamente un cambio de nombre, Centro Nacional de Inteligencia (CNI)—, hasta la anunciada desvinculación del Ministerio de Defensa y la entronización de un diplomático poco brillante, vinculado al PSOE, que acabó, en pago a sus servicios, primero como embajador ante la Santa Sede —al margen de su conocida actitud no creyente—, y después, tras un breve periplo, en agradecimiento, como director general de Repsol, acabó finalmente como embajador en Washington. Este figurón fue el que lideró, en la segunda legislatura de Aznar, un comité de coordinación de los servicios de inteligencia que nunca se llegó a reunir, ni a funcionar. Todo, absolutamente todo, fue fiel reflejo de un desprecio por las funciones de inteligencia imposible de narrar y de entender. Solamente es un reflejo más de la desconsideración que se da a todo lo relacionado con la política de defensa y seguridad en la España democrática por parte de los líderes políticos. Cómo puede explicarse lo ocurrido, en 2004, cuando, ante el desastre del 11-M, se reuniera el gabinete de crisis de la Moncloa, y el director del CESID —entonces ya CNI— no fuera convocado, si no es precisamente por falta de interés. Todo eso ocurrió cuando yo ya no pertenecía al Centro, afortunadamente.

La situación hoy parece, cuando menos, incierta, y no se vislumbra claramente una actitud decidida y resuelta ante las amenazas que parecen estar configurándose. Los sucesos acaecidos en Francia, y en Europa, desde 2015, en general, con la crisis de la pandemia del COVID-19 como telón de fondo, no permiten ver una contribución decidida de la inteligencia española a la lucha global antiterrorista ni a contrarrestar las amenazas que se presentan contra la seguridad nacional en todos los campos, incluyendo aquí el de la salud nacional y lo que ha supuesto la pandemia, ni tampoco se ve que desde el Gobierno se aprecie esa posible contribución. Quizás es que en España no hay amenazas de ningún tipo, y por no hablar, no hablemos de la tensión originada en Ucrania.

Posteriormente, en 2004, el CNI volvió a vincularse más, si cabe, con el Ministerio de Defensa y las reformas introducidas por Zapatero apuntaban, según todos los indicios, a colocar en los puestos de responsabilidad a personas más cercanas al PSOE en el poder, si cabe, que las anteriores, y de confianza, primero, del en su día ministro de Defensa José Bono, y posteriormente del presidente del Gobierno, algo que el PP, de forma totalmente suicida e incauta, nunca realizó y que le perjudicó notablemente. El posterior cambio o reajuste ministerial realizado no fue sino una confirmación de lo expuesto, ante la gestión excesivamente personalizada del Sr. Bono, que vino a devolver el servicio al control personal del presidente del Gobierno a través de la mediación del entonces ministro de Defensa, Sr. Alonso, persona —esta sí—, de la entera confianza del presidente Rodríguez Zapatero.

Todo lo cual se confirmó nuevamente tras la siguiente victoria socialista en 2008, y la designación de Carme Chacón, procedente del Partido Socialista catalán, como ministra de Defensa. El cese —no importa cuantas declaraciones de confianza y satisfacción se hayan hecho— del que había sido el director del CNI en esa época, Sr. Alberto Saíz, anteriormente un probo funcionario de ICONA, ligado familiarmente al Sr. Bono, y posteriormente un funcionario corrupto e incompetente, fue solo cuestión de oportunidad, ya que ni hacía ninguna función que no pudiera hacer otra persona, ni el presidente del Gobierno confiaba en él. Era una relación personal del ministro Bono y poco más.

La designación nuevamente de un general retirado —el general Félix Sanz Roldán—, un general totalmente afín al Gobierno, y que se encontraba ya en situación de jubilación, no aportaba nada. Conocí bien al general Sanz Roldán cuando era un joven oficial. Desconozco al actual general retirado y exdirector de la inteligencia española. Solo puedo decir que no le gustaban los servicios de inteligencia ni lo que hacía el CESID[6]. Hoy, imagino que el apego al poder y el sentirse halagado por figurar en la cumbre de la estructura política en España han podido con su integridad y así se ha aupado a cargos civiles que no tienen nada que ver con su formación como el que ocupa actualmente en Iberdrola. El hecho de que el Gobierno de Mariano Rajoy lo

6 El general Sanz Roldán, siendo él teniente coronel y yo comandante, me insistió repetidas veces, en 1992, en que dejase el CESID y me reintegrase al Estado Mayor, lo que finalmente hice.

confirmara en su puesto, sin tener en cuenta sus lealtades para con el PSOE, ni la edad ya avanzada del general, revela simplemente o que el PP, una vez más, no estaba interesado realmente ni en las cuestiones de inteligencia, ni en las de defensa, o que su nivel de incompetencia había llegado a su estado máximo. El general Sanz Roldán ha permanecido en su cargo tanto como el general Alonso Manglano, si bien no ha tenido ningún espectacular ascenso como aquel, ya que se encontraba ya en la cúspide de la milicia cuando fue designado para dirigir la inteligencia española. Sus prebendas han sido de otra índole.

Mariano Rajoy puso el CNI directamente bajo la dependencia de Presidencia del Gobierno y no del Ministerio de Defensa. El nombramiento, en su día, como secretaria general del CNI —un puesto desde donde se dirige realmente el servicio—, de Beatriz Méndez de Vigo, ya en la época de Rajoy, fue otro enigma difícil de adivinar. Ligada y muy cercana al PP —es hermana del que fue entonces ministro de Educación, Íñigo Méndez de Vigo—, Beatriz es una profesional de los servicios de inteligencia españoles desde muy temprana edad, y conociéndola como la conozco, puedo aventurar que no ambicionó llegar adonde llegó. Más sorprendente aún fue su cese —me consta que a petición propia—, y posteriormente el nombramiento de Paz Esteban —a quien también conocí muy bien—, en sustitución del general Sanz Roldán. Profundizaremos más en el tema a lo largo de estas páginas; ambas fueron las primeras mujeres que ingresaron en el servicio de inteligencia a mediados de los años ochenta. Guardo muy buen recuerdo de ambas, en especial de Beatriz, con la que trabajé muy a gusto y forjé una amistad que perdura en el tiempo, aunque no nos hayamos visto recientemente.

Los servicios de inteligencia en España tuvieron su origen en la organización derivada de la Guerra Civil y de la Segunda Guerra Mundial, con la precariedad de medios, humanos y materiales que se derivaban de la propia situación nacional. En sus orígenes estuvieron obligados a mantener una estructura similar a la existente durante la Guerra Civil, como consecuencia de la amenaza que representaban los republicanos que, poco después de finalizar la guerra, intentaron derrocar al nuevo régimen surgido al concluir la contienda.

Los servicios de inteligencia, o de información, totalmente militares y dirigidos por militares estuvieron encaminados desde el principio a combatir la subversión y las amenazas interiores. La Policía y la Guardia Civil enfocaban sus labores informativas, fundamentalmente, a la persecución del crimen y delitos comunes, aunque también se consideraba la subversión. No había un servicio de información exterior dedicado a conocer de forma encubierta y secreta lo que otros países pudieran decidir o llevar a cabo que pudiera afectar a España. Además, los diferentes servicios de información trabajaban con una práctica y total descoordinación, y con tensiones y confrontaciones en cuanto a las competencias, aspecto que apenas ha cambiado en la actualidad.

Ante la amenaza de subversión latente, que hizo su principal aparición en la universidad, siguiendo otras corrientes mundiales, surgió el primer servicio de inteligencia de la posguerra, la llamada Organización Contrasubversiva Nacional (OCN), que, con su evolución y ampliación de tareas a otros ámbitos de la sociedad española, constituyó el germen del Servicio Central de Documentación (SECED), directamente subordinado al entonces presidente del Gobierno, almirante Carrero Blanco, primer servicio realmente aparecido en España y que, tras su fusión con la Segunda Sección del Alto Estado Mayor, propició el nacimiento del Centro Superior de Información de la Defensa (CESID), precursor del actual Centro Nacional de Inteligencia. Tradicionalmente, las segundas secciones de los Estados Mayores y del Alto Estado Mayor tenían los cometidos referentes a la obtención de inteligencia e información sobre los Ejércitos extranjeros y el estudio de su organización. Eran, asimismo, las encargadas de los servicios de información documental, de la captación e interceptación de mensajes, y de lo relativo a criptografía y claves, siendo todo muy elemental, no obstante.

La peculiar situación en que vivían los diferentes servicios se normalizó algo en 1940, al disponerse que los servicios de información de policía, orden y vigilancia pertenecieran a la Guardia Civil, adscrita en alguna forma a las Fuerzas Armadas. Uno de sus primeros jefes fue el entonces comandante Manuel Gutiérrez Mellado, que ya había desempeñado funciones de inteligencia encubierta durante la Guerra Civil, aunque no se sabe bien en beneficio de qué bando.

Aquellos servicios redactaban unos breves informes titulados *Noticias recibidas del Servicio de Escucha sobre las operaciones en Europa*, y también unos boletines de información del Centro de Escuchas, con teletipos de la prensa internacional, en forma muy parecida a como haría el CESID más tarde. Con frecuencia semanal se redactaba un Boletín de Información Secreto, que contenía informes recibidos de agentes desplegados en el interior o, en algún caso, en el extranjero, prestando especial atención al tráfico marítimo de Gibraltar, a la situación de Tánger y Portugal y a las actividades de los nacionalistas marroquíes, incluyendo también noticias de los sabotajes producidos en territorio nacional, declaraciones de políticos españoles y extranjeros, protestas por detenciones y ejecuciones y estados de opinión de los militares, que se recababan en las unidades, de forma muy parecida a como se vino haciendo luego. A pesar de ello, en 1956 el tema de la independencia de Marruecos cogió prácticamente por sorpresa al Gobierno del momento.

En 1945, se precisaron con más detalle las atribuciones del Alto Estado Mayor, estableciéndose lo siguiente:

> Será de la incumbencia del Alto Estado Mayor cuanto se refiere al espionaje y contraespionaje de carácter militar, dentro y fuera del país. Incumbe a cada Ministerio la información de carácter general, de acuerdo con sus necesidades. Corresponde al Ministerio de la Gobernación (Dirección General de Seguridad) cuanto se refiere a la seguridad interior del país. Se entiende por seguridad, el conocimiento anticipado y la destrucción o anulación de cuantas actividades se dirijan a perturbar el orden público o poner en peligro la vida del Estado.

Es decir, se encomendaba la llamada inteligencia interior al Ministerio de la Gobernación, hoy Ministerio del Interior. La coordinación entre servicios constituyó siempre un campo de batalla en el que habría que hacer frente a múltiples situaciones, y que sigue sin solucionarse.

El servicio de información del Alto Estado Mayor comenzó sus trabajos con gran precariedad de medios. Muchas de las personas integradas en el mismo estaban pluriempleados, como sucedía a muchos de sus compañeros de profesión en las unidades, consecuencia de lo escaso de los haberes que percibían, por lo que su eficacia, durante muchos años, fue más bien escasa, y más acusada en algunos campos que en otros, como podía ser el de la contrainteligencia. Los oficiales españoles en el extranjero solían tener su sede en la Embajada de España en el país donde se encontraban, con la misión de entrar en contacto oficialmente con los órganos de inteligencia del país en cuestión, para obtener la información que pudiera ser de interés para nuestro país, prácticamente al igual que se hace hoy, por lo que realmente no eran «espías», sino meros oficiales de enlace, aunque se esperase de ellos siempre algo más. En forma que podemos calificar como general, las diversas embajadas no apoyaban especialmente a estos oficiales, algo que tampoco ha cambiado mucho en la actualidad.

No dejan de ser curiosas las afirmaciones que Gutiérrez Mellado llegaría a hacer, en declaraciones efectuadas a un periodista, en 1983[7], cuando dijo:

> El militar que pasaba excesivo tiempo destinado en los servicios de información llegaba a sufrir un proceso de deformación profesional, que lo inhabilitaba para desenvolverse con naturalidad en el mundo castrense, y cuando se permanecía demasiado tiempo en el servicio de información, sin que el interesado se percatase de ello, iba dejando de ser un oficial para convertirse en un mero informador.

Esto lo decía precisamente alguien que casi lo único que hizo en su vida militar activa fue dedicarse al mundo de la inteligencia, para acabar aupándose al grado de teniente general, de jefe del Estado Mayor, y finalmente, de vicepresidente del Gobierno para Asuntos de la Defensa, y lo decía en unas memorias tituladas *Un soldado de España*. No cabe duda de que Gutiérrez Mellado, posiblemente, además de otras cosas, era un cínico solemne.

El general Gutiérrez Mellado intervino directamente en la instalación y seguimiento de las oficinas de información, llamadas «bases», establecidas en las embajadas en Bélgica, Francia, Portugal y Suiza, y cuyo objetivo era fundamentalmente de orden interno de

---

7 Gutiérrez Mellado, Manuel. *Un soldado de España, conversaciones con Jesús Picatosto*. Arges Vergara, 1983, p. 116.

cara a la política nacional[8]. A partir de 1955, tras el reconocimiento diplomático de los Estados Unidos y la existencia de bases militares norteamericanas en España, el objetivo soviético comenzó a tener una especial dimensión, especialmente en lo relativo al contraespionaje, lo que exigía una preparación más profunda en esa dirección. Oficiales españoles se desplazaron a países amigos para recibir formación específica en el campo de la información y se comenzó a desplegar más oficiales españoles en el extranjero, aunque siempre de forma limitada.

El asesinato de Carrero Blanco tuvo una gran influencia en el desarrollo posterior y en la credibilidad del servicio entonces existente, pues no se fue capaz de detectar, de ninguna manera, ni siquiera la posibilidad de que fuera a cometerse el atentado, existiendo muchas dudas que llegan hasta nuestros días a propósito de la autoría intelectual del atentado. Hechos posteriores, como el intento de golpe de estado del 23-F, no contribuyeron a mejorar la reputación del servicio.

Fue en esta situación de grave crisis cuando, de la mano del ministro de Defensa del Gobierno de Leopoldo Calvo Sotelo, Alberto Oliart, llegó a la dirección del CESID el teniente coronel Emilio Alonso Manglano, citado anteriormente. Considerado como monárquico y de carácter democrático, desembarcó en el Centro con ideas y órdenes claras sobre el futuro del servicio y con el absoluto respaldo político tanto del que sería nuevo presidente del Gobierno, Felipe González, como de su ministro de Defensa, Narcís Serra, aunque hubiera sido nombrado por el presidente Calvo Sotelo. Manglano, en el momento del 23-F, se había lanzado a la piscina literalmente, al telefonear directamente a la Casa Real, y garantizar que la Brigada Paracaidista (BRIPAC), que él no mandaba —solo era el jefe del Estado Mayor de la brigada—, se mantenía leal al ordenamiento constitucional, saltándose a su superior directo, el general Mendizábal, que era quien estaba al mando de la BRIPAC. En principio, Manglano debería haber sido arrestado por arrogarse competencias que no le correspondían, pero, en cambio, fue premiado posteriormente.

8 El principal objetivo de estas «bases» no era otro que conocer la actividad de la oposición al régimen y de los exiliados republicanos residentes en el país en cuestión.

Él y sus colaboradores más cercanos, especialmente el comandante José Orzáez Lamoneda —que ejercería como secretario general—, asumieron la responsabilidad de configurar la dirección del Centro, y los directivos inferiores fueron considerados como meros especialistas sin que se les autorizase decisión alguna. Este período se caracterizó porque se produjo una separación entre la función de producción de inteligencia, y la de suministro de esta al Gobierno o a la autoridad correspondiente, algo que nunca fue conocido de forma general dentro del Centro.

La organización se profesionalizó, no obstante, y la asignación de puestos de trabajo se hizo más especializada; de hecho, de esta etapa partieron los primeros intentos del director, Manglano, por aprobar unos estatutos de personal que no verían la luz hasta que se produjera el escándalo de las escuchas ya en 1995. Durante esta fase, la comunicación en el Centro se hizo más formal e impersonal y la jerarquía de títulos más intensa, en consonancia quizás con la mayor especialización de funciones, pero también motivada por la actitud casi dictatorial del entonces ya coronel Alonso Manglano.

Manglano puso en ejecución el llamado Plan Fénix cuyo objetivo, en principio, era modernizar y adaptar los objetivos del CESID a las necesidades internas y externas de inteligencia del Gobierno de España. El plan enraizaba en el cambio de escenario que supuso la disminución del fenómeno involucionista en las Fuerzas Armadas y la necesidad de potenciar la contrainteligencia, la seguridad tecnológica y la inteligencia exterior de cara a la integración en la OTAN que, ya a finales de 1982, era manifiesta. Este plan, que había surgido del propio Centro sin ninguna otra orientación, se fue desarrollando a partir de entonces a través de diferentes normas y actuaciones hasta aproximadamente 1986. Nunca contó con la expresa aprobación del Gobierno, que probablemente no sabía nada al respecto y que, no obstante, había dado carta blanca a Alonso Manglano para organizar el CESID a su libre albedrío, siempre que sirviera a sus intereses, algo que hizo casi a la perfección hasta que perdió el control.

Alonso Manglano posiblemente pretendía que el Centro dejara de funcionar de forma artesanal y comenzara a comportarse como una organización moderna y profesionalizada. Dos años después de su llegada, y dentro de este proceso de configuración, el Real Decreto 135/1984 comenzó a perfilar la estructura final que acabaría teniendo el CESID. En él se establecía que cada una de las áreas de atención que la Orden Ministerial de 1982 había definido de forma genérica —esto es, interior, exterior, economía y tecnología y contrainteligencia— serían a partir de entonces las estructuras básicas de trabajo del servicio de inteligencia. El director general estaría apoyado en su gestión por un gabinete técnico y una asesoría jurídica quedando compuesto por cuatro divisiones: Inteligencia Exterior, Contrainteligencia, Inteligencia Interior, y Economía y Tecnología; así como por sendas subdirecciones generales de administración y servicios, y de personal. Hasta ahí se puede decir que lo ejecutado era correcto y mejoraba lo existente hasta el momento.

Cada una de estas divisiones se subdividió a su vez en áreas, cuya estructuración se realizaba bien por zonas geográficas (Inteligencia Exterior) o bien por temas (Contrainteligencia Interior, y Economía y Tecnología) contando cada una de ellas con una pequeña secretaría encargada de las necesidades de gestión. A su vez, en el interior de cada una de las áreas, la evolución de amenazas y el diseño de nuevos objetivos introdujeron alteraciones en su estructura. El complejo quedaba completado por otras dos unidades, por un lado, la agrupación de Apoyo Operativo y Misiones Especiales (AOME) que estaba encargada de las misiones de puro espionaje y que posteriormente tendría una enorme relevancia en los escándalos que salpicaron al CESID; por otro, la unidad de Seguridad Interior que siempre había existido.

A pesar de las energías gastadas en establecer un canal directivo para que fluyera la información y se favoreciera la gestión y permitir así un crecimiento ordenado, el control de una organización cada vez más extensa se hizo difícil. Alonso Manglano perdió el control de la misma no tanto porque los niveles inferiores reclamasen mayor autonomía en base a su conocimiento experto y a su mayor contacto con el cliente, sino porque la fueron adquiriendo de hecho ante la incapacidad de la dirección de controlarlos y guiarlos.

A principios de los noventa, el CESID había alcanzado una complejidad significativa que no tenía parangón con la de su momento de creación; de hecho, el Centro nunca fue concebido para ser una estructura tan importante en el entramado de seguridad e inteligencia español. La caída del Muro de Berlín, en 1988, había abierto un nuevo escenario que significó un aumento de las misiones de todos los servicios de inteligencia (crimen organizado, verificación de tratados de limitación de armamento, crímenes de guerra...) que los Estados no sabían a quién encargar.

Acreditado ante sus homólogos extranjeros, el CESID se había convertido en una fuente de información privilegiada en ciertas zonas del mundo debido a su expansión exterior. Con respecto a sus competidores internos, el CESID salía relativamente victorioso de los ataques de otros ministerios como los de Interior y Asuntos Exteriores, que también querían apropiarse de esta nueva parcela que se había creado en la estructura del Estado y de la que quedaba ya poco que repartir, gracias al apoyo del ministro Serra. Este fue el momento de mayor auge, intensidad y poder del Centro.

A pesar de su origen militar, en las relaciones con los Ejércitos, y en especial con las segundas secciones de los Estados Mayores, se tuvieron algunos tropiezos. Muchas de las dificultades que se presentaron eran, en parte, responsabilidad del propio Centro, y fueron agravadas por la actitud personal del general Alonso Manglano. La inteligencia militar acabó estando prácticamente anulada durante décadas por la preponderancia inicial del CESID y su posterior transformación en el CNI, que desconfiaba de los servicios de las Fuerzas Armadas por varias razones entre las que estaban los prejuicios que se remontaban al 23-F, por no considerarlos verdaderos servicios, y por considerarlos competidores en la sombra. Al pasar el CNI a depender más tarde, con el mandato del presidente Rajoy, a todos los efectos, de Presidencia del Gobierno, el Ministerio de Defensa se encontró con un déficit de inteligencia aún mayor, pues el acceso a la información clasificada no fue tan fluido como hasta entonces, si es que lo había sido en algún momento.

Alonso Manglano se endiosó, lo que llevó a que ya en 1993 algún ministro «amigo» le sugiriese la necesidad o conveniencia de comenzar a pensar en su relevo, lo que él ignoró. Alonso Manglano, que llegó a estar catorce años al frente del Centro, cifra sólo superada por el mítico director del FBI Edgar Hoover con nada menos que cuarenta, o por Yuri Andropov, del KGB, paulatinamente comenzó a perder el control de la organización, ya que carecía de los ágiles reflejos necesarios para controlar algo tan grande mediante el único recurso del liderazgo carismático. De modo que finalmente llegó lo inevitable y el CESID se descontroló, como su director.

La oleada de escándalos en la que se vieron envueltos los servicios secretos españoles en los primeros años de la década de los noventa (y más concretamente en torno a 1995) posibilitaron que estos pasasen a protagonizar, por primera vez en la historia de la España contemporánea, y por un período relativamente prolongado, el centro de la escena mediática. Pero no era debido a buenas percepciones sobre los mismos, sino todo lo contrario. Ese fue el final de la época Manglano.

En mayo de 1995 la prensa desvelaba que el Centro había venido practicando actividades de escucha ilegal que alcanzaban incluso a la Corona. El servicio de inteligencia se colapsó, hecho este que fue aprovechado por ciertos grupos mediáticos, políticos y económicos, lo que a su vez supuso que el escándalo cobrase una magnitud que no hubiera alcanzado en otros países. No en vano Alonso Manglano se había granjeado numerosos enemigos. Vapuleado como un muñeco de trapo, el servicio de inteligencia fue utilizado con el objetivo de debilitar al presidente González, cuya cabeza buscaban los instigadores del escándalo. Los intensos ataques supusieron la dimisión del vicepresidente del Gobierno, Narcís Serra, del ministro de Defensa, Julián García Vargas y del propio Alonso Manglano. La incapacidad para abordar esta crisis generó una grave situación, ya que el Centro debió buscar a un nuevo director para conseguir restablecer el rumbo sin poder contar ya con su líder primigenio. La situación de desprestigio que se generaría tanto dentro como fuera de España sería enorme.

Todas las acciones se dirigieron de forma indefectible a retomar las riendas de la organización y hacia la necesidad de someter a las actividades del Centro al imperio de la ley y a un férreo control. Con la misión de sacarlo de la crisis y llevarlo sin mayores vaivenes hasta la siguiente legislatura, en 1995 desembarcó en el Centro una nueva dirección bicéfala totalmente absurda, configurada por los generales Félix Miranda y Jesús Del Olmo, aunque este último fue posteriormente degradado al empleo de coronel al considerarse que su ascenso no había seguido la reglamentación vigente, algo verdaderamente inaudito. Era todo como una obra surrealista de Federico Fellini.

No obstante, en 1995 se había llegado a un CESID en pleno funcionamiento, con una estructura modernizada y con una clara supremacía sobre ciertos campos de actividad que se solapaban con los del Ministerio del Interior y el de Asuntos Exteriores, con quienes colisionaba más que frecuentemente. A pesar de este predominio, el CESID manifestaba de forma patente las deficiencias que le ocasionaba haber monopolizado la información exterior, tener una División de Interior sobredimensionada y volcada en el terrorismo, una coordinación inadecuada con el resto del sistema de inteligencia, y carecer de un mecanismo de control acorde al volumen y complejidad que había alcanzado. En resumidas cuentas, las necesidades a las que se estaba enfrentando el CESID a finales de siglo no podían ser abordadas con la misma estructura que comenzó a funcionar a finales de los años setenta ni con el mismo director. Al igual que se imponía un relevo en el Gobierno, era necesario el relevo en la dirección del CESID.

Alonso Manglano, cuando llegó al servicio de inteligencia, introdujo la planificación del Centro copiando la dinámica de las secciones de inteligencia de los Ejércitos. A partir de ahí se realizaba un Plan Permanente de Información (PPI) en el cual se entregaban objetivos y recursos a las diferentes unidades del Centro. La excelente relación entre el ministro de Defensa, Serra, y el director del CESID había llevado a que esta asignación de objetivos se estableciese entre ellos, casi como en una charla de café entre amigos. Tras la crisis, uno de los errores que se manifestaron fue la inadecuada fijación de objetivos al servicio por parte del Gobierno, así como la necesidad de que el Consejo de Ministros aprobase formalmente los objetivos del Centro. Sin embargo, esto no se consiguió hasta la Ley de 2002 por la que se creó el CNI, ya que, hasta entonces, a lo más a lo que se pudo llegar fue a que el Consejo de Ministros se diera por enterado de la relación anual de objetivos asignados al Centro, si es que llegaba a enterarse. Serra y Manglano manejaron un Estado dentro del Estado.

Sin embargo, tras las elecciones de 1996 llegó a la dirección del Centro un viejo conocido de «la Casa», como se ha venido conociendo al CESID. El general Javier Calderón, que ya había sido secretario del CESID durante el intento de golpe de Estado de 1981, fue, sorprendentemente, el encargado de controlar y reorganizar el servicio. No era el relevo que se necesitaba, y estaba claro que Calderón no venía a renovar el servicio, sino a algo muy distinto. En esta fase de coordinación, el CESID debería haber entrado en una revisión de su organización y estructura, y lograr una interacción de sus divisiones, pero esa forma de trabajar coordinada de diferentes unidades que deberían haber alcanzado su máximo nivel no pudo lograrse, ya que el control y borrar las pruebas de actividades dudosas de la anterior época —esencialmente lo relativo al 23-F y a la implicación de la Corona en aquel episodio— era la prioridad de aquellos años. Pero la realidad no dejaría escapar al Centro de esa dinámica, por lo que siguió siendo tan ineficiente como siempre.

Antes de que el CESID se hubiera recuperado del escándalo de las escuchas, y de todo el desastre de 1995, en marzo de 1998 la prensa desveló que el Centro venía controlando también las comunicaciones de las principales sedes de Herri Batasuna, que guste o no era un partido legal. Este episodio era una secuela del escándalo de 1995 y prueba de que había que imprimir mayor ritmo a las reformas que se revelaban necesarias para el Centro. La noticia, que tuvo su base en los famosos papeles sustraídos por el coronel Perote —aunque posiblemente fue debida mayormente a alguna indiscreción en el entorno del Ministerio del Interior—, provocó un inmenso nuevo daño al servicio. El Centro desconocía el alcance de las filtraciones y hasta qué punto las redes y bases, dentro y fuera del País Vasco, habían quedado expuestas. Por su parte, los servicios de inteligencia extranjeros, con los cuales el CESID mantenía relaciones frecuentes, manifestaron su profunda preocupación por la situación que entonces se planteaba, al tiempo que restringieron al mínimo el flujo de información hacia el servicio de inteligencia español.

En España, en 1977, nos habíamos encontrado de repente con una estructura que nacía casi de la nada, basada en muy pocos elementos previos del franquismo. El futuro de la organización estaba condicionado, al menos de forma teórica, más por factores históricos que por factores externos. De todas formas, los primeros no son muy abundantes en nuestro caso por la falta de precedentes de esta organización en el entramado administrativo español. Pero los factores externos sí tenían una importancia decisiva, ya que en momentos clave las debilidades generadas por las situaciones de crisis mal resueltas fueron el caldo de cultivo apropiado para que la crisis germinase y profundizase. Esta fue exactamente la situación adonde llevó la gestión combinada del servicio por el tándem Manglano-Serra.

La relación con los responsables de las tomas de decisión llegó a ser muy lejana —ya que el ministro Serra filtraba todo—, y la información que el servicio podía producir era mínima ya que se habían tenido que desmantelar gran parte de sus estructuras ante el riesgo que suponían las filtraciones, los escándalos y el corte del flujo informativo de los servicios de inteligencia extranjeros. Sin embargo, aunque el CESID pudo sobrevivir a esta crisis, no atravesó desde luego su período de mayor productividad y, de hecho, el producto que suministraba a los responsables políticos fue de poca calidad, por lo que su actividad quedó muy desvalorada, y en mi opinión este es un aspecto que aún sigue estando presente.

No hay duda de que la falta de reflexión inicial sobre cuál debía ser el modelo del servicio de inteligencia llevó a que fuera su director quien estableciese su modelo, naturaleza y pautas de crecimiento. Una libertad que se vio favorecida por la absoluta confianza que el presidente y el ministro de Defensa tenían en él, a cambio de su absoluta lealtad, incluso para sus propios fines personales o de partido, pero ciertamente no de interés nacional.

Ante esta situación, las preguntas que surgen son: ¿tendrá España, alguna vez, unos verdaderos servicios de inteligencia? ¿Son verdaderamente necesarios esos servicios o solamente sirven a los políticos de turno en el poder? ¿Han servido hasta ahora para algo? ¿Necesita España verdaderamente un servicio de inteligencia, dado el uso que se ha venido haciendo de esta organización? ¿Ha actuado el CESID —y el CNI por extensión—, en defensa de los intereses de España? No me cabe duda de que los que han dado su vida así lo han creído en todo momento, pero no estoy tan seguro ya hoy del móvil último de los que lo han dirigido.

El solo hecho de que esto no sea una realidad y que haya dudas al respecto arroja muchas sombras sobre la verdadera necesidad y utilidad del servicio de inteligencia español tal como se ha concebido y se está utilizando. Mis vivencias personales pueden arrojar alguna luz al respecto. Y quiero advertir aquí que, contrariamente a como han hecho otros que han escrito al respecto, yo no he sometido mi obra a la aprobación ni del CNI, ni de ninguna autoridad. No me siento ligado ya a ningún compromiso y considero que lo que yo pueda revelar en estas páginas no afecta para nada a la seguridad nacional.

Sin embargo, podría parecer que soy más papista que el papa ya que tras la creación en 2012 de la llamada «Asociación de Antiguos Miembros del Servicio de Inteligencia español» —a la que no pertenezco—, no debe haber ninguna razón para mantener la reserva ya en nada. Ignoro las actividades que ha llevado a cabo la citada asociación en los últimos años, pero no creo que hayan sido muchas. En cualquier caso, en mi opinión está claro que los promotores de esta idea han perdido el norte y no puedo entender las razones por las que han obrado de este modo; ellos sabrán. No es cierto, como se ha dicho, que, en otros países como Francia, Estados Unidos o Gran Bretaña, existan asociaciones similares. Lo desmiento rotundamente, existen otro tipo de asociaciones, pero no tan definidas y no se hacen públicas. Recientemente, un periodista que ha dedicado gran parte de su tiempo a investigar el Centro ha mencionado que entre los documentos que un oficial debe firmar al ir destinado al CESID está el compromiso de no revelar nunca nada relativo al servicio, aunque no se pertenezca ya al mismo, pues he aquí que unos oficiales que estuvieron largamente comprometidos revelan ahora que fueron miembros del Centro. La incoherencia demostrada me sorprende. Yo también firmé ese documento, y si escribiendo estas páginas incumplo el precepto, que se me demande; sabré defenderme. Lo hago en virtud de la libertad de expresión, y como ya he dado a entender en alguna obra anterior mía, es con la finalidad de que no se caiga en los mismos errores y todo se haga de mejor manera.

Se ha dicho que la asociación aludida nació con la intención de difundir la cultura de la inteligencia y convencer a la sociedad de la necesidad de los servicios de inteligencia. Creo que hay mejores formas de lograr esa finalidad, pero esas palabras, viniendo de quien vinieron —el coronel de Infantería y Estado Mayor Juan Martín Roy, a quien conocí bien e incluso se puede decir que éramos amigos, integrado siempre en la División de Inteligencia Interior del CESID—, no me sorprenden. No deja de ser un contrasentido que se cree una asociación para el fin que dice el coronel Martín en vez de una adecuada política de comunicación del actual CNI o del Ministerio de Defensa, del que el servicio ha vuelto a depender, con el Gobierno del presidente Sánchez. Martín Roy también dijo que la asociación surgía «sin intereses partidistas, ni políticos» siendo obvio que por ser así ha habido muchos oficiales —entre los que me encuentro— a los que nunca se les hizo partícipes de la idea y que el Centro estuvo totalmente involucrado en la política de los Gobiernos del PSOE esencialmente. En la junta directiva de la asociación figuraban, entre otros, el general de división Ricardo Martínez Isidoro, y los coroneles Fernando Calderón Susín e Ignacio Prieto Vázquez, todos ellos antiguos compañeros, cuyos nombres fueron publicados, y que no alcanzo a comprender cómo se sumaron a esta idea.

Aun así, en esta obra omito los nombres de aquellos que no es necesario citar y que sea el lector quien juzgue. Todo lo demás que relato ya no afecta a la seguridad del Estado, dado el tiempo transcurrido. En cualquier caso, es historia y hago hincapié en que nunca se debió haber obrado como se obró. El CESID no fue nunca un verdadero servicio de inteligencia como lo son las organizaciones que existen en los países occidentales de nuestro entorno; fue algo de lo que se sirvieron los gobernantes de cada momento para sus propios fines, raramente coincidentes con la salud de la nación, y me temo que siga siendo así en la actualidad.

No pretendo que esta obra sea considerada como la exposición de mis memorias, aunque indudablemente sea, en gran medida, la memoria individual de lo que presencié y de aquello en lo que participé, sino más bien como la exposición histórica del despegue y desarrollo de una organización que, desde mi punto de vista, no ha cumplido con los objetivos marcados, aunque ello no haya podido ser medido fácilmente por el ciudadano de a pie. Ahí quedan, sin embargo, el 11-M, Irene Villa, y otros casos, ¿dónde estaba el CESID en esas ocasiones?

Las revelaciones hechas públicas por ciertos autores que han escrito obras sobre el Centro o sobre el Sr. Alonso Manglano a lo largo de 2021, en lo que alcanzo a comprender que son ciertas, han provocado en mí un fuerte rechazo y me han llevado a escribir estas páginas. Aún suenan en mi memoria, como ya he citado, las palabras del general Faura Martín, jefe del Estado Mayor del Ejército, cuando, en 1995, estando yo ya fuera del CESID y destinado de nuevo en el Ejército, me dijo: «Antonio, has hecho lo correcto, y ya hoy nadie se acuerda de que estuviste destinado en la Casa». Pero yo sí me acuerdo y por ello, creo que —parodiando una vez más a Quevedo—, debo decir lo que siento y no sentir lo que digo.

Naturalmente, como he expuesto, no he sometido estas páginas a ninguna censura, convencido como estoy de que el censor nunca las habría autorizado, pero es mi pensamiento que me debo a la historia y al conocimiento del ciudadano con cuyos impuestos se ha sufragado, entre otras muchas cosas, el pretendido servicio de inteligencia español. Nada de lo que sigue ha sido alterado, moderado o dulcificado en ningún sentido. He tratado de exponer lo que fueron aquellos años vistos desde la óptica de mi pertenencia al servicio y de mi conocimiento personal de los hechos que presento.

1. EL CESID, UN SERVICIO DE INFORMACIÓN EN FORMACIÓN

Abril de 1982

«Hay asuntos del CESID que no se desvelarán».

Declaración del general Alonso Manglano al Tribunal al ser interpelado por el diputado Pablo Castellano, el 17 de marzo de 1999, en el juicio por las escuchas ilegales[9]

La respuesta del general Alonso Manglano en 1999 al diputado Pablo Castellano era una sandez y estaba fuera de lugar. Si hubiera sabido que cuarenta años después alguien publicaría sus llamados «papeles» quizás no los habría escrito nunca. Manglano obraba así —con la arrogancia de siempre—, convencido de estar protegido desde las alturas, dada la cantidad de información reservada que obraba en su poder, pero los asuntos del CESID ya habían sido desvelados, y por eso él estaba siendo enjuiciado. Las consecuencias del juicio eran lo de menos. En una democracia seria y coherente no habría salido bien librado. De todos modos, yo ya no pertenecía al Centro.

9 El punto de vista que venía prevaleciendo en el mundo de la inteligencia hasta esas fechas era el que en su día expuso el miembro del Parlamento británico, Austen Chamberlain, cuando dijo en 1925 que «la esencia de un servicio secreto radica, precisamente, en ser secreto. Cuando se empiezan a divulgar aspectos de su actividad, deja de ser secreto y por lo tanto, se pierde el poder disponer de tal organismo». Parlamento británico, Cámara de los Comunes, 15/12/1925. En 1999 semejante planteamiento no se sostenía, y menos en España.

Se diga lo que se diga, el CESID, en 1982, era un servicio en fase de formación. Ni su flamante nuevo director ni la gran mayoría de los oficiales que fueron destinados a él —y que a partir de entonces se llamaron «directivos», omitiéndose su graduación militar a todos los efectos— tenían conocimientos ni formación en materia de inteligencia ni experiencia en ese campo con muy contadas excepciones que, por otra parte, no fueron aprovechadas, ni los afectados quisieron colaborar en esa nueva etapa que se iniciaba. Realmente, ni existía ese conocimiento en España ni había existido nunca. Yo no era una excepción.

Aunque el CESID inicia su andadura a partir del Real Decreto 2723/1977, no se puede perder de vista el precedente, de gran importancia, para comprender la primera fase de vida del CESID, de 1968, cuando nace la Organización Contrasubversiva Nacional (OCN), a la que se le encomienda la misión de desmantelar el movimiento «subversivo» que se había iniciado en la universidad y que, en breve, se extendería también al ámbito laboral y al religioso. Esta organización se fue haciendo progresivamente más compleja a la par que se intensificaba el fenómeno subversivo. Rebautizada en 1972 como Servicio Central de Documentación (SECED). Las concepciones de la cúpula del SECED sobre hacia dónde y cómo debían dirigirse los cambios que se estaban produciendo en la España de Franco, lo configuraron como una agencia de seguridad independiente y, por lo tanto, como un actor político dotado de protagonismo propio, que tendría gran influencia en la transición española a partir del fallecimiento de Franco.

El SECED contaba con un director con gran personalidad, el teniente coronel José Ignacio San Martín, quien diseñó la estructura de esta organización. San Martín identificó los elementos principales que debe tener toda estructura de inteligencia:

- Un núcleo directivo formado por la dirección y la secretaría o gabinete.
- Un núcleo operativo configurado por las divisiones de inteligencia y la unidad operativa de misiones especiales.
- Una serie de servicios de personal, administración y seguridad.

Adolfo Suárez había sido parte de las instituciones del régimen franquista, como gobernador civil y procurador en las Cortes. Conocía perfectamente el poder del SECED —en manos del presidente del Gobierno— y la importancia de poner esa estructura y aquella información al servicio del proceso democrático que se iniciaba. Consciente de la autonomía de este tipo de estructuras, encargó al general Gutiérrez Mellado la creación de un nuevo servicio que fusionase el SECED y la parte dedicada a la información del Alto Estado Mayor. Con este objetivo, Gutiérrez Mellado creó una comisión de trabajo con los responsables de estos dos servicios para que configurasen el nuevo centro de inteligencia. El 2 de noviembre se publicó el Real Decreto 2723/1977, por el cual se estructuraba orgánica y funcionalmente el Ministerio de Defensa. Esta nueva norma establecía en su art. 21 que la función genérica del recién creado servicio de inteligencia sería facilitarle a su titular —esto es, al ministro de Defensa, que era él mismo— toda la información que fuera de interés para la defensa nacional.

La falta de liderazgo, presupuesto y objetivos caracterizaron el período entre 1977 y 1981. Una falta de orientación que tuvo su mayor exponente en el hecho de que en cuatro años y medio cuatro directores encabezasen el Centro, y que se vio agravada por el intento de golpe de Estado del 23 de febrero de 1981 en el que estuvieron implicados miembros del propio CESID, y de su predecesor el SECED, entre ellos su antiguo director, el coronel José Ignacio San Martín.

Cuando se creó el CESID, en 1977, el primer director fue el general José María Bourgon López-Dóriga, que, en ese momento, era jefe de Estado Mayor de la Sexta Región Militar, en Burgos. Bourgon, procedente del Arma de Artillería, fue contactado por Gutiérrez Mellado, que era también artillero, y acabó aceptando ser nombrado director del Centro, a pesar de que ya anteriormente, cuando Gutiérrez Mellado estaba considerando la creación del servicio y le propuso ser el director, lo había rechazado. Bourgon no tenía ninguna formación en lo relativo a inteligencia ni a servicios de información, era un militar profesional, artillero y diplomado de Estado Mayor, y no había tenido nunca relación con asuntos de «espionaje». Era, sin embargo, un caballero, de profundas convicciones religiosas —quizás próximo al Opus Dei, aunque no puedo afirmarlo con certeza total—, y con un gran sentido común[10].

El general Gutiérrez Mellado, como vicepresidente primero del Gobierno, encomendó a Bourgon la misión de organizar el nuevo Centro Superior de Información de la Defensa. Bourgon viviría asuntos como el desenmascaramiento de varios agentes soviéticos —gracias a informaciones recibidas de otros países— o lo que se conoció como operación Galaxia, en la que la intervención del CESID fue nula. Parece que Bourgon estuvo implicado en los contactos a alto nivel con Israel, Estado con el que no se mantenían relaciones diplomáticas —algo absurdo heredado del régimen anterior—, pero sí de interés político y comercial. Fue ascendido a general de división y en 1979, pero por motivos personales[11], solicitó el cese y volver a un destino militar, siendo designado para mandar la Comandancia General de Melilla. Falleció en 1985.

Bourgon fue sustituido por el teniente general Gerardo Mariñas Romero[12] en agosto de 1979. Conviene tener presente aquí que el Real Decreto de creación del CESID especificaba que el director del

10 Conocí personalmente al general Bourgon cuando era teniente coronel y jefe de Estado Mayor en el Sahara, en donde yo estaba destinado, como teniente, en una unidad de carros de combate en el Tercio Sahariano Don Juan de Austria, III de la Legión. Me causó una excelente impresión y se mostró siempre muy interesado, y amable, por conocer mi actividad y el estado de mi unidad. Tuve numerosas conversaciones con él, tanto en el marco de mi destino, como en actos fuera de servicio en los que me aconsejó y asesoró sobre cómo desarrollar mi carrera militar en el futuro. Guardo un gran recuerdo de él.

11 El cese de Bourgon al frente del CESID se produjo al negarse a «traicionar» con informes y fotografías delatoras a los militares que el 4 de enero de 1979 abuchearon y zarandearon al general Gutiérrez Mellado, durante el entierro del general Constantino Ortín, asesinado por ETA el día anterior, que partió del Cuartel General del Ejército tras celebrarse en él un funeral *corpore insepulto*. «Yo soy el jefe de los servicios secretos, no de los chivatos» fue su lapidaria respuesta a la airada petición de represalias recibida del mismo teniente general al que debía el puesto. Las graves desavenencias surgidas se disimularon, no obstante, con el ascenso de Bourgon a general de división. Bourgon al frente del CESID, en esa época, tuvo como subordinados de máxima confianza a varios oficiales traspasados desde el Alto Estado Mayor que alcanzarían cierta notoriedad como el futuro general Javier Calderón, el teniente coronel Florentino Ruiz Platero y el famoso comandante José Luis Cortina.

12 El teniente general Mariñas era amigo de mi padre, con quien había coincidido en Marruecos siendo capitán. Posteriormente fue mi profesor de Geometría en el Grupo Premilitar del ICAI, donde me preparé para ingresar en la Academia General Militar. Era un excelente militar, y profesor. Sé de buena tinta que no le gustó la forma en la que se estaba organizando el CESID ni las misiones que

servicio sería militar y con el grado de general. El teniente general Mariñas, lo mismo que su antecesor, carecía de la menor formación en materia de información e inteligencia, actividad que íntimamente despreciaba, por lo que su corto mandato al frente del mismo, centrado en la desactivación del «involucionismo» y en la lucha contra ETA, estuvo realmente codirigido por el teniente coronel Javier Calderón, que había sido nombrado secretario general del Centro. Lo cierto es que, comprobada su incómoda realidad y los temas que interesaban de verdad al general Gutiérrez Mellado, él mismo solicitó la baja en julio de 1980, siendo puesto el inmediato mes de agosto al frente de la Comandancia General de Ceuta, al igual que se había hecho con Bourgon. Gutiérrez Mellado solo quería taparles la boca y nada mejor que enviarlos al Norte de África, lejos de Madrid.

El cese, por unas razones o por otras, en el escaso plazo de dos años de los dos primeros generales del Ejército nombrados para dirigir el Centro fue ciertamente un revés para el general Gutiérrez Mellado y durante un tiempo no se nombró a nadie más para dirigir el servicio, por lo que el teniente coronel Calderón estuvo ejerciendo el mando con carácter accidental. En julio de 1980, el coronel de Infantería de Marina y de Estado Mayor Narciso Carreras se hizo cargo de la dirección del Centro, aunque no ostentaba el empleo de general como correspondía al cargo, y se pasó diez meses esperando que el Gobierno nombrase un superior, lo que no era fácil, ya que nadie envidiaba un puesto considerado incómodo e ingrato entre el recelo de los Ejércitos y la desconfianza del Gobierno al que se debía servir. Carreras llegó a la dirección del CESID en julio de 1980 como jefe interino, en plena ofensiva de ETA que intentaba desestabilizar la frágil democracia existente. Carreras, como sus antecesores, no era un espía, sino un militar, aunque le tocase estar al frente del servicio en uno de los momentos más delicados de su historia, como fue el 23 de febrero de 1981, en el que estuvo totalmente fuera de juego. Ni sorprende que no se hiciera con el control del Centro, cuyo verdadero «cerebro» siguió siendo su secretario general, el teniente coronel Calderón, ni se le debe reprochar que aquella tarde del 23 de febrero fuera el primer sorprendido por el asalto al Congreso y

---

le encargaron desempeñar y por eso pidió cesar al mando del Centro. Era, ante todo, un hombre de honor que no cedió a las presiones políticas.

el secuestro del Gobierno y el Parlamento en pleno. Carreras cesó al mando del Centro[13], y fue destinado al Gabinete del nuevo ministro de Defensa, Alberto Oliart, en mayo de 1981, donde trabajó en el tema de la adhesión de España a la OTAN. Se puede afirmar que la corta permanencia en su puesto de los primeros responsables del Centro se debió a la reticencia que manifestaron al poder político a la hora de tener que investigar a otros militares.

Entre 1977 y 1981, como se ha dicho, la inteligencia española se caracterizó por una falta de liderazgo, presupuesto y objetivos. Podemos decir que el director en cada momento fue quien daba la impronta a la inteligencia española; sin embargo, en ese período —en el que se suceden los directores generales citados José Mª Bourgon López-Dóriga (1977-79) y Gerardo Mariñas (1979-81)— resultó prácticamente imposible dotar a la organización de una credencial que facilitase las relaciones de colaboración y confianza con otros servicios extranjeros, lo que la convirtió en ineficaz. Además, a pesar de la pretensión de romper con las estructuras del pasado, el CESID no supo crear otras verdaderamente eficaces: «Las secciones especializadas en análisis de datos y producción de informes (contrainteligencia, involución...) eran compartimentos estancos respecto de la Agrupación de Operaciones Especiales (AOME), mandada por el comandante Cortina, encargada del trabajo de calle: vigilancia, seguimientos, instalaciones de micrófonos...», de aplicación en las redes de espionaje del viejo sistema. En esta primera etapa, el CESID investigaba posibles casos de involucionismo, pero también tenía la misión de contrarrestar las actuaciones de la inteligencia soviética, que, entre otras cuestiones, trataba de evitar la inclusión de España en la OTAN; o controlar a la población soviética flotante, que entre los años 1980 y 1981 llegaba a diferentes puntos de la Península en barcos mercantes. Lo que interesaba sobremanera al espionaje soviético eran las bases estadounidenses de Rota, Torrejón y Zaragoza, y las bases de Portugal. La preocupación principal era desactivar el posible espionaje soviético.

13 Tres años antes de fallecer, en 2007, el coronel Carreras, ya retirado, declararía que el intento del 23-F fue un ensayo, diseñado por la cúpula del CESID entonces, y que quien estaba en el conocimiento de todo era el teniente coronel Calderón, como el historiador Jesús Palacios ha expuesto en su libro *El secreto del Rey*. Ver también mi propia obra, *23-F, El Golpe del Rey*, publicada por Almuzara en 2020.

El CESID heredaba funciones que venían siendo realizadas por otros organismos hasta ese momento, y para poder vaciar de competencias a los diferentes Estados Mayores, y dejarles aquellas exclusivamente militares, el CESID tuvo que pasar por adoptar la etiqueta de ser el servicio de inteligencia militar del Ministerio de Defensa, a pesar del evidente carácter generalista con el que fue diseñado. Aquellos primeros años del CESID fueron de gran confusión y descoordinación. Se desconocía cuál era el trabajo que había que realizar, y el papel que debía desarrollar un servicio de inteligencia en el nuevo régimen democrático de España. Por otra parte, los medios materiales eran insuficientes e inadecuados a la nueva estructura de la organización.

La posibilidad de tener que incluir entre sus misiones el control de la involución militar también provocó que algunos oficiales no se integraran bien en la nueva etapa. La media de duración en la jefatura del Centro había sido de poco más de doce meses, hecho absolutamente desconocido en cualquier país occidental próximo al entorno español. La confusión inicial en el funcionamiento del servicio también tiene su origen en los continuos cambios sufridos en la dirección en los primeros años. Por otra parte, dada la penuria de medios, la utilidad de las informaciones provenientes del Centro era muy escasa, y si bien, ocasionalmente, se producía alguna inteligencia de calidad, muchas veces sus informes eran más parecidos a resúmenes de prensa que a verdadera inteligencia.

Es significativo —y una falsedad— que el teniente coronel Calderón haya afirmado que el Centro no tenía competencias para actuar en la involución militar. Me atrevo a decir que inicialmente era la única competencia que tenía y por eso cesaron voluntariamente Bourgon y Mariñas. Objetivamente, la posición de Calderón es difícil de justificar ya que en aquel entonces ya existía en la División de Inteligencia Interior —una de las cuatro divisiones en que estaba estructurado el Centro—, un Área de Involución dirigida por el teniente coronel Santiago Bastos Noreña[14], entonces comandante. La Orden Ministerial de Defensa 726/1981 modificaba el artículo 21 del Real

14 Santiago Bastos Noreña fue un peculiar personaje que dirigió el Área de Involución —ya desde antes del 23-F—, y que acabaría ascendiendo a general de brigada, ya en los últimos días de gobierno de Felipe González, en 1995, en recompensa a los favores obtenidos para Manglano, y en última instancia para

Decreto de 1977 de creación del CESID, añadiendo una coletilla a su función, y así se establecía que la función del CESID sería la de obtener toda aquella información que necesitase «el ministro referente a las misiones que a las Fuerzas Armadas encomienda el artículo 8º de la Constitución»[15] ¿Por qué existía una sección de involución en el seno del CESID? ¿Se debe considerar que el CESID actuaba al margen de las competencias que tenía atribuidas legalmente? No sería tampoco una gran sorpresa que así hubiera sido.

Coronel Santiago Bastos.

Tras el 23-F, no es de extrañar que las primeras medidas que tomó el nuevo presidente Leopoldo Calvo Sotelo estuvieran dirigidas a detectar y anular los posibles movimientos involucionistas. Fue entonces cuando de la mano del ministro Oliart llegó a la dirección

---

el propio Serra, aunque ni se le dio ningún destino ni mando de ningún tipo. Fue un ascenso gratuito, innecesario para el Ejército, y sin ninguna proyección.

15 Posiblemente, miembros relevantes del CESID —empezando por el nuevo director, Emilio Alonso Manglano— convencieron al ministro Oliart para que diera esta orden ministerial buscando obtener cobertura jurídica ante el proceso judicial que se avecinaba, puesto que así podrían alegar que la atribución de competencias en materia de involución fue fijada con posterioridad al 23-F y por lo tanto no podía haber existido dejación de funciones ese día. De hecho, según el teniente coronel Calderón —ya siendo teniente general—, en declaraciones a *El Mundo*, en 2001: «Es precisamente con motivo de estos hechos cuando se promueve, desde el propio servicio, la necesidad de modificar dicho artículo, lo que da lugar al decreto 726/1981 de 27 de marzo, en el que se da una nueva redacción al apartado primero y se introduce un nuevo apartado, el quinto; de lo cual se desprende de forma expresa y meridiana, que es a partir de entonces cuando el CESID amplía sus cometidos originales al ámbito de las Fuerzas Armadas». Toda una obra maestra de manipulación al más alto nivel y una falsedad monumental.

del Centro el teniente coronel Emilio Alonso Manglano[16], saltándose la legalidad vigente que establecía entonces que el director del CESID debería ser un general, como se ha citado. Alonso Manglano comenzó a trabajar con las nuevas reglas y el 27 de octubre de 1982 —el llamado 27-O[17]—, en vísperas de la victoria socialista en las elecciones generales, el CESID «desactivó» esta vez ya, por fin, una trama involucionista, aunque de poca monta y de dudosa credibilidad. No tengo dudas de que la importancia de este asunto se magnificó ya que su consistencia era muy discutible. Hay una alta posibilidad de que esta trama fuese desactivada, en puertas de la presumible victoria electoral del PSOE, en un intento del propio CESID, y del interés personal de Alonso Manglano, de mostrar al nuevo Gobierno sus capacidades. Teóricamente, en las democracias no hay lugar para que los servicios de inteligencia desarrollen una actividad independiente y autónoma, y eso es precisamente lo que el Sr. Alonso Manglano haría hasta que, en 1995, saltó todo por los aires llevándose por delante al Gobierno de Felipe González, pero eso es ya otra historia de la que hablaremos más adelante.

---

16 Emilio Alonso Manglano, además, había estado próximo a los coroneles San Martín, Pardo de Santayana, y demás coroneles que se reunían habitualmente para comentar la situación política y la hipotética necesidad de «hacer algo» entre 1979 y 1980. Emilio Alonso Manglano es un caso peculiar, y uno que merece ser tenido en cuenta en los anales de lo que considero la historia infamante del Ejército español. Ciertamente mucho más hábil e inteligente que sus predecesores, nunca fue víctima de un atentado —en una época en la que todos los generales clave del Ejército figuraban en el punto de mira de ETA—, y solamente cayó por la desmedida ambición política de su superior inmediato —el ministro Narcís Serra—, su propia arrogancia, por la degradación progresiva que invadió al PSOE a partir de 1990, y finalmente debido a la línea por la que evolucionó el propio CESID. Manglano como decía uno de sus principales colaboradores, el general Vicente Mateo Canalejo, «se entregó con armas y bagajes» —lo que se ha citado en la introducción—, y sin dudarlo, al PSOE tras su llegada al poder en octubre de 1982, y, más que al PSOE, al propio ministro de Defensa Narcís Serra, con quien estableció una particular relación personal. El coronel Amadeo Martínez Inglés en su obra *Juan Carlos I, El Último Borbón* le describe como «El antiguo "paraca" Alonso Manglano, un ambicioso politiquillo, un hombre acérrimo enemigo de las luces y muy amigo de las sombras, un militar cortesano, fiel a su señor y desleal con sus compañeros y subordinados». No hacen falta más palabras.

17 Miguel Platón considera, por boca de los militares que colaboraron con él para hacer su libro, que «este aparente golpe de Estado por su complejidad, y por sus líderes, los coroneles Muñoz Gutiérrez y los hermanos Crespo Cuspinera —todos ellos de escasa capacidad, nulo liderazgo y empleos sin mando efectivo de tropas—, era imposible». Platón, Miguel. *Hablan los militares.* Planeta, 2001.

A Alonso Manglano alguien lo ha calificado como un militar de «sangre azul» al servicio del poder. Que estuvo al servicio del poder es indiscutible, como muchos otros, pero que fuera de «sangre azul» es más que discutible a pesar de lazos y relaciones familiares de segunda línea, y de que, según algún autor ha indicado, posiblemente asistiera a la boda de Juan Carlos y Sofía en Atenas, invitado por alguien relacionado con don Juan de Borbón. A pesar de la imagen de demócrata a ultranza con la que se le ha caracterizado tras su actuación en el 23-F, los primeros destinos militares de Emilio Alonso no acreditan desafección alguna hacia el régimen franquista, sino todo lo contrario: teniente en el Tercio Duque de Alba, II de la Legión, en Ceuta, y a continuación en el Regimiento de la Guardia de Franco, unidad a la que se iba destinado de forma voluntaria y con la intención de hacer méritos. En este destino realizó el Curso de Paracaidismo —que se sepa este fue el único curso militar que hizo, además del Curso de Estado Mayor—, y fue destinado en consecuencia a la Primera Bandera Paracaidista, llegando a participar, de forma suave, en la guerra de Ifni en 1957, lo que hizo que, posteriormente, el profesorado de la Escuela de Estado Mayor le catapultase como número uno de su promoción del Curso de Estado Mayor, sólo debido a su corta experiencia africana, distinción que nunca fue aceptada de buen grado por sus compañeros de curso.

Su actuación durante el 23-F sería valorada en exceso para justificar su nombramiento, siendo un simple teniente coronel sin méritos suficientes, y que también carecía de la deseable experiencia en tareas de inteligencia, a la dirección del CESID, que además se debía asignar de forma reglamentaria a un oficial general conforme había establecido el real decreto de creación del Centro. La habilidad de Manglano para llamar la atención y colocarse a la espera de situaciones favorables hizo su efecto en el ministro Oliart, quien describió así su primer encuentro con el futuro general Alonso Manglano:

> Fue en marzo de 1981, en una visita que hice al cuartel de la BRIPAC. Cuando pasaba revista a las tropas, con el capitán general de Madrid, Quintana Lacacci, este me advirtió que el teniente coronel que venía detrás de nosotros era una de las glorias del Ejército español.

Sinceramente no sé dónde pudo ver esa gloria el general Quintana, y es curioso que Manglano terminase oportunamente afincado en los aledaños del poder socialista. Su designación en mayo de 1981, para dirigir el CESID, parece que fue avalada, además, de forma personal por Juan Carlos, quien, reforzado entonces en su condición de máximo mando de la institución militar, habría de estar muy interesado en el control de los mecanismos del Estado, al margen de vanagloriarse de ser un monarca constitucional.

Dentro del peculiar ambiente monárquico-liberal en el que se movía Manglano, es sabido que mantuvo una estrecha relación con dos personajes muy especiales que, además, eran miembros destacados del Opus Dei: Rafael Calvo Serer[18], expresidente del diario *Madrid*, y Antonio Fontán[19], que, además de dirigirlo, fue uno de los profesores encargado de tutelar la formación universitaria de Juan Carlos. Ambos estaban próximos a don Juan de Borbón. La recomendación de Fontán[20] a Oliart fue decisiva para que este

---

18 Rafael Calvo Serer era un intelectual liberal, monárquico, y profesor universitario, miembro notorio del Opus Dei, que había sido uno de los impulsores de la llamada Junta Democrática en París, y que jugó un notable papel en la legalización del Partido Comunista, actuando en muchas ocasiones como intermediario entre Santiago Carrillo y Adolfo Suárez entre 1976 y 1977.

19 Antonio Fontán era un conocido monárquico y miembro relevante del Opus Dei. Había sido profesor de la Universidad de Navarra —donde fundó el Instituto de Periodismo—, primer presidente del Senado, y ministro de Administración Territorial con Adolfo Suárez.

20 Como no podía ser menos en una institución que alcanzó su máximo esplendor en la España de Franco, el Opus Dei se interesó desde el primer momento por las Fuerzas Armadas. Incluso hubo y hay un grupo de «numerarios» dedicados a cortejar a los militares en activo. En la década de los ochenta la Obra tuvo una fecunda relación con el almirante Liberal Lucini, jefe del Estado Mayor de la Defensa. Algo que no resulta extraño dado que la Marina es el sector de las Fuerzas Armadas más susceptible de sucumbir ante los encantos de la institución. El almirante Carrero Blanco fue quien abrió las puertas de la Armada a la Obra y un ministro de Marina, Manuel Baturone Colombo —padre de un compañero de promoción—, consolidó el trabajo de penetración, y no en vano dos de sus hijos, Adolfo y Luis, abandonaron la carrera militar para consagrarse a las tareas de la Obra. En el Ejército también han contado con una considerable presencia; dos jefes de Estado Mayor, los generales Alvaro Lacalle Leloup y José María Sáenz de Tejada, fueron supernumerarios de la Obra. En el amplio círculo de simpatizantes destacó Emilio Alonso Manglano, conocido en medios de la Obra como Juanito, lo que explica el interés de Fontán y Calvo Serer por impulsar su carrera, como expone Santiago Aroca en *La estructura oculta del Opus Dei en España*. Por mi parte solo puedo decir que Manglano, a quien llegué a conocer bien en mis diez años de permanencia en el servicio, era lo más anticristiano y anticatólico que he conocido y no tengo ninguna evidencia de que estuviera

propusiera su nombramiento como director del CESID, sustrayéndole de otro destino como asesor de la Presidencia del Gobierno que ya le había ofrecido Leopoldo Calvo-Sotelo en atención a sus afinidades monárquico-liberales. Alonso Manglano, en cualquier caso, llegaba al Centro sin ningún conocimiento previo de inteligencia ni experiencia en servicios de información o similares. Capacidad de intriga, sin embargo, no le faltaba y lo demostraría no tardando mucho.

Como nuevo director del CESID, Emilio Alonso Manglano dedicó sus primeros esfuerzos a tratar de recomponer y limpiar la imagen del Centro tras el intento del 23-F, y lo primero que hizo fue tratar de eliminar todos los posibles rastros de implicación del servicio en aquel acontecimiento, tarea a la que ya se había aplicado de forma inmediata —como es obvio— su secretario general, el teniente coronel Calderón, que fue cesado y salió del Centro reintegrándose a un destino militar con el propósito de desaparecer de la atención mediática durante un tiempo. En dicha labor jugó un papel importante el entonces comandante Juan Ortuño Such —más tarde teniente general—, destinado en el Centro desde 1978 y precipitado sustituto del comandante José Luis Cortina —que más tarde también fue cesado en su destino en el Centro—, al frente de la Agrupación Operativa de Misiones Especiales (AOME), unidad que había facilitado de alguna manera la actuación de la Guardia Civil en los hechos del 23 de febrero. Manglano trajo su propio equipo de trabajo —esencialmente oficiales que habían sido subordinados suyos en la Brigada Paracaidista—, y reorganizó pronto el Centro, como buen oficial de Estado Mayor que era.

En ese equipo de trabajo estaban, entre otros, el teniente coronel Florentino Ruiz Platero —intrigante donde los haya—, el teniente coronel Manuel Chalud —de quien guardo un buen recuerdo—, el teniente coronel de Infantería Luis Ruiz de Conejo —un personaje árido que saldría pronto del Centro y acabaría mandando el

relacionado directamente con la Obra, pero sí tenía familiares muy ligados a ella. Sin embargo, es un hecho que Manglano falleció solo en 2013, en una residencia para ancianos bajo control de la Obra, y su viuda, Susan Lord, al poco tiempo, en el mismo año 2013, organizó unos curiosos programas sobre cocina medieval en una emisora de radio, en Madrid, controlada por la Obra, Radio María, así que verde y con asas. Es obvio que la intriga y el oportunismo no tienen límites.

Regimiento de la Guardia Real—, y Eustasio Rodrigo Mata, comandante, gran amigo con el que había compartido destino en una unidad de carros en la División Acorazada, todos dirigidos o coordinados al poco tiempo, de alguna manera, por el comandante José Orzaez, en su calidad de secretario general, aunque quizás debería decir mejor «intrigante general». Ese equipo o gabinete que rodeaba a Manglano era conocido entre el personal directivo del Centro como Sanedrín, precisamente por la ortodoxia que demostraban respecto del resto de personal. En general, se les veía más como fiscales, o inquisidores, que como un órgano de trabajo y de ayuda a la toma de decisiones. Por regla general generaban desconfianza y yo nunca encontré apoyo por su parte cuando lo necesité, excepto en muy contadas ocasiones.

Por otra parte, anticipándose a la derrota electoral que se cernía sobre la UCD, también se impulsó al máximo y se inventaron, en buena medida, los logros teóricos del Centro contra la llamada «involución», tarea en la fue especialmente asistido por el comandante Santiago Bastos. Este celo de salvaguarda democrática, ciertamente exagerado, se demostró inicialmente con el ya citado supuesto desmantelamiento del segundo intento desestabilizador conocido como el Golpe del 27-O (operación Cervantes). Más tarde se culminaría con la «desarticulación» de un hipotético intento de asesinar a Juan Carlos, en junio de 1985, durante el desfile militar en La Coruña.

Con estos «éxitos», absolutamente artificiales y cuestionables sobre los que, aparte de lo dicho desde el propio CESID, no se investigó nada nunca, el nuevo director del CESID fue rindiendo el servicio de forma progresiva al nuevo Gobierno socialista —a partir de octubre de 1982—, y particularmente a Narcís Serra, que fue su primer ministro de Defensa, obteniendo resultados evidentes de forma inmediata. Para empezar, fue confirmado en su cargo y tras su fe y entrega a la causa gubernamental, su ascenso en los sucesivos empleos militares fue ciertamente vertiginoso, aun no cumpliendo ninguna de las condiciones que se requerían para el ascenso. Así, Manglano fue ascendido a coronel en julio de 1981, a general de brigada en 1983, a general de división en 1985 y a teniente general en 1987[21]. Ascensos todos ellos que fueron muy criticados por sus propios compañeros, al carecer de experiencia en el mando sobre unidades, y al facilitársele ascensos incluso sin existir vacantes que los justificaran legalmente. De hecho, el Consejo Superior del Ejército se opuso de forma expresa a que fuera ascendido a teniente general, molesto, además, por las maniobras políticas que había realizado previamente, buscando incluso su nombramiento como jefe del Estado Mayor del Ejército, pero todo fue en vano. Manglano se vengaría de sus compañeros militares informando insidiosamente al ministro Serra de todo aquello de lo que podía llegar a enterarse sobre sus conductas y pensamientos.

No es fácil adivinar el razonamiento que hubo detrás de toda esa serie de ascensos que recibió Manglano[22], aparte de lo expuesto. En primer lugar, no eran necesarios. La idea del estamento político era que el director de los servicios de inteligencia debía ser un civil, y se tuvo una ocasión de oro para haber llegado a ello al nombrar a un teniente coronel. De hecho, existían antecedentes con los casos del coronel de Infantería Eduardo Blanco, que había sido director general de Seguridad hasta 1974 y nunca ascendió a general, o el caso igualmente de José Ignacio San Martín, teniente coronel de Artillería, que incluso fue director general de Tráfico. Manglano podía haber pasado a la reserva sin más, y haber permanecido al frente del CESID igualmente como el Sr. Alonso Manglano, como civil y no como militar. Pero está claro que esa no era la intención —al menos de Narcís Serra—, y necesitaban un militar —y general cuanto antes—, para amedrentar de alguna manera al estamento militar, y especialmente, a los demás generales. Posiblemente, además, el seguir figurando en activo dentro de la carrera militar, y seguir ascendiendo fue una condición pactada por el propio

21 Esta rapidez vertiginosa en los ascensos era debida claramente a motivos políticos y a la gratitud con que Narcís Serra distinguía a Manglano, por todo el trabajo de «alcantarilla» que realizaba en su beneficio. Manglano y Serra estaban tan unidos que estaba claro que la caída de uno de ellos llevaría consigo la caída del otro, como sucedería en 1995.

22 Todos los indicios apuntan a que Calvo Sotelo quería que el CESID no estuviera en el Ministerio de Defensa ni tuviera carácter militar, pero aquí pesaron otras consideraciones (preferencia del propio Manglano, voluntad del monarca que deseaba una relación directa con el director del Centro, etc.) y acabó estando integrado en el Ministerio de Defensa, con dependencia directa del ministro.

Manglano. No obstante, que se sepa, y personalmente nunca observé lo contrario, Manglano no volvió a vestir el uniforme militar nunca más desde su nombramiento. Curiosamente sería el Partido Popular quien nombraría al primer director civil que tuvo el Centro.

También se cuestionó su excesiva permanencia al frente del CESID, prolongada durante catorce años, incluso cuando llegó a superar por edad su período profesional de actividad —ya que pasó a la reserva en 1990 al cumplir la edad reglamentaria y cesó en el mando del CESID en 1995—, razón por la que se le llamaba el Fósil, y en el entorno castrense el Intocable o el Emperador. Con una continuidad en el cargo tan dilatada, se contravenían todas las normas establecidas, fomentándose así la proclividad a utilizar el CESID más en beneficio directo del Gobierno, y del partido que lo sustentara, en lugar de al servicio del Estado, lo que hemos visto que se ha repetido en época reciente con el general Sanz Roldán.

En cierto modo se puede decir que casi coincidí con Alonso Manglano en mi destino al CESID, y también en mi salida. En 1982, ya desde hacía varios meses sabía que mi destino al Centro Superior de Información de la Defensa (CESID) estaba prácticamente decidido. La verdad era que me apetecía y que se presentaba como algo nuevo, desconocido, totalmente diferente a cualquier otro destino de los que hasta ahora había tenido y por lo tanto de un mayor atractivo o interés si cabe. A ello cabe añadir la atracción que suponía el desarrollar o realizar una función calificada como secreta y por lo tanto acompañada de un cierto misterio. Naturalmente no sabía nada de los entresijos del poder y el haber pasado los últimos tres años de mi vida militar en la Escuela de Estado Mayor, como alumno, me había hecho estar bastante al margen de la realidad político-social de la transición en curso, a pesar de que había vivido casi en primer plano los acontecimientos del 23-F y conocido en primera persona a la gran mayoría de los participantes en aquel suceso. Manglano era, para mí, un total desconocido. Cuando me incorporé al servicio, él era ya coronel. Mi suegro, que había mandado la Brigada Paracaidista, lo calificaba como «rojo».

Al margen de los servicios de seguridad e información de la Policía y de la Guardia Civil, de carácter esencialmente interno, el único servicio de inteligencia existente en España era el CESID —como ya he expuesto—, y se diga lo que se diga, era de carácter totalmente militar. Y, además, todo el personal que trabajaba allí era militar —fundamentalmente oficiales del Ejército de Tierra diplomados de Estado Mayor—, con excepción de algunas secretarias y algún que otro funcionario. Se trataba, además, de un destino calificado como de Estado Mayor —para facilitar el destino que siempre era con carácter de «libre designación»—, aunque se figuraba como destinado en la Subsecretaría de Defensa del Ministerio, y solamente por orden secreta comunicada a los interesados, se les decía que su verdadero destino era el CESID. Yo lo consideraba como un destino más dentro de mi carrera militar, y siempre lo manifesté así, lo que no gustaba mucho en la cúpula del CESID, sobre todo en el antes citado Sanedrín. Los primeros civiles, principalmente mujeres, empezaron a incorporarse al Centro en 1983 y eran familiares de militares esencialmente.

A diferencia de Alonso Manglano, mi destino al CESID se había gestado exclusivamente a través de algunos oficiales[23], amigos míos, que o bien estaban prestando servicio en el Centro, o habían estado destinados anteriormente en el mismo. Yo nunca solicité ir allí destinado ni tampoco supe si había un mecanismo para poder hacerlo. No obstante, mis propias capacidades parecían ser del interés del Centro, ya que por entonces era el capitán, diplomado de Estado Mayor, más joven del Ejército, que además acreditaba en su hoja de servicios el dominio de tres idiomas, francés, inglés e italiano y tenía estudios de otras carreras civiles. Estas condiciones, unidas al haber residido en varios países extranjeros durante algún tiempo —Francia, Suiza, Gran Bretaña y Estados Unidos—, se presentaban como muy útiles para el CESID y serían determinantes a la hora de asignarme el destino a la entonces División de Inteligencia Exterior (IE). Por otra parte, las condiciones de destinos y el reglamento de provisión de vacantes del Ejército, en aquellos

23 En mi caso fueron los capitanes Antonio Labalsa Llaquet y José Armada de Sarriá, hoy ya generales retirados, que habían estado destinados anteriormente bien en el SECED o en el Alto Estado Mayor, los que de alguna forma me recomendaron, avalaron e impulsaron para que fuera destinado al CESID.

días, casi me obligaban a un destino forzoso fuera de Madrid, —de hecho, había sido destinado al Estado Mayor de la Brigada de Infantería Motorizada XXXI, en Castellón, a donde nunca llegué a incorporarme—, y entre elegir este destino o el más «enigmático», y atractivo, del CESID, no lo dudé, y pronto me convertiría en un oficial de inteligencia, o «espía» en lenguaje vulgar, como se solía decir, aunque nunca llegaría a espiar a nada ni a nadie.

No obstante, las decepciones de lo que verdaderamente era el CESID iban a comenzar casi desde los primeros momentos, e incluso antes de llegar a incorporarme. Tan sólo unas semanas antes de producirse mi destino al Centro, y a través de un oficial amigo personal ya destinado, se me citó en una conocida cafetería situada en la plaza de Colón, muy cerca de lo que entonces era la sede central del CESID, con el objeto aparente de hacerme algunas preguntas —una entrevista en toda regla—, y tener una mejor idea de mi propio carácter, y de mi forma de pensar. Ciertamente, aquello ya daba que pensar porque citarme en un lugar público para entrevistarme no me parecía lo más acertado y lo podían haber hecho en cualquier dependencia militar. Francamente no comprendía el objeto de tal proceder, ya que siendo un oficial del Ejército lo lógico era que o bien se me citase en la sede del propio servicio, o bien que los oficiales encargados de hacer la entrevista acudieran a mi lugar de trabajo, —a la sazón estaba destinado en la Brigada Mecanizada XI, de la División Acorazada, en Madrid—, en lugar de acudir a un lugar público, ruidoso y ciertamente poco discreto. Era el comienzo de una serie de errores y falta de profesionalidad por parte del Centro, en mi opinión, que iban a ser bastante frecuentes durante los próximos diez años de mi vida.

La entrevista tuvo lugar al mediodía de una soleada mañana de abril de 1982, en la cafetería Las Tres Carabelas, situada en el sótano del edificio de Las Torres de Colón que hoy entiendo que sigue ocupando el Barclays Bank. Acudieron a la cita dos personas, un capitán de la Guardia Civil, mi amigo Alfonso López Clavier, alias Sr. León, destinado en el Departamento de Seguridad Interna del Centro, que me conocía bien ya que habíamos sido compañeros de clase antes de ingresar en la Academia General Militar, y un comandante de Infantería, José Pedrero López, alias Sr. Pedreño, a cargo entonces del Departamento de Personal del Servicio, cuya gestión no se revelaría precisamente como una de las más eficientes del Centro. Era solamente una buena persona y poco más; hubiera dado igual que hubiera estado en la sección de personal del Ministerio de Defensa o del Ministerio de Agricultura.

En principio, la entrevista tenía por objeto conocerme mejor, ya que según me confesó el capitán López Clavier, en el CESID apenas me conocían y se ignoraba prácticamente todo lo referente a mi persona, incluso aspectos como actitudes políticas, forma de pensar, hobbies o relaciones, o incluso amistades. No era un mal comienzo, y en cierta forma era tranquilizador saber que España no era un Estado policial, aunque en el fondo, dada mi profesión, se podía ya intuir una cierta ineficacia por parte del servicio. Por citar un ejemplo, no tenían ni idea de mi amistad y relaciones personales con muchos de los que habían intervenido en el 23-F, en especial con el comandante Pardo Zancada o con el capitán Muñecas Aguilar, ni que, incluso, había cenado con el teniente coronel Tejero unos meses antes de los hechos. Para el CESID era tan solo un oficial de carros de combate que tenía experiencia internacional. Seguramente el lector se asombrará, pero así era. No sabían nada de mí.

Durante la entrevista se me hicieron por parte del comandante Pedrero todo tipo de preguntas absurdas y mal planteadas, en un ambiente, eso sí, muy distendido e informal, de las que, en especial, aún recuerdo las siguientes:

¿Qué opinas de lo sucedido el 23 de febrero de 1981?

Mi respuesta no pudo ser más ambigua y vaga, por supuesto, especialmente ante un desconocido como era para mí el comandante Pedrero. ¿Qué pensaba que le iba a responder? ¿Acaso, en el supuesto de que hubiera simpatizado con los sucesos de aquel infortunado día, se lo iba a haber dicho? Consideré una estupidez aquella pregunta y me pareció decepcionante que la plantease. Le dije que pensaba lo mismo que él, y pasó a otros temas. Sin más.

¿Qué vas a contar a tu familia sobre tu destino?

Aquí la situación fue aún más cómica, ya que de forma automática mi respuesta fue la de que me parecía una pregunta interesante, y que les agradecería que me dijeran que era lo que ellos habían dicho, para decir yo lo mismo. Todo me pareció una conducta sorprendente de aficionados, que me hicieron albergar serias dudas sobre el funcionamiento de la organización a la que iba a pertenecer. Por supuesto, nunca oculté a mi familia la naturaleza del nuevo destino que iba a ocupar, ni ello supuso nunca ningún problema. Tampoco observé que alguien lo ocultase, o que las esposas de otros compañeros lo ignorasen.

Sin más problemas, los trámites para mi destino al CESID se aceleraron y finalmente, el 2 de mayo de 1982, en virtud del artículo VIII del Reglamento de Provisión de Vacantes del Ejército de Tierra, fui destinado con carácter voluntario, en calidad de capitán, diplomado de Estado Mayor, a la Subsecretaría de Defensa y posteriormente mediante orden comunicada secreta al Centro Superior de Información de la Defensa. Comenzaban diez años y siete meses que iban a ejercer una gran influencia en mi vida profesional y personal, aunque entonces todavía no lo sabía.

El solo hecho de destinar por Diario Oficial a los oficiales de los tres Ejércitos que ingresaban en el CESID a la Subsecretaría de Defensa representaba una vulnerabilidad considerable, ya que los oficiales seguían en sus escalafones de origen, figurando el destino a la Subsecretaría de Defensa al margen. Dado que las escalillas de los Cuerpos de Oficiales eran de venta libre en las dependencias del Servicio Geográfico del Ejército, no debe existir ninguna duda de que hasta el más incompetente de los servicios de inteligencia extranjeros con intereses en España poseía la lista completa de todos los destinados en el CESID, incluido el propio director general, cuyo nombramiento, por otra parte, se había hecho público. No tengo constancia de que esto se haya remediado, aunque tengo entendido que, en la actualidad, son ya muy escasos los oficiales de las Fuerzas Armadas que pasan destinados al Centro. En cualquier caso, escapaban a este posible control todo el personal civil que hubiera ingresado en el servicio y que no figurase en ningún documento público de la Administración, aunque estos eran muy escasos.

Ir destinado al CESID en 1982 se veía bajo una doble óptica desde el ámbito militar. En primer lugar, con cierta envidia disfrazada de menosprecio, por parte de algunos compañeros, acompañada de la advertencia de ser considerado como más afecto a la política del momento, a la par que carente de espíritu militar, y al tiempo desde otros escalones superiores, se recibían muy buenas palabras de ánimo e incluso de enhorabuena por haber sido elegido para desempeñar una tarea de confianza, importante y con grandes implicaciones. Sin embargo, todavía recuerdo las palabras que —algunos años antes—, el entonces capitán Ricardo Pardo Zancada[24], uno de mis superiores durante mi empleo de teniente, y uno de los oficiales más capaces y brillantes que he conocido, pronunció, afirmando no entender cómo tantos, y prometedores, oficiales jóvenes recién diplomados de Estado Mayor iban destinados al CESID en perjuicio de destinos a las unidades operativas, lo que no comprendí bien cuando él mismo había desempeñado previamente labores de inteligencia en los servicios del almirante Carrero Blanco. Obviamente, tenía que ver con el signo político imperante en España tras la muerte de Franco.

Efectivamente fueron muchos los oficiales apenas diplomados de Estado Mayor que fueron destinados al Centro, algunos de los cuales alcanzaron el generalato sin problemas posteriormente, como es el caso de Aurelio Madrigal, general de división hoy ya retirado, Ricardo Martínez Isidoro, también general de división, igualmente retirado, Cayetano Miró Valls —ya fallecido—, que alcanzó el empleo de teniente general y fue designado como jefe del mando de la OTAN ubicado en Retamares, hoy ya desaparecido, Luis Calero Torrens, general de brigada, y Antonio Labalsa Llaquet, general de brigada y número uno de mi propia promoción de Estado Mayor, entre otros, todos ya retirados, como es obvio, por imperativos de la edad. José Armada de Sarriá también ascendería a general y fue nombrado director de la Academia de Infantería, de Toledo.

Las razones genéricas para ir destinado al CESID en aquellos años eran varias y numerosas. Sobre todo, era cuestión de buscar destinos de interés profesional más atractivos que los que deparaban las unidades y la vida de guarnición de entonces, mal consideradas y dotadas, y no con muy buen ambiente tras los hechos del 23-F. El CESID también ofrecía mejores condiciones económicas de salario, salir al extranjero con frecuencia, y escapar de la rutina y del ambiente enrarecido que viciaban a las Fuerzas Armadas

24 Ricardo Pardo Zancada, siendo comandante, sería juzgado y condenado ese mismo año de 1982, por su participación en el intento del 23-F.

después de los sucesos citados del 23-F, y otras situaciones derivadas de aquello, a lo que había que añadir la crispación reinante, y la desconfianza existente, sobre todo en los Estados Mayores y en el propio Ministerio de Defensa, tras la llegada al Gobierno del Partido Socialista.

Sin duda al 23-F se llegó por la propia incapacidad demostrada por la clase política del momento, ciertamente no peor que la del momento presente. Y es una realidad palpable que el Ejército de Tierra en especial resultó seriamente dañado y marcado para la posterioridad, perdurando todavía sus efectos en la actualidad, hasta el punto de que la ministra Chacón en su primera intervención ante el Congreso, en 2008 —¡veintisiete años después!—, llegaría a explicar que las Fuerzas Armadas eran ya un modelo democrático por excelencia y que se habían superado definitivamente todas las tendencias involucionistas.

2. INTELIGENCIA EXTERIOR

Mayo 1982

«El auténtico genio consiste en la capacidad para evaluar información incierta, aleatoria y contradictoria».

Winston Churchill

Tras despedirme de mi destino en la División Acorazada, iniciaba un período al que no estaba acostumbrado. A partir de ahora, vestiría siempre de paisano y ni siquiera iba a tener que presentarme de uniforme en mi nuevo destino. Era una sensación que me resultaba extraña y que aún recuerdo muy bien.

Una soleada mañana de principios de mayo, en 1982, inicié mis andaduras en el mundo de la inteligencia y ya sin demasiada sorpresa, fui descubriendo más detalles de «amateurismo». Dado que no sabía dónde tenía que presentarme —nunca nadie me indicó nada—, acordé una cita, para desayunar, en una céntrica cafetería de la zona de Castellana, esquina a Joaquín Costa —José Luis—, con un compañero de promoción de la Escuela de Estado Mayor, el entonces capitán José Miranda Fernández-Santos, que ya llevaba destinado en el CESID algo más de un mes y que se brindó a ayudarme desde el primer momento. Pepe Miranda demostraría siempre ser un buen compañero y amigo, incluso en los momentos más difíciles; esta amistad ha perdurado a lo largo del tiempo, y posteriormente el sistema y aparato del CESID pondría de manifiesto, una vez más, una falta de profesionalidad y de respeto absolutas, relegando al hoy coronel Miranda —ya retirado—, a cometidos secundarios e irrelevantes dentro del servicio, a pesar de una dedicación y profesionalidad total a lo largo de más de veinte años. No creo que Pepe Miranda se haya integrado en la asociación que citaba en la introducción.

Tras un primer café, y unos consejos iniciales, el capitán Miranda me condujo a lo que sería mi lugar de trabajo durante casi los tres próximos años. Fui destinado a la División de Inteligencia Exterior del CESID, debido esencialmente a la experiencia acumulada en el extranjero, —primordialmente en Estados Unidos—, y al hecho de hablar idiomas. En aquellos días, la División de Inteligencia Exterior (DIE) estaba ubicada en dos pisos contiguos de la planta baja del número 5 de la calle Maestro Ripoll, detrás de la sede del Estado Mayor de la Defensa, en la calle Vitrubio, y a menos de cien metros de la cancillería, entonces, ¡¡de la Embajada de la Unión Soviética!! Me pareció un despropósito absoluto, ya que si bien era lógico que el servicio vigilase de cerca la actividad de la Embajada soviética en aquellos días, lo que no era lógico era que precisamente el organismo encargado de obtener, analizar, producir y difundir la inteligencia exterior que el país requiriese —y que no tenía ninguna competencia en lo que afectaba a contrainteligencia o contraespionaje— estuviese ubicado peligrosamente cerca de la fuente de actividad de inteligencia extranjera en España más peligrosa en aquellos días, al menos teóricamente, y por el contrario no estuviese ni siquiera medianamente cerca la entonces llamada División de Contrainteligencia (DCI) que era el organismo que debía llevar a cabo la misión de controlar la actividad de los soviéticos en España. El edificio de Maestro Ripoll 5 era un inmueble normal y corriente, de vecinos, donde habitaban familias normales y corrientes que, supongo, deberían estar intrigadísimas y extrañadas sobre nuestra actividad. Pero, es lo que había. Peor, imposible. Me dijeron que, en caso de que alguien me preguntase, yo trabajaba en la empresa PROMESA, totalmente ficticia, cuyas oficinas, la sede de la DIE, estaban en el citado inmueble. Algún insensato, sin duda, había pensado en esa empresa ficticia como si fuera el equivalente de Universal Exports, la empresa fingida que hace de cobertura del servicio británico en las películas de James Bond.

No tengo ninguna certeza, pero supongo que muy probablemente debí cruzarme en la calle, durante aquellos años, con más de un agente del KGB, y desde luego tengo el convencimiento de que el KGB sabía perfectamente quienes éramos todos y cada uno de los que trabajábamos en Maestro Ripoll, 5. Igualmente, recuerdo vagamente que algún personal de contrainteligencia instaló sistemas de video y grabación desde las ventanas de Maestro Ripoll para vigilar los movimientos del personal que entraba y salía de la Embajada de la URSS. También recuerdo que, en alguna ocasión, nos visitó amablemente la policía municipal con el propósito de averiguar cuáles eran nuestras actividades reales, obviamente debido a la denuncia de algún vecino intrigado, o quizás, y en la peor de las hipótesis, debido a alguna queja desde la vecina Embajada soviética acusándonos de vigilarles, como algún oficial aventuró y muy probablemente, con cierto fundamento, ya que en aquellos días el alcalde de Madrid era el profesor Tierno Galván, que había hermanado Madrid con Moscú, y a quien los soviéticos podrían haber solicitado el favor de desenmascararnos. Sea como sea, el portero y los vecinos se referían a nosotros como «los militares», por lo que podíamos considerar que habíamos sido descubiertos hace tiempo. Todo era como «kafkiano» y rayaba en el surrealismo.

Antes de adentrarnos en los laberintos de mi nuevo destino conviene aclarar que se entiende por inteligencia exterior al objeto de comprender mejor la actividad que iba a desarrollar. En principio, la inteligencia exterior es la actividad que se desarrolla para identificar los riesgos y amenazas a la seguridad nacional procedentes del exterior, con el fin de facilitar la adopción de medidas preventivas o de neutralización de esas amenazas por parte del Gobierno. En teoría, en la División de Inteligencia Exterior (DIE), se centraba la atención en analizar las intenciones, las actividades y las capacidades de personas, organizaciones y naciones extranjeras que pudieran suponer una amenaza a la soberanía, el orden político establecido, los intereses nacionales y la integridad territorial. Lo que me encontré no respondía necesariamente a este concepto.

Cuando me incorporé a la DIE acababa de dejar el mando el entonces coronel de Infantería y de Estado Mayor José Uxó Palasí[25], un excelente oficial y caballero con quién muchos años después me relacionaría en su función de director de la revista *Ejército*, y de quien guardo un excelente recuerdo. El nuevo director, que, como yo mismo, había sido destinado al CESID en aquellos días, era el coronel de Artillería y Estado Mayor Ramón de Santillán y Gutiérrez de la Bárcena, que, por razones que nunca supe, permaneció en el Centro muy pocos meses —entiendo que no congenió bien nunca con Manglano—, y fue sustituido finalmente por el coronel de Infantería, y también de Estado Mayor, Estanislao Urquijo y Ramírez de Haro, quien ya dio una cierta continuidad a la DIE e impulsó considerablemente su actividad. La secretaría de la División estaba dirigida por el comandante de Infantería Julio Alameda Valle, excelente profesional y amigo, número uno de su promoción, y amigo de mi padre, que sería años más tarde el primer agregado militar español en Arabia Saudí. El coronel Urquijo venía del Departamento de Relaciones Exteriores del Centro, en donde me consta que había desarrollado una buena labor, y en donde entregó el mando a uno de los mayores incompetentes que jamás tuvo el CESID y del que hablaremos más adelante. Anteriormente, Urquijo había estado en el antiguo Alto Estado Mayor.

Tras un breve periodo, lo primero que hice fue presentarme a Alonso Manglano, ya coronel recién ascendido, quien me dedicó unas breves palabras y punto. Él tenía su despacho en Castellana 3, en dependencias que dependían de la Presidencia del Gobierno, donde había tenido su despacho Carrero Blanco. En ese mismo edificio se ubicaban también la secretaría general técnica, la División de Inteligencia Interior (DII), y el Departamento de Seguridad Interior, más todas las Oficinas de Administración, Contabilidad y Relaciones Exteriores. Al menos aquellos organismos estaban ubicados en un edificio oficial con cierta presencia y protección, que corría a cargo de la Guardia Civil. Los demás departamentos y otras dependencias del servicio estaban reparti-

25 El coronel Uxó pasó destinado a mandar la Agrupación de Tropas del Cuartel General del Ejército, en Cibeles, y tras ascender a general de brigada en 1983 fue designado para el mando de la División de Inteligencia del Estado Mayor del Ejército. Al pasar a la reserva en 1985 fue destinado al Servicio de Publicaciones del Estado Mayor.

dos en diversos pisos y chalés, en las zonas norte y este de Madrid, en casi las mismas condiciones que el citado de Maestro Ripoll.

Mi aterrizaje en el que iba a ser mi lugar de trabajo durante casi dos años me produjo un sentimiento de extrañeza, ya que nunca me había imaginado nuestro servicio de inteligencia de aquella manera. Recuerdo perfectamente aquellos dos pisos; a la derecha, nada más entrar desde el portal, se encontraba el piso ocupado por las oficinas de dirección, el despacho del director de la DIE, su secretaría, y al fondo, una pequeña oficina ocupada por un teniente coronel apellidado Esperanza, quien con sólo un auxiliar se ocupaba de la inteligencia relativa a ¡toda Hispanoamérica nada menos! Este piso se comunicaba con otro situado en la misma planta, en donde se alojaban los departamentos de inteligencia para el mundo árabe e Israel, Europa Occidental, y naturalmente, la Unión Soviética y todo el Pacto de Varsovia. Curiosamente, Estados Unidos no se trataba. Todo ello en un edificio, como he citado, habitado por familias absolutamente convencionales y completamente ajenas a lo que allí ocurría, aunque parece ser que tenían asumido que, como poco, los que allí trabajábamos éramos militares, como ya he citado. La seguridad de aquellos dos pisos corría a cargo de una pareja de agentes retirados de la Policía Armada que se alternaban e incluso pernoctaban en uno de los pisos. Solo recuerdo el nombre de uno de ellos, Miguel.

Casi una de las primeras formalidades que tuve que cumplimentar fue la elección de un seudónimo o nombre clave, ya que se me informó de que no se permitía que nos habláramos con nuestro verdadero nombre ni que utilizáramos las fórmulas de cortesía militar, ni las graduaciones militares. Sorprendentemente cuando se iba de viaje, o se tenían reuniones con otros servicios extranjeros, se utilizaban siempre solo los nombres reales, algo que nunca entendí, y que, en mi opinión, dejaba sin contenido la utilización de los nombres clave que, realmente, solo se utilizaban de forma interna. Dado que el nombre clave que se debía elegir debía comenzar por la primera letra del primer apellido, escogí uno que vino a mi memoria, y que me recordaba las bodegas de un buen cava catalán —Canals y Nubiola—, y desde ese momento fui conocido como el Sr. Canals. Confieso que tardé en acostumbrarme a ser llamado por ese nombre.

El nombre clave de Alonso Manglano era, ni más ni menos, que Ra, en analogía con el nombre dado por los antiguos egipcios al dios del Sol, lo que revela su encumbramiento y el concepto que tenía de sí mismo. A mí me provocó el hacer bromas al respecto, y llamar Osiris o Anubis a sus subordinados más directos. En este aspecto debo hacer una precisión y es que, contrariamente a como afirma el escritor Fernando Rueda en una de sus obras sobre la actividad del Centro, el nombrecito no se lo sugirió el capitán de Aviación Manuel Rey, Sr. Reja, sino que lo eligió el propio Manglano en sus primeros días en su destino al mando del CESID. Manuel Rey —un oficial bastante peculiar que sería cesado ya tras la salida de Manglano— se incorporó al Centro en 1983 o más tarde, y nunca pudo haber sugerido algo que ya estaba hecho con anterioridad. Sea como sea, esto no es un aspecto relevante.

En otro orden de cosas, al ir a comenzar mis funciones descubrí que, sorprendentemente, tampoco se había decidido mi función y así mientras yo había pensado que, por mis conocimientos de idiomas, iría destinado a algún puesto que tendría algo que ver con el mundo occidental, con la OTAN o incluso Francia, ya que no en vano había hecho un curso con el Ejército francés y tenía contactos allí, la realidad es que alguien decidió que pasase al Área 1, responsable de la inteligencia para el Norte de África, Oriente Medio y mundo árabe, en general.

El jefe del Área era el comandante de Infantería y Estado Mayor José Sainz de la Peña, alias el Pato, cuyo nombre clave era Sr. Salazar, que hablaba un francés perfecto. Había sido agregado militar en Argel y tenía un gran conocimiento del mundo árabe, pero sobre todo de Marruecos y Argelia. Mis compañeros eran el comandante de Ingenieros y Estado Mayor José Luis Esponera, Sr. Egaña, responsable del análisis de la situación militar en el Magreb, el capitán de Artillería y Estado Mayor José María Casado Castaño, Sr. Tambo, responsable del análisis de la situación en Argelia, y el capitán de Caballería Joaquín Beneítez Espinosa, que dominaba el árabe y el francés, y era el encargado del factor político en Marruecos. También trabajaba para el Área 1 el capitán de Infantería Fernando Rodríguez González, Sr. Romeo, quien años más tarde se haría famoso por su intervención en el tema de las escuchas de *La Vanguardia* y contribuiría notablemente a la caída de Manglano. Romeo era economista, especializado en economía de guerra, y responsable de analizar y seguir el factor económico e industrial del Magreb, especialmente Marruecos. Con el área colaboraba de una forma que nunca entendí bien el comandante de Infantería y DEM (diplomado del Estado Mayor) Carlos Herrera Ruiz, que hablaba árabe y viajaba con frecuencia a Marruecos. Herrera llegaría a ascender a teniente general y fue jefe del Mando de Apoyo Logístico del Ejército.

El responsable de analizar el conflicto Irán-Irak —cuya utilidad para los intereses españoles era más que dudosa— y el fanatismo religioso islámico era el comandante de Infantería y Estado Mayor Sabino Lauda Rabysting, Sr. Lancha, un individuo complejo y curioso que ni hablaba ningún idioma ni poseía ninguna cualidad sobresaliente —al margen de ser muy individualista—, y que, sin embargo, en los últimos años de Manglano adquiriría una influencia excepcional, totalmente fuera de relación con sus capacidades intelectuales. Finalmente, el conflicto árabe-israelí era responsabilidad de un comandante de Infantería apellidado Ercilla, quien se limitaba a poco más que leer las noticias de prensa sobre el tema y a clasificar los informes que desde otros servicios aliados, o amigos, llegaban al CESID.

Junto a las dependencias del Área 1 se encontraba el Área 2, dedicada al mundo occidental, que teóricamente cubría, ni más ni menos, que Francia, el Reino Unido —con el problema añadido de Gibraltar—, Bélgica —nunca entendí ese interés—, Portugal y Alemania Occidental. Sobre Estados Unidos no se hacía ningún seguimiento; muy posiblemente se pensaba que, aunque se hiciese, no iba a servir de nada, ya que la política exterior de España en aquellos días, en que ni pertenecíamos a la OTAN ni a la Comunidad Económica Europea, era muy limitada. Fuese como fuese, era un error garrafal, ya que difícilmente se podían entender las acciones de algunos países, ni la dinámica mundial, sin entender la actitud de Norteamérica.

El Área 2 estaba mandada por el comandante de Caballería y Estado Mayor Joaquín Riera Morán, alias Sr. Rico, número uno de la decimotercera promoción, que había sido agregado militar adjunto en Bonn y hablaba alemán, y, naturalmente, además de ser el jefe, era el responsable de Alemania Occidental, algo que desde el punto de vista de interés para el servicio no alcanzo a comprender. Mi amigo Pepe Miranda, alias Sr. Mejorada, era el oficial responsable del Reino Unido, y Gibraltar —sin hablar una palabra de inglés—, y el capitán de Infantería Rafael Pérez de Sevilla Guitard, Sr. Peñíscola, un personaje simpático y entrañable, era el responsable de Portugal, y naturalmente no hablaba una palabra de portugués. En resumen, Alemania Occidental, Gibraltar y Portugal eran los temas que, en realidad, se trataban sobre el mundo occidental y sobre nuestros aliados. Posteriormente se incluiría también Francia. Sin comentarios.

El Área 3 contaba con dos oficiales solamente en aquellos días: el comandante de Infantería Enrique Flores Calderón, Sr. Frutos, jefe de Área, y el también comandante de Infantería y Estado Mayor José María Sánchez de Toca Catalá[26], más tarde general de brigada y ya fallecido. Aquellos dos oficiales eran responsables nada menos que de todo lo relativo a la inteligencia política, militar y económica de la Unión Soviética y el Pacto de Varsovia, ¡los dos solos! El comandante Flores —también ya fallecido—, entendido del idioma ruso al menos, se había especializado en el conocimiento político de la URSS, tenía las ideas muy claras sobre la realidad soviética y era un buen especialista en lo relativo al Politburó y a toda la llamada Nomenklatura del Gobierno de la Rusia soviética en aquellos días. Sánchez de Toca, en cambio, que poseía un buen conocimiento de los idiomas alemán, francés e inglés, se dedicaba más a todo lo concerniente a la posible amenaza militar del Pacto de Varsovia y la Unión Soviética.

El hecho de que solamente dos oficiales del Ejército de Tierra fueran todos los recursos humanos que la inteligencia militar española dedicaba al factor político y militar de toda la URSS y del Pacto de Varsovia da muestra del interés que debía sentir el mando, y en suma las autoridades de la nación por este aspecto, sin embargo vital para la seguridad nacional, no solamente por el hecho de que España estuviese más o menos imbricada en Occidente, sino por el hecho

26 Aunque no sea relevante, no puedo omitir el hecho de que el comandante Sánchez de Toca pertenecía al Opus Dei y se empeñaba en que toda la División hiciera un alto, a las doce en punto de cada día, para rezar el ángelus, que él se preocupaba de dirigir, y a lo que, sorprendentemente, no se negaba nadie. Reconozco que yo no cesaba de asombrarme y me pregunté si aquella gente estaba en su sano juicio.

de que en el territorio español hubiese un número considerable de bases norteamericanas importantes y, por lo tanto, España fuese un objetivo militar, en alguna manera, para la entonces temida Unión Soviética. ¿Puede alguien en su sano juicio entender que solamente dos comandantes fueran los únicos analistas que el Estado dedicaba a estudiar las cuestiones del mundo soviético y del telón de acero? ¿Qué información podían tener las máximas autoridades nacionales para ayudarles en su toma de decisiones en materia de alianzas y política de seguridad internacional ante tales circunstancias? Y todo ello en un momento en que España quería formalizar su ingreso en la Comunidad Económica Europea y en la OTAN, y Europa hervía de agitación ante el despliegue de los misiles soviéticos de alcance medio SS-20 en Europa Oriental, la OTAN reaccionaba desplegando misiles Pershing y crucero en Alemania Occidental, y se gestaba todo el programa norteamericano Star Wars, que finalmente llevaría a provocar el colapso económico de la URSS y el fin del Imperio soviético. Mi impresión fue que a las autoridades españolas lo que ocurría tras el telón de acero les importaba muy poco.

Finalmente, el Área 4 se ocupaba de América del Sur con un solo oficial como he mencionado, el teniente coronel de Infantería Esperanza, como ya se ha dicho, para todo un continente en el que convergían tantos intereses españoles y en el que, tras el conflicto de las Malvinas, se daban tantos parámetros de conflictividad. Increíble. Nadie se preocupaba de Colombia, ni de Cuba, ni Venezuela, ni México. Nada de nada. Aquello solo podía calificarse como una negligencia suprema. Por supuesto, Asia no estaba en ningún planteamiento, ni China, ni Japón, ni siquiera Filipinas, donde se podía decir que existían algunos intereses españoles. Es posible que eso se haya remediado en la actualidad, ya que recientemente ha salido a la luz pública que alguien del Centro había sido destinado a la República Popular China, pero no lo puedo afirmar con seguridad.

No se puede decir que los integrantes de todo aquel colectivo fueran espías ni siquiera oficiales de inteligencia, por mucho misterio y ocultismo que les rodease. Eran, tan solo, analistas de política estratégica y exterior de una serie de países no muy bien definida, y con muchas limitaciones.

Todas las áreas disponían de cierto apoyo administrativo, más bien escaso —en aquella época no había aun ordenadores ni informática—, pero era lo que había. En el Área 1 contábamos con un capitán de Oficinas Militares, Pedro —una excelente persona—, y una secretaria que se veía obligada a multiplicarse. Todos los días el buen Pedro se preocupaba de que no quedase fuera de control ningún documento y de que todo el papel copia fuera destruido. La tarea de recoger las papeleras quedaba encomendada a los policías que daban seguridad al edificio. Bajo todo este entramado, pero aún sin darme cuenta realmente de la realidad expuesta, me dispuse a hacerme cargo de lo que serían mis responsabilidades durante los seis meses siguientes. Para empezar, al ser el último en llegar al Área 1, me tuve que hacer cargo de lo que no quería nadie: Mauritania. Es obvio que para España no suponía ninguna amenaza, ni tampoco era una zona de interés político o económico, por lo que su consideración en la actividad de la división no tenía ningún sentido.

Mauritania era un país tremendamente pobre, con el conflicto del Sahara aún latente y la amenaza marroquí en su frontera norte. Tengo que decir que no me gustó nada y no me gustó porque me traía recuerdos de mi tiempo de destino en la Compañía de Carros AMX-30 del Tercio Sahariano III de la Legión, en El Aaiún, y la malograda epopeya con la que España puso fin a su última colonia. Y tampoco me gustó porque no sabía nada de Mauritania, no me parecía interesante y no veía que intereses reales podíamos tener allí. Además, no realicé ningún tipo de relevo, nadie me explicó nada y no se me dijo tampoco ni cuál era mi misión real ni qué objetivos se esperaban de mí. Así que, no obstante, me puse manos a la obra y a improvisar, tratando de superar esta primera decepción.

Mi predecesor en el puesto había sido el ya aludido comandante de Infantería DEM José Orzáez Lamoneda, Sr. Osma, un oficial, sin duda brillante, que había sido subordinado directo del teniente coronel Manglano en el Estado Mayor de la Brigada Paracaidista y que había seguido a su jefe hasta el nuevo destino —por supuesto, sin tener ninguna experiencia en inteligencia—, habiendo desempeñado el puesto de analista de Mauritania durante un breve período hasta mi llegada a la División de Inteligencia Exterior. El Sr. Osma, no obstante, no me ayudó ni me orientó lo más mínimo en ningún momento —¡tan solo me entregó un mapa ordinario de Mauritania cuando le relevé!—, aun cuando le llamé para recibir alguna orientación o consejo posterior. Osma, destinado ya en el Gabinete del director —en funciones similares a las de un oficial de Estado Mayor— y en donde permanecería hasta el cese mismo del general Manglano en 1995, se convertiría en uno de los miembros del Centro más odiado y temido por sus propios compañeros, más distante de la realidad y del que menos ayuda, apoyo o simplemente atención cabía esperar, fuera cual fuera el tema de que se tratase. Posteriormente, en 1992, ya llegando al final de mi permanencia en el CESID, se revelaría casi como uno de mis enemigos personales más directos sin que hubiera mediado razón alguna para ello, algo que nunca entendí ni pude aclarar personalmente con el propio Sr. Osma, el cual prácticamente desapareció totalmente de la escena con la caída en desgracia del general Manglano en 1995 y de quien nunca más he vuelto a tener noticias.

Pienso que el Sr. Osma fue un brillante y capaz oficial que tuvo la ocasión de haber asesorado lealmente a su jefe, incluso en las dificultades más serias, que debió haber contribuido a moderar al general Manglano en su autoritarismo y megalomanía final, y que, al contrario, se limitó servilmente a halagarle, a perjudicar a sus propios compañeros en su afán de preservar su propio puesto —como secretario general del Centro, puesto número dos *de facto*—, sin contribuir a mejorar para nada aquello que le rodeaba. Un cierre nada brillante para un oficial ciertamente capaz que pudo haber contribuido muy positivamente a la creación de un eficaz servicio de inteligencia. Es mi opinión, aunque pudiera estar equivocado.

Mis comienzos fueron lentos y tengo que decir que prudentes. Solíamos comenzar la jornada hacia las nueve de la mañana, para detenernos hacia la una y media o dos, para el almuerzo —que cada uno resolvía como mejor consideraba—, y volver a reanudar la jornada hacia las tres y media o cuatro para acabar hacia las siete. Todo era como de lo más inofensivo y sencillo. Quedaba prohibido el utilizar fórmulas militares para dirigirse a los superiores, como ya he dicho, y todo se hacía casi como en una empresa sin grandes pretensiones, en la que reinaba una buena armonía. Empecé por documentarme a fondo sobre Mauritania, desde todos los puntos de vista, y traté de analizar la base documental disponible y orientar mi actividad, lo cual era arduo y poco satisfactorio en aquellos tiempos en los que no se contaba con ordenadores ni con ningún tipo de apoyo informático. Todo lo más, disponíamos de microfilms, cuya lectura era sumamente engorrosa y fatigosa.

Con estos recursos empecé a adentrarme en el factor militar y político de Mauritania, y llegué a conocer bien los nombres de todos los ministros y cargos políticos de relieve de aquel país, hasta el punto de que, pasado un tiempo, era, sin duda, la persona mejor informada sobre Mauritania en todo el territorio nacional, lo cual no era difícil dado el escaso interés que el país provocaba entre los españoles, por razones obvias. Disponía, en cualquier caso, de dos buenas fuentes: las escuchas e interceptaciones de tráfico de mensajes que los servicios de comunicaciones del Centro hacían y los informes personales que elaboraba el oficial de inteligencia y representante del Centro destacado en la capital de Mauritania, Nuakchot, con cobertura diplomática y ubicado, por consiguiente, en la Embajada de España. Por razones de seguridad, nuestro hombre en Nuakchot no recibía, ni se le informaba, sobre las comunicaciones interceptadas por el Centro; esa era mi arma secreta y ciertamente me proporcionaba un cierto ascendiente sobre él, aunque él era ciertamente la persona que estaba sobre el terreno y disponía de la *ultima ratio regis* para tomar las decisiones que correspondieran en cada caso.

Nuestro hombre en Nuakchot merece una detención y análisis especial. Se trataba de un excelente oficial: el capitán de Infantería Antonio de la Iglesia y del Rosal, de la promoción de la Academia General Militar anterior a la mía. Antonio de la Iglesia era un caballero, hijo de un diplomático con rango de embajador, y hermano de otro diplomático, Eduardo, que más adelante se convertiría en uno de mis buenos amigos en el mundillo diplomático. Antonio, que poseía una excelente educación —hablaba un inglés británico perfecto, no en vano en la Academia General Militar le bautizaron con el sobrenombre de Caballero Cambridge—, se distinguía por unas maneras muy refinadas y un porte similar al del actor David Niven, al de sir Alec Guinness o al de Lawrence Olivier, y era un romántico absoluto más propio de la Inglaterra victoriana del siglo

XIX que de la España de Felipe González en la que iba a desarrollar la parte central de su carrera y le tocaba vivir. Pero, sin duda, su arquetipo y guía de estilo era Lawrence de Arabia. Antonio había estado destinado voluntariamente en el Sahara hasta la entrega del territorio y vivió la Marcha Verde —al igual que yo mismo—, y todo lo que aconteció en aquel territorio, lo que, sin duda, le hizo creer en la causa de los saharauis. Su destino allí, como no podía ser menos, había sido la Agrupación de Tropas Nómadas, y dentro de estas tropas precisamente, la unidad sobre camellos destacada en el sur, en Villa Cisneros, relativamente próxima a la frontera con Mauritania. Todos los que le conocimos coincidimos en su fascinación por el desierto y el mundo árabe. Antonio se incorporó a su destino en el Sahara, impecablemente vestido, con sus uniformes confeccionados en el mejor sastre militar británico de Savile Row y ciertamente causó impacto. Sus maneras, y trato correcto, aunque quizás distante, le granjearon simpatías, en cualquier caso, y se ganó un notable respeto profesional.

Posiblemente su fascinación por el desierto fue lo que le llevó de nuevo a Mauritania, en donde cultivó excelentes relaciones tanto con las autoridades como con la comunidad diplomática extranjera acreditada en Nuakchot. Soltero empedernido, gozaba de una gran autonomía para dar rienda suelta a sus aficiones e intereses y llegó a poseer una cuadra de camellos de carreras con los que competía en las carreras oficiales que tenían lugar en Nuakchot, ocupando siempre un lugar de honor en la tribuna presidencial junto a las máximas autoridades del país. Hoy ignoro totalmente lo que haya sido de él.

Pero, sin duda, sus buenas relaciones con las autoridades que detentaban el poder se vieron muy favorecidas y mejoradas a raíz de una situación que, personalmente, propicié de manera calculada y paso a paso desde Madrid y sin visitar Mauritania para nada. Gracias a la interceptación del tráfico diplomático y los mensajes internos en Mauritania que hacía nuestro servicio de comunicaciones, llegué a la conclusión de que algo se estaba tornando ciertamente inestable en Mauritania, que podría desembocar en un golpe de Estado, y la persona con más carisma y al parecer con una actitud claramente más protagonista era un cierto teniente coronel del Ejército mauritano, llamado Mohamed Haidallah. Sin más pensamientos y únicamente con la aquiescencia, un tanto escéptica de mi superior directo —el Sr. Salazar—, fui dirigiendo a Antonio de la Iglesia a fin de que tomase contacto con el citado teniente coronel Haidallah, hasta el punto de que únicamente guiado por mi instinto —convencido de que el golpe de Estado se iba a producir y Haidallah sería el ganador—, le indiqué que tomase partido por Haidallah e incluso apoyase el golpe de manera discreta. ¡Naturalmente todo ello sin ninguna instrucción oficial del Ministerio de Defensa ni mucho menos del Ministerio de Asuntos Exteriores! El golpe se produjo, Haidallah se convirtió en el nuevo presidente de la República Islámica de Mauritania, y Antonio de la Iglesia se convirtió en el hombre de mayor confianza del cuerpo diplomático acreditado en Nuakchot, ante el nuevo presidente.

Ciertamente yo había obrado como lo hice llevado del convencimiento de que, en última instancia, tener bien situado en el país al representante allí de nuestro servicio de inteligencia sería de utilidad para España, pero todo lo hice por intuición personal, convencido de que esos eran nuestros intereses nacionales y de que, en alguna manera, estaba en juego el interés patrio. Ignoro si Antonio consultó con nuestro embajador en Nuakchot, aunque probablemente no, porque él, mejor que nadie, conocía la actitud general de nuestros diplomáticos en el exterior, y seguramente le informaba solo de lo que le parecía oportuno e irrelevante para evitar males mayores. En cualquier caso, en Madrid nunca supe la opinión oficial, nadie me indicó nada ni nadie me prohibió nada. Del mismo modo, tengo la impresión de que el coronel Alonso Manglano supo muy poco de este asunto o le interesó muy poco, estando como estaba recién llegado al Centro y, naturalmente, inmerso en todo el proceso de reorganización del servicio y en cierto modo de depuración, también, a raíz del todavía relativamente reciente 23-F y otras conspiraciones de café que tuvieron lugar en aquellos meses de 1982.

En cualquier caso, hoy con la retrospectiva que nos permite el tiempo transcurrido, creo poder decir que el modo como procedí, o mejor dicho, como me dejaron proceder, fue una barbaridad y que, claramente, revelaba que faltaba acción y unidad de Estado en nuestra política exterior, que el Centro actuaba por libre, que nadie le decía lo que había que hacer y que nuestro Ministerio de Asuntos Exteriores estaba *in albis* de la mayoría de los acontecimientos que se producían en países de nuestro entorno e interés más cercano. Independientemente de la mayor posición profesional de nuestro hombre en Nuakchot tras el golpe de Estado, no tengo conocimiento de que alguien cayese en la cuenta de ello y que aumentase la influencia de España en la zona, ni que se tratase de capitalizar la ventaja que podía desprenderse de tal situación.

Permanecí aproximadamente un año como oficial responsable de Mauritania, aunque ya algunos meses más tarde, tras el verano, en septiembre de 1982, aumenté mis responsabilidades apoyando al comandante José Luis Esponera, Sr. Egaña, en su trabajo sobre el factor militar de Marruecos, actualizando el orden de batalla de las Fuerzas Armadas Reales marroquíes (FRA), realizando algún análisis sobre las capacidades militares y los acontecimientos que se producían en el Sahara, en donde seguía la lucha con el Frente Polisario, así como siguiendo las adquisiciones de material militar que Marruecos intentaba llevar a cabo o formalizaba finalmente. Este trabajo me satisfizo ya algo más que quedar confinado a la sola Mauritania, y produjo algunos resultados. De alguna manera, veíamos a Marruecos como un enemigo potencial, un enemigo tradicional que nos podía amenazar de forma directa y eso hacía que el trabajo fuera más interesante.

Trabajando ya sobre Marruecos aprendí a conocer la problemática tremenda del país vecino, que tenemos tan lejos y tan cerca a la vez, y sobre el que existe un gran desconocimiento en las altas instancias del Gobierno. Aprendí a conocer la realidad de la actitud oficial hacia España e incluso viajé a Marruecos. Sobre Marruecos supe que existe un gran recelo hacia España, que la tan celebrada amistad de la monarquía alauita hacia nuestra monarquía es realmente inexistente y que, en suma, Marruecos es antiespañol, de forma generalizada, lo que se palpa leyendo simplemente la prensa local. Y todo ello, producto en gran parte de la política antiespañola que Francia ha dirigido siempre allí, más o menos abiertamente, con el deseo de ser el único árbitro en la zona, y el país europeo de referencia para el Gobierno de Rabat, ya sea en su acercamiento a la Unión Europea, o ya sea en materia de defensa colectiva o de seguridad. El fallecido monarca Hassan II se preocupó mucho, y bien, de borrar cualquier vestigio de buenas relaciones con España, y su hijo, el actual Mohamed VI, continúa su línea, incluso de forma más virulenta aún, algo que el Sr. Rodríguez Zapatero pareció no querer entender, y que Mariano Rajoy tampoco entendió y mucho menos hoy el presidente Sánchez.

Hacia el mes de septiembre de 1982 participé en una reunión bilateral con los servicios de seguridad marroquíes, reunión que se celebró en Rabat, siendo anfitrión el servicio marroquí. El director de los servicios marroquíes no era otro que el coronel Ahmed Dlimi, un viejo conocido —de nombre—, de la época del Sahara, famoso por su brutalidad. La delegación que se constituyó para esta ocasión estaba compuesta por el comandante Sainz de la Peña, los capitanes Casado y Benéitez, y yo mismo. Tomamos un vuelo directo Madrid-Rabat de Royal Air Maroc, recogiéndonos puntualmente a nuestra llegada el oficial representante del Centro, declarado oficialmente ante las autoridades marroquíes, que era el comandante de Artillería Antonio Martín, que llevaba ya cierto tiempo trabajando en Marruecos y era un experto conocedor de la situación, como no cabía menos esperar, aunque no se le hiciera mucho caso en Madrid.

La situación entre Marruecos y España en aquellos días era de absoluta normalidad, si bien el único punto donde existía cierta conflictividad era siempre el antiguo Sahara y la actividad del Frente Polisario. No existía intranquilidad en las fronteras con Ceuta y Melilla, y no se vislumbraba ningún problema de islamismo radical en el horizonte. Los temas incluidos en la agenda de trabajo estaban relacionados con la situación en el Sahara, la actividad de Argelia y el apoyo a la guerrilla del Polisario, así como la situación en Mauritania. Por nuestra parte se expusieron nuestros puntos de vista, y los marroquíes hicieron otro tanto. Naturalmente yo era el especialista español en Mauritania. Todo lo que se expuso por nuestra parte eran nuestras propias ideas, en ningún caso consensuadas ni con el Ministerio de Defensa ni con el de Asuntos Exteriores, algo chocante para cualquiera que lo hubiera podido observar, pero así eran las cosas. Ni siquiera el comandante Sainz de la Peña había supervisado nuestras ideas; gozábamos de una total libertad de expresión. Tengo que añadir que el trato y acogida por parte de los servicios marroquíes fue excepcional en todo momento. Nos alojamos en el hotel La Tour-Hassan de Rabat y todo resultó muy agradable, incluyendo cenas tradicionales árabes y visita a un espectáculo folklórico marroquí.

Ya a la vuelta, tendría ocasión de organizar una interesante actividad de adquisición de inteligencia militar relacionada con Marruecos. La Fuerza Aérea marroquí (FAR) venía operando algunos aviones C-130 Hercules adquiridos en Estados Unidos, equipados con un sistema de vigilancia radar del terreno (SLAMMR), que utilizaba sobre el Sahara para detectar y prevenir los movimientos de las guerrillas del Frente Polisario. Uno de estos aviones tenía previsto un viaje a una base norteamericana en Alemania, por motivos de mantenimiento, y haría una escala técnica en la base aérea de Getafe, en Madrid. Puse el tema en conocimiento del comandante Sainz de la Peña, y propuse utilizar un equipo de la Agrupación Operativa del CESID (AOME) que entraría en el avión para obtener cuanta información fuera posible. A tal efecto se coordinó la operación con el capitán de Infantería Carlos Guerrero Carranza, uno de los jefes de equipo operativo. Posteriormente el asunto quedó en nada, ya que parece que hubo alguna oposición por parte de las autoridades del Ejército del Aire responsables de la base de Getafe. Lamentable, pero típico del proceder español y de la falta de coordinación que es tan propia de nuestro carácter.

Prácticamente con este episodio puse punto final a mi permanencia en el Área 1, disponiéndome a continuación a realizar el Curso Básico de Inteligencia, que era por donde, quizás, debiera haber empezado antes de haber sido destinado a ningún cometido en concreto.

Antes de adentrarnos en ese capítulo, parece conveniente que demos una ojeada a la organización del Centro, en mayo de 1982, lo que permitirá al lector situarse mejor a medida que vaya desgranando estos recuerdos. Ignoro si Alonso Manglano procedió a reorganizar algo el servicio, con relación a lo existente, pero sí no es menos cierto que la organización entonces vigente ha perdurado en el tiempo, y salvo cambios cosméticos irrelevantes, y alguna actualización y cambio de nombre y siglas, es la que ha llegado hasta los días del nuevo CNI.

Así, el CESID bajo Alonso Manglano estaba organizado del siguiente modo:

- Secretaría General (SG), dirigida por el citado comandante José Orzaez «Osma». En ella se integraban los aludidos también, tenientes coroneles Florentino Ruiz Platero, de Artillería, un clásico de los servicios del Alto Estado Mayor, y Luis Ruiz de Conejo Sánchez —Sr. Roca—, en teoría subdirector del Centro—, teniente coronel de Infantería, un personaje verdaderamente antipático y déspota como he dicho. y el comandante también de Infantería Manuel López Fernández —Sr. Losada—, sin duda el más brillante. Todos ellos, de Estado Mayor, además. Manolo «Losada» acabaría dejando también el Centro para integrarse en el mundo civil. La sección de Seguridad Interna estaba al mando del comandante de Infantería Juan del Río, quien como segundo de a bordo tenía a mi amigo el capitán de la Guardia Civil Alfonso López Clavier —Sr. León—, que años más tarde se reintegraría a la Guardia Civil de nuevo, tras algún encuentro no muy agradable con la estructura del «Sanedrín».
- Asesoría Jurídica, con el comandante auditor del Aire Vicente Lanz Muniaín, que acabaría entrando en conflicto con Manglano, ya en los años noventa, a pesar de lo cual ascendería a general, y en la que también estaba el capitán auditor del Ejército Ricardo Martínez Martín. El general Lanz era una excelente persona y también salió del CESID a tiempo, reintegrándose a la cadena de mando.
- División de Inteligencia Exterior (DIE), al mando del coronel Estanislao Urquijo, en la que centraremos esta obra.
- División de Inteligencia Interior (DII/IA), dirigida brevemente por el teniente coronel de Artillería y Estado Mayor Juan Jáudenes Jordano[27], ya fallecido, en la que el hombre clave era el comandante Santiago Bastos, ya que

27 Aparentemente, el teniente coronel Jáudenes fue el autor del famoso *Informe Jáudenes* del CESID, sobre el 23-F, informe cuyo contenido nunca se ha hecho público, aunque hay quienes claman haberlo leído. Sus conclusiones parece que exponían el resultado de la investigación interna que se realizó en abril de 1981 para aclarar la participación de agentes de la AOME (Agrupación Operativa de Misiones Especiales) en los preparativos y ejecución del frustrado intento. Parece que el que fue ministro de Defensa en 1996, Eduardo Serra, se encargó

Jáudenes cesó en breve en el puesto. La involución y el terrorismo eran las principales preocupaciones de esta división, pero también se efectuaba un seguimiento de los partidos de izquierda considerados extremistas, y aquí estaba incluido el comunista, aunque estuviera legalizado; dirigía este área el comandante de Artillería y DEM, Rafael Jiménez Villalonga —Sr. Jarama—, quien se incorporaría al Gabinete de dirección al desaparecer algo más tarde su función. El responsable del área sobre separatismo y terrorismo era el teniente coronel de Infantería Manuel Guerrero, un experto indiscutible en este campo, y una persona muy agradable en el trato, aunque poco profunda en sus razonamientos.

- División de Contrainteligencia (IC), bajo el mando, en la época, del coronel de Aviación (ST) Francisco Ferrer, también un clásico del mundo de la inteligencia. En esta división se daba prioridad naturalmente a la actividad de los posibles agentes soviéticos, y también cubanos; el responsable de la actividad era el comandante de Artillería y DEM, Francisco Acín, —Sr. Acero—, que dominaba el idioma ruso. Paco Acín dejaría también el servicio y el Ejército, incorporándose al mundo civil, por incompatibilidad con la forma de actuar de Alonso Manglano, según él mismo me afirmó. Otra actividad de contrainteligencia importante era la relativa al control de la actividad de posibles agentes libios en España, ya que, en aquellos días, dirigía Libia el famoso coronel Gaddafi y se sabía que ETA utilizaba el territorio libio como santuario, centro de entrenamiento e incluso de obtención de armas y explosivos.
- División de Economía y Tecnología (ID), a la sazón bajo el mando del teniente coronel ingeniero aeronáutico, Fernando de la Malla —Sr. Mallol—, también un personaje muy peculiar que daría mucho que hablar, y con el que tuve que tratar posteriormente, ya fuera del Centro, en la Dirección General de Armamento y Material (DGAM) del Ministerio de Defensa. La labor de esta división era bastante ambigua, pero se focalizaba sobre todo en la certificación y protección

de destruirlo. Juan Jáudenes dejó el CESID en 1982 y nunca más se volvió a oír hablar de él.

industrial de las empresas que trabajaban para defensa y en asegurar que no se desviaba tecnología militar a terceros países que no estaban en la lista de países considerados amigos o que eran objeto de algún embargo o prohibición internacional como era el caso de Irán, por poner un ejemplo.

- Agrupación Operativa de Misiones Especiales (AOME), el organismo más secreto y especial, al mando del comandante de Ingenieros y Estado Mayor Juan Ortuño, Don Juan, que llegaría a teniente general, y sería mi jefe directo en el Estado Mayor de la Defensa. Le sustituyó el comandante de Infantería Juan Perote, Don Alberto, que acabaría dando mucho que hablar y tendría un papel relevante en la caída de Manglano.
- Escuela de Inteligencia, entonces al mando del coronel de Infantería Cilleruelo.
- Departamento de Comunicaciones y Electrónica, al mando del comandante de Ingenieros Enrique Conde, Sr. Conesa, de quien dependían los servicios de cifra y codificación, escuchas electrónicas y comunicaciones, en general.
- División de Administración, al mando del coronel de Intendencia Vicente Mateo Canalejo, Sr. Marte.
- Servicio Médico, al mando del comandante médico Dr. Casado, Sr. Cafias, cuyo seudónimo era casi una broma (Cafias = Café + Aspirina), y que daba la impresión de no tomarse nada en serio y al que casi nadie tomaba tampoco en serio.

Además, y no incluidas en este organigrama, se contaba con unas estaciones de escucha radio, denominadas CEPRA, para interceptar mensajes de diversa procedencia en León, Manzanares de la Mancha, Morón de la Frontera y en La Palma, en las islas Canarias, que en teoría dependían del Departamento de Comunicaciones y de las que nunca se habla. Estas estaciones que, a mi entender, continúan existiendo, eran herencia de antiguas estaciones de comunicaciones y escucha montadas en España por los servicios alemanes e italianos durante la Segunda Guerra Mundial en el marco de la colaboración encubierta que había con el III Reich. Quiero imaginar que el equipamiento se habrá modernizado apropiadamente. Solamente tuve ocasión de visitar una de ellas —la ubicada en Manzanares—, en 1992, pero no supe nunca que era lo que allí se hacía.

La Sección de Relaciones Exteriores (OR) merece una mención especial. Aunque integrada en la secretaría general del Centro, llevaba a cabo una compleja tarea. Su abanico de relaciones abarcaba las relaciones, en alguna forma, institucionales con otros ministerios, especialmente con el de Asuntos Exteriores, con el Ministerio del Interior, y con la Presidencia del Gobierno e incluso con los Estados Mayores. Pero, sobre todo, su función primordial era enlazar con aquellos servicios de inteligencia extranjeros que estaban acreditados oficialmente en España y con los que tenía lugar algún intercambio de información. Estos eran esencialmente los servicios de los países miembros de la OTAN, pero también con algunos que estaban fuera de ese ámbito, como era el caso de Suiza o Israel. En el mundo árabe, y en aquella época, solo se daba esta relación con Marruecos. La Sección estaba al mando del coronel Urquijo, pero al pasar este a mandar la División de Inteligencia Exterior, le sucedió en el puesto el comandante de Artillería —y también de Estado Mayor—, Manuel Durbán Romero[28], Sr. Dardo, un perfecto incompetente —que no hablaba ningún idioma—, y una personalidad retorcida, que se dedicaría a dificultar las relaciones con los otros servicios extranjeros en vez de fomentarlas, y del que no cabía esperar ayuda ni apoyo en ningún momento, y que solo se mantenía en su puesto gracias al servilismo con que actuaba con el coronel Alonso Manglano. En esa sección había otros oficiales, de los que solo recuerdo al capitán de Artillería y DEM Juan Cano, Sr. Campo, quien, sin embargo, sí trató de hacer que la Sección progresase y del que guardo un buen recuerdo.

El ingreso de España en la OTAN también motivó que se crease una sección de seguridad OTAN —al ser designado el CESID como la autoridad nacional de seguridad—, que trataba especialmente con

28 Este individuo protagonizó un desagradable incidente siendo alumno de la Escuela de Estado Mayor del Ejército, al denunciar a otro compañero que se había referido en términos negativos al general Gutiérrez Mellado en una conversación en la sala de oficiales. Todos los compañeros de curso le hicieron el vacío y tras diplomarse de Estado Mayor fue destinado al CESID y nunca tuvo ningún destino ya en el Ejército. Debo decir que tener que tratar con él y conocerlo resultaría una de mis más desagradables experiencias durante mi destino en el Centro. Era totalmente de izquierdas y su mujer militaba en el Partido Comunista, según se decía. Una verdadera joya para un servicio de inteligencia.

lo relativo al tratamiento y custodia de la documentación clasificada procedente de la Alianza y con la expedición de las habilitaciones de seguridad en sus diferentes grados al personal español que lo necesitase por razones de su trabajo[29]. Al mando de esta sección estaba el comandante de Artillería, y Estado Mayor, Antonio Alcázar, una gran persona y un excelente oficial con el que trabé una buena amistad. Le sucedería el también comandante y artillero Antonio Urquía Gómez, que permaneció al mando de esta sección hasta el final del tiempo de Manglano, en 1995. A esta sección se sumaría algo más tarde el comandante Eustasio Rodrigo Mata, compañero de mis días en la División Acorazada, que dejó el gabinete.

Llegados a este punto, mi conclusión es que el CESID había nacido sin orientarse hacia un modelo definido, y lo que hizo Alonso Manglano fue introducir un pragmatismo que lo impregnaba todo, priorizándose la eficacia sobre la planificación a medio y largo plazo, lo que quizás no era malo. En este sentido, cabe destacar que su configuración como servicio de inteligencia de carácter generalista resulta atípica si se considera que en ese momento se diferenciaba claramente la dimensión interior de la exterior —prácticamente todos los servicios extranjeros con los que se mantenían relaciones tenían estos aspectos completamente separados—, así como la inteligencia civil de la militar. El CESID se configuró como un servicio de inteligencia adscrito al Ministerio de Defensa, con un ámbito de actuación tanto dentro como fuera de España, hecho extraño, pero que hoy día quizás resulte más acertado ya que las líneas entre lo nacional y lo internacional están muy difuminadas en lo que respecta a inteligencia, aunque surgieron enseguida disputas con el Ministerio del Interior.

En lo referente a inteligencia exterior, los puntos de principal interés para la inteligencia española se encontraban esencialmente en el Maghreb. Ceuta y Melilla eran escenarios en los que había que contrarrestar las actuaciones de los servicios marroquíes, que trataban de generar un estado de opinión contrario a España. En el Norte de África, el CESID colaboraba con los servicios franceses e italianos, aunque en temas puntuales y de interés común.

29 Al producirse el ingreso de España en la OTAN todos los destinados en el CESID pasamos a tener autorización automática para manejar documentación clasificada como NATO SECRET.

En el marco de mi responsabilidad sobre Mauritania, tuve también ocasión de realizar un viaje a París para mantener una reunión con representantes del servicio de inteligencia exterior francés —la llamada Direction Générale de la Securité Extérieure (DGSE)—, e intercambiar información sobre Marruecos y la Unión Soviética, y tengo que reconocer que fuimos objeto de un trato exquisito, y me impresionaron muy favorablemente los conocimientos que los franceses desplegaron ante nosotros, en especial las presentaciones que dos de sus oficiales efectuaron; el coronel Grossman, sobre el Magreb, y *madame* Murat —una analista que demostró poseer un profundo conocimiento sobre el sistema comunista y Rusia—, a propósito de la situación en la Unión Soviética, que empezaba a presentar signos de descomposición. En aquella ocasión pude además conocer y entablar una buena relación con el representante del Centro en París, acreditado no solo ante la DGSE sino también con el servicio de inteligencia interior —la Direction de Surveillance du Territoire (DST)—, que era el comandante de Caballería y DEM, Aurelio Madrigal, futuro secretario general ya tras la salida de Manglano.

A pesar del poco interés que atribuía a Mauritania, e incluso Marruecos, para otros servicios de inteligencia amigos, tuve que participar en intercambios con algunos de ellos que visitaron Madrid. Estos fueron el servicio de inteligencia israelí, Mossad, el servicio de inteligencia militar danés, y el servicio de inteligencia suizo.

El servicio de inteligencia militar danés (Forsvarets Efterretningstjeneste/FE o Danish Defence Intelligence Service/DDIS) es el organismo responsable de la inteligencia exterior y militar, y de la seguridad de las unidades militares danesas desplegadas en misiones internacionales, de la recopilación de información de interés político, financiero, científico y militar, y también incluye el terrorismo internacional, los extremismos, el tráfico internacional de armas y la proliferación de armas de destrucción masiva. Las reuniones que tuvimos con ellos fueron muy agradables y transcurrieron muy distendidamente.

El servicio de inteligencia suizo (Nachrichten des Bundes/NBD o Federal Intelligence Service/FIS) aunque pequeño resultó sorprendente y extremamente preciso. Su conocimiento de la actividad y forma de operar tanto de los servicios soviéticos como chinos me pareció impresionante. También me sorprendió su interés por conocer nuestra opinión sobre el Norte de África. Su director, el Sr. Petitpierre, venía rodeado de una aureola de gran conocedor de la situación internacional.

Con fecha 30 de septiembre, por orden ministerial 135/1982, además de precisar la función de inteligencia militar del CESID, se incluyeron otras misiones. En primer lugar, se ampliaron sus competencias de inteligencia interior, no sólo centrada ya en procesos involucionistas, sino también en la amenaza terrorista: «obtener, evaluar y difundir la información relativa a los procesos internos que, mediante procedimientos anticonstitucionales, atenten contra la unidad de la patria y la estabilidad de sus Instituciones fundamentales». En segundo lugar, por primera vez se le asignaron misiones de inteligencia en el exterior: «obtener, evaluar y difundir la información necesaria para prevenir cualquier peligro, amenaza o agresión exterior contra la independencia o integridad territorial de España y para asegurar sus intereses nacionales (...) abarcando los campos político, económico, tecnológico y militar». Por último, se le atribuyeron también las misiones de contrainteligencia. Además, se introdujo una novedad: el CESID no trabajaría sólo para el Ministerio de Defensa, sino que también lo haría para el presidente del Gobierno, en el ejercicio de sus funciones de dirigir y coordinar la acción del gobierno en materia de Defensa[30].

Todas las divisiones y áreas del Centro disponían de un documento —lo llamábamos «el libro verde de Petete»—, que contenía los objetivos y misiones asignados con carácter general a cada unidad y objetivo, y que se suponía cada directivo debía completar en la medida de sus posibilidades. Se trataba del Plan Permanente de Información (PPI), y la realidad era que no se le hacía mucho caso. Cuando recibí mi ejemplar a través del Sr. Osma, estaba totalmente en blanco, y, a decir verdad, yo tampoco le presté mucha atención;

30 Esta Orden se vería completada con el Real Decreto 135/84 de 25 de enero de 1984, donde el CESID era definido como «el órgano de información del presidente del Gobierno para el ejercicio de sus funciones de dirección de la política de defensa y de coordinación del Gobierno en la defensa del Estado, y del ministro de Defensa en el ejercicio de las funciones que le corresponden en materia de política de defensa y política militar».

no pasaba de ser un compendio político-estratégico, militar y económico, e incluso geográfico, del objetivo. El citado PPI venía a ser, en realidad, una especie de vademécum relativo al país asignado. A pesar de ello, estaba calificado como «secreto».

Por otra parte, en la División de Inteligencia Exterior —tengo entendido que lo hacían también las demás divisiones con respecto a sus cometidos—, se confeccionaba semanalmente la llamada Síntesis de Inteligencia Exterior, en donde se volcaban los acontecimientos más relevantes de la semana desde el punto de vista de la información, analizados por el responsable de cada tema, y siempre según la óptica personal de cada uno, y además, considerados única y exclusivamente por quien lo escribía, sin que hubiera ningún filtro. Este documento —también clasificado como «secreto»—, contenía, en la mayoría de las ocasiones, información que alguien con interés podía encontrar en revistas especializadas o de cierto nivel como podían ser *Foreign Affairs*, *Newsweek*, *The Economist*, *L'Express*, o *Der Spiegel*, pero que como casi nadie las leía fuera del Centro —entre otras cosas por la dificultad de los idiomas—, muchas veces lo que se exponía causaba sensación y parecía que el Centro estaba muy bien informado. Cada directivo podía proponer que se adquirieran determinadas revistas o periódicos, a lo que se solía acceder sin mediar ninguna dificultad. En cualquier caso, la citada «Síntesis» se difundía a los altos organismos susceptibles de estar interesados como podían ser la Junta de jefes de Estado Mayor, los Estados Mayores, la Casa Real, el Ministerio de Asuntos Exteriores, y Presidencia del Gobierno; también se entregaba una copia a los servicios de inteligencia aliados acreditados oficialmente en Madrid. Nunca escuché ni llegó a mi conocimiento ninguna valoración positiva sobre las citadas síntesis, y en una ocasión, el que fuera secretario de Estado del Ministerio de Asuntos Exteriores, Máximo Cajal, me confesó no leerlas nunca, entre otras cosas ¡por ser secretas! Personalmente encontré este asunto patético, pero en línea con muchas de las cosas que se hacían en el marco del estamento político-militar de aquellos días.

En relación con los cometidos del Centro, el coronel director del CESID vería reforzada su posición además al asumir, pocos meses después de su nombramiento, la autoridad delegada para la seguridad de la información clasificada OTAN, siguiendo sugerencias de la propia organización, que prefería que esta atribución recayera en una persona y no en una institución, aunque no que fuera él personalmente, ya que fuera de España no era conocido en absoluto. La llegada al poder del PSOE, en octubre de 1982, supuso un giro más hacia la transformación del CESID, por lo tanto.

La desconfianza en los militares, y su sustitución paulatina por civiles en aquellas instituciones de seguridad no estrictamente castrenses facilitó la reforma de los servicios de inteligencia españoles. El Gobierno socialista trataría de articular la seguridad del Estado y la inteligencia en torno al Ministerio del Interior, del que dependerían la Comisaría General de Información y el Servicio de Información de la Guardia Civil —que debía encargarse del terrorismo, el control de extranjeros y el contraespionaje no militar—, mientras que el CESID, al que se le atribuyó la inteligencia militar, quedaría integrado en el Ministerio de Defensa. Los tres estarían coordinados por la Presidencia del Gobierno, al menos teóricamente, y darían lugar a no pocas disensiones, que llegarían hasta nuestros días, pasando por el infame momento del 11-M.

En 1982 el personal que integraba el CESID era militar en su totalidad, con algunas excepciones puntuales mínimas, y mayoritariamente procedente del Ejército de Tierra —como se ha expuesto—, empezando por el director, por lo que no hay que extrañarse que fuera considerado un servicio de inteligencia militar. Quizás considerándolo así en mi fuero interno, una de las primeras decisiones que tomé tras asumir mis funciones en la DIE fue presentarme, por propia iniciativa —y sin consultarlo con nadie—, a las divisiones de inteligencia de los Estados Mayores, ofreciendo incondicionalmente mi apoyo y colaboración, así como mi disposición a contribuir a satisfacer las necesidades informativas que los respectivos Ejércitos pudieran albergar. En el Estado Mayor del Ejército me dijeron que era el primer oficial destinado en el CESID que actuaba como yo había hecho. Hoy, en retrospectiva, no sé si aquello me granjeó amigos o enemigos, pero considero que era mi deber.

En retrospectiva, hoy, no puedo concluir más que el CESID, adonde había sido destinado, era una organización elemental básica de estudio de la problemática que puede interesar al Gabinete de un presidente de Gobierno, una especie de asesoría sobre la seguridad nacional, y poco más, tal como lo definió el Real Decreto que se cita a pie de página. De ningún modo se puede calificar al CESID como una organización dedicada al espionaje o como un servicio de inteligencia. Que yo sepa nunca hubo nadie, sin cobertura diplomática, realizando funciones reales de inteligencia, o espionaje, en terceros países, a excepción de las actuaciones contra ETA. El mismo nombre de «Centro Superior de Información de la Defensa», parecido al del «Centro Superior de Estudios de la Defensa Nacional/CESEDEN» —que era un centro intelectual y de pensamiento militar—, me parece más apropiado y correcto para describir sus funciones en la época, que el actual de CNI. En lo que me concierne, y relativo al período bajo la dirección de Alonso Manglano, solo soy capaz de considerar que se llevaran a cabo actividades de espionaje y contraespionaje en lo que respecta al dominio interior, pero nunca fuera de nuestras fronteras.

El CESID, no obstante, por obra y gracia de su director, Alonso Manglano, se implicaría en una serie de actividades incompatibles con la misión asignada por la ley, para lo que no estaba preparado, y que tendrían que ver con las necesidades personales y políticas tanto del monarca, como del ministro, primero, y vicepresidente después, Narcís Serra. Serían estas actividades las que ocasionarían la caída de Manglano y de sus superiores en el Gobierno, a excepción claro está, del monarca, a quien le llegaría su sanmartín mucho más tarde, pero le llegaría igualmente. Emilio Alonso Manglano recibiría, no obstante, la consideración de director general, mientras que mucho más tarde ya, su sucesor con el Gobierno de Zapatero, el general Sanz, tendría la consideración de secretario de Estado, y, por lo tanto, mayor categoría que Manglano. Claro está que habiendo sido el general Sanz jefe del Estado Mayor de la Defensa y, por consiguiente, haber tenido ya consideración de secretario de Estado, hubiera sido una desconsideración y descortesía grave. Se puede pensar que este fue el motivo de esta decisión.

Hoy día, tras un periodo de permanencia al frente del CNI del general Sanz Roldán, tan largo como el de Alonso Manglano, y a tenor de las informaciones que se hacen públicas y de libros o memorias que se publican, no puedo evitar dejar de pensar que nada ha cambiado realmente, y que el Centro sigue implicado en lo que llamo «espionaje de alcoba» al servicio de grandes personajes y de sus intereses personales, de partido, o de institución, más que en tareas que garanticen o refuercen la seguridad nacional. Sanz Roldán ya no está, pero está claro que sus sucesivas sucesoras no poseen ni el peso político ni profesional que el cargo requiere, por muchas capacidades que posean, que no les niego en absoluto.

3. CURSO BÁSICO DE INTELIGENCIA

Abril de 1983

«En cierta medida, los servicios secretos son la única medida válida de la salud política de una nación, la única expresión auténtica de su subconsciente».

John le Carré, *El Topo*, 1974

«La práctica y la experiencia hacen al maestro».

Dicho popular

No había que ser John le Carré, en 1983, para adivinar que la salud política de España no era buena, pero ese es un mal endémico; el CESID apenas acababa de echar a andar y no se puede decir que tuviera una salud pletórica. Casi un año después de haber sido destinado al CESID, cuando ya empezaba a estar familiarizado con mis nuevas tareas, y con el Magreb, fui convocado para realizar el llamado Curso Básico de Inteligencia, que organizaba el propio CESID, y que era obligatorio para desempeñar las funciones de oficial de inteligencia. El principal problema que observaría era que los maestros ni habían hecho suficiente práctica ni tenían experiencia.

No se puede decir que el contenido del curso fuese sensacional ni aclarase de manera esencial cuáles eran mis funciones, ni cómo debía desempeñarlas. El curso se componía de materias básicas, de conocimientos generales, de una mezcla de conocimientos teóricos y de una fase práctica que, en suma, no aportaban nada esencial para todo aquel que, por las razones que fuesen, tenía ya un conocimiento de la organización del Estado, de la defensa nacional, o de un esquema general de la geopolítica del momento, temas todos ellos que en el Curso de Estado Mayor se trataban exhaustivamente. Sin embargo, no diré que estaba de más.

No obstante, era un contrasentido realizarlo después de llevar más de un año en el servicio, de desempeñar funciones de oficial de inteligencia, y asistir a todo tipo de reuniones clasificadas y manejar documentación sensible, como había sido mi caso durante mi permanencia en el Área 1 de la División de Inteligencia Exterior. Al curso solo fuimos el capitán Miranda y yo, por parte de la DIE, pero también asistieron oficiales de otras divisiones y departamentos del Centro; en total éramos unos veinte o veinticinco alumnos. Era tan solo el séptimo Curso Básico que se impartía en el Centro, desde la creación del CESID, en 1977, y tenía una duración de tres meses. Todos los asistentes éramos militares, mayoritariamente pertenecientes al Ejército de Tierra. El curso debería haber sido el primer paso, y por donde había que haber empezado al ser destinado al Centro, e incluso servir para decidir qué puesto y cometido era el más idóneo para los nuevos miembros. Pienso que el problema esencial para no hacerlo así había sido el propio reajuste del Centro tras la llegada de Manglano. El mismo Manglano debería haber hecho también el curso dada su nula experiencia en este campo, pero no consta que lo hiciera en ningún momento.

Al igual que el resto de las divisiones del Centro, la escuela de enseñanza estaba ubicada en un piso en el Paseo de la Castellana, en Madrid, en un edificio normal de vecinos, cercano al hotel Villamagna, —a mitad de la manzana situada entre las calles de Ayala y Don Ramón de la Cruz—, en el tercer piso, y allí tenían lugar las clases teóricas, mientras las prácticas se realizaban en donde fuera procedente según los casos. El aspecto más negativo del curso se encontraba en el propio profesorado, que, en general, no contaba con la experiencia necesaria ni el tiempo de permanencia conveniente en el servicio o en funciones de inteligencia, para explicar adecuadamente las materias del curso a los alumnos, por no decir que no tenía ninguna experiencia ni cualificación. Nadie tenía experiencia realmente en España en actividades de inteligencia, como se ha dicho, y no por ser militares, y mucho menos oficiales de Estado Mayor, se sabía lo que era un verdadero servicio de inteligencia. Además, no se recurrió en ningún momento a que nos dieran conferencias o explicaciones oficiales de la Guardia Civil o de la Policía Nacional, que, sin duda, estaban más versados en tareas de información. Tampoco tengo constancia de que se utilizase la escuela para cometidos que no fueran los cursos básicos.

Mi sorpresa fue mayúscula cuando se presentaron como profesores titulares del curso, los capitanes Cayetano Miró Valls Sr. Muro, de Artillería, Ricardo Martínez Isidoro Sr. Manacor, y Gregorio Alcalde Gorostiza, estos dos últimos de Ingenieros, todos pertenecientes a la promoción de Estado Mayor anterior a la mía —a los que conocía bien—, y por lo tanto con un año de permanencia en el servicio como máximo, por lo que su experiencia era mínima. Cayetano Miró Valls —ya fallecido y que llegaría a ser teniente general—, en particular, actuaba con una arrogancia y superioridad difíciles de tolerar. Se suponía que el curso debía de ser una introducción al mundo de la inteligencia, de la actividad de análisis y obtención de la información, y me encontraba con tres compañeros que lo que sabían eran solo lecturas aprendidas con mayor o menor fortuna, y que actuaban con la superioridad que daba la tarima, pero no con superioridad intelectual. Aun así, me lo tomé con sentido del humor y espíritu deportivo, dispuesto a no crear dificultades ni a granjearme enemigos.

Estas intenciones no resultarían muy difíciles de llevar a cabo ya que, sin propiciar nada por mi parte, al cabo de un mes escaso de comenzado el curso, me vi obligado a ausentarme del mismo durante quince días por orden superior. El motivo no era otro que asistir, representando al Centro, a la reunión anual de la OTAN para elaborar y revisar el documento de inteligencia conjunto MC-161, sobre la amenaza del Pacto de Varsovia y la Unión Soviética, aunque yo, en teoría, seguía perteneciendo al Área 1, y por tanto mis cometidos tenían que ver solo con el Magreb, y de la Unión Soviética sabía poco.

España había ingresado el año anterior en la Alianza Atlántica, aún bajo el Gobierno de Calvo Sotelo, y era la primera vez que se iba a participar en una reunión de inteligencia de tal calibre y en la OTAN nada menos. Era un honor, sin duda, el haber sido elegido —sin duda por motivos de idiomas ya que las reuniones eran en inglés sin traducción alguna, y no había nadie capacitado en toda la DIE para asistir—, y profesionalmente me pareció mucho más interesante estar presente en una reunión internacional en Bruselas, que seguir escuchando a mis doctos y experimentados compañeros profesores del Curso Básico de Inteligencia. Detallaré esta reunión y lo relativo a inteligencia en la OTAN en el capítulo siguiente.

El director de la escuela era el coronel Cilleruelo, procedente del Arma de Infantería y de Estado Mayor, antiguo miembro de los servicios militares de información del Alto Estado Mayor, un personaje peculiar al que casi no vimos nunca, ni tuvo la amabilidad siquiera de dirigirnos unas palabras ni de pronunciar ninguna conferencia. Sin embargo, su segundo de a bordo, el comandante de Artillería y Estado Mayor, Pedro Rodríguez Topete, alias Sr. Rey, sí era una persona de mayor relevancia; un oficial que no dudo que competente, pero que demostraba siempre una afabilidad empalagosa unida a un cierto amaneramiento, y un intrusismo personal que rayaba en la impertinencia, al margen de una afiliación indudable —o con simpatías claras—, al Gobierno socialista que acababa de estrenarse en España, lo que lo hacía especialmente agobiante en cuanto comenzaba a expresar su talante democrático. En cualquier caso, el citado Sr. Rey era el personaje clave en la escuela y el director real del curso. Ignoro que experiencia tenía en cuanto a servicios de inteligencia.

Durante el curso tuve la ocasión de conocer con mayor profundidad el conjunto del servicio, y a la mayoría de los jefes de división y área, lo cual resultó interesante, a la par que descorazonador en algún caso. Como persona destacaba el coronel de Intendencia del Ejército, Vicente Mateo Canalejo, Sr. Marte, director de la División de Asuntos Económicos del Centro, quien explicó de forma excelente el problema de financiación del servicio y cómo se formalizaban y preparaban los presupuestos, incluido el capítulo de gastos reservados. Algún tiempo más tarde establecería una excelente relación personal con el ya general Mateo Canalejo, de la que guardo un excelente recuerdo. Al igual que iría sucediendo con todos los oficiales honestos, leales y honrados, el general Mateo se despediría del servicio y retornaría al Ejército, ante la inviabilidad ética de continuar en lo que Alonso Manglano acabaría convirtiendo el Centro.

Recuerdo de manera especial al ya citado, y entonces teniente coronel, Santiago Bastos Noreña Sr. Baranda, jefe del Área de Involución —el departamento especialmente dedicado a la prevención de actitudes golpistas o antigubernamentales dentro de las Fuerzas Armadas—, que naturalmente estaba de moda por aquellos días estando tan reciente el incidente del 23-F. Santiago Bastos era una persona afable, pero irradiaba una oposición tan visceral a todo lo que representaba el antiguo régimen que lo hacía especialmente desagradable, provocando la desconfianza instantánea de algunos, o muchos, de sus interlocutores. Andando el tiempo cimentaríamos una cierta relación personal, ya en mis últimos días de permanencia en el servicio[31]. A pesar de los servicios prestados, desaparecería del servicio sin dejar rastro cuando Manglano fue cesado en 1995.

Fue Santiago Bastos quien, en aquellos días —y en una de sus intervenciones para explicarnos lo que hacía su división—, nos «aclaró» la trama del 27-O, y la trama de los hermanos Crespo Cuspinera. Creo poder afirmar que no nos convenció a ninguno de los que le escuchamos, y más bien, nos dio la impresión de que todo el 27-O era una trama de café, exagerada por él mismo, para apuntarse algún tanto, y al mismo tiempo para realzar la importancia del CESID —y su nueva actitud, de fe muy «democrática»—, bajo la dirección de Alonso Manglano. Todo era como de ciencia-ficción y de una improvisación e incompetencia, difíciles de creer. En cualquier caso, el 27-O permanecerá como una trama absurda rodeada de interrogantes, que quizás, algún día, algún historiador e investigador avezado sea capaz de dilucidar y desmentir.

Una personalidad ciertamente arrolladora que tuve ocasión de conocer fue el comandante de Ingenieros y Estado Mayor Juan Ortuño Such, Don Juan, a la sazón jefe de la Agrupación de Misiones

31 Hoy pienso que esa relación quizás la buscó el propio Bastos para conocer mi pensamiento y saber hasta dónde estaba dispuesto a llegar en mi enfrentamiento con el general Alonso Manglano en 1993. Más adelante explicaré estas circunstancias.

Operativas (AOME) tras la salida del comandante José Luis Cortina, implicado en el 23-F. Ortuño nos explicó los cometidos y actividades genéricas de la única unidad del servicio que parecía llevar a cabo actividades secretas o clandestinas de algún tipo y que practicaba el espionaje en su verdadera dimensión. Con el tiempo coincidiría con el ya coronel Ortuño en mis últimos años en Londres —él como agregado militar—, y posteriormente sería mi superior inmediato en el Estado Mayor de la Defensa, ya estando ambos fuera del centro. La realidad es que congeniamos muy bien y guardo un buen recuerdo de nuestra actividad. Ortuño, ya fallecido, alcanzaría el grado de teniente general y sería el primer general español que mandó el Cuerpo de Ejército europeo (EUROCORPS) en Estrasburgo.

Por alguna razón no bien justificada, los componentes de la AOME, al menos los directivos, eran en su mayoría oficiales diplomados en el Mando de Operaciones Especiales, curso conocido con el sobrenombre de «guerrilleros», como si la actividad de las fuerzas especiales tuviera algo que ver con lo que se hacía en el CESID, y ciertamente, nada más lejos de la realidad. Todos los oficiales que conocí personalmente, incluido el propio Ortuño, y otros como Javier Melendo Gaspar, Don Javier, capitán de Infantería; José Tostón de la Calle, Don José, capitán de la Guardia Civil; Carlos Guerrero Carranza, Don Carlos, capitán de Infantería; Ignacio Estévez Vila, Don Ignacio, también capitán de Infantería o el posteriormente famoso Juan Alberto Perote, Don Alberto, a la sazón comandante de Infantería, lo eran. Los nombres siempre eran patronímicos y nunca apellidos, con el «Don» delante, con lo cual ya se sabía cuando hablabas con alguno de ellos que se identificaba de tal forma, que pertenecía a la AOME. En líneas generales, eran oficiales con mentalidad «paracaidista» que saltaban donde hiciera falta, sin mirar adonde, pero me atrevo a afirmar que no fueron utilizados nunca en el máximo rendimiento de sus posibilidades, sino a medio gas y en tareas poco comprometedoras. Ahora, transcurrido el tiempo y en retrospectiva, todo resulta bastante patético.

También hicimos visitas a las divisiones del Centro —incluida la propia—, donde se nos dieron explicaciones someras de su funcionamiento y misiones. La División de Inteligencia Interior estaba en el mismo edificio que el director, en Castellana 3, y allí supe que había un área dedicada al terrorismo y separatismo —esencialmente

ETA—, otra dedicada a controlar la actividad del Partido Comunista —a pesar de ser un partido legalizado—, y movimientos derivados —al mando del capitán de Artillería, y como casi siempre también de Estado Mayor, Rafael Jiménez Villalonga, Sr. Jarama—, y otra que vigilaba supuestamente los posibles movimientos subversivos de otra naturaleza, además del Área de Involución en la que estaba el capitán de Artillería, y Estado Mayor, Pedro López Fernández-Marcote, Sr. Lasarte, al que tengo por buen amigo. No sabría decir la razón, pero no me entusiasmó nada el trabajo de esta división, aunque reconozco su importancia. Opino que, en buena ley, esta división debería haber sido adscrita al Ministerio del Interior, y a la Dirección General de Seguridad del Estado (DGSE). Sin duda, esta división era la razón del antagonismo que existía tanto con las Fuerzas Armadas como con los servicios de información de la Policía y de la Guardia Civil.

También visitamos las divisiones de Contrainteligencia y de Economía y Tecnología, pero nunca visitamos la AOME, que era el secreto más guardado en el Centro. En la División de Contrainteligencia pudimos saludar fugazmente al coronel Ferrer, que no tardó en desaparecer también del Centro. Ferrer no ascendió a general de brigada y siempre se acusó de ello a Alonso Manglano, aunque no puedo exponer los motivos, si es que fue cierto. Lo que sí es cierto es que Ferrer, más antiguo que Manglano, no congeniaba bien con él. La División estaba ubicada en un piso amplio —quizás eran dos pisos unidos—, en la calle Menéndez Pelayo, 49, muy cerca del Parque del Retiro. La principal actividad era el control de los posibles agentes soviéticos desplegados en España —misión del Área 3, que dirigía el comandante de Artillería y Estado Mayor, Francisco Acín[32]—, y en algún caso también de los susceptibles de trabajar o cooperar con la República Popular China, aunque esto era de menor relevancia. La división estaba dividida en áreas, de modo similar a la División de Inteligencia Exterior. Había un área igualmente dedicada a detectar posibles movimientos de índole terrorista árabe que podían atentar contra intereses israelíes en España —Área 1—,

32 Paco Acín era no solo un excelente profesional —hablaba ruso perfectamente—, y un caballero, sino que además era una gran persona. Desengañado, también acabaría dejando el CESID y pasó a trabajar como jefe de seguridad de la empresa Explosivos Riotinto. Coincidí con él en alguna reunión en Bruselas y tengo un excelente recuerdo de él como profesional y amigo.

y recuerdo que las actividades de la Embajada de Libia —entonces bajo el liderazgo del coronel Gaddafi— eran de interés para el Centro. En la División de Contrainteligencia estaba la única mujer entonces con categoría de directivo —María Dolores Vilanova—, y no militar, que creo recordar se ocupaba de algún tema relacionado con la actividad cubana/castrista en España, aunque al dejar el servicio el comandante Acín, Alonso Manglano la puso al frente del Área 3[33]. María Dolores acabaría dirigiendo la División y más tarde en la época de José María Aznar sería la secretaria general del Centro —sustituyendo al entonces ya general de división Aurelio Madrigal, citado anteriormente—, y siendo director del Centro el diplomático Jorge Dezcallar, también el primer civil que dirigió el servicio, y continuando en su cargo durante las legislaturas del presidente Zapatero. Tras la llegada al Gobierno de Mariano Rajoy, en 2012, cesó en su puesto y fue destinada a Washington, en la Embajada de España, como representante del Centro Nacional de Inteligencia (CNI). Ignoro su paradero actual.

La División de Economía y Tecnología estaba ubicada en un excelente piso en la calle Goya, esquina a Conde de Peñalver, enfrente de la famosa cervecería de Santa Bárbara y El Corte Inglés. El jefe de la división, teniente coronel ingeniero aeronáutico Fernando de la Malla, Sr. Mallol, era todo un «personaje» que dirigía su unidad casi con actitud feudal ya que, de hecho, la división había sido su creación personal. Inicialmente tuvo una buena relación con Alonso Manglano, que se iría deteriorando con el tiempo y llevaría a que abandonase el servicio a principios de los años noventa y se reintegrase al Ejército del Aire, ascendiendo incluso a general de brigada en su Cuerpo. La División efectuaba un seguimiento bastante detallado de las actividades relacionadas con la seguridad industrial, el tráfico de armamentos y transferencia de tecnología, y la adquisición de tecnologías de aplicación en los campos de defensa y seguridad. A cargo de las diferentes áreas estaban, en aquella época, los comandantes Antonio Crespo, de Infantería, —compañero en el

33 La propia María Dolores considera que Manglano la nombró al frente de la División de Contrainteligencia para obtener un cierto impacto político por ser mujer. Su nombramiento suscitó todo tipo de reacciones. Cernuda, Pilar. *No sabes nada de mí: Quienes son las espías españolas.* La Esfera de los Libros, 2019. Yo no la conocí y por lo tanto no puedo valorarla.

Curso Básico—, y Julio Garulo Muñoz —un oficial de una inteligencia fuera de lo común—, de Artillería, y amigo personal con el que había coincidido en la Academia General Militar, que también acabaría dejando el servicio. También destacaba el capitán ingeniero aeronáutico Federico Vigil, un excelente oficial e ingeniero con grandes conocimientos de tecnologías en el dominio militar. De alguna manera se puede considerar que la división constituía un mini servicio de contrainteligencia dedicado a los aspectos científicos y técnicos de la industria militar. Posiblemente el aspecto al que dedicaban su esfuerzo principal era el relacionado con la seguridad industrial[34], precisamente el tema que era la especialidad del comandante Garulo.

El CESID mantenía asimismo cierta presencia en la mayoría de las provincias españolas y también realizamos una visita a una de las delegaciones provinciales del Centro. En mi caso visitamos la de Valencia, que estaba al mando del coronel de Infantería y Estado Mayor, José Bellés Gasulla —ya fallecido—, un oficial que me impresionó por su clara interpretación de las situaciones, por su cultura —era escritor—, y por su indudable competencia profesional. Las delegaciones estaban designadas por la letra «D» seguida de una cifra, y normalmente estaban ubicadas en los gobiernos militares o capitanías de la región, aunque también disponían de pisos no declarados oficialmente. Recuerdo especialmente la delegación de Sevilla, entonces al mando del comandante de Infantería, y Estado Mayor, Gonzalo Rodríguez de Austria y Rosales[35], que llegaría a ser teniente general y jefe del Cuarto Militar del rey.

Durante el curso se realizaba una fase práctica dedicada esencialmente a detectar seguimientos, es decir, si alguien nos seguía, y la forma de evadir este seguimiento. Ni que decir tiene que se trataba de seguimientos a pie, nunca en vehículo para evitar accidentes, y resultaba todo como bastante elemental. Si te apartabas de las líneas didácticas que se marcaban, enseguida despistabas a los

34 Según el periodista Carlos Yarnoz, del diario *El País*, hacia finales de los años ochenta los aspectos de seguridad industrial y venta de armas habían pasado a ser una prioridad en los elementos esenciales de información para el CESID, de mayor importancia incluso que lo relativo a los temas de involución.

35 El comandante Rodríguez de Austria era el número uno de la XIV promoción de la Academia General Militar, a la que pertenecía el propio rey Juan Carlos.

perseguidores, que no eran sino personal auxiliar de la AOME —guardias civiles, policías, y suboficiales del Ejército, sobre todo—, pero, claro, eso no era válido. Para mí, todo me resultaba como poco profesional, improvisado, y hasta infantil. Nos dedicábamos a jugar, y corretear por las calles de Madrid, sin mayor utilidad.

También nos dieron conferencias sobre cómo abrir correspondencia, sin que se notase —pero nunca hicimos ninguna práctica—, nos hablaban sobre cómo abrir cerraduras, pero tampoco se practicaba, por lo que estos aspectos «técnicos» resultaban de poca utilidad; nunca tuve que abrir ninguna cerradura ni habría sabido hacerlo. La culminación de la parte práctica consistía en acercamientos personales a terceros, con objeto de poner a prueba las capacidades personales para entablar conversación con extraños, e incluso obtener alguna información de ellos, era como «ligar» con desconocidos; a mí me tocó abordar a un «objetivo» en la cafetería Riofrío, que resultó ser un capitán de corbeta de la Armada destinado en la División de Contrainteligencia (IC), así como plantear una supuesta actividad comercial totalmente ficticia a una señorita en el hotel Princesa, en Madrid, que no era sino Concha Tamarit, una hermana del entonces comandante Joaquín Tamarit, hoy teniente general ya retirado. En ambos casos, nos reímos un buen rato. También, nos enseñaban a utilizar una mini grabadora oculta, con un micrófono que se ocultaba en la corbata. Nunca tuve necesidad de utilizarla, aunque me entregaron una para uso diario que acabé usando en conferencias, o seminarios, de forma totalmente natural y abierta, sin ocultar nada de nada.

El curso acabó, en cualquier caso, sin mayor pena ni gloria. Recibí, incluso, mi diploma por correo oficial en mi despacho, ya que no asistí a la graduación final debido a encontrarme en Bruselas, y la realización de este curso se anotó en mi hoja de servicios. Como pasatiempo y distracción había estado bien, pero ahora había que empezar a vivir la realidad, y confiaba en que todo aquello tendría mayor relevancia. No pude caer en mayor error.

Tras la realización del curso, —valga decir rodeado siempre de cierto misterio e incomodidad más que dureza—, pero que, en el fondo, no revistió complejidad alguna ni aportó ningún rigor científico, ya que sobre todo, como se ha dicho ya, el profesorado que impartía los temas carecía de la preparación básica para el mismo, —y no solo no poseían experiencia en las materias que impartían, sino que su cometido en el Centro había sido la enseñanza desde su destino inicial—, lo que hacía que su experiencia práctica fuese igualmente nula, se continuaba con una fase o período a prueba de unos seis meses, al final del cual quedaba ya consolidado el destino y se pasaba a ser miembro de pleno derecho del servicio. Realmente era el capricho del entonces director, y el haber pasado más o menos desapercibido, lo que cualificaba para permanecer en el Centro.

Este pase a la plantilla permanente se acreditaba con un ligero aumento de la gratificación especial —que era más de lo que se percibía en una unidad normal del Ejército como dedicación plena—, que se cobraban en metálico y siempre en unos sobres diferentes de la nómina oficial que venía pagada desde la Subsecretaría de Defensa, destino oficial de todo el personal militar adscrito al Centro, y que estaba exento de impuestos[36]. Todo esto cuando se llevaba ya —como era mi caso— más de un año destinado en el servicio parecía fuera de lugar, y ciertamente estaba de más, ya que ni había habido lugar al período de prueba y la gratificación yo había empezado a percibirla desde el primer día de mi destino al Centro.

El Curso Básico de Inteligencia debería haber servido para entender lo que significa la función de inteligencia en los organismos de seguridad del Estado. La confusión en el tema de inteligencia es tanta, que encontramos la palabra acompañada de otras como inteligencia estratégica, táctica, electrónica, económica, militar, etc. Pareciera que existieran varias clases de inteligencia, cuando en sí, la inteligencia es una sola. Definir y explicar lo que es la contrainteligencia debería haber sido otro de los grandes objetivos del curso, ilustrándonos sobre las diferencias entre el concepto de inteligencia y el de contrainteligencia. Temas como el de las fuentes humanas —HUMINT—, o colaboradores, vigilancias, seguimientos, redes de inteligencia y otros conceptos y tareas de la actividad de inteligencia fueron mínimamente tratadas. Para nada, y en ningún momento, se explicaron las relaciones con otros posibles organismos de inteligencia nacionales como eran la Guardia Civil o la Policía Nacional.

36 En aquella época todavía no estaba normalizado el ingresar directamente las nóminas en cuentas bancarias y muchas veces se recibía el sueldo directamente en metálico.

Había transcurrido un año desde que comenzó mi destino en el CESID y debo decir que, en ningún momento, me sentí ni «espía» ni oficial de inteligencia. Todo lo que había hecho hasta el momento había sido analizar parcialmente la situación político-militar en el Norte de África y en Mauritania, y plasmar mi opinión en notas informativas que desconozco siquiera si fueron leídas en algún departamento gubernamental. En cualquier caso, había sido muy distinto de lo que hasta ese momento había realizado como oficial del Ejército en mis destinos anteriores. Debo añadir que, a diferencia de otros compañeros que se sentían integrados en cuerpo y alma en aquella organización, para mí el CESID era solo un destino más por el momento, un hito en mi vida profesional sin mayor ni menor trascendencia personal. Mientras consideraba al Ejército como una institución permanente y relevante, no veía igual al CESID, que podía ser efímero o incluso desaparecer sin que hubiera grandes repercusiones, o transformarse como sucedería más adelante.

Al final del «reinado» de Manglano, entre 1994 y 1995, alcanzaría notoriedad el tema de la inteligencia aplicado a la seguridad nacional cuando las operaciones de escucha y vigilancia que realizó el Centro fueron develadas a la opinión pública, lo que para muchos fue considerado como una intromisión inaceptable del Gobierno y del Centro en asuntos al margen de su incumbencia, pero también de asombro cuando se hizo público que España tenía hombres capaces de ejecutar unas acciones iguales o superiores a las de otras agencias internacionales de espionaje.

Como ya alguien dijo: «los mejores hombres deben llevar a cabo las tareas más sucias»; una frase muy conocida en el mundo de los servicios de inteligencia, y que no necesariamente es cierta, con la que se quiere resaltar los alcances, medios y procedimientos que utilizan, a veces, los servicios de inteligencia para lograr cumplir con su misión. Misiones, que, en algunas ocasiones rayan con la ilegalidad y sobrepasan algunos derechos. Y por eso, creo que el CESID no debería poder jactarse de estar dentro de la legalidad, en algunas de sus actividades. La técnica para ello —para actuar ilegalmente—, debo decir, sin embargo, no se aprendía en el Curso Básico.

En la escuela del CESID se definía la actividad de inteligencia como el proceso de planeamiento, búsqueda y verificación, evaluación, análisis y difusión de la información; en realidad, la actividad de inteligencia es una disciplina, entendiéndose por disciplina la instrucción sistemática dada a los alumnos escogidos para capacitarlos como estudiantes en un determinado cometido, y para seguir, incluso, un determinado código de conducta u orden. En el mundo de la inteligencia, en principio se busca que sus miembros adopten un determinado código de conducta, un orden que conlleve a alcanzar los objetivos fijados. Entre esos códigos de conducta está la compartimentación —la necesidad de saber, *the need to know*—, y el no revelar a otros lo que no deben o no están autorizados a saber. La disciplina del secreto, en suma, que es otro de los códigos de conducta que rigen la actividad de inteligencia. De esto no se habló en mi Curso de Inteligencia.

Ahora bien, la actividad de inteligencia no tiene lugar en solitario, requiere de otras actividades o disciplinas, para ser efectiva. Tiene una entrada, en este caso la necesidad de conocer, y tiene una salida, la difusión del conocimiento, lo que hace de la actividad de inteligencia un proceso. Desgraciadamente las vicisitudes por las que pasó el Centro en el período de 1982 a 1995 ponen de manifiesto que la actividad que se desarrolló estuvo orientada a la consolidación de un determinado poder antes que a la seguridad nacional.

La actividad de inteligencia interior es la que se realiza en el propio país, y busca encaminar el aparato de inteligencia a detectar amenazas contra la seguridad del Estado y el ordenamiento institucional, ya sean en el ámbito político, económico, social, o laboral; claramente, es una competencia del Ministerio del Interior, aunque otros departamentos estatales se vean afectados también. Por el contrario, la actividad de inteligencia exterior se dirige a detectar amenazas que provengan del exterior, ya sean de otro país, de grupos radicales o terroristas, de empresas, de sociedades o incluso de culturas ajenas; se puede decir que los departamentos más directamente implicados en esta actividad son los ministerios de Asuntos Exteriores y de Defensa. En ambos casos se entiende que la actividad de inteligencia debe estar encaminada a la obtención del conocimiento mediante fuentes no abiertas, es decir, no provenientes del conocimiento público o mediático, para lo cual se supone que ya se bastan los gabinetes de prensa respectivos en cada caso.

En cambio, la actividad de contrainteligencia es una aplicación específica de la actividad de inteligencia, destinada a proteger la información y el conocimiento propios, la defensa nacional, las instalaciones, los medios, los mismos funcionarios, y en general el Estado, de la posible influencia y actividad de otros organismos de inteligencia extranjeros, o de grupos radicales interesados en realizar acciones ofensivas o perjudiciales de cualquier naturaleza contra los intereses nacionales, esencialmente dentro del propio territorio nacional. La actividad de contrainteligencia puede estar centralizada en el Ministerio del Interior, y, en mi opinión, es responsabilidad primera de los servicios de información de la Guardia Civil y de la Policía Nacional, pero exige una coordinación de la actividad de ambos. Está claro, también, que las Fuerzas Armadas deben desarrollar una actividad de contrainteligencia encaminada a protegerse a sí mismas, lo que debería ser dirigido y coordinado desde el Estado Mayor de la Defensa.

Por otra parte, la actividad terrorista internacional ha alcanzado un desarrollo tal desde los atentados del 11-S que obliga a disponer de un centro de inteligencia focalizado exclusivamente en la lucha antiterrorista, que coordine las actividades de inteligencia anteriormente expuestas y que se dirijan contra los grupos radicales identificados. Naturalmente, en el momento de realización del Curso Básico, en 1983, esta situación no se daba y las amenazas terroristas eran más bien de orden local (ETA, IRA…), aunque algunos grupos palestinos habían llevado ya el terrorismo al ámbito internacional. Aun así, puedo anticipar que la colaboración en cualquiera que fuese el campo de la inteligencia, entre los organismos susceptibles de tener alguna responsabilidad, era inexistente. Algo muy español, sin duda.

La actividad de inteligencia científica, económica y tecnológica constituye un dominio especial que se superpone a los tres campos expuestos hasta el momento: interior, exterior y de contrainteligencia. Busca tanto obtener informaciones de utilidad en los aspectos citados como impedir que la información propia caiga en manos no deseadas, o que, incluso, las empresas sensibles nacionales sufran agresiones ajenas en busca de su conocimiento intelectual. La adquisición de información tecnológica, sin embargo, deber ser mesurada y conforme a las propias capacidades; de nada le sirve a

España adquirir conocimiento de cómo se desarrollan los misiles balísticos intercontinentales, si no dispone de posibilidades ni medios donde aplicar ese conocimiento adquirido ni tampoco es su interés político o estratégico. Un ejemplo vivido personalmente es la tecnología del carro de combate Leopard 2; aunque aquí no haya habido ninguna adquisición de tecnología por medios de inteligencia, la realidad es que su conocimiento no ha permitido ninguna aplicación precisamente por carecerse del entramado industrial capaz de sacar provecho de ese conocimiento.

Algo tan sencillo como lo expuesto hasta aquí nunca fue presentado en el Curso Básico al que asistí, lo cual habla por sí solo. Hoy lo recuerdo como una experiencia curiosa.

De este modo llegamos inevitablemente a tener que preguntarnos que era realmente el CESID. La respuesta no es fácil. Estoy convencido de que el Sr. Calvo Sotelo le debió de dar pocas directrices a Manglano, si es que le dio alguna, cuando le designó para el cargo. Y la única preocupación era, sin duda, la involución militar, un fantasma que ha venido atenazando a los diferentes Gobiernos de la democracia hasta nuestros días. Para Gutiérrez Mellado también había sido la principal razón al crear el Centro en 1977. Los demás aspectos con los que se tenía que vestir un servicio de inteligencia verdadero eran secundarios. La conclusión es la ya expuesta en el capítulo anterior: el CESID era poco más que un gabinete de estudios político-militares.

El curso, no obstante, sirvió para reflexionar y llegar, *motu proprio*, a definir el criterio de cómo debería ser una organización de inteligencia que sirviera a los intereses de la seguridad nacional, desde mi punto de vista, y no lo que había observado hasta el momento, aunque solo fuera para mi conocimiento personal ya que no se me pidió opinión en ningún momento.

Mi formación como oficial de Estado Mayor, educado en la planificación y en el método de organización, me llevó a ver que los verdaderos organismos de inteligencia debían centrar su trabajo sobre las posibles y futuras amenazas, sobre acciones ya existentes que obstaculizaran el normal desarrollo de las instituciones —como era el terrorismo separatista—, o sobre aspectos que resultaran si no vitales, sí necesarios para los objetivos del Estado. Para ello, un servicio de inteligencia debía ser capaz de valorar aquellas circunstancias, ya de la situación nacional o internacional, que pudieran afectar a la viabilidad de la democracia existente y a la estabilidad social, y de ahí que se debieran considerar todos los órdenes posibles (económico, militar, político, social, etc.). La definición de las amenazas era el aspecto que daba vida a la necesidad de un servicio de inteligencia y era algo que, incluso no solo cuando dejé el Centro sino a lo largo de toda mi vida profesional, faltaba. La ambigüedad gubernamental, endémica, en definir las hipotéticas amenazas[37] ha sido una constante que no parece haber variado y ello dificulta considerablemente la labor de cualquier organismo de inteligencia, lo que obliga a improvisar, sin alcanzar realmente ninguna efectividad. Simplemente, no se identificaban amenazas externas, salvo los problemas como Ceuta, Melilla, y hasta cierto punto también Gibraltar, todos ellos irrelevantes desde el punto de vista de la seguridad nacional. La única amenaza interna —el separatismo y terrorismo de ETA— no se afrontaba como era debido.

Naturalmente, esto debía plasmarse y revisarse, con carácter anual, en un plan permanente de información, derivado de la estrategia nacional, y de la planificación estratégica conjunta que efectuasen los Estados Mayores. Confieso que nunca oí hablar de planificación conjunta ni tampoco observé que se recibieran peticiones de información de otros organismos o ministerios. Un organismo que pretendía ser lo que el CESID decía ser debería haber tenido una coordinación y trabajo íntimo con el Ministerio de Asuntos Exteriores, pero la realidad es que no solo no había coordinación, sino que la desconfianza y el recelo eran mutuos y permanentes. Los objetivos de información eran fijados en el CESID por el propio director, Alonso Manglano, cuando así lo decidía, y en ausencia de ello, quedaba todo bajo la iniciativa personal de cada oficial; es así como actué en lo relativo a Mauritania según lo que he expuesto en el capítulo segundo, ya que en ningún momento nadie me indicó qué se necesitaba saber de aquel país, en el que el Centro tenía

37 Baste saber aquí que, incluso en la Escuela de Estado Mayor del Ejército, en aras de no se sabe qué principio de corrección política, cuando se hablaba de «enemigo» en la ordenes de operaciones, siempre la referencia era a un desconocido «enemigo convencional» y nunca al Ejército soviético, aunque estuviera totalmente claro que era de este de quien se hablaba.

destacado un oficial. Todo era la expresión del más puro surrealismo aplicado a las tareas del Estado y la seguridad nacional. Esta incapacidad, entre otras cosas, llevaría al 11-M.

Alonso Manglano, como oficial de Estado Mayor que era, introdujo la planificación por objetivos cuando llegó al servicio de inteligencia copiando la dinámica de las secciones de inteligencia de los tres Ejércitos. A partir de la misma se realizaba el citado Plan Permanente de Información en el cual se asignaban objetivos y recursos a las diferentes divisiones del Centro. La excelente relación entre el ministro de Defensa y el director del CESID había llevado a que esta asignación de objetivos se estableciese entre ellos, como si se tratase de un juego entre amigos; nada se consultaba ni se preguntaba a las Fuerzas Armadas y al Ministerio de Asuntos Exteriores. El presidente del Gobierno, por otra parte, no preguntaba, y dejaba los asuntos «secretos» en manos de su ministro.

Para que un servicio de inteligencia opere adecuadamente necesita directrices oportunas del Ejecutivo y un sistema de gestión y dirección y coordinación ejecutiva. Este elemento es importante porque del mismo dependen las «materias que deben ser objeto de control», de manera que el servicio de inteligencia tiene que trabajar sobre aquellos aspectos que hayan sido establecidos por el Gobierno en las directivas que se elaboren sobre seguridad tanto interior como exterior, y deben abstenerse de realizar actividades, de forma autónoma, que no estén destinadas a la consecución de estos objetivos. Precisamente, las actividades autónomas eran lo que estaba a la orden del día en el CESID, como lo que yo había llevado a cabo sobre Mauritania.

La obtención de información debió haber sido, en mi opinión, el tema central del curso, y sin embargo, no recuerdo haber oído ni una sola palabra al respecto. La información se puede obtener de muchas maneras, pero básicamente puede provenir de fuentes abiertas, y de forma directa, pero reservada, cuando se recolecta información y datos con el consentimiento de las fuentes de información, es decir, de personas y organizaciones que voluntariamente la proporcionan sin saber, en ocasiones, la identidad real del receptor o destinatario final de la información. La información puede también obtenerse, de forma inconsciente, cuando la extraemos sin que quien la posee, o en donde esté depositada, tenga consciencia de lo que sucede; no es frecuente, pero puede ocurrir.

Sin embargo, y aunque parezca anticuado y fuera de lugar, la fuente de mayor producción y suministro de información son los seres humanos, lo que en lenguaje de servicios de inteligencia se conoce como Human Intelligence o HUMINT. Este procedimiento es el que históricamente ha proporcionado mayores resultados siempre. No obstante, requiere especial preparación por parte de quien realiza esta actividad y unas cualidades que no todo el mundo posee. En la mayoría de los casos se trata de motivar y convencer a la fuente para que proporcione la información que se necesita, y ello puede llevar tiempo, y, además, dependiendo de la zona en la que se esté realizando la actividad, ser extremadamente peligroso. El oficial de inteligencia a cargo de la operación debe ser un cualificado psicólogo en muchas ocasiones, y actuar siempre con gran calma y capacidad de control. El conocimiento de la personalidad de las fuentes humanas debería ser una asignatura obligatoria en la capacitación y concienciación de los alumnos del Curso Básico, y otros cursos que se pudieran convocar, con objeto de facilitar al personal la detección de los posibles informantes y su personalidad. Es obvio, cuando lo menciono, que nada de esto se hacía en aquellos cursos; ignoro si, en la actualidad, estos aspectos se tienen en cuenta, y si se cuenta con profesorado capacitado para esa tarea.

En mis reflexiones a propósito del curso, me di cuenta de que las instituciones del Estado democrático de derecho requerían de la actividad de inteligencia para cumplir sus objetivos, pero, al mismo tiempo, para que dicha actividad no vulnerase el Estado democrático de derecho se requería que la misma tuviera controles. Al provenir el Estado, en 1977, de una configuración autoritaria, la inteligencia española había iniciado su andadura careciendo de controles. Uno de los puntos en la agenda de los procesos de transición hacia la democracia lo constituye la reforma de la actividad de inteligencia, a fin de ajustarla a determinados parámetros. En la España de la transición democrática este aspecto se ignoró y el único control era la voluntad del director, y en alguna forma la del Gobierno en ejercicio también. La actividad, por otra parte, implica una serie de procesos interconectados que la administración realiza para satisfacer los requerimientos que llevan a la toma de decisiones, pero no me pareció nunca que las decisiones del Ejecutivo estuvieran basadas en la posible información que el Centro suministrase.

La adquisición de información es uno de esos procesos, quizás el más visible, y que en el caso del CESID sería objeto de gran polémica. La controversia surgiría al significar, en su día, una violación de derechos protegidos por el propio Estado democrático, como serían la intercepción de comunicaciones y las escuchas telefónicas no autorizadas judicialmente. Suele decirse que, si algo caracteriza a los servicios de inteligencia, es la necesidad de cubrir su actuación con una gran reserva, porque se considera que es imprescindible para el desempeño eficaz de las funciones que tienen encomendadas, y por eso el general Alonso Manglano respondió como lo hizo, al diputado Pablo Castellano. Resulta inaceptable haber desaprovechado la oportunidad para abrir un debate en serio sobre las necesidades de la inteligencia española en el siglo XXI, a raíz de los escándalos que surgieron en el CESID en el período 1994-1995. Fue una ocasión lamentablemente perdida.

Otro tema que no se trató para nada en el curso, ni siquiera de forma superficial, fue la coordinación de la inteligencia. Resultaba obvio, por muy novatos que fuéramos, que en España había otros organismos o fuerzas interesados en obtener información, y no se nos habló de ellos para nada. Esos organismos, en muchos casos, tenían mucha más experiencia en conseguir información que el Centro y, sin embargo, se les ignoraba. Esos organismos eran, naturalmente, la Dirección General de Seguridad del Estado —Servicio de Información de la Policía Nacional—, y la Dirección General de la Guardia Civil —Servicio de Información de la Guardia Civil—, ambos dependientes del Ministerio del Interior, y que tampoco se llevaban muy bien entre sí. No hace falta decir que las relaciones entre ministerios —Defensa e Interior— eran prácticamente inexistentes, y si se me apura, entre los ministros respectivos también. De hecho, el gran problema de la coordinación de la actividad de inteligencia se aborda, por primera vez, durante la elaboración y posterior promulgación de la Ley 11/2002 de 6 de mayo de 2002, reguladora del CNI actual, por la que se crea la Comisión delegada del Gobierno para Asuntos de Inteligencia

(CDGAI), la figura de la Autoridad Nacional de Inteligencia y Contrainteligencia, y el Centro Criptológico Nacional. Hasta entonces, no se podía hablar, con rigor, de la existencia en España de una comunidad de inteligencia, ¡treinta años después de la creación del CESID!

La coordinación, en cualquier caso, no es una virtud que distinga a los españoles y no puedo evitar acordarme aquí del que fue ministro del Interior, teniente general Ibáñez Freire, quien reconoció haber fracasado en su intento de coordinar solo a la Policía y a la Guardia Civil, que estaban bajo su mando. Al CESID no se atrevió ni a mencionarlo. Claro está que eso fue en la época anterior a Manglano. Cuando Manglano fue designado director del Centro se jactaba, en su ignorancia, de no tener el problema que tenían los principales servicios extranjeros que tenían separada la inteligencia exterior de la inteligencia doméstica; él tenía las dos actividades bajo su mando, decía. No puede haber mayor arrogancia y petulancia. No me cabe duda hoy de que la designación de Alonso Manglano como director del CESID fue un grave error desde el punto de vista de lo que es un verdadero servicio de inteligencia. La persona más capacitada en España en aquella época para dirigir, potenciar y desarrollar un verdadero servicio de inteligencia nacional hubiera sido el coronel de Artillería José Ignacio San Martín López[38], pero el haber aparecido implicado, de alguna forma, en el intento de falso golpe de Estado del 23-F arruinó toda posibilidad.

Manglano, como ya he citado, no tenía ninguna experiencia previa en inteligencia y ni siquiera consta que hubiera estado destinado en una segunda sección de información en ningún Estado mayor, y, obviamente, no hizo el Curso Básico tampoco como ha quedado expuesto. No se podrá decir lo mismo de la

38 San Martín no tenía nada que ver con Manglano. Licenciado en Ciencias Económicas, diplomado de Estado Mayor del Ejército y de la Armada, así como en Ciencias Políticas por la Sorbona de París, su formación política, humanística y profesional eclipsaba a Manglano. Ocupó diversos destinos como economista en el régimen de Franco y fue profesor de la Escuela de Estado Mayor. Durante la presidencia del almirante Carrero Blanco, fue director general de la Organización Contrasubversiva Nacional (OCN) y del luego renombrado Servicio Central de Documentación (SECED). También dirigió el Servicio de Información de la Presidencia del Gobierno (SIPG). Más tarde, fue nombrado director general de Tráfico. Era la persona idónea para haber dirigido el CESID y llevarlo a buen puerto.

—hasta recientemente—, secretaria de Estado y directora general del CNI, Paz Esteban, ni de su sucesora, Esperanza Casteleiro. Paz ingresó en el CESID, hizo el Curso Básico —que creo que fue mejor que el mío—, ha desempeñado numerosas tareas en el Centro y pasado por diversas funciones y estoy seguro de que no siempre lo ha tenido fácil. Ignoro si en el momento de su designación había personas mejor cualificadas, pero al menos ella acarreaba treinta años de experiencia en el mundo de la inteligencia sobre sus espaldas. Ninguno de sus predecesores cumplía esa cualidad y fue la primera directiva del servicio que alcanza el puesto más alto desde el escalón más bajo. Desde estas páginas, le envío mi tributo de consideración y estima.

Hoy está claro que Manglano no fue elegido para dirigir el CESID ni por sus cualificaciones personales ni por sus capacidades profesionales, ya que nunca demostró ninguna. Una combinación de influencias, ya expuestas —entre las que estaban la Casa Real y sus amigos del Opus a los que serviría con total dedicación—, y su posterior entrega absoluta al vicepresidente Narcís Serra perpetuaron su posición, hasta que sus amos cayeron y entonces el desapareció también. Lo que se ha venido contando de la impresión que causó al ministro Alberto Oliart no es más que una anécdota intrascendente que, posiblemente, nunca tuvo lugar. Manglano no hizo inteligencia de Estado, solo sirvió a sus señores.

4. INGRESAMOS EN LA OTAN: PRIMER CONTACTO FORMAL CON LOS SERVICIOS DE INTELIGENCIA DE LOS PAÍSES DE LA ALIANZA

Mayo de 1983

«He dedicado toda mi vida a adivinar las intenciones del enemigo».

Sir Arthur Wellesley, duque de Wellington, *The Crooker Papers*, 1852

«La OTAN es una organización abierta y flexible, en la cual cada país miembro puede comer a la carta y elegir el menú que más le convenga a su dieta».

Lord Carrington, secretario general de la OTAN, 1986

El ingreso de España en la OTAN se había producido ya el año anterior, en 1982, pero el CESID apenas había entablado relaciones con la estructura de inteligencia de la Alianza Atlántica y todo se había canalizado a través del Estado Mayor de la Defensa. Solamente el oficial del Centro acreditado en Bruselas ante los servicios belgas —entonces era el comandante de Infantería DEM Luis Calero Torrens— tenía algún contacto esporádico y acreditado como estaba, al formar parte de la Embajada de España en Bélgica, y podía acceder a las instalaciones del Cuartel General de la OTAN en Bruselas, en la zona de Evere, donde estaba entonces situada la sede de la Secretaría General de la Organización. El tiempo transcurrido desde el ingreso oficial —prácticamente un año— se había empleado en adaptarse al funcionamiento de la organización, designar al personal adecuado para integrarse en la estructura civil, y, en suma, poco más que enterarnos en verdad de qué era la OTAN.

La adhesión a la Alianza Atlántica se produjo en los convulsos momentos finales del Gobierno de la UCD, con Leopoldo Calvo Sotelo siendo presidente, pero empezó a despegar ya con el primer Gobierno socialista de Felipe González, y continuaría haciéndolo durante los catorce años que duró su mandato, siempre a medio gas y no siendo nunca el aliado fiable y sin reservas que la Alianza necesitaba en el sur de Europa. Sorprendentemente, un socialista español —inicialmente anti-OTAN— llegaría a ser el secretario general de la Alianza andando el tiempo. Pero aquellos serían ya otros tiempos.

En política internacional, 1981 pasará a la historia como el año en que se decidió la integración de España en la Alianza Atlántica. Desde el primer momento, el Gobierno adoptó una postura claramente favorable al ingreso en la Alianza. El 18 de febrero de 1981, Leopoldo Calvo-Sotelo —antes del intento del falso golpe de Estado—, en la sesión de investidura en el Congreso, ya dedicó «una consideración propia y separada a nuestra relación con Estados Unidos y la Alianza Atlántica», y en la sesión celebrada en el Congreso el 19 de febrero de 1981 se recogieron las intervenciones sobre política exterior y referidas al tema OTAN en el debate que siguió al discurso de investidura. El 5 de marzo de 1981, el nuevo ministro de Defensa, Alberto Oliart, a propósito del ingreso de España en la OTAN, afirmaría que sería un apoyo para la democracia española, pues dicha organización «no es sólo una alianza militar, sino que preserva una forma de vida política y una serie de ideas morales y espirituales».

Ya con Manglano como flamante director del CESID, el día 7 de septiembre de 1981, el encargado de negocios de la Unión Soviética en España entregó en el Ministerio de Asuntos Exteriores un memorándum en el que se pretendía advertir al Gobierno de Calvo Sotelo de las consecuencias negativas que la Unión Soviética deduciría de la entrada de España a la OTAN. La nota soviética fue devuelta inmediatamente a la Embajada de la URSS. No existe conocimiento de que el CESID tuviera conocimiento previo ni advirtiera al Gobierno de tal maniobra.

El proceso de la integración había sido activo y polémico, en extremo, para las fuerzas políticas, y uno en el que no habían faltado ni la vehemencia temperamental de los españoles ni el desconocimiento sobre lo que era y lo que representaba la OTAN para España, a pesar de la difusión dada en los medios de comunicación. En varias rondas de negociaciones, celebradas entre julio y octubre de ese año, se abordaron temas como las posibles amenazas para nuestro país, la participación en la estructura de mandos y el estado de preparación de las Fuerzas Armadas españolas. El papel jugado por el CESID en todo ello fue nulo. Fruto de esas conversaciones, sin embargo, fue que España se unió a varios organismos aliados, como el Comité de Planes de Defensa, el Grupo de Planes Nucleares y el Comité Militar, pero, curiosamente, no al Comité de Inteligencia.

Cuando el PSOE presentó una moción solicitando la convocatoria de un referéndum sobre la pertenencia a la OTAN —amparándose en el artículo 92 de la Constitución—, consecuentemente con esta actitud, el PSOE votó en contra de la adhesión tanto en el Congreso como en el Senado. El CESID fue incapaz de prevenir al Gobierno. Durante el XXIX Congreso del PSOE, celebrado en octubre de 1981, en el que se elaboró además un documento titulado «50 preguntas sobre la OTAN», que recalcaba las repercusiones negativas de la incorporación a la Alianza, el CESID nunca llegó a enterarse anticipadamente. Hubiera acordado algo, o no, la cúpula del PSOE en su viaje a la URSS en 1977, está claro que todas sus actuaciones beneficiaban a la Unión Soviética. La presencia del CESID anticipándose o detectando todas estas acciones brillaba por su ausencia.

En una reunión del Consejo Atlántico celebrada en Bruselas el 8 de diciembre de 1982, el nuevo ministro de Asuntos Exteriores socialista, Fernando Morán, anunció a los aliados la intención del nuevo Gobierno de paralizar el proceso de integración en la OTAN mientras se realizaba un análisis de los intereses estratégicos de España, supeditando la permanencia a la celebración de un referéndum. A partir de entonces, España continuó formando parte de la organización como miembro de pleno derecho, pero adoptando una posición pasiva. Era una situación ciertamente incómoda y una vez más, la actuación del CESID fue nula.

Por otro lado, el ministro de Defensa Narcís Serra —en clara oposición a Asuntos Exteriores— se mostraba partidario de la permanencia en la Alianza, en función de las ventajas y posibilidades que ello suponía para la industria española y la profesionalización de las Fuerzas Armadas, apartándolas así de cualquier veleidad involucionista. Idéntica postura adoptaba el ministro de Economía Miguel Boyer, basándose en la contradicción que suponía una política económica europeísta y otra defensiva de carácter neutral. Manglano, a pesar de la importancia del asunto, ni asesoraba ni opinaba, y si lo hacía era para estar de acuerdo con el ministro Serra. A la División de Inteligencia Exterior del CESID nunca llegó ninguna comunicación relacionada con el asunto.

El consejo de ministros de 31 de enero de 1986 aprobó la pregunta que se plantearía en el referéndum a celebrar el 12 de marzo de 1986. La pregunta fue la siguiente:

> El Gobierno considera conveniente, para los intereses nacionales, que España permanezca en la Alianza Atlántica, y acuerda que dicha permanencia se establezca en los siguientes términos:
> —La participación de España en la Alianza Atlántica no incluirá su incorporación a la estructura militar integrada.
> —Se mantendrá la prohibición de instalar, almacenar o introducir armas nucleares en territorio español.
> —Se procederá a la reducción progresiva de la presencia militar de los Estados Unidos en España.
> ¿Considera conveniente para España permanecer en la Alianza Atlántica en los términos acordados por el Gobierno de la Nación?

El 7 de febrero de 1986 se publicó, en el Boletín Oficial del Estado, el Real Decreto por el que se sometía a referéndum la permanencia en la Alianza; sentaba un precedente que nunca había tenido lugar en el seno de la OTAN, y puedo afirmar que no gustó nada en medios de la Alianza. En ningún momento se me pidió informar al respecto.

La reacción de los países miembros de la OTAN ante la convocatoria del referéndum no fue demasiado antagonista, por ser una medida esperada que la diplomacia española había dejado clara durante los cuatro años que España llevaba dentro de la Alianza, pero no por ello fue aplaudida. Como declaró en vísperas del referéndum el secretario general lord Carrington, «la OTAN era una organización abierta y flexible, en la cual cada país miembro podía comer a la carta y elegir el menú que más le conviniera a su dieta». Sin embargo, la actitud del Gobierno español al plantear las condiciones de la permanencia creó una imagen de falta de solidaridad con los demás aliados. En primer lugar, porque la no integración podía suponer para la OTAN una generalización del precedente de Francia y alentar a otros miembros a actuar de la misma manera. Además, la negativa española al almacenamiento, instalación y tránsito de armamento nuclear en su territorio era claramente contraria a la estrategia de disuasión de la OTAN. Por último, la reducción de la presencia norteamericana en España obligaba a otras naciones a aumentar su aportación a la defensa colectiva. Como es de suponer, estas dos últimas condiciones provocaron también el lógico descontento del Gobierno norteamericano. España reafirmaba su adhesión a la Alianza, pero a medio gas y transmitiendo un mensaje de poca fiabilidad que dura hasta nuestros días.

El proceso de ingreso de España en la OTAN fue un claro ejemplo de contradicción en la política exterior española. Como lo sería, en 1995, el nombramiento del jefe de la campaña anti-OTAN del PSOE en 1981, Javier Solana, como secretario general de la Alianza, nada menos. Resulta incomprensible, para cualquier observador, que Solana fuera aceptado para ese cargo[39]. Fue el único español que ha alcanzado ese puesto. El problema de la adhesión de España a la OTAN estuvo siempre íntimamente relacionado, en el seno del PSOE, con la naturaleza de la cuestión militar en la propia España, y ello explicaba, en gran medida, su rechazo.

En cualquier caso, ironía del destino, España entró en la OTAN cuando casi se cuestionaba la necesidad de la Alianza ante un Imperio soviético que se derrumbaba gradualmente. En 1989, encontrándome ya destinado en Londres, y tan solo tres años después, se desmoronó el Muro de Berlín, la Unión Soviética se retiró de Europa Central, se disolvió el Pacto de Varsovia, y el comunismo cayó por

39 En la OTAN no sentó muy bien el nombramiento de Solana, pero se aceptó. Algún autor ha llegado a decir que era prueba del desinterés americano ya en la Alianza.

completo en la misma Rusia. España se había adherido finalmente en 1986 a una organización para la seguridad y defensa colectiva occidental que se veía enfrentada a redefinirse y a adaptarse a un mundo en constante evolución, algo que aún no ha finalizado y que presenta cuestiones cada vez más difíciles y urgentes.

Hoy, en retrospectiva, no me cabe duda de que la entrada de España, y más con un Gobierno claramente antinorteamericano y anti-Alianza, incrementó la vulnerabilidad de la OTAN. Hubo filtraciones de decisiones aliadas a Moscú a través de España, y aunque se descubrieron, se mantuvieron bajo el secreto más absoluto para evitar perjuicios políticos internos. El general Alonso Manglano fue pieza clave en el mantenimiento del secreto para no perjudicar ni a Serra ni a González, y ello lo explicaremos más adelante en estas páginas.

Con estos mimbres, al finalizar el Curso Básico de Inteligencia, me incorporé de nuevo a la División de Inteligencia Exterior, en la calle Maestro Ripoll, pero ya definitivamente al Área 3, para encargarme del factor militar de la URSS y Pacto de Varsovia. Pasé pues, a la planta baja del piso, y allí compartía despacho con los comandantes Flores Calderón y Sánchez de Toca. Simpatizamos enseguida y formamos un buen equipo, aunque Sánchez de Toca no tardaría mucho en dejarnos y reintegrarse de nuevo al Ejército, donde fue destinado al Estado Mayor, con lo cual pronto volvimos a ser solo dos en el Área 3 para encargarnos de todo el Imperio soviético. Mi asistencia a la reunión de la OTAN ya citada precipitó, sin duda, mi traspaso al Área 3. Comencé mi trabajo con ilusión. Siempre he sido —y soy— fervientemente anticomunista, y trabajar en algo que yo percibía como dirigido contra el enemigo por excelencia en aquellos días, la Unión Soviética, era el mejor trabajo que podía anhelar por aquel entonces.

En 1983 la URSS era percibida de manera muy diversa en España. Por un lado, estaba el recién estrenado Gobierno del PSOE, de Felipe González, que daba la impresión de querer estrechar lazos de amistad especial con Moscú; el alcalde de Madrid —profesor Tierno Galván—, como ya se ha citado, había incluso hermanado las dos capitales —Madrid con Moscú—, y aún recuerdo una gran exposición en el espacio del auditorio municipal, bajo la plaza de Colón, dedicada a la capital soviética. Los integrantes del PCE no cabían de júbilo. Y por otro estaba la actitud más tradicional, por supuesto de la derecha, y todavía la de las Fuerzas Armadas, que veían a la URSS con recelo y suspicacia, cuando no con enemistad. Aun así, los reglamentos militares cuando hablaban de la amenaza, siempre seguían refiriéndose al «enemigo convencional», y nunca directamente a la URSS ni al Pacto de Varsovia. La OTAN vino a cambiar todo aquello, aunque adivinábamos que no gustaba demasiado en el entorno político del PSOE. Y cuando llegué al Área 3, Sánchez de Toca me habló del viaje de Felipe González y Alfonso Guerra a Moscú, cuando todavía estaban en la oposición, un viaje que nunca se supo muy bien a qué obedeció y sobre el que había todo tipo de especulaciones.

A pesar de que pronto me di cuenta de que la «amenaza soviética» no era tomada muy en serio por nadie —Rusia se veía muy lejos—, y el Centro focalizaba su atención en Marruecos, algo mucho más cercano, y en el terrorismo de ETA, mucho más inmediato, en el Área 3 teníamos posibilidades de un mayor contacto con los servicios de inteligencia aliados, especialmente los europeos, que disponían de gran cantidad de información sobre la URSS y los países del Pacto de Varsovia, y que sí se sentían amenazados de alguna manera más directa por el bloque comunista. España había estado demasiado tiempo aislada y el concepto de amenazas era, por lo general, bastante difuso, lo que se ha venido arrastrando hasta nuestros días. Para el anterior régimen, la amenaza comunista era de índole interna, sobre todo política, y lo que se veía como más inmediato era la reivindicación marroquí sobre Ceuta y Melilla, y en la nueva democracia la situación no era muy diferente. Si acaso, el peligro comunista ya ni se consideraba. Solo la pertenencia ahora a la OTAN había modificado esta percepción.

En 1983 Yuri Andropov dirigía la URSS. Había sucedido a Leonid Brezhnev, a su fallecimiento, tras haber dirigido el KGB (Servicios de Inteligencia de la URSS) durante casi veinte años. Era considerado un hombre duro, decidido enemigo de Occidente, y comunista acérrimo, protagonista en la sombra de la dura represión contra la sublevación de Berlín Oriental en 1953, de Hungría en 1956, y según todos los indicios, también de los sucesos de Praga en el verano de 1968. Andropov era responsable del endurecimiento de la lucha contra los afganos, así como del agravamiento de la crisis con Occidente debida al despliegue de los misiles de alcance intermedio SS-20 en Europa del Este, aunque eran misiles desarrollados con anterioridad a su llegada al poder. El mariscal Dimitri Ustinov era el ministro de Defensa de la URSS, cargo que ejercía desde 1976, y el mariscal Nikolai Ogarkov era el jefe del Estado Mayor General, desde 1977, estando también considerados ambos como integrantes de la línea dura del Partido Comunista soviético. Dos temas centrales ocupaban el panorama de la confrontación Estados Unidos/Occidente-Unión Soviética, por aquellos días: en primer lugar, la presencia militar soviética en Afganistán —y la lucha consiguiente—, y el enfrentamiento político abierto en Europa a causa del despliegue de las armas nucleares tácticas. Para España eran temas marginales que no quitaban el sueño ni a los gobernantes ni al ciudadano medio.

Sin embargo, tal como lo veíamos en el Área 3 del CESID, y también en otros servicios de inteligencia aliados, un enfrentamiento directo USA-URSS parecía inevitable, y quizás conllevando una guerra total nuclear, como un armagedón final para la civilización. Concienciar al Gobierno de tal perspectiva, como una posibilidad más, y desentrañar la información que permitiera disponer de un mejor conocimiento de la situación era la tarea que nos habíamos impuesto.

El conocimiento que se tenía en los Estados Mayores de los Ejércitos sobre la realidad militar del bloque soviético era más bien escaso, y superficial, pero tampoco se le concedía una alta prioridad. Únicamente la Armada dedicaba algunos medios y recursos al seguimiento de la actividad de los submarinos soviéticos que, a veces, se detectaban cerca de nuestras costas, o cruzando el estrecho de Gibraltar. Ya algunos años antes se había detectado una curiosa afluencia de «pescadores» soviéticos a las islas Canarias, descubriéndose que los supuestos «pescadores» eran en realidad tripulaciones de submarinos nucleares soviéticos, desplegados en el Atlántico, que efectuaban relevos e intercambios utilizando las Canarias como base, y las instalaciones conjuntas de la empresa SOVHISPAN, sociedad mixta pesquera hispano-rusa que presidía por aquellos días Ramón Mendoza, presidente también del Real Madrid. En cualquier caso, este era un asunto que se atendía desde la División de Contrainteligencia.

España y la URSS mantenían relaciones diplomáticas tan solo desde 1977, siendo el embajador español acreditado en Moscú por aquel entonces el diplomático José Luis Xifrá y Ocerín, casado con una ciudadana rusa de la que en el Área 3 no sabíamos nada. El embajador soviético en Madrid era Yuri Dubinin, un alto personaje del Partido Comunista soviético, que llegaría a ser embajador en Washington, y viceministro de Asuntos Exteriores de Rusia, ya tras la caída del Imperio soviético. El Centro no tenía ningún oficial destacado en la URSS, mientras que, naturalmente, el KGB tenía en España numerosos agentes, la mayoría no identificados. Tampoco había agregados militares españoles destacados en la URSS y mucho menos un representante del CESID. Se decía, con una ingenuidad fuera de lo común, que el Gobierno precisamente había obrado así para evitar que los soviéticos destacasen, en reciprocidad, oficiales y personal del KGB a España. Dada la proximidad de la Embajada soviética a la sede de Inteligencia Exterior, en la calle Maestro Ripoll, era frecuente cruzarnos con el Sr. Dubinin, y con la mayoría de los diplomáticos soviéticos acreditados. Una situación peculiar, cuando menos.

Si acaso, las relaciones hispano-soviéticas culminaron con la visita a Moscú en 1984 de los reyes de España[40], obviamente un gesto político de primera magnitud en el que había puesto su máximo interés el Gobierno de Felipe González, y en particular el entonces ministro de Asuntos Exteriores, Fernando Morán, considerado como del ala radical izquierdista del PSOE, y muy afín a las teorías soviéticas sobre paz, desarme, y distensión. La bonanza en las relaciones hispano-soviéticas trajo consigo un aspecto muy sensible de naturaleza humana: el regreso a España de algunos de los llamados «niños de Rusia» —los niños de corta edad evacuados a la URSS durante la Guerra Civil—, lo cual representó un cierto problema para la División de Contrainteligencia, ya que si bien muchos de aquellos niños eran genuinos, pudo haber algún caso que no fuera sincero y se tratara de algún intento del KGB por colocar a alguien en algún determinado puesto. En cualquier caso, nada trascendió y lo que fuera permaneció reservado.

---

40 Esta visita de los reyes, Juan Carlos y Sofia, era la primera que un monarca reinante occidental realizaba a la Unión Soviética, desde la caída de los zares, y causó no poca perplejidad en medios aliados. La verdad es que no tuvo mucho sentido. Por primera vez, un rey de España visitaba la Unión Soviética. Don Juan Carlos y doña Sofía visitaron Moscú, Tashkent, Samarcanda y Leningrado en un viaje de ocho mil kilómetros. Los reyes cenaron con el presidente y secretario general del PCUS Konstantin Chernenko, que había sustituido a Andropov, en el Kremlin.

En cualquier caso, los españoles —incluido el Gobierno— seguían sin considerar a la URSS como una amenaza exterior, ni veían en ella fuente alguna de conflictos, manteniendo sentimientos contradictorios en función de la ideología política que profesaban, y se llegaba a considerar —en la más pura ignorancia propia de la izquierda tradicional española— a los Estados Unidos como un peligro mucho mayor para la paz mundial que la URSS. La tarea que acometer, bajo estos parámetros, no era fácil ya que no hay peor sordo que el que no quiere oír, pero, aun así, acometí la tarea de desentrañar los secretos de la URSS y poder entender su filosofía y objetivos en lo que afectaban a la defensa nacional.

Siempre había sentido un interés especial por conocer el mundo soviético, un mundo tan lejano y vedado, que se presentaba inescrutable y amenazador. Pero, al mismo tiempo, a medida que iba siendo capaz de leer, entre líneas, y beber en las propias fuentes soviéticas, me iba dando cuenta de que no todo era tan secreto, y que, en realidad, casi todo estaba escrito y avisado, en alguna forma. Otra cosa es que las autoridades políticas, o militares, en cada caso, y en cada nación, estuvieran dispuestas a creer lo que parecía tan evidente. La lucha de clases, la aniquilación del mundo capitalista, y hasta los programas de rearme y las maniobras que efectuaban las fuerzas armadas soviéticas y del Pacto de Varsovia, todo empezaba a aparecer ante mí como meridianamente claro. La URSS perseguía el dominio y control del mundo civilizado y la implantación de un orden socialista-marxista en todo el orbe, no tengo duda de ello, al igual que el III Reich contemplaba el orden nacionalsocialista en el mundo, y fracasó, como fracasaría la URSS, pero esto solo lo sabemos hoy. En 1983 la URSS era un enemigo implacable totalmente decidido a superar a Occidente, para lo cual no descartaba su aniquilación, y los supuestos planteamientos de coexistencia pacífica eran solo una estratagema para ganar tiempo, creídos solo por las izquierdas radicales y movimientos libertarios comunistas de todo el mundo. Naturalmente, el nuevo Gobierno socialista español recién llegado al poder se apuntaba a esas creencias, aunque lo tuviera algo difícil por su implicación ya en las estructuras occidentales de defensa y económicas.

Al no disponer de ningún personal, bien propio del Centro, bien perteneciente al Ministerio de Defensa, acreditado en la Embajada española en Moscú —ni en ningún país comunista—, la información que llegaba al Área 3 era o bien abierta —es decir, procedente de medios públicos de información, incluido el propio Ministerio de Asuntos Exteriores (MAE)— o procedente, sobre todo, de los servicios de inteligencia amigos y aliados con los que se mantenían relaciones. Naturalmente, mi postura era la de no creer a pie juntillas todo lo que nos llegaba, sino pensar bien las cosas, estudiarlas, contrastarlas en lo posible, y tratar de valorar la información recibida. Una vez efectuado esto, tratábamos de hacer llegar la información de mayor interés a las autoridades. Si lo conseguíamos, o no, eso ya quedaba fuera de nuestro alcance.

Con respecto a la información que se recibía, o se podía recibir del MAE, tengo que decir que era escasa cuando no nula. Y, sin embargo, hubiera sido de todo punto lógico que el Centro, al no contar con nadie acreditado en Moscú, mantuviera de alguna forma periódica relaciones puntuales con los miembros del cuerpo diplomático acreditados en la URSS, y revisar conjuntamente la situación, percepciones recogidas *in situ*, etc. Nunca tuvimos esa posibilidad, y si acaso, albergo algún recuerdo vago de que el embajador —Sr. Xifrá—, se reunió con Alonso Manglano, en algún momento, pero, naturalmente, nunca se supo de lo que habían hablado, ni Manglano quiso que ninguno de nosotros le acompañase a la reunión. Resultaba todo algo peculiar.

La manera más sencilla que teníamos de hacer llegar información e inteligencia elaborada, a las autoridades era a través de la llamada «Síntesis de Inteligencia Exterior», ya citada, un documento que, con carácter obligatorio y periódico semanal, estábamos obligados a producir en todas las áreas de la División de Inteligencia Exterior. Este documento se enviaba a Presidencia del Gobierno, Ministerio de Defensa, Estado Mayor de la Defensa, Cuarteles Generales de los tres Ejércitos, Ministerio de Asuntos Exteriores, Ministerio del Interior, y en ocasiones también, y de forma directa, a la Dirección General de la Guardia Civil. Aunque la idea era buena, como todas las cosas que se hacen de forma periódica, la síntesis pronto adoleció de práctica rutinaria, y su contenido era de interés mediano-bajo, la mayoría de las veces, para sus destinatarios. Por otra parte, aunque lo he mencionado anteriormente, según me confesaría más tarde, un amigo personal, diplomático, en el MAE guardaban las síntesis, directamente sin leer, en una caja fuerte, ya que, al venir del Centro con el calificativo de SECRETO, eran, en realidad, muy pocos los diplomáticos y funcionarios que podían leerlas, por lo cual algún «sabio» estimó que lo mejor era guardarlas y que no circulasen, no fueran a extraviarse. Increíble pero cierto, y muy propio de nuestra idiosincrasia burocrática. En suma, la utilidad de tal práctica de hacer resúmenes semanales de información era escasa, a pesar de lo cual no acabaría abandonándose sino ya quizás en la época actual del Centro.

En mayo de 1983, como he mencionado, asistí por primera vez a la reunión anual del Comité de Inteligencia de la OTAN —comité del que España no formaba parte—, para revisión del documento MC-161 (Military Committee-161). Asistí encuadrado en una delegación militar designada por el Estado Mayor de la Defensa, y en la que también había componentes de los Estados Mayores de los Ejércitos. La reunión tuvo lugar en Bruselas y yo me convertiría posteriormente en un habitual de la misma. Por si hubiera alguna duda, conviene aclarar que la OTAN no disponía, ni dispone, de ningún servicio de inteligencia propio, sino que la inteligencia que manejaba era la proporcionada por los servicios de inteligencia de las naciones miembros. Existe, no obstante, una División de Inteligencia en el Comité Militar. Obviamente en 1983, España no aportaba ninguna inteligencia ni información de ningún tipo a la Alianza. España mantenía oficialmente relaciones con algunos servicios de inteligencia aliados ya desde la época de Franco, pero eran relaciones muy limitadas y relacionadas sobre todo con la posible presencia en territorio español de agentes soviéticos —lo que interesaba entonces mucho dada la existencia de bases norteamericanas—, o con el problema del terrorismo de ETA y la localización de reductos vasco-separatistas en territorio francés.

Era la primera vez que España asistía a aquella reunión y la verdad es que estábamos bastantes perdidos. No disponíamos de ninguna documentación ni de ninguna información, y prácticamente asistíamos como observadores al carecer de información propia y de instrucciones sobre qué decir o qué hacer. Ante tal situación se puede decir que actuábamos por propia iniciativa. Tampoco existía ninguna coordinación entre nosotros mismos ni los representantes militares ya acreditados allí nos ayudaban en alguna forma, ya que también ignoraban casi todo.

El representante militar español acreditado ante el Comité Militar de la OTAN era el teniente general del Ejército de Tierra Fernando Rodríguez Ventosa, que sería capitán general de Cataluña y acabaría enfrentándose con el ministro Narcís Serra y pasando voluntariamente a la reserva[41]. Tuve relaciones muy especiales con el entonces teniente coronel del Ejército del Aire Alfredo Chamorro, que era además agregado aéreo en Bélgica, y con el comandante también del Aire, Ángel Negrón Pezzi, de la División de Inteligencia del Estado Mayor de la Defensa. Como representante de la División de Inteligencia del Estado Mayor del Ejército de Tierra asistió el comandante de Artillería Antonio Arregui Asta, que llegaría a teniente general y sería uno de mis últimos superiores en el Ejército. El agregado militar en Bruselas era el teniente coronel de Artillería Alberto Piris, que había sido profesor mío en la Escuela de Estado Mayor, y el comandante Luis Calero Torrens, al que he aludido anteriormente, era el representante del CESID acreditado ante los servicios de inteligencia belgas. También acudió a esta reunión el comandante de Caballería Antonio Unzurrunzaga, del Estado Mayor de la Defensa, que me había precedido en el Curso Avanzado del Arma Acorazada en Estados Unidos, y que me proporcionó un gran apoyo desde el primer momento. Curiosamente, no asistió nadie de la Armada. Destinado en la representación militar en la OTAN se encontraba el teniente coronel de Caballería Ángel Lobo, cuyo libro sobre las consecuencias económicas para España de la pertenencia a la Alianza había sido muy celebrado; mantuve con él una relación excelente y siempre fue un buen amigo.

Sin embargo, nada más llegar a Bruselas, desde el primer momento, noté ya una cierta animadversión por parte del comandante Negrón y, consecuentemente, también por parte del teniente coronel

41 Rodríguez Ventosa pidió al ministro Narcís Serra su pase a la reserva activa en desacuerdo con los nombramientos y ascensos que tuvieron lugar entonces y con la rehabilitación de los oficiales de la Unión Militar Democrática (UMD). Posiblemente Manglano no fue ajeno a este cese.

Chamorro. Quizás mi juventud y graduación, ya que era el único capitán diplomado de Estado Mayor en aquella reunión, así como mi pertenencia al CESID despertaban incertidumbre y parecían considerar que mi tarea allí era vigilarlos a ellos, dadas las reticencias que el CESID provocaba en aquellos días. Recuerdo que el teniente coronel Chamorro incluso me preguntó «a qué iba yo allí... ¿terrorismo?». No tenía ni idea de lo que era el documento MC161 y lo de la amenaza soviética les sonaba a crónicas marcianas. Esta actitud se materializaría en una confrontación que incluso hoy no llego a comprender. Lo relataré más adelante.

También trabamos relación con la representación diplomática española acreditada en la OTAN, aunque fue más que nada un contacto social y de mantener las formas que un contacto profesional. A los diplomáticos españoles no parecía interesarles para nada nuestra labor ni las conclusiones que se pudieran obtener. Eran un reflejo del interés que España siempre ha dedicado a la defensa. El embajador español era Jaime de Ojeda y Eiseley —nombrado por el Gobierno de Felipe González ya—, que se mostró como un[42] personaje bastante peculiar, de modales exageradamente amanerados, que parecía vivir en otro mundo y que no tuvo el menor interés en saber nuestras opiniones ni pensamientos. Del mismo modo tuve ocasión de conocer en esta ocasión al diplomático Rafael Spottorno, que saltaría a la fama en 2014, desde su posición como jefe de la Casa Real, al descubrirse su implicación en el uso de ciertas tarjetas de crédito ilegales de la desaparecida Caja Madrid, en lo referente al caso conocido como de las tarjetas *black*. Tanto el embajador Ojeda como el Sr. Spottorno me parecieron portadores de una arrogancia y actitud altanera intolerables. Afortunadamente no tuve ninguna relación con ellos.

Nos alojamos en el hotel Sheraton, en la plaza Rogier, en el centro de Bruselas, en las inmediaciones de la Gare du Nord, donde permanecí dos semanas, que era lo que duraba la conferencia. Era la primera vez que salía de esta manera al extranjero y, además, totalmente solo, sin ninguna dependencia ni mucho menos, ni directivas de qué decir, de qué postura tomar ante cualquier

42 Curiosamente, el Sr. Ojeda al jubilarse fijó su residencia en Estados Unidos y se dedicó a la enseñanza en una universidad norteamericana.

situación política, y ni órdenes de ningún aspecto, ni nada de nada, y, lo que es más, a nadie parecía importarle. No sería la primera vez y acabaría acostumbrándome.

Bruselas me encantó y di innumerables paseos solo por toda la ciudad, utilicé el metro, y visité algunos museos y todas las librerías que pude ver donde hice acopio de un sinfín de libros que nunca había podido obtener en España. Años más tarde volvería de nuevo ya para residir allí varios años. Tengo que decir que el comandante Calero Torrens me atendió y mimó de manera exquisita. Nos hicimos muy amigos y hemos continuado esa amistad hasta nuestros días. Entre otras cosas interesantes, descubrí una especie de tienda de lujo denominada La Maison de Russie, que era un escaparate oficial de productos de la Unión Soviética, que, según me dijeron, era una cobertura más o menos oficial del KGB en Bruselas. También descubrí la librería FNAC, que me pareció sensacional y que, entonces, no existía en España.

Aunque en teoría formábamos una delegación, la realidad es que fuimos cada uno a nuestros asuntos, que yo creo que ninguno sabíamos cuáles eran. Yo era, como capitán, el más moderno, el más joven, y el que mejor hablaba inglés y francés. Quizás eso motivó también en parte la animadversión que he expuesto. Pero, en cualquier caso, no hubo ninguna coordinación ni puesta en común ni nada de nada. La representación militar en la OTAN, general Ventosa, no dijo ni aconsejó nada en ningún momento. Así que cada cual obró como quiso. También tengo que decir que el comandante Arregui, representante del Estado Mayor del Ejército, me trató con gran afecto y compañerismo desde el primer momento. Fue el único integrante de la delegación española que lo hizo, aparte de Unzurrunzaga.

Esa falta de coordinación fue patente, no obstante, ya desde el primer momento, pues cada uno llegó a Bruselas como mejor quiso y estimó. Yo recuerdo que tomé un vuelo a primera hora de la mañana de un domingo y al mediodía estaba en Bruselas. Esa tarde asistí a una barbacoa en la casa del agregado militar, teniente coronel Piris, que también había invitado a los demás, y no hubo más. Al día siguiente, lunes, a las nueve de la mañana cada uno fue al Cuartel General de la OTAN como pudo y empezamos las reuniones. A mí me acompañó el comandante Calero, que me ayudó a registrarme en la conferencia, y a obtener mi acreditación, pero él no asistió a ninguna reunión.

Sin más y sin ninguna documentación ni información adicional, cada cual decidió el panel en el que quería estar, ya que el estudio del documento se dividió en paneles. Arregui fue al panel de Fuerzas Terrestres, Negrón al de Fuerzas Aéreas. Había también un panel que estudiaba las llamadas Áreas Periféricas, es decir, Oriente Medio, Norte de África, y Cuba, o donde pudiera manifestarse alguna presencia o influencia soviética, pero allí no asistió ningún representante español. Ni la República Popular China ni Corea del Norte se contemplaban entonces, al estar fuera del ámbito del Atlántico Norte. Por lo tanto, yo me integré en el panel de Estrategia y Dirección Política de la URSS y del Pacto de Varsovia que, a la postre, resultó ser posiblemente el de mayor interés. El número de países miembros de la Alianza entonces no era tan numeroso como en la actualidad, y al ordenarnos por orden alfabético en inglés, me correspondió estar entre la delegación británica (UK) y la de Turquía (T). Francia no envió ningún representante, por lo que los documentos se elaboraban solo en inglés. Mi panel estaba dirigido por un coronel del Ejército alemán (Bundeswehr) con el que acabaría más adelante trabando amistad.

El proceso de elaboración del documento MC 161 —que estaba clasificado como NATO SECRET— me pareció admirable; todo sobre la URSS y el Pacto de Varsovia estaba allí o eso me parecía a mí y se actualizaba anualmente. Pregunté en la representación militar española como podíamos obtener una copia, y nadie sabía nada, ni en la representación militar ni en la diplomática, nadie. El ejemplar que yo obtuve era prestado —me lo proporcionó un suboficial de la representación con mi documentación durante el tiempo que durase la conferencia— y había que devolverlo, por lo que traté de ver como podíamos conseguir uno en propiedad. Como nadie me indicaba como obtenerlo ni nadie, sorprendentemente, parecía tener interés en conseguirlo me puse a hacer de «espía» por primera vez. Lo hablé con el comandante Luis Calero —que estuvo de acuerdo conmigo y entendió mi interés— y confeccionamos un plan: él compró dos maletines idénticos Samsonite y acordamos que yo pondría mi copia en uno —que es el que llevaría a la reunión—, y nos encontraríamos a tomar un café en la cafetería de la OTAN, dentro de la propia sede, y yo dejaría el maletín en el suelo; el haría lo mismo y me dejaría su maletín, idéntico, vacío. Charlaríamos, tomaríamos el café y nos despediríamos, él se iría con mi maletín con el documento MC161 dentro, y yo con el suyo. Así sacamos de la sede de la OTAN una copia, que él envió por valija diplomática al CESID, a mi nombre, y yo recuperé el original y seguí como si no hubiera pasado nada. Naturalmente, no dije nada a nadie. Nunca, hasta hoy, en estas páginas. En retrospectiva hoy me resulta curioso darme cuenta de que pudiéramos sacar de la sede de la OTAN un documento clasificado como secreto, así como así; es obvio que la OTAN tenía sus vulnerabilidades. Muchos meses más tarde —yo diría que casi un año después—, llegarían oficialmente varias copias a España, una para el CESID, siendo yo designado como depositario, y otras tres más o cuatro para los Estados Mayores de los Ejércitos. Pero, cuando hice lo que hice, no sabía si tendríamos una copia oficialmente alguna vez y me pareció la decisión correcta. Como nadie lo supo, excepto mi superior directo —el comandante Flores Calderón—, nadie me dijo nada. La verdad es que casi llegué a aprenderme el documento de manera completa y me fue muy útil entonces.

Las reuniones de trabajo eran muy serias y el método era impecable; el moderador —presidente del panel— iba leyendo los apartados[43] y daba entrada a los capítulos y los países que tenían algo que aportar en ese momento, pedían la palabra y exponían lo que fuera procedente. En ocasiones se trataba de añadir algún elemento de inteligencia identificado por el servicio nacional respectivo o de pedir modificación en la redacción del párrafo o asunto en cuestión y si se aceptaba la propuesta, entonces se añadía lo que fuera pertinente o se modificaba la redacción, de modo que el documento final quedaba consensuado y actualizado tras la reunión. Cada panel elevaba su documento al Comité Militar para su aprobación definitiva y posteriormente la versión final del documento completo se remitía a todos los países miembros. El efecto final del documento era valorar la naturaleza de la amenaza

43 El documento MC161 que se utilizaba era un primer borrador preparado por la División de Inteligencia del Comité Militar en base al aprobado el año anterior.

que presentaban la URSS y el Pacto de Varsovia con carácter anual y efectuar así las recomendaciones y previsiones operativas que fueran pertinentes[44].

No obstante, las reuniones daban lugar a que, en ocasiones, dadas ciertas rivalidades o diferencias de criterio entre las naciones, se tratase de utilizar algún argumento en beneficio de un determinado objetivo político nacional particular. Esto era especialmente cierto en lo relativo a Grecia y Turquía que, aunque aliados en la OTAN, se llevaban bastante mal entre sí y protagonizaban no pocos incidentes. Así sucedió que, en un momento determinado, como me sentaba entre las delegaciones británica —con la que enseguida establecí una relación muy amistosa— y la turca, el representante de Turquía en el panel, que era un comandante, me propuso que si yo apoyaba cierta manifestación que pensaba hacer en relación con alguna de las islas griegas del mar Egeo, cuya posesión Turquía reivindicaba, ¡él me apoyaría a su vez en una posible reivindicación por mi parte de Gibraltar! Naturalmente le respondí que yo no tenía ninguna autoridad ni orden superior para hacer tal cosa y que, por lo tanto, no podía acceder a su sugerencia. En cuanto tuve ocasión informe de este aspecto al general Rodríguez Ventosa quien me dijo que había obrado correctamente y que me mantuviera en una posición exclusivamente de observador sin intervenir para nada. Puedo imaginar la que se habría armado si se me hubiera ocurrido aceptar la sugerencia del oficial turco. Ello me permitió darme cuenta de la prudencia con la que había que actuar en estas reuniones internacionales por muy aliados que fuéramos todos.

Con el general Ventosa me sucedió algo anecdótico, pero casi simpático y sin ninguna consecuencia. Ocurrió que curiosamente recibí una invitación de la representación británica, invitándome a asistir a una recepción informal, en calidad de represen-

44 Conviene decir aquí que, en aquellos tiempos, Estados Unidos mantenía una fuerza terrestre considerable en Europa (Séptimo Ejército), con casi cinco mil carros de combate; Gran Bretaña desplegaba el denominado Ejército británico del Rhin (BAOR), en Alemania, y existía una fuerza de despliegue rápido preparada para intervenir en cuarenta y ocho horas. Asimismo, en territorio británico existían varias bases que utilizaba la Fuerza Aérea norteamericana y había un despliegue aéreo notable listo para intervenir de forma inmediata. Todo esto no existe en la actualidad, aunque la crisis de Ucrania ha motivado que se vuelva a considerar.

tante español en la conferencia MC161. Inicialmente no podía comprender la razón ya que era el único de toda la comisión que habíamos venido de España que fue invitado, y la razón no era otra que como no había venido nadie de la Armada y en la lista yo figuraba como «capitán» sin más, los británicos interpretaron que yo era capitán de navío —equivalente a coronel—, y por lo tanto asumieron que yo era el oficial español más antiguo y caracterizado, cuando, en realidad, era el más joven y moderno en cuanto a rango militar. Le sugerí al general Ventosa que fuera él, y me dijo: «¡Nada chaval, la invitación está a tu nombre, vete tú, diviértete y tómate una copa a mi salud!». La verdad es que no me esperaba esa reacción del general; no dije nada a los demás, y allí me fui, el único oficial español invitado por la representación británica. No tengo duda de que se enteraron y eso debió agravar el tema de las posibles envidias. En la recepción pude saludar a lord Carrington[45] que, entonces, era el secretario general de la OTAN, y asimismo departí con los componentes de la delegación británica, que eran todos pertenecientes a los servicios de inteligencia británicos y no estaban destinados en los Estados Mayores respectivos. Me explicaron que la parte militar específica era solamente un «cliente» a la hora de recibir información, y estando esta reunión dedicada a la elaboración de inteligencia no era sitio para los «clientes», lo que me pareció que tenía bastante sentido. Ocurría que, en Gran Bretaña, a diferencia de España si existía un servicio de inteligencia de naturaleza militar —el llamado Defence Intelligence Staff (DIS)—, que dependía del Ministerio de Defensa, pero el servicio de inteligencia esencial era el conocido como MI-6 (Military Intelligence-6), aunque en realidad no se llama así y que, integrado en el Ministerio de Asuntos Exteriores (Foreign Office), dependía directamente del primer ministro. Explicaré todo esto más adelante cuando exponga mis vicisitudes en Gran Bretaña.

45 Lord Carrington había sido oficial de carros de combate en la Segunda Guerra Mundial y tomó parte al frente de su unidad en la operación Market Garden y la conquista de Arnhem, en septiembre de 1944 en Holanda. Al explicarle que yo no era marino sino carrista me dio un abrazo y se tomó un whisky conmigo en la recepción, con gran asombro de algunos asistentes. Lord Carrington me causó una impresión excelente. De hecho, al día siguiente, un oficial alemán, sin duda intrigado, me preguntó que desde cuándo conocía a lord Carrington, y al decirle que lo había conocido en la recepción no quiso creerme.

Tras quince días en Bruselas, que recuerdo con agrado, una vez cerrado el documento, volví a nuestra piel de toro, y ya allí me volqué en el tema soviético y empecé a ser considerado como «un sabio y experto en el mundo soviético», aunque realmente fuera un tuerto en un país de ciegos. No obstante, mi participación en la reunión de actualización del documento MC161, además de resultarme de gran interés, me sirvió para iniciar contactos con los llamados «sovietólogos», que más tarde se tornarían en buenas amistades, algunas de las cuales conservo todavía. Principalmente estos expertos eran británicos, pero también alemanes y franceses, y nada mas regresar a Madrid inicié el procedimiento para recibir documentación actualizada sobre la evolución de la situación en la URSS y Pacto de Varsovia. De todos modos, por muy raro que parezca, todas mis acciones eran exclusivamente a título personal y nunca con carácter oficial ni en nombre del CESID, ya que además este no era conocido en ninguno de los medios con los que inicié contactos. Todo lo más, en alguna ocasión expuse que trabajaba en el Ministerio de Defensa español, lo que en *grosso modo* era cierto.

Sin embargo, a mi regreso me encontré con la primera sorpresa derivada de mi participación en la reunión de Bruselas, y que fue un desagradable exponente de la animosidad que el CESID despertaba en medios militares. Lo que había sucedido es que el comandante Negrón Pezzi, al regreso de Bruselas, presentó un informe totalmente negativo respecto de mi participación en la reunión —realmente encaminado a que el CESID no volviera a participar más en temas relacionados con la OTAN—, pero muy focalizado en mi persona, resultando incluso ofensivo e insultante por lo visto, aunque yo nunca llegué a leer el citado informe.

Me convocó enseguida el director Alonso Manglano —coronel todavía—, muy sorprendido como yo mismo estaba, y tras explicarle todo lo que yo fui capaz de establecer al respecto, le pedí permiso para presentarme al jefe de la División de Inteligencia del Estado Mayor Conjunto (EMACON), el almirante Urcelay entonces, y aclarar lo que fuera necesario, pero Manglano me dijo que ya Urcelay le había dicho que no se fiaba de Negrón y había contrastado los hechos con otros mandos, incluido el general Ventosa, quienes desmintieron todas las afirmaciones vertidas por Negrón.

También el comandante Arregui hizo una nota informativa desde el Estado Mayor del Ejército, apoyándome y desmintiendo a Negrón. El teniente coronel Ángel Lobo también me defendió y afirmó que yo me había portado respetuosamente en todo momento. Todo aquello quedó en nada, pero era un exponente claro de que estar destinado en el CESID despertaba actitudes contradictorias en algunos ambientes de las propias Fuerzas Armadas. Manglano me dijo que lo tomara como una enseñanza para que no me fiase de nadie en el futuro y cerró el tema sin más. Nunca más volví a ver al comandante Negrón, pero me quedé con ganas de partirle la cara, lo que hubiera entonces constituido un acto de insubordinación y falta de respeto ya que él era comandante y yo solo capitán. Afortunadamente no lo hice, pero me resultó todo extremamente desagradable como puede imaginar el lector.

Sin embargo, yo no me quedé tranquilo y después de pensarlo, y sin consultar con nadie, un buen día me puse en movimiento y me presenté, sin avisar, en el Estado Mayor de la Defensa (EMAD), siendo recibido allí por el propio almirante Urcelay, a quien informé de cuáles eran mis responsabilidades y mis propósitos, presentándome como un oficial destinado en el CESID sí, pero mañana en donde fuera preciso. Mi decisión fue bien recibida y a partir de ese momento hasta me llamaban de los Estados Mayores preguntándome datos y pidiéndome información, siempre sobre la URSS y el Pacto de Varsovia. Por mi parte, me dediqué a pasar todos aquellos informes militares clasificados sobre la URSS, que nos llegaban de otros servicios aliados, al Estado Mayor pertinente, algo que no se hacía anteriormente. Ignoro si cuando yo cambié de destino se siguió haciendo. Sin más vicisitudes me integré ya, como analista, en el Área 3 de la División de Inteligencia Exterior (DIE) del CESID.

5. ÁREA 3: APRENDIENDO A CONOCER RUSIA, LA UNIÓN SOVIÉTICA Y EL PACTO DE VARSOVIA

Área 3, División de Inteligencia Exterior (IE3), 1983

«Rusia es un enigma envuelto en un acertijo rodeado de misterio».

Sir Winston Churchill, 1939[46]

«Desde que soy capaz de recordar, siempre he tenido miedo a Rusia».

Colin Thubron, escritor británico, 1983[47]

A mi regreso de Bruselas, me incorporé a mi nuevo cometido con ilusión y, en cierto modo, con cierta consideración, y vanidad, ya que, no en vano, era el único oficial destinado en el CESID que había estado en contacto con oficiales de inteligencia de otros países miembros de la OTAN, y durante quince días había estado re-

46 Churchill hizo esta afirmación, en octubre de 1939, tras la invasión y reparto de Polonia, entre el III Reich y la Unión Soviética, consecuentemente con la firma del pacto de no agresión germano-soviético.

47 En 1981, durante el mandato de Brezhnev, Mr. Colin Thubron, presidente de la Royal Society of Literature y colaborador de *The Times*, viajó a la Unión Soviética por carretera, en un viaje que relató en su obra *Among the Russians*.

cibiendo toda la información que actualizaba la situación político-militar, no solo de la Unión Soviética sino de los demás países miembros del Pacto de Varsovia y aliados de la URSS en la conferencia sobre el documento MC161.

Mi cometido inicial fue, nada menos que, responsabilizarme del factor militar, es decir, conocer a fondo las Fuerzas Armadas soviéticas y de Europa del Este: Alemania Oriental, Polonia, Hungría, Checoslovaquia, Bulgaria y Rumanía, exceptuándose Yugoslavia y Albania. Como ya he dicho anteriormente, ello me obligaba a considerar que, independientemente de lo interesante que pudiera resultar todo, la máxima autoridad nacional —el Gobierno entonces, y los anteriores— debía estar muy poco interesada en conocer la capacidad militar del supuesto enemigo o que identificábamos como tal. El trabajo del Área 3 era apropiado, como mínimo, si se quería hacer seriamente, para, al menos, veinte personas con conocimientos militares profundos —preferentemente oficiales— de los tres Ejércitos y dominando idiomas, inglés, por supuesto, pero también alemán, y deseable el ruso ya que en aquella época era casi imposible encontrar personal idóneo suficiente con dominio de este idioma, aunque había cursos dependientes del Estado Mayor de la Defensa. Mi superior en el Área 3, el comandante Flores Calderón, era uno de esos oficiales, pero como él decía, su nivel era elemental.

Pronto descubrí, como ya imaginaba, que toda la información de que disponíamos y nos llegaba al Área 3 era proporcionada por los servicios de inteligencia aliados que tenían intereses y presencia en España, por los motivos que fueran, y una manera de compensar el posible apoyo que recibían al estar en territorio español era pasar a las autoridades españolas —es decir, al CESID— la información que consideraban conveniente sobre la URSS y aliados. Como he expuesto anteriormente, nosotros carecíamos totalmente de fuentes de información propias, y por lo tanto cualquier informe o estudio sobre «el enemigo» era bienvenido[48]. Yo me propuse

48 Resultará curioso para el lector, por no emplear otro adjetivo, saber que no se recibía en el CESID información alguna sobre la URSS procedente de la Embajada española en Moscú, pero así era. El Ministerio de Asuntos Exteriores, por otra parte, se oponía a que hubiera ningún oficial del CESID en la Embajada en Moscú, bajo el pretexto de que ello podría perjudicar las relaciones bilaterales. Que, por el contrario, hubiera innumerables agentes del KGB en Madrid, eso no

no creer todo, a pie juntillas, y aunque sin dudar de la información que nos llegaba, traté de contrastar o verificar en la medida de lo posible los datos de que disponíamos, revisando la información que llegaba de los diferentes servicios, e incluso con medios abiertos especializados como podían ser estudios no clasificados o revistas profesionales que encargué que se recibiesen —eran todas extranjeras, esencialmente británicas, americanas y francesas—, y que nunca antes se habían recibido. Estas suscripciones se encargaban en ocasiones a través de las agregadurías militares o de las propias embajadas. Mi superior, el comandante Flores, por su parte leía la prensa soviética que llegaba a España, el diario *Pravda* (*La Verdad*), o, en ocasiones, la *Revista Militar Soviética*, esta en edición en español, que, aunque pura propaganda, a veces nos servían para confirmar algunos datos y para detectar la verdadera naturaleza de las intenciones soviéticas.

Los servicios aliados que más información nos enviaban sobre el mundo soviético, y en especial sobre su maquinaria militar, eran el Servicio Federal de Inteligencia de Alemania Occidental —BND (Bundesnachrichtendienst)—, naturalmente todo en alemán, pero con una gran profusión de datos e incluso fotografías, que aprendí a apreciar. También había un servicio de inteligencia alemán exclusivamente militar —el MAD, Servicio Militar de Contrainteligencia (Militärischer Abschirmdienst)— que se ocupaba solo de temas de contrainteligencia y raramente tenía comunicación con la División de Inteligencia Exterior. Destaco en especial unos documentos, verdaderos libros, editados con toda profusión de detalles a propósito del orden de batalla de las fuerzas soviéticas y de sus aliados de Europa Oriental, editados con cartografía incluida, y que detallaban el despliegue militar soviético y del Pacto de Varsovia en Europa del Este. Estos documentos —conocidos con el nombre técnico-militar de Orden de Batalla/ORBAT— tenían carácter anual, con clasificación de SECRETO, y tomé la decisión de remitirlos a los Estados Mayores de los Ejércitos, donde estimé que deberían tener mayor utilidad. Nadie presentó ninguna objeción a mi decisión ni tampoco supe si fueron de utilidad. Y

molestaba a nuestro ministerio. No habría ningún oficial del CESID en Moscú hasta 1990, casi cuando ya la Unión Soviética había desaparecido.

es que la utilidad de la información es siempre subjetiva, ya que ¿de qué le servía a una nación como España conocer el despliegue militar soviético?

Tras el servicio alemán, destacaba naturalmente el servicio norteamericano, del que recibíamos anualmente un estudio muy documentado y profundo, sobre la naturaleza de la hipotética amenaza soviética[49]. También los servicios británicos (SIS), franceses (DGSE) e italianos (SISMI) nos mantenían bien informados. Recuerdo que nos llegaban muchísimas fotografías de barcos de guerra y submarinos rusos, en blanco y negro, que nos remitían sobre todo el servicio de inteligencia alemán (BND), que se notaba que eran clandestinas, y también de los desfiles en Moscú, pero con mucho detalle sobre el equipo, vehículos y material. Y del mismo modo, mucha información también sobre las fuerzas armadas de la Alemania Oriental y otros Ejércitos del Pacto de Varsovia. Aprendí mucho sobre carros de combate soviéticos. Todo eso lo mandaba puntualmente a Marina, a Tierra y al Aire, como ya he mencionado. Llegué a confeccionar un ORBAT detallado, en español, sobre el conjunto de las fuerzas armadas de la URSS y del Pacto de Varsovia. Si resultó de interés o no, eso era otro problema.

Pronto me di cuenta de que el único que escribía e informaba sobre el aspecto militar del bloque comunista en España, en 1983, era yo, y nadie me corregía, ni tampoco recibía ningún comentario, con lo cual no supe nunca la utilidad y valoración de mi trabajo. Naturalmente, mis informes y escritos no llevaban nunca firma de modo que no se podía saber quién era el autor. Con la excepción de alguna petición de información puntual y esporádica, enviada por los Estados Mayores de los Ejércitos al CESID, que me llegó en última instancia, yo mismo confeccioné la lista de aquello que creí que era fundamental saber para poder tener un grado de conocimiento aceptable sobre la amenaza que el mundo comunista podía representar militarmente, y que se condensaba en unos llamados,

49 Se trataba de una serie de documentos, de periodicidad anual, muy bien encuadernados y presentados con el título de *Soviet Military Power*, donde se exponía la actualidad de las capacidades militares de la Unión Soviética. El documento no estaba clasificado y se distribuía ampliamente a todos los países aliados de Estados Unidos. La realidad es que tratándose de un documento abierto presentaba una información general muy detallada.

técnicamente, Elementos Esenciales de Información (EEIs), que había que obtener, y de esta forma me fui adentrando, totalmente por libre y sin ninguna guía, en el mundo soviético, llegando a entrar también en lo político, ya que era imposible separar lo militar de lo político.

Empecé a viajar, casi siempre a propuesta mía, y nadie me ponía ninguna traba ni obstáculo. En París, me reuní varias veces con *madame* Helène Carrère d'Encausse —recientemente fallecida—, que era una sovietóloga francesa que acababa de publicar un libro sensacional titulado *L'Empire eclaté,* (*El Imperio hecho añicos*) en donde pronosticaba el fin del mundo soviético no tardando mucho. Y tenía razón. A ese libro le siguió otro *La Gloire des Nations*, en donde presentaba todo el tema de las innumerables repúblicas que surgirían en el mundo postsoviético. Me fascinó aquella dama y sus conocimientos; naturalmente hablaba ruso perfectamente y me insistió en que tenía que aprender ruso si quería entender la Unión Soviética. En una de mis reuniones con *madame* Carrère fui presentado al escritor y periodista francés Michel Tatu, que había sido corresponsal de *Le Monde* en Moscú durante muchos años y conocía muy bien la Unión Soviética y los países de Europa Oriental. Tuve también buenas relaciones con el servicio de inteligencia francés (DGSE) que estaba bien informado sobre la URSS; recuerdo especialmente a *madame* Murat, una experta en el mundo político soviético, que ya he citado. Aspecto curioso, y que resalto, es que todos ellos —desde *madame* Carrère, Michel Tatu, a *madame* Murat— me recomendaron tener mucha precaución con el PCE y también con el PSOE, en cierta medida. Y eso que, en Francia, ya era presidente el socialista François Mitterrand. Este aspecto fue muy relevante en las relaciones entre el Servicio Francés de Interior, la DST, y la División de Inteligencia Interior del CESID, aunque nunca alcanzó el dramatismo que tuvo en Francia, donde la influencia comunista alcanzó niveles muy altos. Más tarde aprendería que, en Gran Bretaña también, el Servicio de Inteligencia Interior (MI-5) investigaba con toda profundidad a quienes eran miembros o afiliados del Partido Comunista británico que, aunque, minoritario y sin representación parlamentaria alguna, se consideraba contrario a los intereses nacionales del Reino Unido.

La Unión Soviética y el Pacto de Varsovia[50] constituían una prioridad para la DGSE francesa y viceversa. La Dirección General de Seguridad Exterior (Direction Générale de la Sécurité Extérieure) es el servicio de inteligencia francés que trabaja en el exterior, y era relativamente nuevo, ya que se había constituido en 1982, reemplazando al antiguo Deuxième Bureau —que databa de 1871—, y su lema es «En todo lugar donde la necesidad es ley» («Partout où nécessité fait loi»), por lo que sus intereses realmente abarcaban mucho más, especialmente en lo que había sido África francesa, y en Siria. Al igual que el CESID, dependía del Ministerio de Defensa, y muchos de sus oficiales eran militares. Tenían su sede en París, en el bulevar Mortier, un lugar que visité varias veces en aquella época, y que era conocido con el sobrenombre de la Piscina. El director en 1983 era el almirante Pierre Lacoste[51], al que le sucederían después, en el tiempo, dos generales. Un éxito de la DGSE, que compartieron con el CESID, y motivó que me desplazase a París, fue la adquisición de información sobre el tipo de blindaje utilizado en los carros de combate soviéticos T-72, todavía en servicio y que se han podido ver en Ucrania recientemente. Una vez más, por muy interesante que yo lo encontrase, debo preguntar, ¿conocer el blindaje del más moderno carro de combate soviético era útil para España?

La DGSE, como he citado, no es el único servicio de inteligencia francés, no obstante, y como otros países occidentales, las funciones de inteligencia interior correspondían a la Dirección de Vigilancia del Territorio (Direction de Surveillance du Territoire/ DST), responsable de las misiones de contrainteligencia, de la

50 El Tratado de Amistad, Colaboración y Asistencia Mutua, más conocido como Pacto de Varsovia por la ciudad en la que fue firmado, era un acuerdo de cooperación militar firmado en 1955 por los países de Europa Oriental y la URSS. Diseñado por la Unión Soviética, su objetivo expreso era contrarrestar la amenaza de la OTAN, según se percibía en Moscú, y en especial el rearme de Alemania Occidental, a la que se le había permitido finalmente reorganizar sus fuerzas armadas con el nombre de Bundeswehr.

51 En 1985, la DGSE fue responsable de la operación Satanic, una misión para impedir las protestas del grupo ecologista Greenpeace contra las pruebas nucleares francesas en el Pacífico, lo que resultó en el del hundimiento del barco Rainbow Warrior, y la muerte de un miembro de la tripulación, en Nueva Zelanda, y supuso un grave conflicto diplomático a consecuencia del cual fue cesado el almirante Lacoste.

protección del patrimonio industrial, científico y tecnológico de Francia, así como de la lucha contra el terrorismo interno. Su actividad para contrarrestar la agresividad de los servicios soviéticos fue muy notable. Los vínculos tradicionales de Francia con los países de la comunidad francesa han contribuido a que la DST fuera uno de los servicios de inteligencia occidentales de mayor éxito en el campo de la lucha contra el terrorismo islamista radical. La DST, a diferencia del CESID, estaba subordinada a la Dirección General de la Policía Nacional (DGPN), a su vez bajo la autoridad del Ministerio del Interior, pero bajo la autoridad del primer ministro. En 1983, a consecuencia del trabajo de la DST, Francia expulsó a cuarenta y siete soviéticos del territorio, sospechosos de llevar a cabo actividades de espionaje sobre aspectos de alta tecnología y de defensa; fue un grave escándalo[52]. En España, desde que se reiniciaron las relaciones diplomáticas en 1977, habían sido expulsados, hasta aquel momento, un total de trece diplomáticos soviéticos —unos dos por año—, por actividades incompatibles con sus funciones[53]. No obstante, dada mi pertenencia a la División de Inteligencia Exterior, nunca tuve relaciones directas con la DST en aquel tiempo y no conocí los detalles.

Recuerdo que pregunté a Michel Tatu como era que con tantos escándalos de espionaje soviético que se habían producido en Alemania Occidental, en Gran Bretaña, y en la misma Francia, no se había producido ninguno similar en España. La respuesta me hizo pensar: «Quizás España no presenta interés alguno para la Unión Soviética, o quizás los servicios de inteligencia españoles

---

52 Es lo que se conoció como *Informe Farewell* que revelaba la operación de penetración más ambiciosa emprendida por el servicio soviético KGB contra un país occidental y ponía de manifiesto el alcance de los objetivos soviéticos en Francia, principalmente.

53 Entre los más notables de los soviéticos expulsados de España estaban, en 1981, Vladímir Yefremenkov, segundo secretario de la Embajada soviética en Madrid, acusado de intentar obtener información sobre el CESID, así como de relacionarse con el Movimiento para la Independencia de las Islas Canarias (MPAIAC). Un periodista de la agencia de noticias soviética Novosti, Yuriy Goloviatenko, estuvo implicado igualmente en los mismos hechos, y Yuriy Bychkov, director de la empresa mixta de pesca SOVHISPAN, fue descubierto llevando a cabo actividades políticas ilegales y de espionaje militar en Canarias. En casi todas las ocasiones, los espías soviéticos habían sido descubiertos por servicios aliados que operaban legalmente en España y, en consecuencia, advirtieron al Gobierno español.

no son muy competentes y no han descubierto nada». Creo que la realidad tenía un poco de ambas posibilidades. La importancia de España para la URSS se centraba sobre todo en la existencia de bases norteamericanas en España, y eso era algo que ya los Estados Unidos vigilaban con seriedad. En 1981-1982, con ocasión de la Conferencia de Seguridad Europea (CSCE) en la llamada Plataforma de Madrid, se descubrieron panfletos de propaganda que exponían una carta falsa del presidente Reagan al rey Juan Carlos advirtiéndole de que no debía confiar en el PCE, obviamente con la intención de perjudicar las relaciones bilaterales hispano-norteamericanas tras el anuncio de que España pretendía integrarse en la OTAN. La URSS quiso aprovecharse al máximo, política y propagandísticamente, de la Plataforma de Madrid cubriéndose con palabras como «detente» y «desarme», y queriendo disfrazar el daño que había hecho a la paz en el mundo, con la invasión y ocupación militar de Afganistán.

El tema de la influencia de los servicios soviéticos en el PCE y PSOE era otra cuestión, aunque no afectase directamente a mi división. La DST hizo llegar al CESID un informe completo sobre como la Unión Soviética se servía del Partido Comunista francés (PCF), entonces bajo la dirección de Georges Marchais, que demostraba, a los ojos de los franceses, que Francia había constituido desde siempre un objetivo primordial para los servicios soviéticos. Gracias a la colaboración del PCF, en el Kremlin tuvieron pronto conocimiento de la voluntad de independencia de que hizo gala el general De Gaulle y lo utilizaron para debilitar la OTAN. Leyendo el informe no pude evitar pensar en la actitud antinorteamericana de Felipe González y de la cúpula del PSOE, así como en el viaje que, en 1977, realizó a la Unión Soviética, y del que nunca se supo nada, y el CESID menos que nadie[54]. Luego vino

54 Aparentemente, los socialistas españoles se dirigían a una reunión de la Internacional Socialista en Tokio y se detuvieron cinco días en Moscú y Leningrado (hoy San Petersburgo). Numerosos periodistas e historiadores sostienen que la escala respondía al plan del PSOE, que se había convertido en el partido hegemónico de la izquierda española en las elecciones celebradas en junio anterior, de pedir a la dictadura soviética que retirase o atenuase su apoyo al PCE de Santiago Carrillo a cambio del compromiso de impedir la entrada de España en la OTAN. Los dirigentes soviéticos, cuenta el periodista José Luis Gutiérrez, que también acompañó a la delegación, «trataban de asegurarse la

en 1986 el referéndum sobre la pertenencia a la OTAN, algo que estableció un precedente y que nunca había ocurrido en ningún país miembro de la Alianza. Como Francia, España optó por no formar parte de la estructura militar. Eran muchas coincidencias, y si a alguien beneficiaban estaba claro que era a la URSS, y que nadie quiso investigar.

No recuerdo ni creo que se hiciera público nunca, ni que se probase, que había conexiones estrechas y directas entre el PCE y el Partido Comunista soviético, y, por ende, que el PCE recibiera consignas de la Unión Soviética, pero eso no significa que no existieran. Por el contrario, la forma en que actuaba el PCE, y posteriormente el nuevo comunismo refundado de Izquierda Unida, o incluso el actual marxismo de Podemos, siempre han favorecido a la nueva Rusia, y a Putin, en la actualidad, luego la duda está en el aire.

En 1975, Santiago Carrillo, secretario general del PCE, había afirmado:

> El internacionalismo revolucionario de cada Partido se mide, en primer término, por su capacidad para hacer la revolución en su propio país. Afirmar la necesaria independencia de cada Partido Comunista no significa minusvalorar el decisivo papel de la Revolución Socialista de Octubre ni el peso de la Unión Soviética ni de los otros países socialistas en el proceso revolucionario mundial. No significa insolidaridad alguna con los otros Partidos Comunistas ni con el conjunto del movimiento obrero. Significa que cada Partido debe marchar con sus propias piernas y no con las del Partido soviético.

Nada más y nada menos. El Partido Comunista tuvo que ir modificando su discurso para que sus alianzas y nuevos socios políticos tuvieran la certeza de que el PCE no se comportaría del modo que lo habían hecho los comunistas en otras partes del mundo como Rusia, China, Cuba o Corea del Norte.

---

oposición del PSOE a la adhesión de España a la OTAN, algo que lograron al incluir un párrafo en el que ambos partidos se reafirmaban en la necesidad de superar la división del mundo contemporáneo en bloques político-militares contrapuestos, así como su ampliación». Un pronunciamiento que se puede interpretar como un compromiso del PSOE contra la permanencia de España en la OTAN.

Emilio Alonso Manglano con Santiago Carrillo.

Santiago Carrillo no quiso dejar ninguna duda sobre la no subordinación del PCE a la Unión Soviética, mostrando una vez más su moderado discurso hacia posiciones plenamente democráticas sin cambiar el nombre del Partido. De todos modos, el secretario general todavía empleó algunos términos que recordaban a tiempos pasados[55]:

> Hoy los comunistas no tenemos ningún centro dirigente, ninguna disciplina internacional. El término de internacionalismo proletario, que servía para encubrir la incondicionalidad hacia la URSS, ha sido sustituido en los comunistas españoles por el de solidaridad internacionalista. Con cualquier nombre seguiríamos siendo los mismos. Es decir, un partido comunista, un auténtico partido socialista, que se inspira en el marxismo revolucionario. Nosotros somos radicalmente opuestos a la socialdemocracia como ideología.

El líder comunista aseguraría que no han abandonado el leninismo, pero que muchos principios leninistas les valdrían para los años treinta y no en las sociedades de los países desarrollados actuales. Carrillo prefirió definir al PCE como un partido «marxista, que es un método de análisis de la realidad concreta y de elaboración de una política concreta». Esta renuncia a la mayoría de los postulados leninistas tuvo como objetivo abandonar el extremismo izquierdista del PCE y partir de una ideología más democrática y políticamente correcta, lejos de ideas totalitarias de cara a la sociedad.

---

55 Morán, Gregorio. *Miseria y grandeza del Partido Comunista de España (1939-1985)*. Planeta, 1986.

Cuando a Carrillo se le preguntaba por la actitud de la URSS y su Gobierno hacia el Partido Comunista de España, el secretario general del PCE afirmaba que su partido «ha conseguido una independencia plena, sin depender de nadie». A Santiago Carrillo ni siquiera le importaba la opinión que puedan tener los dirigentes soviéticos de la situación actual de los comunistas españoles. Al menos eso es lo que él decía. Henry Kissinger se mostró siempre especialmente reacio a la participación del Partido Comunista de España en el proceso democratizador español, sobre todo porque el Partido Comunista no se había distinguido en ningún país por su fe democrática. Por ejemplo, en diciembre de 1975 comentó ante los ministros de Asuntos Exteriores de Bélgica, Alemania, Francia y el Reino Unido que, a su modo de ver, la presencia de los comunistas «podría no ser compatible con la tranquilidad de España. Personalmente, no puedo derramar lágrimas por un partido que declara ilegales a todos los demás»[56]. Pienso que tenía razón. En 1984, el sector prosoviético del PCE creó el Partido Comunista (PC) «a secas», que en 1986 pasaría a denominarse «Partido Comunista de los Pueblos de España (PCPE)», liderado por Ignacio Gallego —claramente el hombre de Moscú en el PCE—, y financiado por la Unión Soviética[57]. El diario soviético *Pravda*, ese mismo año, dio la bienvenida al nuevo partido y a la denuncia del Eurocomunismo, insistiendo en que los partidos comunistas debían formar parte todos del movimiento comunista internacional.

Para el referéndum de la entrada de España en la OTAN en marzo de 1986, el PCE recuperó cierto protagonismo político y social al hacer campaña por el «no», justo lo contrario de lo que propugnaba el Gobierno socialista. Pero esa relevancia pública no duró demasiado, pues el PCE se enquistó en tratar de recuperar

---

56 Récords de Henry Kissinger, 1973-77.

57 La financiación del PCPE por la Unión Soviética queda bien clara en el denominado *Archivo Mitrojin*. Ignacio Gallego venía recibiendo de la Embajada soviética aproximadamente treinta mil dólares anuales ya desde 1980. El *Archivo Mitrojin* es una colección de documentos obtenidos en 1992 por el servicio de inteligencia británico, cuando el archivero Vasili Mitrojin, que había custodiado y mantenido el archivo de inteligencia exterior del KGB durante casi treinta años, desertó a Occidente, llevándose con él una enorme colección de notas y transcripciones que, posteriormente, tuve ocasión de examinar gracias a mis amigos de Londres. El archivo está custodiado en el Reino Unido y muy pocos han tenido acceso a él.

la unidad de los comunistas españoles bajo unas mismas siglas. Es más, la dirección del PCE rebajó notablemente el distanciamiento con la URSS, lo que le permitió aproximarse a los sectores prosoviéticos de dentro y fuera del partido. Precisamente, en marzo de 1986, Enrique Líster y su Partido Comunista Obrero de España (PCOE) habían reingresado en el PCE, y el Partido Comunista de los Pueblos de España (PCPE) de Ignacio Gallego, financiado y apoyado desde Moscú, se acercaba de nuevo a la dirección del originario PCE. El intento por parte del PCE de capitanear el movimiento anti-OTAN le hizo replantearse esa política de convergencia con otras fuerzas políticas de izquierdas. Por aquel entonces, el alcalde de Córdoba, Julio Anguita, lideró en Andalucía la plataforma unitaria llamada «Convocatoria por Andalucía-Izquierda Unida». Los buenos resultados obtenidos en Andalucía hicieron posible llevar la experiencia a toda España, esta vez con el nombre genérico de «Izquierda Unida», en el que, con el aplauso de Moscú, se formaba un nuevo partido, con el PCE como cabeza más visible. En suma, los mismos perros con los mismos collares, *madame* Carrère y *madame* Murat tenían razón. El enlace y contacto con la Embajada soviética en Madrid era el diplomático, y «residente» —que era el nombre con el que era designado el jefe de estación de los servicios soviéticos en el exterior—, del KGB en España, Viktor Mikhailovich Filipov[58].

Un oficial del KGB, no declarado, y que no fue nunca descubierto en España, aunque se sospechase su actividad, fue el primer corresponsal oficial en Madrid de la agencia de noticias soviética TASS, Anatoli Andreyevich Krasikov[59], quien llevó a cabo una extensa actividad para contrarrestar la hipotética separación de Moscú del PCE. Krasikov publicó en Moscú, en 1984, una especie de memorias que fueron traducidas al inglés[60]. Tuvo innumerables encuentros

58 Filipov era un oficial del KGB que hablaba perfectamente español, y que había estado destinado anteriormente en Buenos Aires, al menos hasta 1968.

59 Identificado en el *Archivo Mitrojin*. Krasikov logró que algunas personalidades del espectro político español del momento —como Joaquín Ruiz Giménez—, viajasen a Moscú y efectuasen declaraciones en favor de la Unión Soviética. En cierto modo, fue lo que hoy se consideraría un *influencer*, solo que en favor del Kremlin.

60 Krasikov, Anatoli. *Informe Español: De la Dictadura a la Democracia* (*From Dictatorship to Democracy: Spanish Reportage*). Pergamon Publishers, 2013.

con todo tipo de personalidades del espectro político español, no solo de la izquierda sino de todos los grupos políticos —incluidos aquí el presidente Felipe González y el general Gutiérrez Mellado que le concedieron entrevistas—, de lo cual informaba puntualmente a sus superiores. Su obra, *a posteriori*, resulta muy reveladora en cuanto a la naturaleza y presencia soviética en España; como me dijo Michel Tatu, los servicios españoles eran muy ineficientes.

Una de las acciones que impulsó Krasikov fue la constitución de la Asociación de Amistad URSS-España en 1978, heredera de la antigua asociación de amigos de la Unión Soviética de 1933, cuya misión no era solo fomentar las relaciones culturales entre ambos países sino apoyar el proceso de cambio político en España, como se decía en su acta fundacional[61]. Se nombró presidente a Yuri Ovchinninkov, miembro del Soviet Supremo, y formaban parte del consejo de dirección un miembro de la Embajada española en Moscú y un integrante de la junta directiva de la asociación en Madrid. En 1979 la asociación llevó a cabo en Moscú un homenaje a Antonio Hernández Gil, que había sido presidente de las Cortes y del Tribunal Supremo. La asociación era una prueba palpable del interés soviético por influir en España y su dependencia del Estado soviético era significativa. Se fueron abriendo filiales en las principales capitales de provincia españolas, y tanto el Gobierno del PSOE como el PCE apoyaban la asociación. Rafael Alberti era miembro destacado. En 1983 tenía la sede en la Gran Vía de Madrid. Tuvieron lugar aspectos pintorescos como los hermanamientos de Barcelona con Leningrado, Madrid con Moscú y Gijón con Novorosíisk. La desaparición de la URSS acarrearía la desaparición de la asociación en 1995.

El «eurocomunismo» representó una tendencia de renovación interior del campo comunista, que finalmente obtuvo escasos resultados. En los años sesenta y setenta, los partidos comunistas de Francia, España e Italia empezaron a considerar la democracia como valor y medio fundamental en su camino hacia el socialismo marxista. Su intento no dio los resultados esperados y los comunis-

61 Se decía que «se apreciaba la lucha de las fuerzas progresistas de España por la democracia, la libertad y por la paz», de acuerdo con la «Resolución para el Establecimiento de la Asociación URSS-España», Moscú (1978), que era justo lo que faltaba en Rusia.

tas españoles, franceses e italianos fueron cada vez más marginales (y marginados) como fuerza política. Probablemente, el caso de España fue el más complicado e interesante, ya que fue donde la crisis del eurocomunismo tuvo una intensidad mayor puesto que era el único partido que tenía que convivir con una monarquía. El fracaso del experimento eurocomunista produjo la implosión del Partido Comunista español y tras los malos resultados electorales, las divergencias internas aumentaron, poniendo en peligro la supervivencia del partido. Ello no significa que el comunismo haya desaparecido ni renunciado a sus objetivos. El eurocomunismo, en mi opinión, no fue más que un disfraz.

También viajé a Alemania Occidental en varias ocasiones, en concreto a Múnich, para reunirme con los expertos del BND en temas militares soviéticos. Todos los oficiales alemanes que traté en aquella época eran militares, aun siendo el BND un servicio civil. El Servicio Federal de Inteligencia es el servicio encargado de obtener información en el exterior. Este servicio está bajo el control directo de la oficina del canciller federal. Su sede central estaba situada entonces en Pullach[62], un suburbio de Múnich. Era heredero de la llamada Organización Gehlen, parte del servicio de inteligencia militar alemán Abwehr, del III Reich, bajo el mando del almirante Canaris, especializada en la información sobre la Unión Soviética. En 1956 el canciller alemán Adenauer aprobó la formación oficial del BND como servicio de inteligencia exterior de la República Federal Alemana, y designó al antiguo general de la Wehrmacht, Reinhard Gehlen, como su director. Gehlen estuvo al frente del BND hasta 1968. En mi época el director era Eberhard Blum[63]. Tuve ocasión de saludarle en mi primera visita a Múnich, en 1983, y cuando supo que era oficial de carros, me trató con mucha condescendencia. Tenía mucho interés por conocer la situación de España, aunque no tengo constancia de que visitase oficialmente

62 Durante la época del III Reich, Pullach fue muy importante dado que allí se ubicaba una mansión de retiro para la alta elite del Partido Nazi, muy frecuentada por Rudolf Hess, y al mismo tiempo, una especie de Cuartel General del Führer cuando visitaba Múnich, situado precisamente en los terrenos ocupados por el BND.

63 Eberhard Blum había sido oficial de Caballería (Panzeraufklärung) en la campaña de Rusia, durante la Segunda Guerra Mundial, y posteriormente, una vez creado el BND, director de personal, y representante del BND en Londres y Washington.

el CESID ni que se entrevistase con Alonso Manglano, a pesar de que, en el papel, las relaciones fueran muy buenas entre ambos servicios.

En Alemania existía, además, un servicio de inteligencia interior llamado eufemísticamente Oficina Federal para la Protección de la Constitución (Bundesamt für Verfassungsschutz, BfV), con sede en Colonia, que responde ante el Ministerio Federal del Interior, del que depende totalmente. Su misión es detectar las amenazas contra el orden democrático, la existencia y seguridad de la República Federal o de alguno de sus estados. En los primeros tiempos, tras el final de la guerra mundial, la BfV estuvo dedicada esencialmente a descubrir las actividades de neonazis y comunistas, aunque muy pronto se vio plenamente inmersa en actividades de contrainteligencia. La documentación reunida por la BfV sobre el Partido Comunista alemán (KPD) fue esencial para su prohibición por el Tribunal Constitucional Federal en 1956. Con el paso de los años, un alto número de asociaciones y grupos políticos fueron prohibidos por las autoridades alemanas basándose en la documentación suministrada por la BfV.

Durante los años de mi permanencia en el CESID, las principales actividades de contrainteligencia de la BfV se dirigieron sobre todo contra los agentes comunistas provenientes de Alemania Oriental, que en numerosas ocasiones habían penetrado con éxito en la BfV. En el periodo de 1980, una serie de escándalos provocados por agentes comunistas mermaron gravemente la reputación de la BfV como servicio de contrainteligencia. En este sentido, los agentes de la Alemania Oriental se beneficiaban enormemente del estatus de la frontera que permitía a cualquier ciudadano de Alemania del Este pasar al Oeste sin restricciones. Al igual que en el caso de Francia, no tuve relación directa alguna nunca con la BfV.

La situación en Alemania no era fácil, sin embargo, ya que se habían dado numerosos casos de penetración de los servicios soviéticos que habían recurrido para ello, por su mayor facilidad, a los servicios de inteligencia de Alemania Oriental, cuyos miembros, al ser alemanes, podían integrarse sin grandes dificultades en las diversas esferas de la sociedad germano-occidental. Su detección era sumamente difícil y la mayoría de las veces se debía a errores humanos por su parte. Todavía perduraban los efectos del caso Günter Guillaume, un espía y agente de inteligencia que trabajó para el servicio secreto de Alemania del Este, la Stasi (State Security Service —Staatssicherheitsdienst—, SSD), un servicio totalmente subordinado a los servicios soviéticos, y que se convirtió en secretario del canciller alemán Willy Brandt[64]. Pero no fue el único caso, y uno de los fracasos que se le achacaban al BND para desarrollar una verdadera inteligencia sobre lo que ocurría tras las fronteras de la Alemania comunista se había visto confirmado, de alguna forma, cuando en 1961 tuvo lugar la construcción del Muro de Berlín, hecho del que el BND no había ni siquiera sospechado y que fue una sorpresa total.

En 1984 saltaría a la luz otro escándalo considerable en Alemania al saberse que el ingeniero jefe de la empresa Messerschmitt-Bölkow-Blohm, Manfred Rotsch, era espía soviético y había pasado a Moscú todos los planos e información del avión de combate Tornado, del misil contracarro Hot, y del misil antibuque Kormoran, desarrollados todos ellos en el marco de un proyecto de armamento de la OTAN. Al parecer, el descubrimiento de este caso —el más importante en Alemania después del asunto Guillaume— fue el resultado de la colaboración de la DST francesa con la BfV alemana. En 1983, un total de ciento ochenta y tres espías soviéticos habían sido descubiertos en todo el mundo desde los comienzos de la Guerra Fría. La actividad de los servicios soviéticos no solo era enorme y agresiva, sino que abarcaba todos los campos y actividades. Creo que los servicios españoles, CESID, Guardia Civil y Policía Nacional incluidos, no estaban preparados para hacer frente a semejante desafío.

Mi destino en el Área 3 de la División de Exterior del CESID se fue consolidando y casi era ya considerado en diversos ambientes como una «autoridad» en cuanto a la URSS y el Pacto de Varsovia. Siempre que había intercambios de opiniones con otros servicios

64 Willy Brandt fue un canciller muy controvertido dadas sus ideas muy a la izquierda y sospechoso en alguna medida de simpatizar con el bloque oriental. Fueron muchos los que en Alemania culparon a Brandt por tener un espía comunista en su círculo íntimo. Así, caído en desgracia, Brandt renunció a su cargo como canciller el 6 de mayo de 1974. Durante dieciséis años, Brandt fue el presidente de la Internacional Socialista (1976-1992).

extranjeros me ponían en el elenco de ponentes y tenía que estar preparado para responder a las preguntas que me hacían. Recuerdo un encuentro en especial que fue muy grato con el servicio israelí Mossad en Madrid. El Mossad —denominación abreviada del nombre Instituto de Inteligencia y Operaciones Especiales— es el servicio israelí, también conocido como el Instituto, responsable de la obtención de información, y elaboración de inteligencia, pero también responsable de la acción encubierta, y del espionaje y contraterrorismo en beneficio del Estado de Israel en todo el mundo, menos en el interior de Israel, en donde actúa otro servicio. Creo que, sin buscarlo, encontré fuertes simpatías y aliados personales en los israelíes. España había mantenido buenas relaciones, extraoficiales siempre, con los servicios israelíes y el coronel Alonso Manglano había heredado una relación directa especial con el que había sido primer director del Mossad, Yser Harel, quien visitó varias veces Madrid en aquella época. Dentro del Mossad era el Departamento de Acción Política y Enlace el responsable de trabajar con el CESID dado que España no tenía una relación diplomática «normal» con Israel.

Durante muchos años Israel había sido un santuario para muchos judíos rusos y la emigración desde Rusia fue considerable, lo que permitía que el Mossad tuviera un conocimiento notable de la realidad social y política soviética. No obstante, Israel y Rusia se encontraban en bandos opuestos durante aquellos años. Curiosamente, las relaciones entre Israel y Rusia mejorarían significativamente a principios de los años 2000 con la elección de Putin como presidente, y con la elección también, en 2001, de un primer ministro israelí menos antirruso, Ariel Sharon. No mucha gente sabe que el ruso es el tercer idioma más ampliamente hablado en Israel, y tiene el tercer número de rusoparlantes más grande fuera de las exrepúblicas soviéticas, y el más alto en proporción a la población total del país[65]. Durante la Guerra de los Seis Días,

65 En 2011, Putin declararía que «Israel es, de hecho, un Estado especial para nosotros. Es prácticamente un país que habla ruso. Israel es uno de los pocos países extranjeros que se puede decir que habla ruso. Es aparente que más de la mitad de la población habla ruso». Putin además afirmó que Israel podría ser parte considerada del mundo cultural ruso, y sostuvo además que «canciones que son consideradas ser las canciones nacionales en Israel son de hecho canciones

en 1967, la Unión Soviética rompió relaciones diplomáticas con Israel. Los dos países no retomaron relaciones diplomáticas hasta 1991. Durante ese tiempo, Finlandia sirvió como intermediaria de las relaciones exteriores en Tel Aviv, mientras que Holanda sirvió como intermediaria en Moscú para los asuntos israelíes en la Unión Soviética. En 2010, Rusia e Israel firmaron un acuerdo de colaboración militar por cinco años. A partir de 2016, Rusia se convertiría en el proveedor principal de petróleo en Israel.

Sin embargo, entre 1967 y 1985, las inexistentes relaciones fueron glaciales. Israel era uno de los parias favoritos de la propaganda soviética, tratado parcial y malintencionadamente por los políticos y los medios de comunicación soviéticos. El hecho de que en los años setenta cerca de doscientos mil judíos soviéticos fueran autorizados a emigrar a Israel, gracias a un plan eufemístico de reunión familiar, fue el resultado de la tremenda presión occidental y no tuvo nada que ver con las relaciones bilaterales. En 1987, con Mijaíl Gorbachov, como jefe supremo del Kremlin y Edvard Shevardnadze en el Ministerio de Asuntos Exteriores, Israel recibió algunas aperturas de Moscú, y en 1988, los soviéticos aceptaron la entrada de funcionarios israelíes con el fin de «supervisar la actividad de la Embajada holandesa, que representaba los intereses israelíes en Moscú, y para vigilar el edificio de la antigua Embajada israelí»; obviamente eran agentes del Mossad. Todo ello hacía de Israel un aliado de gran interés para el mundo occidental en relación con su conocimiento de Rusia.

El encuentro en Madrid con los israelíes estuvo presidido por el coronel de Infantería, y Estado Mayor, Estanislao Urquijo y Ramírez de Haro, que había pasado a dirigir la División de Exterior, y era un caballero, y todo un personaje de quien yo no me acordaba, pero que por lo visto conocía a mi padre. Habían sido tenientes juntos tras la guerra, y Stanis, como le llamaba todo el mundo, me felicitó por mi presentación y quiso además que le acompañase a cenar a un restaurante elegante de Madrid —creo que fue Zalacaín—, ya que, al parecer, le causé muy buena impresión y me convertí poco más o menos en uno de sus oficiales más apreciados. Valoraba mucho

---

nacionales rusas». Más adelante declararía que consideraba a los ciudadanos israelíes rusoparlantes como sus compatriotas y parte del «mundo ruso».

que hablase tres idiomas y presumía de tenerme bajo su mando en todos los ambientes y lo que es más, apoyaba mis planteamientos y propuestas cuando tuve que hacer alguna. La verdad es que yo también me sentí muy cómodo con un jefe como él, que parecía apreciar mi trabajo y mis opiniones. El coronel Urquijo propició que el Centro me pagase un curso intensivo de alemán en el Goethe Institut de Madrid, ya que estimó que me ayudaría en mi trabajo, dada la cantidad de información que nos llegaba en alemán.

También tuvimos un encuentro de alto nivel con el servicio federal de inteligencia suizo (FIS/NDB/SRC/SIC según los diferentes idiomas legales en Suiza), dirigido entonces por el general de división Mario Petitpierre, quien visitó oficialmente Madrid y tuvo un encuentro personal con Alonso Manglano, al que asistí, para exponer «nuestro» punto de vista sobre el momento presente de la Unión Soviética. Estoy convencido de que el general Petitpierre debió detectar mi escasa experiencia, pero no hizo ningún comentario, limitándose a agradecer mi esfuerzo, felicitándome por mi francés, que cuando le dije que ello se debía a haber permanecido un año en el Colegio Internacional de Lausana, no pudo evitar sonreír y darme un fuerte apretón de manos. También contribuyó mucho a crear un buen ambiente en el encuentro el hecho de que uno de los integrantes de la delegación suiza, y una sorpresa para mí, era el teniente coronel Fred Schreier, con quien había coincidido en Fort Knox, Estados Unidos, en la realización del Curso del Arma Acorazada, y habíamos sido buenos amigos. El teniente coronel Schreier me comunicó entonces que ellos estaban entonces haciendo ya negociaciones con Alemania para cofabricar el carro de combate Leopard 2 en Suiza. Todo ello motivó un buen entendimiento en las reuniones, en un ambiente distendido, exento de excesivo formalismo, y que tanto el coronel Alonso Manglano como el coronel Urquijo me felicitasen especialmente por haber contribuido al buen clima y éxito de la reunión, aunque realmente yo no había hecho nada y todo hubiera sido fruto de la casualidad. La relación con Suiza, al ser una nación neutral ni miembro de la OTAN ni de la ONU ni de la comunidad europea, entonces, era una relación muy especial y de gran interés.

El servicio de inteligencia suizo tiene fama de ser un servicio pequeño e «intelectual» del que se habla poco y apenas se sabe de su existencia. Sin embargo, Suiza ha sido y es un baluarte del espionaje. Durante la Segunda Guerra Mundial Berna era un hervidero de agentes nazis y aliados, y en la época de la Guerra Fría abundaban los agentes de los países del Pacto de Varsovia. En los años ochenta, e incluso hoy en día, Suiza sigue siendo interesante para la obtención de información no pública debido a las numerosas organizaciones internacionales presentes en este país. Suiza ha intentado durante años establecerse como lugar de negociación para las conversaciones diplomáticas y competir directamente con Viena y Nueva York. Ahora bien, Suiza rechaza los escándalos y quiere que se mantenga un alto nivel de respetabilidad. Si se hiciera público que en Suiza hay una alta actividad de espionaje se arruinaría su reputación como anfitrión internacional y lugar seguro para las negociaciones. Aun así, el servicio federal suizo se centra sobre todo en prevenir el espionaje sobre las instituciones y empresas suizas, es decir, la contrainteligencia es la primordial actividad. Obviamente, debido a razones históricas, los servicios de inteligencia suizos tienen una larga tradición militar.

El FIS tiene por misión «detectar y combatir el terrorismo, el extremismo violento, el espionaje, la proliferación de armas de destrucción masiva y sus vectores de lanzamiento, así como los ataques cibernéticos contra infraestructuras críticas». En el exterior busca información para ayudar a la política de seguridad y analiza esta información. Así, frente a las amenazas, aporta una contribución decisiva para la apreciación global de la situación. El FIS coopera con el Gobierno, los diversos ministerios de la Confederación Helvética y el mando militar y ayuda a las autoridades cantonales a mantener la seguridad interior cuando se precisa. La actitud decididamente anticomunista del Gobierno y de la población suiza llevó a definir al bloque oriental como la principal amenaza entre los años sesenta y ochenta, colaborando ampliamente con los demás servicios europeos, incluida España. Aunque las naciones europeas estaban siempre muy interesadas en obtener información, preferentemente militar, sobre la Unión Soviética y Europa del Este, el servicio suizo tuvo siempre especial interés en la actividad de posibles agentes chinos y sus contactos en el resto de Europa, siendo muy valiosas sus aportaciones, especialmente para España cuyo servicio de inteligencia ni siquiera tenía a China como país de interés a estudiar en aquellos días.

El Servicio Federal de Inteligencia suizo era, sobre todo, un servicio de contrainteligencia a pesar de las misiones que se le encomendaban y de su actividad exterior, y en aquella visita del general Petitpierre dejó ver claramente que estaban muy interesados en mantener una relación de comunicación directa y puntual con la División de Contrainteligencia del CESID. Manglano aceptó el ofrecimiento y se acordó llevar a cabo una visita de un grupo de analistas de la división en fecha a convenir; como eso no era ya mi responsabilidad, nunca supe si finalmente se llevó a cabo y si se acordó algo o no. Los suizos expusieron una serie de aspectos relacionados con la actividad de contrainteligencia que nos sorprendieron, y si no fuera porque estaba fuera de toda duda su fuerte identidad democrática, nos hubieran hecho creer que estábamos tratando con un país absolutamente autoritario y dictatorial. En primer lugar, todo visitante extranjero que pareciera sospechoso era cuidadosamente registrado y entrevistado a su entrada en Suiza; los hoteles estaban obligados a entregar diariamente una lista de sus huéspedes a la Policía Federal y a comunicar los números de teléfono a los que llamaban aquellos huéspedes considerados «sospechosos»; naturalmente, todo aquel que salía de un aeropuerto suizo con destino a un país de Europa del Este, o a la URSS, era cuidadosamente registrado antes de salir.

Por supuesto, todo ciudadano o residente que tuviera contacto con ciudadanos de Europa Oriental, o incluso estuviera casado/a con algún ciudadano/a del bloque comunista figuraba en una lista y era investigado/a. Por último, todo el personal, diplomático o no, que trabajase en las representaciones oficiales de los países citados estaba registrado y era investigado, al margen de compartir y contrastar sus datos con otros servicios aliados y fuerzas policiales de países amigos. En suma, nada comparable con lo que hasta la fecha había hecho el CESID, ni ningún otro servicio como podía ser la Guardia Civil o la Policía Nacional desde 1975 en adelante. Anteriormente, como ningún país comunista tenía representación en España ni los ciudadanos españoles podíamos viajar al Este, no había ningún problema. Vuelvo a citar aquí el caso del embajador español entonces en Moscú, Sr. Xifra —precisamente cuando Andropov era presidente de la URSS—, cuya esposa era ciudadana soviética y dudo mucho que hubiera sido investigada. A Manglano todo aquello le pareció interesantísimo y tomó numerosas notas durante la reunión[66]. Suiza, como país pequeño y tremendamente organizado, podía hacer ese tipo de cosas; en España hubiera sido quizás muy complicado, aunque no imposible, pero en 1983 con un Gobierno socialista que guiñaba el ojo al bloque oriental no era factible.

Motivado por un estudio publicado por la revista suiza *International Defense Review* sobre aspectos varios de la doctrina militar soviética, inicié contactos con el Centro de Investigación y Estudios Soviéticos (Soviet Studies Research Center/ SSRC) del Ministerio de Defensa británico, en Sandhurst, que dirigía Christopher N. Donnelly[67] —un gran amigo con el que sigo en contacto—, y viajé al Reino Unido a fin de tener un conocimiento directo del trabajo que hacían. Todo fueron facilidades por parte británica y no necesité ninguna acreditación oficial para presentarme allí. Asimismo, aproveché este viaje para visitar la sede del Royal United Services Institute (RUSI), en Londres, en donde fui recibido por James Sherr, un notable sovietólogo también, quien sería otro de mis grandes amigos andando el tiempo y que facilitó que se me admitiese ya como miembro del Instituto. El RUSI era un organismo similar al Centro de Estudios de la Defensa Nacional español (CESEDEN), que desarrollaba una gran labor organizando conferencias y seminarios sobre temas de interés para la

66 Me resulta curioso aquí que nada de esto haya salido en el libro reciente de Javier Chicote y Juan Fernández-Miranda, *El jefe de los Espías*, publicado en 2021, que supuestamente recoge el archivo personal de Emilio Alonso Manglano.

67 Mi amigo Christopher Nigel Donnelly sería consejero de nada menos que cuatro secretarios generales de la OTAN, comenzando por Manfred Wörner, durante trece años, así como asesor especial para asuntos soviéticos de la primera ministra Margaret Thatcher. Tras regresar a Londres ya a finales de los noventa, fundó el Instituto para la Gestión de Estado (Institute for Statecraft), así como la llamada Iniciativa de Integridad. Su principal interés era la reforma de las instituciones de defensa y seguridad de los países que habían constituido Europa del Este, tras el final de la Guerra Fría. Para mí fue un honor conocerle, ser su amigo, y ayudarle cuando pude. Chris sigue hoy en día totalmente dedicado a los temas relacionados con Rusia, asesorando al actual Gobierno británico.

defensa nacional, dedicando especial interés a lo relacionado con el poder militar soviético. Tras Londres, me trasladé por unos días a Edimburgo, en Escocia, para mantener una primera reunión con el profesor John Erickson, en la Universidad de Edimburgo, donde dirigía un centro de estudios e investigación sobre la URSS. John Erickson, que se convertiría igualmente en uno de mis mejores amigos y que dirigiría mis estudios cuando años más tarde me doctoré en estudios de Europa del Este, en la Universidad de Edimburgo, estaba casado con una yugoslava ligada al mariscal Tito, a la que conoció en Yugoslavia cuando estuvo destacado en los Balcanes, como oficial británico al mando de una unidad de fuerzas especiales, durante la Segunda Guerra Mundial, y luego en Oxford tras la guerra. John Erickson hablaba ruso perfectamente, además de otras lenguas de Europa del Este, y era un verdadero experto en aquel mundo. Lamentablemente ya falleció, pero aprendí mucho de él y conservo un grato recuerdo de aquel tiempo. También entablé relaciones con el Instituto Internacional de Estudios Estratégicos (IISS), ubicado en Tavistock Street —en el centro de Londres—, dirigido entonces por el coronel de Ingenieros retirado, del Ejército británico, Jonathan Alford, que publicaba estudios de alto interés sobre la URSS y el Pacto de Varsovia, además del conocido Balance Militar de carácter anual. En el instituto conocí, y simpatizamos inmediatamente, al comandante retirado Edgar O'Ballance[68], quien sería uno de mis habituales amigos cuando me trasladé a Londres unos años más tarde. Gracias a él pasé a formar parte del Military Commentator's Circle, un foro de pensamiento intelectual británico donde se debatían los problemas más acuciantes del momento en lo relativo a política internacional, defensa y estrategia.

Con este bagaje y apoyos acometí la tarea de desentrañar la realidad de la Unión Soviética en 1983. Debo decir que nadie, en España, hasta ese momento había iniciado semejante tarea ni

68 Edgar «Paddy» O'Ballance era todo un personaje. Irlandés de nacimiento, fue oficial en el Ejército británico, periodista, especialista en asuntos de defensa y de relaciones internacionales, pero ante todo era una gran persona. Edgar era autor de numerosos artículos en revistas militares y de más de cuarenta libros sobre temas de historia militar y defensa internacional, entre los que destacaba un trabajo sobre la División Azul española publicado por el RUSI, en Londres. Había estado destinado en Palestina en 1948, y asistido, consecuentemente, a la independencia de Israel.

abierto los canales de comunicación que logré establecer en aquellos días. La sentencia del pensador social ruso del siglo XIX Alexander Herzen[69], «en Occidente sencillamente no conocen Rusia», estaba destinada a perdurar, al menos, cien años más. Rusia, la URSS y todo lo que representó desde la Revolución de 1917 transformó un país en una idea apasionante o terrible, según el punto de vista, durante casi todo el siglo XX. Y lo sigue siendo.

Siendo ecuánime, la realidad es que los países comunistas, y no solo la Unión Soviética, hicieron un gran esfuerzo propagandístico durante toda la llamada Guerra Fría, ya que, conocedores de la fortaleza del capitalismo, y su ideología profundamente anticomunista desde los comienzos, tuvieron que hacer frente, por su parte, a una propaganda antisocialista y antisoviética poderosísima con un despliegue de medios que, pasando por fases, diferentes estéticas y matices políticos, siempre fue muy efectiva, y formó parte del paisaje del mundo capitalista como un elemento natural. En España la Unión Soviética y el comunismo habían sido demonizados a consecuencia de la Guerra Civil hasta unos extremos que rayaban en el paroxismo, y en ese espíritu habíamos sido educados la mayoría de nosotros. Y no quiero decir con esto que no hubiera razones para ello.

Ortega y Gasset decía que «Rusia y España son dos naciones históricas[70] en ambos extremos de la gran diagonal europea, imprescindibles ambas para comprender la identidad europea». Tras la

69 Aleksandr Ivánovich Herzen fue un prominente demócrata revolucionario ruso, del siglo XIX, ideólogo de la revolución campesina, publicista, filósofo materialista y economista. Se manifestó contra el absolutismo y el régimen de servidumbre, después de crear una variante peculiar del socialismo utópico, el «socialismo campesino», basado en la idea de que la sociedad rusa debía progresar a través de la revolución campesina.

70 España y Rusia, de hecho, tienen en común ciertas características interesantes en su origen. Mientras en la península ibérica, en la época de la llamada Reconquista, los diversos reinos luchaban contra los invasores islámicos, y también entre ellos, en detrimento de su identidad, en lo que hoy conocemos como Rusia, en una época relativamente coincidente —1247—, los mongoles se habían adueñado de todo el territorio e inyectado un carácter muy especial en sus habitantes que conformaría la identidad de Rusia hasta la actualidad. Lo árabe forjó, en cierta medida, la identidad de los españoles, y lo mongol sigue presente en el alma rusa. Resulta curioso que la presencia musulmana en España y la de los mongoles en Rusia cesaran casi al mismo tiempo, 1492 y 1500 respectivamente. De alguna manera, Oriente conformó esos dos extremos de la diagonal europea de que hablaba Ortega. España y Rusia también coincidían en haber sido las únicas naciones en la Europa continental capaces de frenar a Napoleón.

Revolución de Octubre, el Gobierno español se negó a reconocer a los bolcheviques y se suspendieron las relaciones diplomáticas entre Rusia y España. Caída la monarquía y proclamada la república en España, se reanudaron las relaciones diplomáticas con Rusia a partir del ascenso del Frente Popular en el Gobierno español, pero ya iniciada la Guerra Civil. La URSS nombró a Marcel Isráilevich Rosenberg como su representante político en España, e intervino prestando ayuda militar y apoyo político al Gobierno republicano. A partir de la victoria del bando nacional, España y la URSS no mantuvieron relaciones diplomáticas, hasta 1977, con la llegada de Sergei Alexandrovich Bogomolov[71], primer embajador de la URSS en la España democrática. A pesar de esta circunstancia, no se puede no atender ni profundizar en las crisis diplomáticas que han ocurrido desde entonces entre España y Rusia, ya sea la cuestión del espionaje de los primeros años y los casos más recientes del año 2010 que llevó a España a expulsar a varios diplomáticos rusos o la actual crisis y guerra en Ucrania, que ha dificultado las relaciones de los países de la Unión Europea, España incluida, con Rusia, entre los acontecimientos más graves recientes. Las relaciones bilaterales de este período inicial no fueron exactamente amables, alcanzando un punto crítico cuando España ingresó en la OTAN, un acto considerado por la URSS como una «violación de los intereses soviéticos», algo similar a lo que en momentos actuales ocurre con Finlandia y Suecia.

71 La llegada del embajador Bogomolov no fue inmaculada y sin percances. Bogomolov, de hecho, llevaba en España desde 1970 como responsable de la representación comercial soviética. A lo largo de la permanencia de Bogomolov en España, las relaciones hispano-soviéticas no fueron exactamente amables, y atravesaron momentos de crisis derivados de las expulsiones de diplomáticos o funcionarios soviéticos, que fueron acusados de desplegar actividades «impropias de sus funciones», empezando por su propia esposa, a la que se atribuyó un intento de romance intencionado con el entonces jefe de la División de Operaciones del Estado Mayor del Ejército, general Manuel Saavedra Palmeiro, que era alguien muy proclive a este tipo de situaciones. Ignoro si tuvo relación con este hecho o no, pero el embajador fue llamado a Moscú y sustituido por Yuri Dubinin en 1978. El general Saavedra cesó en su destino, supuestamente a petición propia, aunque posteriormente alcanzaría el grado de teniente general y sería nombrado capitán general de Andalucía. Curiosamente Saavedra apareció como un posible integrante del Gobierno que el general Armada pensó proponer el 23-F, pero esto no se investigó nunca.

En 1986, el que fuera entonces el nuevo secretario general del Partido Comunista soviético, Mijaíl Gorbachov, llegó a decir que «nunca, quizás, tras la postguerra del gran conflicto mundial, había sido la situación internacional tan difícil y desfavorable como lo había sido en la primera mitad de la década de los ochenta», y esta situación era la que me había tocado vivir. Es muy difícil llegar a entender como dos mundos que, de hecho, habían sido aliados para combatir la amenaza global de los países del Eje, habían llegado a esta situación, de forma gradual y paulatina tras la victoria obtenida en 1945. Y para ello hay que entender, en primer lugar, que esos dos mundos eran radicalmente diferentes y difícilmente compatibles. Si Gorbachov hablase, diría que aquellos días eran un paraíso comparado con la situación en la primera mitad de 2022.

De un lado, el mundo comunista —o mejor dicho marxista-leninista— concebía sus ideales de forma universal. El bolchevismo —la facción que acaudilló Lenin, y subsiguientemente Stalin— buscaba imponer su teoría en todos los lugares del mundo, y Rusia era el centro, y el origen, desde el que se debía exportar la revolución en la medida de lo posible. Las guerras, civil de Finlandia (1918), y de Polonia con la URSS (1919-1921) —esta última también llamada Guerra polaco-bolchevique—, y el Levantamiento Espartaquista de obreros y soldados de 1919, en Alemania, son claros ejemplos de la teoría de expansión bolchevique, como también lo sería la guerra civil española en 1936, por mucho que algunos autores se empeñen en negarlo. China, Corea, Cuba, Vietnam y el auge de la presencia soviética en África, Oriente Medio, y otros lugares corroborarían estos planteamientos. El terrorismo europeo de índole nacionalista-separatista, en Irlanda y en el País Vasco español, revelaría igualmente ciertas conexiones con la Unión Soviética, mostrando evidencias claras en cuanto al adiestramiento y equipamiento de sus comandos.

De otro lado, el mundo occidental capitalista, focalizado en la libertad y los ideales democráticos, no podía comprender la falta de libertades del mundo opuesto ni entender su ansia de exportar la revolución marxista. La única conclusión posible era que, si no se actuaba, el adversario intentaría aniquilar el modelo de sociedad occidental y destruir los que se consideraban como valores esenciales de la civilización occidental: libertad de expresión, libertad de movimientos, economía de mercado, sufragio universal, e independencia de los poderes.

Es obvio que ante tales planteamientos no existía ninguna base común para un diálogo constructivo, y cuando la política —y, por ende, la diplomacia— agotan sus recursos, lo militar se convierte en una herramienta de último recurso, cuando no prioritario. En realidad, ese y no otro, fue el origen de la OTAN, en 1949, y, en consecuencia, del Pacto de Varsovia, en 1955. La proliferación de armas nucleares, el desarrollo de los armamentos convencionales, el terrorismo de Estado, auspiciado indirectamente, en alguna manera, por la Unión Soviética, contribuyeron a llevar al agravamiento de la situación de que hablaba Gorbachov en 1986.

Y ello independientemente de que ninguno de ambos mundos o bloques fuera monolítico y perfecto. De hecho, en ambos había disensiones. En el bloque oriental o comunista, Yugoslavia se había declarado no ligada a las decisiones que se tomasen en Moscú y no pertenecía al Pacto de Varsovia. En los demás países de Europa del Este estaban surgiendo con más fuerza cada vez movimientos que hacían temblar los cimientos del bloque, especialmente en Polonia. China hacía ya tiempo que estaba enfrentada con la URSS, y Corea del Norte y Vietnam seguían preferentemente la línea de China.

En el mundo occidental las cosas no eran como para tirar cohetes tampoco. Francia llevaba ya tiempo fuera de la estructura militar de la OTAN y se había revelado como un punto débil, siguiendo a veces políticas enfrentadas con el resto de los aliados. En Italia la presión socialista y eurocomunista era muy fuerte; España no contaba y, si acaso, estaba más cerca de la postura francesa que de la atlantista. Tanto en España como en Francia e Italia gobernaban los socialistas y no miraban a Moscú con desconfianza. En el Reino Unido, al igual que en Alemania, Países Bajos y Bélgica habían surgido movimientos de entidad no despreciable que pedían el desarme y estaban en contra de la presencia norteamericana en Europa, y del despliegue de misiles crucero y de alcance medio en los países de la OTAN, mientras no se manifestaban en el mismo sentido en contra del despliegue de los misiles soviéticos SS-20. La actividad soviética de apoyo a estos movimientos era notoria.

En el mundo comunista, quizás motivado por todo esto, el factor militar pareció cobrar una importancia y relevancia imposible de comparar con lo que sucedía en el mundo occidental. En el campo de la inteligencia, los desarrollos militares que tenían lugar en la Unión Soviética dominaban las discusiones y los estudios que se hacían, incluso en el espectro académico llevaban, en última instancia, a una competición armamentística sin rival como no se había conocido nunca. Esta competición acabaría desembocando, por parte de Estados Unidos, en el proyecto de la Iniciativa de Defensa Estratégica, llamado Star Wars, ya con Gorbachov y con el presidente Reagan, que se consideraría como el inicio del derrumbamiento de la Unión Soviética al demostrar esta ser incapaz de seguir compitiendo con Estados Unidos.

A pesar de todo me propuse que, en mis informes, no iba a echar más leña al fuego, y trataría de ser objetivo sin instigar hostilidad alguna contra la Unión Soviética, por muy anticomunista que fuera en mis ideas personales, e incluso, en la medida de lo posible intentaría sugerir caminos para afianzar o mejorar la coexistencia pacífica. Ya había en el mundo demasiados personajes radicales que se encargarían de fomentar la violencia. Mi propósito era hacer comprender, y entender, a nuestras autoridades la realidad del otro mundo, a fin de facilitar la toma de decisiones en el nivel político. Obviamente, yo era un iluso total; la España de 1983 estaba interesada solo en su patio interior y como decían algunos, parodiando el mejor estilo de don Miguel de Unamuno, el pensamiento político era que «de la seguridad y la defensa que se ocupen la OTAN y los americanos, nosotros a dar "el pelotazo"». No creo que mis análisis e informes sobre la URSS y el Pacto de Varsovia fueran muy leídos ni que influyeran en ninguna decisión tomada por el Ejecutivo. Eso sí, mi función cubría un papel y de cara a los servicios aliados y a la OTAN, se podía decir que el CESID se tomaba en serio la amenaza soviética.

Por otra parte, España, en 1983, estaba de mala gana en la OTAN, sin contribuir a nada, y se había pedido a Estados Unidos reducir su presencia militar en el territorio español, cerrándose consecuentemente casi todas las bases aéreas, menos la base aeronaval de Rota, pero retirándose todo el armamento nuclear, lo que no gustó a algunos aliados europeos que tenían bases y armas nucleares americanas y, por tanto, acusaron al Gobierno español de insolidario. España aún no había ingresado en la Comunidad Económica Europea (CEE) ni tampoco era miembro de la Unión Europea Occidental (UEO), por lo que realmente no podía influir mucho en nada. Creo, sin temor a equivocarme, que la situación sobrepasaba, no solo las posibilidades del CESID, sino del propio entendimiento del Sr. Alonso Manglano, de quien nunca escuché ninguna opinión ni parecer sobre nada de esto. A la luz de lo que se ha publicado en estos últimos tiempos al respecto, es obvio que estaba muy ocupado atendiendo tanto a las demandas del monarca como a las exigencias del ministro Narcís Serra. Mis intenciones idealistas de posibilitar una postura de España tendente al diálogo constructivo en el contexto de las relaciones Este-Oeste eran una utopía. Al igual que ocurre hoy, la opinión y postura de España no eran de interés en el marco internacional.

El lector se preguntará a estas alturas para qué se dedicaba un cierto esfuerzo y recursos en conocer la realidad de la URSS, si ello no iba a traducirse en nada tangible. También me lo pregunto yo. ¿Sirvió de algo conocer e intentar descifrar el enigma de la URSS en los años ochenta? Tengo duda razonable de ello. España no era sino una nación periférica, sin capacidad político-militar ni económica, y por lo tanto no era sino un espectador pasivo de todo lo que significaban las relaciones Este-Oeste.

Churchill había expresado que Rusia era un enigma, pero aquellas palabras suyas, en 1939, no eran sino una muestra de los sentimientos que, en Occidente, existían hacia la URSS, considerada como «los otros», un mundo inescrutable y amenazador con sus propios principios, que solían ser siempre unos principios regidos por la intención de aprovecharse y beneficiarse de aquellos países cuyos principios eran más relajados y menos exigentes. La descripción de Churchill trasladada a la actualidad sigue siendo válida, si bien podríamos configurarla como una muñeca matrioska tradicional encerrando a un diplomático, seguido de un oligarca para acabar en un soldado. Hay una clave, sin embargo, para descifrar el enigma ruso y no es otra que «lo que convenga en cada momento a los intereses del inquilino del Kremlin». Así ha sido siempre y así seguirá siendo, aunque esos intereses no sean realmente los intereses del pueblo ruso.

El desafío que el conocimiento de Rusia presenta para el analista de inteligencia en el momento actual no es tanto ya ser capaz de discernir los verdaderos intereses del Kremlin como el descubrir cuál es la coincidencia de esos intereses con las ambiciones de los oligarcas y potentados que medran al amparo del poder. Desafortunadamente, el despliegue de intenciones y propósitos que se han presentado en los últimos tiempos, por parte rusa, solamente han sugerido una hostilidad cada vez mayor respecto de los Gobiernos de los países occidentales, de sus intereses y también de los intereses de sus empresas comerciales, que ha acabado por llevar a una confrontación incomparablemente mayor que la existente en los tiempos de la Guerra Fría. Las absurdas propuestas avanzadas desde Moscú, en algún momento, sobre fusionar la OTAN con la Organización para la Seguridad y la Cooperación en Europa (OSCE) en una nueva estructura de seguridad diseñada en el Kremlin es un reflejo del intento de resurgir como una potencia global.

La OTAN se ha ido convirtiendo, con el tiempo, para Rusia en una obsesión y una interferencia inaceptable en los países que, en su día, fueron su zona de influencia, y si siempre representó al adversario y, naturalmente, a la presencia norteamericana en Europa, en la actualidad ello es algo intolerable ya para el liderazgo ruso. Desde Rusia siempre se ha tratado de presentar una faceta oscura y diabólica de la OTAN, dispuesta a ir estrangulando —inicialmente a la URSS—, y en la actualidad a la nueva Rusia. El despliegue del sistema de defensa antimisiles occidental en Polonia, la República checa y España se ha visto como parte de ese planteamiento occidental agresivo y no como una respuesta natural y lógica ante la instalación de nuevos misiles rusos de largo alcance, al igual que en los años ochenta se criticaba el despliegue norteamericano de los misiles Pershing y Crucero en respuesta a los SS-20 soviéticos, contra los que no se manifestó nadie.

También establecí una línea directa de comunicación —algo que me sorprendió que no se le hubiese ocurrido a nadie antes—, con lo que entonces era Radio Free Europe (RFE), también llamada Radio Liberty, que era una cadena de radiodifusión financiada por Estados Unidos, que transmitía noticias, información y análisis a los países de bloque oriental, con el objetivo de permitir que el libre flujo de información que estaba prohibido por los Gobiernos comunistas llegase a todos los ciudadanos. Radio Free Europe transmitía como una fuente de información anticomunista desde 1949, y su efectividad era tal que, en muchas ocasiones, los Gobiernos comunistas enviaban agentes para infiltrarse en la sede de RFE, y el KGB interfería sus emisiones. La RFE tuvo su sede en Múnich entre 1949 y 1995, año en que se trasladó a Praga. Los programas eran producidos en la sede de Múnich y transmitidos en onda corta y media a través de estaciones situadas en Alemania Occidental, España —había una estación en playa de Pals, en Gerona[72]—, y Portugal. El contenido de los programas trataba de abarcar todo aquello que se silenciaba o se prohibía en la URSS y Europa Oriental. Se trataban noticias laborales locales, precios de los productos de consumo, así como temas de religión, ciencia, deportes, música occidental y literatura. Lo contenidos incluían noticias, reportajes y música dirigidos a las élites tanto comunistas como no comunistas, así como a la población en general; entrevistas a los disidentes, crónicas, etc., y constituían una buena fuente de información para conocer lo que ocurría tras el telón de acero. Ignoro si una vez que dejé el Área alguien continuó manteniendo el contacto con Radio Free Europe.

Llegados a este punto, debo decir que por mucho que hubiera aumentado mi conocimiento sobre la URSS, Europa del Este y el bloque soviético en general, Rusia seguía siendo un enigma y lo único que se me ocurría es que, fuera lo que fuese, todo lo que proviniese de aquel mundo debía ser analizado, estudiado y tratado con extrema cautela. Por otra parte, la URSS, que había perdido no menos de cuarenta millones de habitantes, según datos actuales, en la Segunda Guerra Mundial, miraba a Occidente con absoluta desconfianza.

---

72 Este es un aspecto que casi nadie sabe, y que, a mi entender, el CESID no utilizó en su beneficio en ningún momento. Quizás la emisora, desde el punto de vista del Gobierno que lo autorizó, en vida del general Franco, se consideró como la respuesta adecuada a la emisora Radio España Independiente o Radio Pirenaica, que dirigía Dolores Ibárruri, la Pasionaria, desde Moscú. Yo mismo no lo sabía hasta que visité la sede de RFE en Múnich. La emisora situada en Gerona era de las más potentes de la época. En 1995 se desmanteló por completo. Hoy se ha construido un campo de golf en la zona. Cal, Rosa. *Radio Liberty: La CIA en playa de Pals*. Visión Libros, 2019.

Tras la Segunda Guerra Mundial, la doctrina Truman ejerció en alguna forma de dique de contención ante el expansionismo soviético, originalmente siguiendo los consejos de George F. Kennan[73] —probablemente el único occidental entonces que había sido capaz de entender a Rusia—, pero sin entrar en intentar debatir o negociar nada con Stalin y sus sucesores. La idea, como Kennan la expuso, era la de esperar que el Imperio soviético y el comunismo se derrumbasen en algún momento, lo que eventualmente sucedería, pero tras una Guerra Fría que duraría cuarenta años. Fue un error. Kennan estuvo siempre obsesionado con el pensamiento de que la búsqueda de una victoria moral del capitalismo occidental sobre el comunismo podría desembocar en un cataclismo universal de nuevo, solo que esta vez con armas nucleares, y el resultado sería la destrucción de la humanidad.

Yo mismo, en 1983, estuve convencido de ello y consideré que el único desenlace posible al enfrentamiento existente entre Oriente (Rusia) y Occidente (Estados Unidos) era la guerra, una guerra que sería nuclear. Por ello, estimé que mi labor era concienciar a las autoridades de España del peligro y prepararlas para lo peor, a fin de que tomasen las medidas oportunas. Gracias al cielo me equivoqué, pero de ello hablaremos en páginas sucesivas.

Durante sus últimos años, Kennan llegó a la conclusión de que «el efecto general de la Guerra Fría había sido retrasar en lugar de acelerar el gran cambio que debió superar la Unión Soviética en todo ese período». Muchos no lo vimos entonces.

---

73 George Frost Kennan fue un diplomático, politólogo e historiador norteamericano. Fue un defensor de la política de contención de la expansión soviética durante el período de la Guerra Fría. Sus publicaciones inspiraron la llamada doctrina Truman de contención de la Unión Soviética. Su llamado *Telegrama Largo* que envió desde Moscú durante 1946 y el artículo publicado en 1947 en la revista *Foreign Affairs* con el título de «Las Fuentes del Comportamiento soviético», de lectura obligatoria para cualquiera que pretendiera entender a la URSS, sostenían que el régimen soviético era expansionista por naturaleza y que su influencia debía ser contenida en áreas de importancia estratégica para Occidente y Estados Unidos. Estos textos sirvieron de justificación para la nueva política antisoviética de la administración Truman.

6. LA EXPANSIÓN DEL CESID

1983-1984

«Ante el cambio hay que abrir las compuertas del pantano para regar el valle sin que se inunde»[74].

Teniente general Andrés Casssinello, jefe del Servicio Central de Documentación de Presidencia del Gobierno (SECED), 1974[75]

Entre 1983 y 1984 el CESID empezó a inundarse de personal civil, sobre todo mujeres. En el momento, entonces, no recuerdo que nadie cuestionase la decisión, pero sí constituyó una sorpresa, porque nadie había avisado de este aspecto ni se había oído nada con antelación. En principio, y hablo exclusivamente a título personal, no había ninguna razón para excluir al personal civil de prestar

74 El general Cassinello redactó su ideario mediante tres documentos esenciales de naturaleza doctrinal: «Ante el cambio» (junio de 1974), «El Servicio ante el momento» (diciembre de 1975) y «El Servicio ante el momento actual» (septiembre de 1976).

75 Andrés Cassinello es teniente general retirado del Ejército de Tierra y fue graduado de la Special Warfare School y de la Escuela de Mando y Estado Mayor de Estados Unidos, fue director general del SECED durante el Gobierno preconstitucional del presidente Adolfo Suárez, jefe del Estado Mayor de la Guardia Civil y capitán general de la V Región Militar. Su libro *Operaciones de Guerrillas y Contraguerrillas* era casi lectura obligada en las academias militares en los años sesenta y setenta. Cassinello estaba mucho mejor preparado y cualificado para haber sido director del CESID en lugar de Emilio Alonso Manglano y me consta que ambicionó el puesto.

su servicio en el CESID si ello se considerase necesario. El CESID no era una unidad militar, aunque todo su personal lo fuera, y, en buena ley, un servicio de inteligencia nacional estaba necesitado de contar con economistas, lingüistas y traductores, expertos en telecomunicaciones no necesariamente militares, juristas y abogados conocedores no solo de las leyes españolas sino del derecho internacional, ingenieros incluso, y estaba claro que ese personal no podía salir enteramente de las Fuerzas Armadas.

Otra cosa es si fueron esas necesidades las que llevaron a la incorporación de personal civil, o si hubo otros motivos. Dada la forma en que se hizo todo, la conclusión apunta a que hubo otros motivos y el personal civil que se incorporó no fue necesariamente siempre el más idóneo, y no por sus cualificaciones, sino porque se incorporaban a una organización cuyo papel en el Estado distaba mucho de estar claro. El hecho de que, mayoritariamente además, fueran mujeres refuerza esta conclusión, y no por su preparación, en muchos casos superior a la de los hombres, sino por la misma razón, en este caso agravada por el simple hecho de que el papel de la mujer en la administración española en general era aún un interrogante, y mucho más en defensa.

A consecuencia de la integración de personal civil, la organización del Centro se profesionalizó paulatinamente y la asignación de puestos de trabajo se hizo más especializada; de hecho, de esta etapa partieron los primeros intentos por aprobar un estatuto de personal que no vería la luz hasta que se produjera el escándalo de las escuchas ya en 1995. Durante esta fase, la comunicación en el Centro se hizo más formal e impersonal y la jerarquía de títulos más intensa, en consonancia con la mayor especialización de funciones, y aunque hasta ese momento la estructura de rangos militares no se había tenido muy en cuenta al ser todos casi iguales en alguna forma, a partir de ese momento no siempre fue fácil que un oficial diplomado de Estado Mayor y con un cierto número de años de servicio a sus espaldas se pusiera al mismo nivel de alguien que acababa de graduarse de una universidad y no tenía ninguna experiencia laboral previa ni ningún conocimiento militar o de defensa.

El reclutamiento es una fase fundamental del proceso de selección de personal, cuyo objetivo es atraer un número suficiente de candidatos potencialmente interesados en los puestos que se pretende cubrir, y lo suficientemente cualificados para realizar los cometidos y tareas que dicho puesto exige. En este sentido, el reclutamiento adquiere una especial relevancia en el caso de los servicios de inteligencia, en los que el factor humano constituye un aspecto esencial, al ser responsable en buena medida del éxito, calidad y eficacia del trabajo y misiones que desempeñan. Se trata, por tanto, de un proceso de gran importancia para el funcionamiento de toda organización, ya que de su correcta realización dependerá en buena medida el éxito de la posterior selección y calidad de los nuevos empleados. Me atrevo a decir que en 1983 y 1984 no hubo ni proceso de reclutamiento ni una selección mínima de los candidatos civiles que se ofrecieron para trabajar en el CESID. Simplemente se admitió a conocidos o familiares.

En 1983, la plantilla del CESID estaba formada por poco más de mil efectivos, y su presupuesto apenas superaba los mil millones de pesetas, cifra escasa en comparación con la de otros servicios de inteligencia europeos e insuficiente para luchar eficazmente contra los hipotéticos riesgos y amenazas que podían considerarse. En el proceso de ampliación de plantilla que se llevó a cabo a partir de 1983 jugó un papel fundamental el reclutamiento de personal civil; cuya presencia en el Centro llegaría a ser mayoritaria, superando ampliamente a la de militares.

Tradicionalmente, como se ha expuesto, el CESID y los servicios de inteligencia anteriores habían poseído un fuerte carácter militar, tanto en lo que se refiere a estructura y misiones como a su personal. El CESID tenía una plantilla compuesta por militares y miembros de la Policía y Guardia Civil. La endogamia y la prioridad otorgada a la contratación de personal militar y policial, que caracterizaban al reclutamiento en aquellos días, se justificaban por la necesidad de protegerse de infiltraciones de otros servicios de inteligencia extranjeros. Consecuentemente, el reclutamiento de personal civil en el CESID era mínimo, limitándose a puestos de administrativos, traductores, personal de servicios y conductores. La entronización de la democracia en España convirtió a las universidades en una fuente potencial de reclutamiento de personal para el CESID.

La vía de reclutamiento utilizada tradicionalmente por el CESID consistía en contactar a candidatos recomendados por otros miembros del Centro que, por relación o conocimiento personal, consideraban que un determinado individuo presentaba aptitudes y características interesantes para el Centro, como fue mi propio caso.

La cultura institucional del CESID poseía, en cualquier caso —guste o no—, un fuerte carácter castrense, debido a varios motivos. En primer lugar, por la tradición militar de sus antecesores inmediatos, el Servicio Central de Documentación (SECED) y el Alto Estado Mayor. Igualmente se puede citar aquí su dependencia orgánica del Ministerio de Defensa, desde sus orígenes, su estructura jerárquica típicamente castrense y el sometimiento de sus miembros al Código de Justicia Militar. Esta dimensión impregnaba todos los componentes fundamentales de la cultura del Centro, como valores, derechos, deberes y obligaciones de su personal, lo que enseguida se pudo observar que no siempre era del pleno agrado del nuevo personal civil ni aplicable en la mayoría de los casos.

En cualquier caso, en 1983 no había un modelo sobre cómo debía articularse el servicio de inteligencia; aunque sí se sabía que lo militar debía quedar fuera, relativamente, y que, posiblemente, el Ministerio del Interior iba a querer articular lo que surgiera. La falta de modelo dejó a la exclusiva habilidad de Alonso Manglano la capacidad y estructura del CESID, y merced al interés de Narcís Serra —que supo ver la utilidad del Centro para sus propios manejos—, se mantuvo integrado en el Ministerio de Defensa. Todo el proceso de modernización y expansión, surgido del propio Centro, se fue desarrollando a partir de entonces, a través de diferentes normas y actuaciones, hasta aproximadamente 1986. El proyecto socialista de crear una sola central de inteligencia de carácter civil, mediante la unificación del CESID con los servicios de información de la Policía y la Guardia Civil, nunca prosperaría, entre otras razones, por el temor del Gobierno de turno de depender de una sola fuente de información. Nunca se contó con la expresa aprobación del Gobierno que, no obstante, había dado carta blanca a Alonso Manglano para organizar el CESID a su libre albedrío. Por lo que, se debe concluir que la idea de admitir personal civil, y mujeres, no fue ninguna imposición del ministro

Narcís, sino que se debe a Manglano en exclusiva. El hecho de que el personal de nueva contratación fuera civil y ello contribuyera a la progresiva desmilitarización del Centro sonaba a música celestial, sin duda, a los oídos del ministro Serra, para quien cuanta menos milicia mejor.

En realidad, dejar la puerta abierta para la incorporación de personal civil al CESID había sido una de las últimas acciones del ministro saliente Alberto Oliart, en octubre de 1982, pero fue su sucesor Narcís Serra quien se encontró con la novedad, ya que ese mismo mes el PSOE había ganado las elecciones. La nueva normativa daba la facultad al director de incorporar al CESID a personal no militar procedente de otros departamentos o incluso no funcionarios, pero no establecía ninguna legislación ni reglas que debería cumplir ese personal[76]; simplemente se suponía que seguirían la legislación militar, pero eso era algo contrario a derecho y que ponía en difícil situación al personal civil. Era una laguna que tardaría mucho en subsanarse. Con el paso del tiempo se comprobaría que la incorporación de personal civil produjo algunos inconvenientes de orden social, por este hecho, que se utilizaron a veces con fines partidistas o políticos para erosionar al Ministerio de Defensa o para desprestigiar al CESID. El hecho de que no se abordase el tema del régimen de su personal, cuya situación se derivaría finalmente de una ley de 1989 —hasta doce años después de crearse el CESID—, demostraba la falta de interés del Gobierno, y la negligencia de Alonso Manglano, por encauzar el aspecto legal del personal civil destinado en el Centro.

Recuerdo perfectamente la llegada en aluvión de los primeros nuevos directivos y auxiliares, todas mujeres, a la sede de la División de Inteligencia Exterior, en la calle Maestro Ripoll, de Madrid en 1983. Ocurrió en fechas próximas a la Navidad, y como ya he citado, nos pilló a todos por sorpresa. Hasta ese momento, solo había una mujer en funciones de directivo: Isabel Martínez, Srta. Maiquez, hija de un general, que se ocupaba de la gestión de la secretaría

---

76 El personal civil que ingresaba en el Centro firmaba simplemente un documento en el que prometía guardar en secreto todo lo que conociera durante su estancia, incluso si fuera interrogado por un juez y aunque ya se hubiera dado de baja en el mismo, y aceptaba también que se investigase su vida privada, lo que raramente se hacía.

de la división. El mismo jefe de la división, el coronel Urquijo, bajó a nuestra Área 3 acompañando a dos agraciadas señoritas que, a partir de ese momento, iban a ser mis nuevas compañeras: Beatriz Méndez de Vigo y Montojo, y Rosana Ardanaz[77]. Beatriz, licenciada en Derecho, era hija de militar[78], y su hermano pequeño, Pedro, era entonces cadete en la Academia General Militar[79]; su hermano mayor, Íñigo, era letrado de las Cortes[80]. Beatriz hablaba alemán perfectamente y pasó a colaborar conmigo directamente, responsabilizándose de Alemania del Este. Rosana, con un inglés perfecto, pasó a colaborar directamente con el comandante Frutos analizando la URSS. Ambas eran unas mujeres excelentes y lo que carecían de experiencia o conocimiento lo suplían con interés y dedicación; creo poder decir que fuimos no ya compañeros de trabajo sino excelentes amigos. Hoy, en retrospectiva, me alegro mucho de haberlas conocido; Beatriz, en particular, fue y es una gran amiga y una gran persona.

Un poco más tarde se presentaron otras dos mujeres —dos chicas que irradiaban simpatía por los todos los costados—, y también hijas de militar: Ana Lozano, hija del coronel Lozano que había sido agregado militar en Irak, y Fabiola Moreno de Alborán, que sería la primera mujer en ir destinada a un país del Este, hija del almirante Moreno que había sido mi jefe en Cartagena, cuando hice las prácticas de Estado Mayor en la Zona Marítima del Mediterráneo con la Armada, en el verano de 1981. Fabiola se encargó de estudiar y analizar a Polonia, un tema que entrañaba no poca dificultad ante la actitud disidente y rebelde para con la URSS reinante en aquellos días en Polonia, motivada por el auge del sindicato Solidaridad y su carismático líder Lech Walesa. Ana, por su parte, pasó a reforzar el equipo que analizaba políticamente la

77 Ignoro si Rosana tenía familia militar o no, y nunca se lo pregunté, si bien yo había conocido en mi primer destino militar a un cierto capitán de Artillería apellidado Ardanaz.

78 El padre de Beatriz, teniente coronel de Infantería, había estado destinado en el Regimiento de la Guardia del jefe del Estado y sido ayudante del general Franco, coincidiendo en ese destino con el entonces capitán Emilio Alonso Manglano. También había estado destinado anteriormente en Marruecos donde creo que mi padre le conoció.

79 Pedrito, como yo siempre le he llamado, es hoy general de Caballería, ya retirado.

80 En 2015, Íñigo Méndez de Vigo sería designado ministro de Educación en el Gabinete de Mariano Rajoy.

URSS, lo que revestía también no poca dificultad ante los inminentes cambios que se vislumbraban en el Politburó soviético tras la muerte de Yuri Andropov, y el acceso de Konstantin Chernenko[81], de frágil salud y avanzada edad, a la jefatura suprema como secretario general del PCUS, presidente del Presídium del Soviet Supremo y presidente del Consejo de Defensa de la URSS.

Los comienzos fueron divertidos y en un clima de mutua comprensión y colaboración, y en lo que me fue posible, traté de facilitarles las cosas lo más que pude. Tuvieron que adaptarse e incluso sufrir ciertas actitudes propias de una organización en la que las mujeres todavía no habían entrado. También las demás áreas recibieron un complemento importante de refuerzo femenino y al Área 1 se incorporaron no menos de tres mujeres, una de ellas casada con un árabe —Isabel, recuerdo—, y la única que hablaba árabe; Ana, una muchacha encantadora, que se encargó de Oriente Medio, y ya posteriormente, una tal Raquel Gutiérrez, de muy mal carácter y ambiciosa, con oportunistas conexiones políticas, que ocasionaría no pocos conflictos. Al Área 2 llegaron cuatro mujeres: Pilar, hija de un directivo que estaba destinado en el Departamento de Asuntos Económicos, que hablaba italiano y se encargó obviamente de Italia; Paz Esteban —mi recomendada a petición de su tío que era mi subordinado y perteneciente a la Guardia Civil—, y que al hablar pasablemente francés la pusieron a cargo de Bélgica; Clara, Srta. Balmes, sobrina del coronel Alonso Manglano, que al hablar inglés pasó a encargarse del Reino Unido,

81 Sería Chernenko quien recibiría en 1984 a los reyes de España en su visita oficial a la URSS, un acontecimiento del que no se informó al CESID en ningún momento ni en el que se participó en forma alguna. La visita oficial a la URSS, en mayo de 1984, del monarca Juan Carlos I y la reina Sofía tuvo un gran eco mediático que contribuía a potenciar en el plano internacional un mejor «clima en el proceso de distensión y coexistencia». En el transcurso de esa visita se celebró un encuentro del rey con Chernenko, quien señaló que «en la historia de las relaciones entre nuestros países hubo tiempos difíciles y complejos. Pero también existieron páginas hermosas y brillantes. Afortunadamente, estas son las que van dejando huellas más profundas en la memoria de los pueblos». En este sentido se mostraba partidario del desarrollo de unas buenas relaciones acordes con la coexistencia pacífica. El embajador soviético Dubinin expresó: «Aspiramos a tener a España como amigo, no como adversario, pero hay que tener presente que la amistad es cosa de dos». Desde la primera visita oficial en 1984, Juan Carlos realizó cuatro visitas oficiales a Rusia. También se sabe que en 2006 mantuvo un encuentro informal con Vladímir Putin en Sochi.

y por último, Miriam Jáudenes, sobrina del coronel Jáudenes —el responsable del famoso informe del mismo nombre sobre el 23-F—, e hija de marino militar, y ligada al Opus Dei, que se responsabilizó en exclusiva del espinoso tema de Gibraltar, que, por considerarse que tenía enjundia suficiente por sí solo, se separaba de lo relativo al Reino Unido. Mi amigo el capitán Miranda, Sr. Mejorada, pasó al Área 1, y me sustituyó en lo relativo a Mauritania y el factor militar de Marruecos. Posteriormente se incorporaría una cierta Pilar Erice, Srta. Ermua, a la que no conocí, pero de la que las malas lenguas decían que engatusó a Alonso Manglano hasta el punto de que obtendría la concesión del restaurante y cafetería del Centro, y algún otro servicio, ya en el nuevo edificio en la calle de La Coruña, a favor de su propia familia. Casi toda una película de Federico Fellini, como podrá pensar el lector.

También se incorporó personal civil a otras divisiones, y en algún momento posterior, damas de alta relevancia en estos días surgieron en el Centro, a las que no llegaría a conocer personalmente nunca. Así, Elena Sánchez, hija de militar, ingresó en la División de Contrainteligencia, que posteriormente llegaría a ser secretaria general del CNI, es hoy responsable de seguridad en el Banco de Santander como favor al general Sanz Roldán, tras cesar como secretaria general, y la actual directora del CNI, Esperanza Casteleiro, también hija de militar, se integró en la División de Inteligencia Interior, donde llegaría a ser la adjunta del coronel Santiago Bastos. Además, todas ellas desempeñarían puestos en el exterior a lo largo de su permanencia: Elena, en Washington, Esperanza en La Habana y Lisboa, e incluso mi gran amiga Beatriz Méndez de Vigo en Berlín, y finalmente en Pekín, cuando cesó a voluntad propia como secretaria general. Paz Esteban es la única que nunca desempeñó un puesto en el exterior, pero, en cambio, llegó a ser secretaria general, y directora general, aunque no ha tenido buen final. Miriam Jáudenes sería, con el tiempo, representante del Centro en Londres, un puesto que ambicionó desde su ingreso en el servicio. Rosana Ardanaz conocería en el desempeño de sus obligaciones a un militar holandés, oficial de inteligencia, con el que se casó y no volví a saber de ella. Fabiola Moreno de Alborán se casaría con un diplomático británico. Carreras fulgurantes y brillantes, sin duda, en las que posiblemente también ha habido sombras. Que se aplauda su gestión y dedicación al servicio por la patria, como lo ha glorificado la ministra Margarita Robles queda por ver, aunque está bien, pero ocurrió fuera de mi tiempo en el servicio y no seré yo quien lo critique o investigue.

En cualquier caso —y espero que no se malinterpreten mis palabras—, hay que admitir que, en el periodo que estoy considerando —la década 1985-1995—, y que fue la época en la que ejercí como oficial de inteligencia, no había mujeres en la jerarquía superior, no ya del CESID sino de las Fuerzas Armadas, y del entero Gobierno. En este periodo los servicios de inteligencia habían sido organizados y entendidos como una profesión masculina por excelencia. Y esto no era una característica especifica de los servicios españoles, sino que era más bien la tónica general de los servicios occidentales, aunque hubiera excepciones. Alguien tan poco sospechoso de machismo como puede ser un holandés —en esta ocasión me refiero al Sr. Pieter de Haan, que fue director del servicio de inteligencia holandés— me comentó de manera ocasional que «nunca había sentido la necesidad de contar específicamente con mujeres en la actividad de su servicio»; él hablaba de necesidades de personal, sin mencionar género, pero es obvio lo que pensaba[82]. La década de los ochenta supuso, sin duda, un notable avance en las posibilidades laborales de la mujer, que comenzó a ser más y mejor valorada.

No obstante, no solo se integró en el servicio personal civil, sino que, paralelamente, se produjo un destino casi masivo de oficiales de Estado Mayor, sobre todo del Ejército de Tierra, entre los que debo citar al comandante José Huertas Moreno, y los capitanes Antonio Labalsa Llaquet, —número uno de mi promoción de la Escuela de Estado Mayor—, Julio Leal Monedero, Juan Martín Roy, Fernando Calderón, Pedro Herguedas, Diego Camacho, Manuel Rey —este del Ejército del Aire—, Miguel Campins, Enrique Placed, Juan Albero, Pedro Gómez de Valenzuela, Rogelio García

82 Recuerdo, como anécdota, que cuando Beatriz y Rosana, antes aludidas, se incorporaron al CESID, en la División de Inteligencia Exterior, el primer cometido que les encomendó el coronel Urquijo fue el de poner una mesa con canapés y bebidas para celebrar la Inmaculada Concepción, patrona de la Infantería y del Estado Mayor, y aunque no se negaron, no les sentó nada bien. Obviamente aquello no tuvo consecuencias; me pregunto qué habría ocurrido en la situación actual.

de Dios, Carlos Martínez de Baños y José Pérez Beviá. Muchos. Y ello echa por tierra el planteamiento hecho por algunos autores que apuntan a esta época como motivada solo por el deseo de «civilizar» el CESID; no, la motivación esencial fue el plan de expansión concebido por Alonso Manglano —y aprobado por Narcís Serra—, y parte de ese plan era la integración de personal civil. Manglano quería expandir el Centro con la finalidad de acrecentar su poder en el marco del Ministerio de Defensa esencialmente y no porque pretendiera aportar un servicio transcendental al Estado. Se apoyó en Narcís Serra al igual que Serra se apoyó en él. El lema escogido para el CESID, «saber para vencer», lo dice todo; debería decir «saber para controlar», que era la finalidad del tándem Serra-Manglano.

De todos estos oficiales militares que entraron en el CESID a última hora —algunos muy buenos amigos míos—, ninguno llegaría a ocupar un puesto relevante; todo lo más algunos fueron destinados a puestos en el exterior. Resultaría curioso que la mayoría de estos oficiales acabasen abandonando el servicio debido a desacuerdos con los procedimientos de Manglano —como sería mi propio caso—, o, posteriormente, de sus sucesores. También se integraron algunos civiles —hombres— que, esencialmente, eran personas conocidas que habían estado ligadas a los servicios anteriores al CESID, e incluso algún inspector de policía conocido y de la confianza de alguien en el Centro, pero fueron mínimos. A la División de Exterior se incorporaron dos, que se integraron en el Área 2; recuerdo a un distinguido caballero con barba que procedía del antiguo SECED y que había estado trabajando clandestinamente en Luxemburgo con la finalidad de controlar de alguna forma a la oposición republicana en el exilio, pero no recuerdo su nombre, y el otro, Manuel Touriño, pasó a ocuparse de Portugal. También se incorporó al Área 2 el capitán Ricardo Martínez Isidoro, que dejó el Curso Básico y pasó a ocuparse de Francia.

El personal militar, no obstante, experimentaría una disminución progresiva, mientras que el personal civil iría ocupando más posiciones, hasta llegar a las cifras actuales, en las que, de un total de más de tres mil empleados, solo un 25 % son militares. Llegados a este punto, la pregunta es: ¿qué hace en el Ministerio de Defensa un organismo dirigido por civiles, y compuesto por civiles en más de un 75 %? ¿No sería más pertinente que dependiera en exclusiva de la Presidencia del Gobierno[83]? ¿Acaso no es el presidente del Gobierno quien nombra al director general del CESID?

Al Área 3 se incorporaron, ya en 1984, dos oficiales también, y los dos comandantes, con lo cual seguí siendo el oficial más moderno y joven, yo creo, del entero CESID. Los dos nuevos oficiales, si bien estaban cualificados, no tenían experiencia alguna, como ya era habitual, ni formación en inteligencia. Uno de ellos se revelaría como difícil en el trato, y muy poco dispuesto a seguir las normas, en parte ridículas, del Centro, y yo le comprendí perfectamente, pero su arrogancia y trato despectivo hacia los demás le hacían difícil de soportar. Se trataba del comandante de Infantería de Marina, Federico Aguilar, de la misma promoción de Estado Mayor, que el que sería muchos años después director general del Centro, el general Félix Sanz Roldán. Naturalmente, Federico despreciaba a los que no estaban preparados intelectualmente igual que él —entre ellos al propio Alonso Manglano—, y consideraba que el enfoque que se daba al Centro no era correcto, y lo manifestaba abiertamente, así que pronto entró en confrontación con casi todo el mundo, incluido yo mismo. Pasó a encargarse de la inteligencia sobre las fuerzas navales del Pacto de Varsovia, pero duró poco en el destino, y volvió a un destino en la Armada. El otro oficial era completamente distinto, fue un buen compañero y nada pretencioso; era Ignacio Prieto Vázquez, Sr. Peces, comandante de Aviación (ST), paracaidista y diplomado de Operaciones Especiales, y campeón de pentatlón militar, apodado el Pilotillo. Se hizo cargo enseguida de lo relativo a las fuerzas aéreas del Pacto de Varsovia, y permanecería considerable tiempo en el Centro, siendo el primer oficial destinado a Tel-Aviv como representante oficial ante el Mossad, y posteriormente a París; a mediados de los noventa, ya tras haber cesado Manglano, y debido a desacuerdos con el siguiente nuevo director, general Calderón, abandonó el servicio.

La incorporación de nuevo personal a la División de Exterior, ya fuera civil o militar, tuvo la consecuencia de duplicar los efectivos de personal y ante la imposibilidad ya de seguir habitando todos el

83 Insisto en señalar que debe depender de la Presidencia del Gobierno, y no de la Vicepresidencia como llevó a cabo el Sr. Mariano Rajoy.

mismo espacio disponible en el inmueble citado de Maestro Ripoll, hubo que proceder a alquilar un nuevo espacio, que, por fortuna, estaba en la misma calle, pero en la acera de enfrente, en los locales que había ocupado una agencia de publicidad, pero ahora siendo un pequeño edificio independiente de tres plantas. El Área 3 al completo se trasladó al nuevo local. El único inconveniente era que ahora estaba casi, puerta con puerta, ¡pegado a la Embajada de la Unión Soviética! No podía darse una situación más rocambolesca. Ignoro quién tomó la decisión de alquilar aquella propiedad.

El nuevo año —1984— traería consigo una considerable actividad que, gracias a la incorporación del nuevo personal, resultaría más llevadera. En la Unión Soviética y en todo el Pacto de Varsovia se estaban produciendo importantes acontecimientos que conducirían finalmente al derrumbamiento del imperio. Estos acontecimientos fueron propiciados y alentados por tres personalidades clave del mundo o bloque occidental: el presidente Reagan, la primera ministra Margaret Thatcher y el santo padre Juan Pablo II. Además, la salud del presidente Chernenko presagiaba que pronto habría cambios en la URSS. Hablaremos de ello.

En septiembre de 1983, a pesar de la erosión cada vez más clara del bloque oriental, la Unión Soviética se empeñaba en dar pruebas de firmeza y actitud dura. El vuelo 007 de Korean Air fue un vuelo desde Nueva York a Seúl con escala en Alaska, con un avión de pasajeros Boeing 747, que fue derribado por cazas soviéticos el 1 de septiembre cuando sobrevolaba territorio soviético declarado como restringido. Fue uno de los más graves incidentes que se produjeron en la Guerra Fría. El KAL 007 fue abatido al oeste de las islas Sakhalin en el océano Pacifico; llevaba doscientas sesenta y nueve personas entre pasajeros y tripulación, incluido un congresista norteamericano. Todos fallecieron.

Dos cazas Sukhoi SU-15 Flagon despegaron de la base aérea de Dolinsk-Sokol, en Siberia, e interceptaron el 747 acercándose por detrás. El control aéreo soviético instruyó al piloto, comandante Gennadi Osipovich, que efectuó disparos de advertencia. En ese momento el copiloto coreano solicitó cambiar de altitud, lo que fue interpretado por los soviéticos como una maniobra evasiva, y llevó al piloto soviético a realizar una maniobra para situarse detrás del objetivo. El mando soviético ordenó, en consecuencia, el derribo del 747, y los SU-15 lanzaron dos misiles aire-aire de alcance medio KR-8 de guía infrarroja (código OTAN AA-3 Anab).

La Unión Soviética dijo desconocer que el aparato era civil y sugirió que había entrado en el espacio aéreo soviético como una acción deliberada norteamericana para poner a prueba sus capacidades de respuesta y realizar labores de espionaje[84]. El derribo trajo una ola de protestas en todo el mundo occidental, que encontró así una buena oportunidad para aumentar la postura anticomunista en el contexto de la confrontación Este-Oeste.

Fue la única ocasión en la que recuerdo que se me requirió preparar un informe urgente para la Moncloa, y yo me preguntaba ¿con qué datos? No sabíamos nada, más que lo citado por las noticias de radio y televisión. Y desde la Moncloa lo querían ¡con urgencia! Me ordenaron que algo tenía que hacer y recuerdo que hablé con Radio Liberty y me dieron algún dato más, como las coordenadas geográficas del incidente, pero poco más. Chris Donnelly me aportó el tipo de avión y el armamento presumiblemente utilizado. Con esos datos y una carta aeronáutica de navegación me armé de valor y escribí un informe escueto y conciso, que llevé en mano a la Moncloa, y que nadie supervisó. Antes de llegar, no obstante, y a mi entera iniciativa, decidí hacer una parada breve en el Cuartel General del Aire, subiendo a la División de Operaciones del Estado Mayor, donde mostré mi informe al que había sido mi profesor de operaciones aéreas y cooperación aeroterrestre en la Escuela de Estado Mayor, teniente coronel Galdón, con la finalidad de que me dijera si estaba diciendo alguna barbaridad. Me dijo que, independientemente de que fuera verdad o no, lo que yo decía tenía mucho sentido. Se quedó con una copia de mi informe —asegurándome que nadie lo sabría—, en el que yo decía que con toda probabilidad el avión se había desviado involuntariamente de su ruta y había penetrado en el espacio aéreo soviético. Las cartas aeronáu-

84 Se intentó recuperar las cajas negras, pero no fueron halladas ya que habían sido recuperadas por los soviéticos previamente y ocultadas. Las cajas negras fueron entregadas diez años después por la nueva administración de Rusia y entonces se supo la verdadera causa del accidente. El piloto soviético que disparó los misiles confirmó años después que no se siguieron los estándares internacionales de interceptación, y que se le había ordenado mentir por las autoridades militares, y que dijera en la televisión que efectuó disparos de advertencia.

ticas de navegación internacional advertían claramente y sin ningún equivoco que todo avión que penetrase en el espacio aéreo soviético sin autorización sería derribado sin previa advertencia. El informe —al que adjunté una copia de la carta aeronáutica— lo leyó el teniente coronel José Antonio Blanco[85] —un oficial de Estado Mayor—, que había estado en los primeros días en el CESID, y que, de hecho, era un poco el hombre de Manglano en Presidencia del Gobierno. Me dijo que le parecía excelente y que se lo pasaba al presidente; me dio las gracias y me despedí. Eso fue todo. Ignoro por qué tenía tanta importancia para la Moncloa el incidente. Posteriormente Manglano me llamó para felicitarme, y yo me decía a mí mismo: «¡Pero si yo no he hecho nada!». Creo que el lector estará de acuerdo en que sobran los comentarios.

Ya en 1984 tuvieron lugar varios acontecimientos que acrecentarían mi formación como especialista en temas de la Unión Soviética. En primer lugar, fui designado como representante del CESID en unas conferencias informativas organizadas en Madrid por el Departamento de Estado norteamericano, y la Embajada, a propósito de las negociaciones de desarme y sobre las que informaban en un gesto de buena fe a los diferentes aliados, en este caso España. Naturalmente, a España el desarme nuclear le pillaba bastante por encima del conocimiento y posibilidades de que se disponía entonces, pero era un gesto a agradecer; los soviéticos nunca hicieron nada semejante. La conferencia tuvo lugar en Madrid, en la que fue la sede de la Dirección General de Seguridad y Desarme del Ministerio de Asuntos Exteriores —en la calle Oquendo[86]—, creada en 1983 por el ministro Fernando Morán, y era presidida por el diplomático Carlos Fernández Espeso, que había participado desde la Embajada de España en Bruselas en las negociaciones iniciales de adhesión a la OTAN. Ambos eran próximos al PSOE.

---

85 El teniente coronel Blanco me causó muy buena impresión. Permanecería como jefe del equipo de Defensa en el Gabinete de Felipe González unos años, pero lo dejó hacia 1987 y desapareció sin dejar rastro. José Antonio Blanco, de hecho, fue sustituido por Aurelio Madrigal que fue relevado en París por el ya comandante Ricardo Martínez Isidoro, uno de los profesores citados del Curso Básico.

86 El edificio de la nueva Dirección había albergado con anterioridad al Comité Permanente hispano-norteamericano que se creó para seguimiento y control de los acuerdos entre España y Estados Unidos de 1953 y que una vez que España se adhirió a la OTAN perdió relevancia.

En 1984, al mismo tiempo que los soviéticos habían establecido su superioridad convencional en términos cuantitativos, estaban mejorando la calidad de sus sistemas de armas y alcanzando el mismo nivel tecnológico de Occidente, o eso se creía. Nos encontrábamos en el duodécimo año de debate sobre los misiles intercontinentales MX[87] y, mientras en la OTAN se discutía, los soviéticos los desplegaban. Continuaban probando y emplazando misiles nuevos y de mayor precisión y mejorando todas sus fuerzas estratégicas nucleares. Desde mediados de la década de los setenta, los soviéticos habían ampliado también su ventaja convencional en casi todas las categorías de fuerzas y sistemas de armas, produciendo armamento a ritmo mucho mayor que el de Occidente. Al menos este era mi pensamiento y con estas ideas acudí a la conferencia.

La conferencia era a título informativo ya que España no tenía nada que decir ni aportar, al igual que los demás países aliados. Únicamente Francia e Inglaterra podían presentar alguna objeción o propuesta adicional al disponer también de armas nucleares, pero la cuestión del desarme era algo a resolver esencialmente entre Rusia y Estados Unidos. Mi presencia en la conferencia podía obedecer a que como se empezaba a decir que yo era el «experto» en cuestiones militares soviéticas igual podía aportar algo a lo que dijeran los norteamericanos. Nada más lejos de mi intención y de mi conocimiento, y naturalmente no cometí tal osadía.

Las negociaciones START[88] (Strategic Arms Reduction Treaty/ Tratado de Reducción de Armas Estratégicas) tenían por objeto establecer un tratado entre Estados Unidos y la Unión Soviética

87 Los misiles MX (Missile Experimental) eran misiles intercontinentales nucleares de gran precisión con un margen de error del orden de cien metros, gracias a un sofisticado sistema de guía inercial que permitía corregir el rumbo durante el vuelo. Más que un arma para atacar una ciudad, en consecuencia, servirían para destruir otras armas del enemigo antes que pudiesen ser disparadas. Debido a esta precisión, los MX eran misiles de «primer uso».

88 Fue firmado en julio de 1991, cinco meses antes del colapso de la Unión Soviética; sin embargo, no entró en vigor hasta diciembre de 1994. El tratado establecía limitaciones en la cantidad de varios tipos de vehículos y cabezas nucleares que ambos países podían poseer. Pero afectó también a algunas de las nuevas repúblicas desmembradas de la URSS, como Bielorrusia, Kazakstán, y Ucrania. Actualmente, estos tres últimos países han desmantelado completamente su capacidad nuclear. El tratado perdió vigencia en 2009. Los países del tratado esperaban firmar un nuevo acuerdo en 2010, pero todo quedó aplazado con la administración Obama y el «fenómeno» Putin en Rusia.

para autolimitar el número de misiles nucleares que poseía cada potencia. Fue propuesto por el entonces presidente norteamericano Ronald Reagan, y finalmente firmado por su sucesor George H. W. Bush en 1991. Por parte soviética el firmante acabo siendo Mijaíl Gorbachov. Inicialmente se llamó simplemente START, y se cambió el nombre a START I de forma retrospectiva cuando se aprobó una actualización del tratado a alcanzar, que pasó a llamarse START II en 1993. El tratado START I limitaba las cabezas nucleares de ambos países a seis mil y sus bombarderos estratégicos y misiles balísticos a mil seiscientos. No obstante, antes de esa fecha, los presidentes, soviético, Mijaíl Gorbachov, y norteamericano, Ronald Reagan, firmaron en Washington, en 1987, el tratado de eliminación de misiles nucleares de mediano y corto alcance (INF)[89], que fue el primer acuerdo para reducir los arsenales nucleares, y que condujo a la eliminación en 1991 de todos los misiles balísticos y de crucero de mediano y corto alcance de ambas potencias, acabando así la polémica sobre los misiles Pershing y SS-20.

La Unión Soviética había desplegado ya en 1977 los primeros proyectiles SS-20. No se trataba de otra arma táctica de corto alcance semejante a las que ya dotaban por entonces los dispositivos tácticos, destinados a un empleo en teatros de operaciones limitados, ni tampoco de otra arma intercontinental de largo alcance como las que ya poseían la URSS y Estados Unidos. El SS-20 era un amenazador proyectil de alcance medio capaz de batir en un plazo de minutos objetivos situados en Asia y en todo el territorio europeo occidental. Ni la OTAN ni Estados Unidos contaban con un arma semejante en condiciones operativas y que pudiera servir de contrapeso de la nueva amenaza. Aun así, la Unión Soviética siguió desplegando estas nuevas armas. Ya en 1979 había desplegado unos ciento treinta proyectiles de esta categoría INF dotados con unas trescientas noventa cabezas nucleares; para 1982 la cifra era ya de más de trescientos, con más de novecientas cabezas. Para los países aliados, esos proyectiles representaban una seria amenaza.

89 El tratado INF condujo a la destrucción de casi dos mil setecientos misiles y sus lanzadores hasta el 1 de junio de 1991, la fecha límite estipulada en el tratado. El Tratado INF fue el primer acuerdo entre Estados Unidos y la Unión Soviética destinado a reducir el arsenal nuclear de las superpotencias y permitir inspecciones *in situ* para verificar la destrucción de los misiles. Permaneció en vigor después del colapso de la Unión Soviética en 1991.

Fue en una reunión del año 1979 cuando la OTAN aprobó su famosa «doble decisión»: por un lado, desplegar un número limitado de misiles norteamericanos tipo Crucero y Pershing de alcance medio, y por otro, hacer valer la unidad y la fortaleza de la OTAN, para llevar a la URSS a la mesa de negociaciones. Naturalmente, España se encontró con esta situación al adherirse en 1982. El hecho de que España no participara en las negociaciones de las superpotencias y de los bloques no excluía el que tuviera que adoptar una posición respecto a lo que en ellas se decidía, y que repercutía de una forma u otra sobre todos los países del globo.

Cómo no, el despliegue de los misiles norteamericanos habría de efectuarse frente a fuertes protestas e incluso grandes manifestaciones, algunas de las cuales tuvieron lugar en España impulsadas tanto por el PCE como por el PSOE, y formaba parte de los argumentos que la izquierda española utilizaba contra la adhesión a la OTAN. ¿Tuvo el CESID alguna actuación en este marco? Ninguna que se sepa. En 1984 la situación no había variado mucho y desde el Ministerio de Asuntos Exteriores se asistía a todo aquello con cierta pasividad y no poca animadversión, y especialmente con cierta esperanza, puesta por los socialistas, en que el prometido referéndum sobre la OTAN sacaría a España de la Alianza. Mi presencia, por tanto, en aquella conferencia estaba de más. Ni hice ningún informe ni nadie me preguntó nada.

Me vería implicado en alguna actividad más de cierto interés en el primer semestre de 1984. La primera fue una conferencia sobre la amenaza militar soviética y del Pacto de Varsovia, organizada por el Mando Aliado de Europa (Allied Command Europe/ACE), que tuvo lugar en el Cuartel General del Mando Supremo (Supreme Allied Command Europe/SACEUR), en Mons, Bélgica. Por razones que no alcanzo a comprender, fui designado para asistir representando a España, a propuesta del Estado Mayor y previa aprobación del director Alonso Manglano. A mí simplemente me llegó la orden de que tenía que asistir. La conferencia duraba solo un día, precedida de una cena la noche anterior y ahí fue cuando descubrí la «trampa» en la que se me había metido, debido al desconocimiento que en España seguíamos teniendo sobre la OTAN y su funcionamiento[90]. La conferencia era en realidad una exposición comparativa de las capacidades soviéticas y del Pacto de Varsovia con las posibilidades de la OTAN en aquellos días, en 1984, y una valoración de la amenaza militar soviética, a nivel de oficiales generales, de lo que hablaremos con detalle. Para mí fue muy interesante dado el nivel jerárquico de los participantes y la forma en que se trataron los diversos aspectos a tratar.

En el mes de abril de 1984, no obstante, fui designado nuevamente a propuesta del Estado Mayor de la Defensa —lo que fue aprobado por Alonso Manglano sin mediar palabra—, para asistir a un Curso de Inteligencia OTAN enfocado a la Unión Soviética y Pacto de Varsovia. Ignoro por completo cuáles fueron las circunstancias que rodearon mi designación —sobre lo que no fui consultado—, ya que, a diferencia de otras situaciones, los asistentes eran oficiales sin especificación de graduación; la única exigencia, además del idioma inglés, era que desempeñasen tareas de inteligencia relativas a la URSS. Los asistentes eran oficiales de las fuerzas armadas de los países miembros de la Alianza, y recuerdo que me sorprendió la numerosa presencia de oficiales alemanes, no menos de cuatro, procedentes de Tierra y Aire[91]. El curso tenía una duración de un mes, y el profesorado era enteramente británico. Se desarrollaba en la Escuela del Servicio de Inteligencia británico en Ashford, Kent, en Gran Bretaña[92]. Hice muy buenos amigos y me sirvió para afianzar

90 En realidad, yo debería haber detectado la citada trampa, que no era tal sino un mayúsculo error, cuando desde la OTAN, y antes de emprender el viaje, se me requirió comunicase si iba acompañado de mi esposa, y si me acompañaba también un ayudante. En suma, ¡la conferencia era para generales!, y nadie esperaba la asistencia por parte de España de un simple capitán. Aun así, nadie me puso la menor objeción y fui tratado con todo respeto. Siempre me ha quedado la duda de si fue un error, o por parte de alguien se decidió así para demostrar cierto desinterés al respecto por parte española. Nunca supe la razón. Al regresar a España me limité a indicar que esa situación no debía volver a repetirse y que nuestros generales debían implicarse más en este tipo de actividades. En cualquier caso, nunca supe nada más sobre este aspecto y nunca más tuve que participar en nada semejante.

91 No observé personal civil en la escuela en ningún momento. La seguridad de las instalaciones corría a cargo de la Policía Militar británica (Royal Military Police).

92 La Escuela Conjunta de Inteligencia (Joint Services School of Intelligence) conocida como Escuela del Servicio de Inteligencia (School of Service Intelligence/SSI) se había constituido en 1969 al integrarse medios de inteligencia de la Royal Navy y la Royal Air Force. Estaba ubicada en Templer Barracks, en Ashford, condado de Kent, muy cerca de Canterbury. La Escuela,

las relaciones que ya había iniciado con el mundo de los expertos en asuntos soviéticos. Guardo un excelente recuerdo de mi paso por aquella escuela, y, en especial, recuerdo que mi amigo Chris Donnelly, director del Centro de Estudios Soviéticos de Sandhurst, me fue a buscar al aeropuerto de Heathrow y me llevó a la Escuela a tiempo de empezar el curso. Fui el primer oficial español que asistía a ese curso e ignoro si fui, quizás, también el último.

En mayo de 1984 volví a asistir a la Conferencia para el documento OTAN MC-161 en Bruselas, pero esta vez me acompañaron, a petición mía, el comandante Federico Aguilar, y la señorita Rosana Ardanaz, primera mujer española que asistía a una reunión de inteligencia en la OTAN. Federico se integró en el panel destinado a debatir las fuerzas navales de la URSS y Pacto de Varsovia, y Rosana en el comité político sobre la URSS, dedicándome yo al comité sobre estrategia. Me pareció que, dado que había aumentado el personal destinado en el Área 3, era conveniente que los demás miembros del equipo se fueran familiarizando con los diversos aspectos de inteligencia que emanaban de la OTAN sobre la URSS. En esta ocasión no hubo ningún sobresalto de ningún tipo, y la conferencia resultó muy interesante, especialmente debido al acceso al poder, en febrero de 1984, de un nuevo líder soviético: Konstantin Chernenko. Rosana salió muy airosa de su estreno en la OTAN y me consta que siguió asistiendo a este tipo de reuniones.

En este marco, cuando más enfrascado me encontraba con mi conocimiento creciente de lo que era el mundo soviético, sucedió algo que me llevó a considerar abandonar el CESID y volver a un destino puramente militar en la cadena de mando. Desde finales de 1981 —antes de ir destinado al CESID—, a propuesta de un antiguo profesor mío, venia impartiendo clases de idiomas, inglés y

---

además de sus funciones de adiestramiento y enseñanza en el ámbito militar, proporcionaba adiestramiento también sobre valoración de riesgos y otros aspectos relacionados con amenazas potenciales para las autoridades civiles y para países aliados. Más adelante se le cambiaría el nombre por el de Escuela de Inteligencia y Seguridad de la Defensa (Defence Intelligence and Security School/DISS). En 1997, debido a las obras del túnel del canal de la Mancha se trasladó a Chicksands, cerca de Shefford, en Bedfordshire, donde creo que continúa funcionando. El director del curso era el coronel del Ejército británico, Anthony Crawford, con quien mantuve una excelente relación y a quien volvería a ver pasado el tiempo.

francés, en el ICAI, en Madrid, donde yo mismo había sido alumno. Daba clases a jóvenes de edades en torno a los dieciocho años tres veces por semana, y para mí era una forma de seguir en contacto con la juventud, y no lo hacía por motivos económicos, sino por razones de motivación personal. Aparentemente este hecho, que yo no ocultaba en absoluto, llegó a conocimiento del teniente coronel Ruiz de Conejo, Sr. Roca, en la secretaria general del Centro, y, crimen imperdonable, se me amonestó y se me indicó que debería dejar las clases o renunciar a cobrar la gratificación especial que se percibía en el CESID. Es decir, parecía que molestaba que yo tuviera más ingresos que otros, antes que el hecho de desempeñar una ocupación ajena al servicio. Ocupación, por otra parte, que yo desarrollaba en mi tiempo libre y sin menoscabo para nada de mis funciones profesionales.

El asunto me pareció totalmente fuera de lugar e inapropiado y lo rechacé de plano, indicándole al citado Sr. Roca, de viva voz y en presencia de testigos, que «mi tiempo libre lo ocupaba como mejor considerase y no admitía injerencias de nadie, ni siquiera de su majestad el rey». La situación se tornó complicada e intervino mi superior, el coronel Urquijo, estableciendo que dado que era el mes de junio y no estaba dando clases, debido a ser periodo vacacional, era procedente dejar el tema aparcado y, si acaso, volver a reconsiderarlo en septiembre, si es que yo volvía a dar clases. Acepté la sugerencia, pero solo como forma de desbloquear lo que me parecía algo irrazonable, y advirtiendo, no obstante, que estaba dispuesto a dejar el CESID y que, en septiembre, volvería a dar clases.

El tema no iba a acabar ahí y pronto sucedió algo que supuso un vuelco absoluto de la situación, y que yo no podía siquiera imaginar.

Sucedió a principios del mes de julio. Recibí una llamada en mi domicilio, ya al anochecer de uno de aquellos días, por parte de un comandante del Estado Mayor del Ejército, con el que había coincidido en la División Acorazada y con el que había mantenido una buena relación. El comandante me requería para que fuera a su despacho en el Cuartel General, en Cibeles, lo antes posible, y únicamente me explicó que no era nada que me debiera preocupar pero que me iba a afectar, y antes de poner el asunto en marcha quería hablarlo conmigo. Totalmente intrigado acudí a su despacho al día siguiente, donde se me notificó que había que mandar un oficial de Estado Mayor a Italia para realizar el Curso de Estado Mayor del Ejército italiano, y que, por avatares de la vida, yo era en aquel momento el único oficial de Estado Mayor en todo el Ejército español que hablaba italiano, con cualificación de sobresaliente, y con titulación oficial expedida por el Instituto de Cultura Italiano en Madrid, dependiente de la Embajada de Italia, por lo que por decisión del jefe de Estado Mayor del Ejército, entonces el teniente general Sáenz de Tejada, se me daban dos opciones: o pedirlo voluntariamente yo mismo, o ser destinado forzoso. Por motivos políticos no se quería dejar de enviar un oficial a Italia, ya que no se quería dar imagen ante el Ejército italiano de que no se estaba interesado, así que no tenía muchas opciones. Sin más, le dije al comandante que, para evitar burocracia, simplemente me destinasen forzoso con carácter voluntario, y algo confuso volví a mi despacho en el CESID, donde por el momento, no comuniqué nada a nadie.

Por obra y gracia del destino, se había resuelto el problema creado por el Sr. Roca, y di por sentado que, ahora sí, cesaría en mi puesto en el CESID. Resultaba cómico y solo pensar en la cara que iba a poner el susodicho Sr. Roca me hizo sonreír. Confieso que tras dos años ya en el CESID, y ver lo que era en realidad, no me disgustaba la idea de decir adiós y empezar algo diferente y atractivo como era ir a vivir a Italia, convivir con un Ejército casi hermano e integrado en la OTAN, y sin duda, aumentar mis conocimientos profesionales.

Pasados dos días informé al coronel Urquijo de la situación y me dispuse a esperar acontecimientos. El coronel me dijo que informaría al coronel Alonso Manglano de forma personal, sin mayores trámites, y me aconsejó no decir nada a nadie. Como Alonso Manglano era todavía solo coronel no cabía esperar ninguna reacción por lo que no debía preocuparme. Efectivamente, a los pocos días se publicaba en el Boletín Oficial mi destino a Italia, donde debería incorporarme el 15 de agosto a la Escuela Superior de Guerra del Ejército italiano en Civitavecchia, en las cercanías de Roma. La disposición, no obstante, no mencionaba para nada mi situación y teóricamente seguía destinado en el CESID, lo que resultaba ciertamente curioso.

Creo poder afirmar que sería la única ocasión en la que un militar destinado en el CESID se ausentaba para realizar un curso en el extranjero sin perder el destino. A decir verdad, a mí no me importaba y tenía ya asumido que iba a cambiar de destino, y como he dicho ya, no me desagradaba la idea.

A mi mujer no le pareció mal tampoco, y aunque mis hijos eran pequeños, pensamos que podría ser beneficioso también para ellos. Pasé los últimos días del mes de julio preparando mi viaje y traslado, ya que iba a vivir un año en Italia, y también me despedí temporalmente de mi «pluriempleo» en el ICAI. Tras transferir mi trabajo en el Área 3 a los que allí seguirían y despedirme del comandante Frutos, empecé a focalizarme en lo que sería mi nueva función: alumno del Curso Superior de Estado Mayor del Ejército italiano, y puse en segundo plano mis conocimientos sobre la URSS y el Pacto de Varsovia. Pensándolo bien, aquello carecía de lógica y lo de menos era mi problema personal, pero así funcionaba, y sigue funcionando, el Ejército español, que no es sino fiel reflejo de la administración en su conjunto. No me despedí de nadie más en el CESID, ni siquiera del coronel Alonso Manglano, y me preparé a esperar mi cese y me planteé, incluso, qué nuevo destino podría pedir. La realidad es que nunca había pensado realizar un Curso de Estado Mayor en Italia, mientras que sí había pensado solicitar el curso en Alemania, en la Führungsakademie, en Hamburgo, ya que no en vano de allí habían emanado las teorías del moderno Estado Mayor. Al asistir al curso en Italia ya no podría acceder a él, pero no me importaba. Entendí que era el destino lo que me dirigía y lo acepté con mi mejor disposición.

Con este estado de ánimo, el 15 de agosto me presentaba en la Escuela de Estado Mayor italiana, en Civitavecchia, y atrás quedaban el CESID y todas aquellas intrigas y envidias de las que había sido objeto. Al menos eso creí.

7. EL PANORAMA INTERNACIONAL Y LA TENSIÓN ESTE-OESTE

1984-1985

«Nuestro mundo está como aprisionado por una red de tensiones. La tensión entre lo que se llama comúnmente el Este y el Oeste no afecta solamente a las relaciones entre las naciones directamente implicadas, sino que marca y más bien agrava muchas otras situaciones difíciles en otras partes del mundo. Ante una situación así es preciso tomar conciencia del peligro tan grande que constituye esta tensión creciente y esta polarización a gran escala, sobre todo si se piensa en los medios de destrucción masiva e inaudita de los que se dispone».

Su santidad san Juan Pablo II, XVII Jornada Mundial de la Paz, 1 de enero de 1984

El día 15 de agosto de 1984 me presentaba oficialmente en la Escuela de Guerra del Ejército italiano, entonces ubicada en la ciudad de Civitavecchia, en la región del Lazio, a unos sesenta kilómetros de Roma. El director de la Escuela, general de división Renato Lodi, me pareció un caballero a la antigua usanza y de una amabilidad exquisita, y me sorprendió gratamente cuando apenas recién llegado me invitó a cenar en su residencia oficial, en compañía de otras personalidades de la ciudad, y entre ellos el obispo de la diócesis. Fui el único oficial extranjero en aquella cena, en la que, además se me reservó un sitio de honor a la derecha de la señora Lodi. Francamente, no me esperaba tal honor y recuerdo muy gratamente aquella ocasión. Desafortunadamente el general Lodi cambió de destino al poco tiempo, pasando a ser el comandante en jefe de la Guardia de Finanzas, un organismo de carácter fiscal que no tiene paralelo en España y que me explicaron que, en Italia, era necesario dado el volumen de corrupción existente y de delitos monetarios que se cometen. Me pregunto si no sería necesario en España igualmente.

En 1984, y especialmente a mediados ya del año, no hacía falta recordar las palabras de su santidad Juan Pablo II del mes de enero; la situación no era buena efectivamente, y el mundo estaba al borde de la catástrofe. Las esperanzas que podía haber albergado la Unión Soviética en algún momento respecto de extender la ideología marxista-leninista al resto del mundo, y especialmente a la Europa libre tras el fin de la guerra mundial, no se habían materializado. Tampoco se habían materializado las esperanzas de convertirse en una superpotencia económica y, de hecho, ocupaba el puesto diecinueve en el *ranking* económico de las naciones europeas. Sin embargo, la URSS era una potencia mundial, no por la fuerza de su ideología ni por su economía, sino solo y exclusivamente por su potencia militar, y por poseer armas nucleares. Sin embargo, había entrado en un callejón de difícil salida: por un lado, el crecimiento económico se había ralentizado al tiempo que los gastos dedicados a la defensa se habían multiplicado exponencialmente siendo, según estimaciones de la OTAN, del orden de entre el 15 y el 20 % del producto interior bruto (PNB), al tratar continuamente de alcanzar la paridad militar con Estados Unidos. Por otro lado, el liderazgo soviético —el Politburó— se veía abocado a una renovación casi completa debido a una razón tan simple como la edad; el actual secretario general Konstantin Chernenko estaba aquejado de graves problemas de salud y daría paso a una nueva generación que, en aquel momento, representaba una incógnita para los analistas y sovietólogos occidentales. Finalmente, aunque la población soviética se había incrementado en veinticinco millones de habitantes en los últimos diez años, solo una cuarta parte eran rusos autóctonos, el resto eran asiáticos, y además, se calculaba que unos setenta millones de habitantes eran musulmanes; ello suponía una incógnita que nadie era capaz de descifrar en aquellos días. El plano de las relaciones internas de la URSS con sus aliados del Pacto de Varsovia se veía amenazado de posibles disensiones en Polonia y en Alemania Oriental, y la aventura de la invasión soviética de Afganistán no parecía ir muy bien, al tiempo que la pérdida de influencia en el mundo árabe había deteriorado considerablemente la imagen de Moscú en el tercer mundo. Lejos de representar todo ello una ventaja para Occidente, la prudencia aconsejaba precaución, contención y no arrinconar al adversario.

Si en algún momento creí que al desligarme del CESID, en alguna manera, iba a olvidar todo aquello y mi interés por la Madre Rusia —Ródina-Mat— , como yo llamaba a la URSS, me equivoqué. En Italia se veía todo lo que la URSS representaba y los aspectos antes citados con mucha más preocupación e interés que en España. Para empezar, Italia era un miembro activo de la OTAN, plenamente integrado en la estructura militar y, además, partícipe, sin limitaciones, en la estrategia nuclear de la Alianza —junto con Bélgica, Holanda y Alemania Occidental—, por lo que se comprometía a almacenar armamento nuclear táctico en su territorio, algo que España había rechazado. Por otra parte, descubrí, con no poca sorpresa, que, en 1984, estábamos a años luz del Ejército italiano.

En España siempre habíamos hecho bromas, con mucha alegría, de la capacidad combativa de los italianos. Los dichos populares hablaban de Guadalajara como el gran fracaso de Mussolini, y de la confusión y preferencia italiana por retirarse («a la camioneta») en lugar de atacar («a la bayoneta»), así como por tomarse la actividad bélica a título de inventario («la guerra é bella ma incomoda»), y ciertamente todo ello tenía fundamento. Pero se olvidaba la capacidad técnica, la inventiva italiana y, sobre todo, que, bien mandado y motivado, el soldado italiano sabía y podía combatir tanto como el que más, y lo demostró cuando fue necesario tanto en África como en Rusia. Italia había entrado mal y a desgana en la Segunda Guerra Mundial, mal equipada y mandada, pero es más que dudoso que Franco hubiera ganado la Guerra Civil sin la ayuda italiana. Cuarenta años después de la derrota de Italia en la guerra mundial, el Ejército que yo conocí distaba mucho de la imagen que se tenía en España. Desde entonces me propuse no volver a caer en ese error y a tratar de subsanarlo siempre que tuviera ocasión.

Mientras pensaba todo esto y afrontaba la realidad profesional, hice igualmente un gran avance en el conocimiento de la realidad social italiana[93]. Asesorado por mi predecesor en el curso, el comandante de Caballería Ovidio, del Estado Mayor en Madrid, encontré una vivienda magnífica en el pueblecito costero de Santa Marinella —cercano a la playa de Santa Severa en el mar Tirreno—, a unos cuatro kilómetros de la Escuela, donde mi familia se acomodó sin problemas. Mis hijos comenzaron a asistir a los colegios locales —la niña a un colegio de monjas, y el pequeño a un colegio elemental para párvulos—, y curiosamente, al mes ya chapurreaban un italiano más que aceptable. Allí descubrí que la actriz Ingrid Bergman y su marido Roberto Rosellini, aunque ya fallecidos, eran mis vecinos en algún modo, lo que me resultó curioso ya que Ingrid Bergman era la actriz favorita de mi madre, que había fallecido tan solo hacía unos meses. Los fines de semana resultaban muy divertidos y hacíamos toda la familia excursiones locales en las que todo resultaba de interés[94], ya que toda Italia se puede decir que es un gigantesco museo. Llegaríamos a conocer Italia mejor que España, y, personalmente, desarrollé un gran cariño por todo lo que significaba Italia.

En la Escuela de Guerra, nombre que también se adoptaría en España posteriormente, descubrí igualmente las similitudes que existían con el Ejército español, que eran numerosas y para mí quedó claro quien había copiado a quien. Las clases se iniciaban a la voz de «¡firmes!» dada por el jefe de clase que era un teniente coronel y ello daba entrada a todo el profesorado que tomaba asiento en el estrado, exactamente igual que en la Escuela de Estado Mayor española. Las asignaturas que teníamos, además de Táctica, eran Estrategia, Logística, Historia Militar, e Informática, además

93 Italia no era ni mucho menos un país pobre, y poseía una industria a envidiar. Era la patria de Ferrari, de Masserati, de Alfa Romeo, de Gucci, de Ferragamo, y cuando buscaba alguna firma similar en España no pude encontrar ninguna. Por otra parte, es cierto que la actividad preferida de los italianos era la huelga (*lo sciopero*); todos los días algún gremio social iniciaba una nueva huelga por cualquier motivo.

94 En las inmediaciones de Santa Marinella —que databa de la época del Imperio romano— se encontraban las localidades de Orvieto, Tarquinia, Ladispoli y Cerveteri, que eran puntos de gran relieve en lo que había sido la civilización etrusca que data del 900 a. C.

de Economía de Guerra y Organización. Todo ello se combinaba con frecuentes visitas a centros industriales, bases y aeropuertos y unidades militares, y conferencias a cargo de personalidades políticas y del mundo financiero o empresarial. Los componentes del curso éramos oficiales, mayoritariamente capitanes y comandantes, pero también algunos tenientes coroneles. Me llamó la atención que asistieran al curso oficiales del Arma de Carabinieri, equivalentes a nuestra Guardia Civil que, en España entonces lo tenían vetado, y también oficiales del Cuerpo Técnico, equivalentes a nuestro Cuerpo de Ingenieros Politécnicos, que tampoco lo hacían en España. Los oficiales extranjeros de países de la OTAN eran de Estados Unidos, Alemania Occidental, Francia y Suiza, y claro está, de España. Además, había un oficial libanés, tres tenientes coroneles venezolanos, y cuatro oficiales de Somalia; éramos, sin duda, una mezcla curiosa. Al final del curso había un ejercicio conjunto con las escuelas de Estado Mayor de la Aeronautica Militare y de la Marina Militare —al igual que en España—, que es como se denominaban la fuerza aérea y las fuerzas navales. También se realizaba con carácter anual un ejercicio conjunto con la Escuela de Estado Mayor alemana —Führungsakademie—, cada año en un país, alternando en Italia o Alemania. Como curiosidad, por otra parte, cito que todos los componentes del curso fuimos recibidos en el Vaticano por su santidad Juan Pablo II.

Vienen a mi memoria los nombres de aquellos oficiales que fueron mis profesores y compañeros. El comandante del Curso Superior de Estado Mayor era el general de brigada Alfredo Cotugno, con quien mantuve muchas e interesantes conversaciones. El nuevo director de la Escuela, que había sustituido al general Lodi, era el general Natale Dodoli[95], que había dejado su puesto como director de la Academia Militar de Módena, y tenía fama de ser excesivamente rígido y ordenancista. Entre los profesores destacaban el coronel Paolo Remotti y Franco Casadio, director civil del Istituto de Affari Internazionali, de Roma, que eran verdaderos expertos en política internacional. Asimismo, recuerdo a los coroneles Fuduli, profesor principal de Táctica, y Brindisi, que era mi tutor y profesor de

95 Tras su paso por la Escuela de Guerra, el general Dodoli sería nombrado jefe del Mando Landsouth de la OTAN en Verona.

Artillería. El profesor de Historia era el coronel Francesco Pirrone y, de alguna manera me incitó a escribir posteriormente una historia del empleo de los carros de combate en la guerra civil española. De entre mis compañeros destaco al comandante Massimo Aneloni, una excelente persona y gran amigo, y al también comandante Giuseppe Valotto, que llegaría a ser jefe del Estado Mayor del Ejército italiano andando el tiempo, sin olvidar al comandante ingeniero Antonio Guciardino, con quien compartiría muchas ocasiones posteriormente en varios países.

Por último, quiero recordar aquí al coronel de Infantería del Ejército español Manuel Tapia Causapé, agregado militar en Roma, que se volcó literalmente conmigo y me ayudó en todos los aspectos que cabía imaginar. El coronel Tapia fue la única persona de la Embajada española en Roma con quien tuve contacto oficial. En ningún momento tuve ocasión de saludar al embajador de España, y ni siquiera visité la sede de la Embajada. Sí tuve, en cambio, contacto con el representante oficial del CESID ante los servicios de inteligencia italianos, el comandante de Artillería y de Estado Mayor Rosendo Yanes Puga[96], pero fue siempre un contacto personal y nunca oficial. Rosendo fue un buen amigo y mantuvimos muy buena relación. No obstante, se sorprenderá el lector de que, teniendo a un oficial como era mi caso, integrado plenamente en el Ejército italiano, no se me pidiera nunca que realizase un informe o análisis de las capacidades italianas, o incluso de las actitudes políticas de que pudiera tener conocimiento. Hubiera sido normal y estoy convencido de que los italianos pensaban que lo hacía. Sin embargo, nada de nada; nadie me preguntó nada. En cualquier caso, mantuve contacto con el comandante Yanes con carácter periódico para estar informado de mi situación ya que esperaba causar baja en el CESID en cualquier momento, pero siguieron pasando los días y nada se produjo.

96 Rosendo Yanes había sustituido en Roma al capitán de la Guardia Civil Adolfo del Cacho, que fue cesado por Alonso Manglano, de forma un tanto precipitadamente, en 1981. Del Cacho, no obstante, fue designado jefe de seguridad del entonces príncipe Felipe. Rosendo Yanes dejaría el CESID más tarde y se reintegraría al Ejército, ascendiendo a general y siendo nombrado jefe de Estado Mayor del Mando Regional Sur, en Sevilla.

En 1984 los servicios de inteligencia italianos estaban estructurados de acuerdo con la reforma que se aplicó a los organismos de seguridad del Estado en 1977, tras un escándalo considerable y un posible intento de golpe de Estado de carácter fascista, en 1970, por parte del llamado Príncipe Negro —el príncipe Valerio Borghese[97], un antiguo capitán de fragata de la Regia Marina—, que tras el fracaso del golpe se exilió en España, y murió en Cádiz, en 1974, en circunstancias no debidamente aclaradas hasta la fecha. Estos servicios estaban constituidos por el Servizio per le Informazioni e la Sicurezza Militare (SISMI), dependiente del Ministerio de Defensa, y por el Servizio per le Informazioni e la Sicurezza Democratica (SISDE), que dependía del Ministerio del Interior. El director del SISMI cuando estuve en Italia era el general Fulvio Martini, quien me consta que visitó España y se reunió con Alonso Manglano. El SISDE estaba dirigido por el prefecto Sr. Vincenzo Parisi, que era un funcionario de carrera del Ministerio del Interior. A mi entender el comandante Yanes enlazaba con ambos servicios. Además, existía un comité ejecutivo —Comitato Esecutivo per i Servizi di Informazione e Sicurezza (CESIS)—, que no tenía equivalente en España, cuya misión era coordinar la actividad de ambos servicios bajo la autoridad de la presidencia del Consejo de Ministros. También existía un comité parlamentario —Comitato parlamentare per la sicurezza della Repubblica (COPACO)—, compuesto por cuatro senadores y cuatro diputados, cuya misión era supervisar las actividades de los servicios y garantizar su respeto a las reglas democráticas; esto tampoco existía en España entonces. Me pareció una organización seria y consecuente[98]. En cualquier caso, no tuve ningún contacto con los servicios italianos.

A lo largo del curso se profundizaría en el conocimiento y estudio de lo que era la amenaza soviética y como afectaba a Italia, en cuanto nación europea y miembro de la Alianza Atlántica. A diferencia de lo que se hacía en España, donde en la Escuela de Estado Mayor

97 El príncipe Valerio Borghese había sido un héroe durante la Segunda Guerra Mundial, al mando de la X Flotilla MAS de torpedos tripulados, hundiendo numerosos buques británicos en todo el Mediterráneo, incluyendo las bases de Gibraltar y Alejandría.

98 En 2007 el Gobierno italiano procedió a una nueva reorganización de los servicios de inteligencia, suprimiendo, entre otras cosas, el servicio de inteligencia militar SISMI.

incomprensiblemente se definía la amenaza de forma aséptica como «enemigo convencional» —algo que no significaba nada—, en Italia se hablaba claramente, sin temores, de la Unión Soviética y del Pacto de Varsovia. Italia, sin duda, ocupa una posición geográfica en el Mediterráneo que realza su significado político y estratégico, pero además, una serie de factores y parámetros sobrevenidos la habían colocado en primera línea del frente en la región sur de Europa, entre los que se podían citar los siguientes: debilidad y vulnerabilidad de la defensa combinada entre Grecia y Turquía, siempre enfrentadas entre ellas; la propia actitud, dubitativa a menudo, de Grecia, en cuanto a los planes de la Alianza; la particularidad de Italia de ser el único país de la OTAN en el flanco sur europeo que desplegaba misiles nucleares Crucero norteamericanos en su territorio[99], y el hecho de haber sido escenario —y víctima—, de atentados terroristas originados en Oriente Medio, que habían llevado a Italia a enarbolar una política exterior clara, e incisiva, en ocasiones, dando muestras de verdadero espíritu atlantista con no menos de siete bases e instalaciones americanas e italianas dedicadas a la OTAN, y entre ellas la sede de la Sexta Flota norteamericana en el Mediterráneo y el Mando de las Fuerzas Aliadas del Sur de Europa (AFSOUTH), ambas en Nápoles.

De manera periódica se hacían visitas a unidades militares y centros industriales de interés para la defensa, así como ejercicios tácticos con reconocimientos sobre el terreno, que me hicieron conocer Italia muy a fondo y lugares que no eran frecuentes de visitar ni figuraban en ninguna guía turística. Entre las visitas militares destaco la visita a la División Acorazada Ariete, entonces equipada con carros de combate norteamericanos M-60 A1, que no teníamos en España, y que, además, se habían fabricado en Italia. Pude observar gran cantidad de vehículos de ruedas, todos fabricados en Italia, bien por Fiat, Iveco, o cualquier otra empresa del sector automovilístico italiano, que era amplio y pujante. En España en 1984 no teníamos esa capacidad y la escasez de vehículos de ruedas era algo endémico; decididamente, Italia era, y es, un gran país.

99 Desde 1983 el Ala Táctica de Misiles 487 de la Fuerza Aérea norteamericana operaba en la base de Comiso, en Sicilia, equipada con misiles nucleares Crucero BGM-109G GLCM. Esta base sería desactivada en 1991 como consecuencia de los acuerdos INF de 1987 entre la Unión Soviética y Estados Unidos.

Pero, quizás, lo más sobresaliente de todo lo relativo a los materiales con que estaba dotado el Ejército de Tierra italiano fue, entonces, conocer de primera mano el esfuerzo que había hecho Italia en adquirir y cofabricar el carro de combate alemán Leopard 1. Nada menos que novecientos veinte carros Leopard 1 se fabricaron en Italia, esencialmente por Oto Melara —junto con otros doscientos cincuenta carros Leopard 1 en versión especial de lanzapuentes, de recuperación, y de zapadores—, pero con la participación de casi toda la industria italiana, y ello además de los carros M-60 que se habían fabricado también. Igualmente, el transporte oruga acorazado de personal (TOA) M-113 —como se le denominaba en España—, para la infantería mecanizada, se fabricaba en Italia, en una versión especial mejorada denominada Camillino y tenían más de cuatro mil, incluyendo las diversas variantes como portamorteros, ambulancia, y puesto de mando. El Camillino, por otra parte, superaba en prestaciones al M-113 original. Del M-113 habían desarrollado, incluso, una versión especial para el Arma de Carabinieri. Como ya he dejado entrever, nada que ver con nuestro Ejército.

La Marina italiana —Marina Militare—, aun habiendo sido una fuerza naval de notable capacidad, ya no era lo que había sido y su potencial estaba bastante reducido. No obstante, en 1981, se había iniciado un plan para dotar a la Marina Militare con dos portaaeronaves ligeros, seis destructores y veinte fragatas y corbetas, además de diez submarinos Diesel, pero todo construido en Italia, y en 1984 era ya una fuerza equipada con buques modernos y capaces. La idea que existía era la de organizar dos componentes, cada uno en torno a uno de los portaaeronaves, para operar bien en el Mediterráneo Oriental o en el Occidental. En el marco de la OTAN, la misión de la Marina italiana era la de garantizar el control del mar Adriático y el acceso por el canal de Otranto, así como la defensa y mantenimiento de las rutas a través del mar Tirreno. Dada la supuesta amenaza submarina soviética, se insistía mucho en la capacidad de lucha antisubmarina, y en ese campo se contaba con un buen componente de helicópteros antisubmarinos y aviones de patrulla marítima Breguet Atlantic, desarrollados junto con Francia. Sin embargo, aún no contaban con ningún portaaeronaves operativo ni con aviones Harrier, y hablaban con admiración, y envidia, de la Armada española de entonces, y de su portaaeronaves Dédalo, que todavía estaba en servicio, aunque la Marina italiana espabilaría y no tardarían mucho en superar a España en esta capacidad. En el marco del curso visitaríamos la base naval de Tarento[100], y el Batallón de Infantería de Marina San Marco, única unidad anfibia y de desembarco de la Marina italiana.

La Fuerza aérea —Aeronautica Militare— gozaba de buena reputación y estaba entonces estrenando sus nuevos cazabombarderos Tornado. Sin embargo, adolecía de cierta obsolescencia en el sector de la defensa aérea ya que sus escuadrones de caza continuaban equipados con el interceptador F-104 Starfighter[101], eso sí, modernizados al máximo, a la última versión, lo que no obviaba el hecho de que la Aeronautica Militare fuera la única fuerza aérea europea que continuaba volando un avión de principios de los años sesenta. Los aviadores italianos que conocí rehuían hablar del tema, pero, en cambio, se mostraban muy contentos con los nuevos Tornado[102]. En este sentido, durante el curso, visitamos la base aérea de Gioia del Colle, en la región de Puglia, muy cerca de la ciudad de Bari, en la costa adriática. Curiosamente, la base llevaba el nombre de Antonio Ramírez, nombre de un capitán aviador italiano de origen español fallecido en acto de servicio en 1930, mientras que el escuadrón equipado con los Tornado, el 156.º Escuadrón (156.º Stormo) llevaba el nombre de Riccardo Helmuth Seidl, en honor al coronel, italiano a pesar del nombre, que, en 1941, tras dañar seriamente al acorazado HMS Nelson en las proximidades de

100 La base naval de Tarento, ubicada en el comienzo del tacón de la bota de Italia, es un puerto natural ideal que se convirtió en una de las bases principales de la Marina italiana, y se hizo famosa tras el ataque de la Royal Navy en noviembre de 1940, que sirvió de modelo para la Marina Imperial japonesa en su planificación del ataque a Pearl Harbor en diciembre de 1941.

101 Los F-104 italianos habían sido fabricados con licencia de la empresa norteamericana Lockheed en Italia por Fiat y Aeritalia. Se construyeron un total de doscientos cuarenta y seis aviones, estando en servicio hasta 2004, siendo sustituidos entonces por los nuevos Eurofighter. En España tuvimos dieciocho cazas F-104G Starfighter, en la base aérea de Torrejón.

102 El Tornado era un avión esencialmente de ataque al suelo, diseñado y desarrollado conjuntamente por Gran Bretaña, Alemania e Italia. Italia adquirió un total de ciento quince aviones, noventa y nueve para ataque al suelo, y dieciséis para guerra electrónica, que empezaron a ser entregados durante mi permanencia en Italia. En la actualidad continúan todavía algunos en servicio, aunque está previsto retirarlos en 2025.

Malta, fue derribado por la defensa británica. Los Tornado de Gioia del Colle tenían por misión principal, al igual que sus antecesores en la Segunda Guerra Mundial, el ataque, ahora con misiles, a buques de superficie —lo que se conoce con el nombre de apoyo táctico a las operaciones marítimas (TASMO)—, y eran de la versión IDS especializada en el ataque aire-tierra y antibuque. La fuerza aérea italiana contaba además con un cierto número de aviones de entrenamiento y apoyo táctico nada despreciables, y todos de diseño y fabricación italiana, como eran los Fiat G91 y AerMacchi MB-326 —estos últimos exportados a países como Australia, Argentina, Brasil y Sudáfrica—, que contribuían en buena medida a incrementar el potencial aéreo de combate disponible.

Al igual que las fuerzas navales y terrestres, la fuerza aérea italiana estaba totalmente integrada en la OTAN, y cumplía un papel esencial para la Alianza en el sur de Europa. Sin embargo, el llamado «flanco sur» presentaba mucha menos cohesión que el frente central o el flanco norte, tanto para la OTAN como para el Pacto de Varsovia, dada la idiosincrasia de las naciones que lo integraban. Si para la OTAN, la coordinación de las operaciones entre Italia, Grecia y Turquía no resultaba fácil, teniendo además a Francia, y a España fuera de la estructura militar, la Unión Soviética, con Hungría, Bulgaria y Rumanía, no lo tenía fácil tampoco, a pesar de controlar casi todo el territorio que iba desde el mar Negro hasta el mar Adriático. No hay duda de que Italia era el pilar de la defensa occidental en el sur de Europa y ello es lo que justificaba que el Mando Aliado del Sur de Europa (AFSOUTH) estuviese en Nápoles.

A lo largo de los numerosos ejercicios tácticos de cuadros —es decir, sin tropas— que se realizarían durante el curso, tuve la oportunidad de recorrer Italia de sur a norte y de este a oeste, llegando a conocer el país casi mejor que mi propia España. Realizamos un ejercicio táctico de defensa de costas en Sicilia, donde la belleza de la isla y la amabilidad de la gente me maravillaron. Y asimismo, otro ejercicio continuación del anterior, en la provincia de Regio Calabria. A pesar de la belleza natural del paisaje y la historia acumulada por el tiempo, debo reconocer que en ambas regiones, tanto en Sicilia como en Calabria, pude observar escenas de una pobreza y atraso realmente incompatibles con el nivel del resto de la sociedad italiana. Era obvio que había aún diversos estratos de vida en Italia; vi situaciones que no parecían propias de los años ochenta y me recordaban algunas imágenes de lo que había oído hablar de la España de principios del siglo XX, como eran la comarca de las Hurdes o los pueblos más atrasados de Extremadura o Andalucía. Todo ello me hizo reflexionar y valorar de forma distinta la situación. Por un lado, teníamos la Italia de Ferrari, de Maserati, de Gucci, y de otro, esa Italia profunda y oscura, de algunas películas tremendas de Fellini o de Pier Paolo Passolini. Era un contraste mucho mayor que el que, en mi opinión, existía en España.

También recorrimos el norte de Italia, muy industrializado y de carácter muy germánico, que constituía la parte más sensible desde el punto de vista de la estrategia operativa de Italia, dada su proximidad a Alemania y al llamado Frente Central, y en especial a Yugoslavia, país que, aunque no miembro del Pacto de Varsovia y hasta separado ideológicamente de la Unión Soviética, era comunista y se contemplaba por Italia como un enemigo potencial. Toda la frontera con Yugoslavia estaba subrepticiamente fortificada —era lo que los italianos llamaban en sus planes como *il confine settentrionale*—, y defendida. Existían campos de minas, obstáculos, y había numerosas posiciones en las que se habían enterrado carros de combate M-47[103], ya no de primera línea, que solo presentaban visible la torre y que constituían una línea de defensa contracarro de cierto valor relativo con sus cañones de 90 mm. En particular, en aquella ocasión, visitamos la zona de Milán y Turín, así como Verona, Brescia[104] y Módena, sede de la Academia Militar.

En la zona de Verona visitamos una curiosidad importante hoy desaparecida: Il Bucco, un enorme puesto de mando de la OTAN en Italia —bajo el nombre clave de West Star—, excavado en la roca dentro del monte Moscal, a prueba de explosiones atómicas. Estuvo activo hasta 2007, momento en que comenzó a ser desmantelado y retirado todo el equipamiento. La instalación tenía un total de trece mil metros cuadrados y dos túneles de entrada, y estaba protegido también contra ataques bacteriológicos y químicos. El mando de las fuerzas terrestres de la OTAN en el sur de Europa

103 En España en aquellos días, el carro de combate M-47, aunque modernizado, todavía continuaba en servicio activo en muchas unidades del Ejército de Tierra.

104 En Brescia fue de gran interés la visita a la fábrica de armas Beretta.

—Landsouth—, estaba en el Palacio Carli, en Verona, pero lo previsto era trasladarlo al Bucco en caso de guerra. Este mando —bajo un general italiano— tenía a sus órdenes tres cuerpos de ejército (Italia contaba con más de doce divisiones movilizadas en tiempo de paz), que constituían el ejército italiano del Norte[105] y su misión era la defensa del *confine settentrionale*, junto con otras fuerzas aliadas[106] que se destacasen a la zona, incluyendo aquí la 5.ª Fuerza Aérea Táctica Aliada (5 ATAF), localizada en la base aérea de Vicenza, también en las cercanías de Verona. Hoy el monte Moscal es un testimonio físico más de la Guerra Fría y de lo cerca que se estuvo de una catástrofe en aquellos días.

Prácticamente todos los temas tácticos, ejercicios y planeamiento operativo que se hacían en la Escuela estaban orientados a buscar soluciones y definir lo que significaba enfrentarse a la amenaza militar que representaban la Unión Soviética y el Pacto de Varsovia para Europa Occidental, y en particular para Italia, a mediados de los años ochenta. A diferencia de lo que se hacía en la Escuela de Estado Mayor española, donde todo era didáctico y se manejaban en el papel unidades y equipamiento que no existía, lo que yo vi en Italia era real y el escenario donde podría tener lugar una confrontación estaba presente y el posible enemigo estaba prácticamente en la frontera de Italia. Los italianos llamaban a ese enemigo por su

---

105 Las fuerzas a disposición del Mando de Landsouth eran, en 1985, el 5.º Cuerpo, el 4.º Cuerpo de Montaña (Alpino), y el 3.º Cuerpo —que formaban el Ejército italiano del Norte—, además de un batallón de infantería aerotransportado norteamericano en Vicenza. Curiosamente, también se disponía de un batallón italiano de operaciones psicológicas, algo inexistente entonces en la orgánica española. En total, dos divisiones acorazadas —las divisiones Ariete y Centauro con carros M-60 A1 y Leopard 1 A2—, dos divisiones mecanizadas, y unas seis o siete brigadas alpinas y motorizadas, sin olvidarnos de la brigada de misiles de artillería equipada con misiles Lance y obuses de 203 y 175, con municiones nucleares. El Ejército español en 1984 desplegaba poco más de un único cuerpo de ejército, aunque no estaba constituido como tal y no disponía de ninguna brigada de misiles.

106 Como curiosidad cito que entre las fuerzas aliadas previstas de ser asignadas al Mando de Landsouth estaba una división de infantería mecanizada portuguesa equipada con carros M-48 A5, equiparables al M-60. Portugal pertenecía a la estructura militar de la OTAN. También resalto aquí, como curiosidad, que, en caso de guerra, y en la eventualidad de que las fuerzas del Pacto de Varsovia penetrasen en el norte de Italia, estaba previsto trasladar AFSOUTH y, supuestamente, Landsouth, a España, algo que me sorprendió y de lo que no había oído hablar nunca.

nombre —Ejército soviético—, y no «enemigo convencional» como hacíamos nosotros en España. Mucha de esta actividad estaba clasificada, y en el planeamiento y ejercicios, e incluso visitas, solo interveníamos los que pertenecíamos a países miembros de la OTAN y disponíamos de habilitación de seguridad OTAN para manejar y conocer información clasificada, quedando excusados aquellos que no lo eran como los oficiales de Venezuela, Somalia[107], Líbano e incluso Suiza. En suma, se puede decir que toda la actividad didáctica y de conocimiento del curso estaba presidida por la existencia real de la amenaza militar que representaba la URSS.

En este marco el escenario de la hipotética batalla aeroterrestre que podría tener lugar era inicialmente toda la región nororiental de Italia, y muy especialmente la frontera con Yugoslavia, sin descartar la frontera con Austria, desde donde se consideraba factible que pudieran llegar fuerzas soviéticas y del Pacto de Varsovia procedentes de Hungría, que, obviamente, no respetarían la neutralidad austriaca. La batalla aeronaval era otro escenario que afectaba igualmente a Italia, y que tendría lugar en el Mediterráneo Oriental, pero aquí se contaba con la actuación de Grecia y de Turquía —también miembros de la OTAN—, y se contaba con cierta ventaja al estar la Flota Soviética del mar Negro prácticamente embotellada por el Bósforo y el estrecho de Estambul. Con Francia, al estar fuera de la estructura militar, no se contaba, al igual que pasaba con España, aunque ocasionalmente hubiera ejercicios navales conjuntos.

El terreno en la región nororiental presentaba el obstáculo natural de los Alpes, pero, a su vez, ofrecía el llamado boquete de Gorizia —conocido en la antigüedad como la Puerta de los Bárbaros, debido a las invasiones sufridas en tiempos de la Roma imperial—, constituido por la llanura que se extendía desde Fiume (Rijeka), en Yugoslavia, a lo largo de la costa adriática y que era una zona apta para operaciones con medios acorazados hasta llegar al

107 A los oficiales de Somalia se les daba un tratamiento particular ya que, hasta fecha reciente, Somalia había tenido una relación muy estrecha con la Unión Soviética, e incluso sus oficiales se habían formado en academias y escuelas soviéticas, como era el caso de los que estaban en nuestro curso. En una ocasión, el oficial más antiguo —un coronel— nos dio una conferencia sobre cómo eran los métodos y procedimientos que ellos habían aprendido en la URSS.

río Isonzo que representaba una línea secundaria de defensa ya en el interior del territorio italiano. En todo caso, el planeamiento italiano estimaba que el teatro de operaciones del *confine settentrionale* era un teatro secundario y que las hipotéticas hostilidades se iniciarían en lo que se daba en llamar Región o Frente Central, en donde se esperaba tuviera lugar el esfuerzo principal soviético, y que era básicamente el territorio de Alemania Occidental, por lo que se descartaba el factor sorpresa en el norte de Italia, así como en el Mediterráneo Oriental. Afortunadamente, nada ocurrió.

Relacionado con la amenaza, y en el contexto de la información clasificada y de las conferencias de acceso restringido que, a veces, tenían lugar, recuerdo una conferencia en particular que motivó que mantuviese una reunión de urgencia, por separado, en Roma, con el agregado militar, coronel Tapia, y con el representante del CESID, comandante Yanes. La conferencia tuvo lugar en el aula habitual de clase, no permitiéndose la entrada a los oficiales de países no miembros de la OTAN. Aquel día, además, el aula estuvo custodiada por personal del Arma de Carabinieri, y no se permitió tomar notas ni apuntes. La conferencia corrió a cargo de un coronel del Estado Mayor cuyo nombre no se hizo público, aunque resultaba obvio que lo conocían bastantes de los oficiales asistentes, y dio la conferencia vistiendo uniforme. La presentación del conferenciante la efectuó el general jefe del Curso Superior, Alfredo Cotugno, quien simplemente nos dijo que el coronel, que ocupaba un puesto de extrema sensibilidad, nos iba a explicar un caso de actualidad en el marco de la amenaza, al objeto de que tuviéramos conocimiento preciso de cómo se trabajaba ante una situación extrema de gestión de crisis.

El caso que se nos presentó fue ni más ni menos que la operación Able Archer y las repercusiones que su ejecución había tenido en todo el contexto de las relaciones Este-Oeste. Todo había tenido lugar en el periodo 1983-1984, y aunque nada había transcendido al conocimiento público, según se nos dijo, el mundo había estado a las puertas de la III Guerra Mundial. Personalmente, desde luego, nunca había tenido conocimiento de nada de lo que allí se dijo, ni siquiera en Gran Bretaña con ocasión de mi asistencia al Curso de Inteligencia sobre la URSS, claro está que, posiblemente, a tenor de lo que supe, los hechos estaban teniendo lugar entonces o casi.

De acuerdo con la exposición efectuada por el coronel del Estado Mayor —sin duda era un oficial del SISMI—, en noviembre de 1983 el mundo estuvo a punto de entrar en un holocausto nuclear, ya que Estados Unidos y la Unión Soviética se acercaron peligrosamente al conflicto atómico, en lo que hubiera significado la Tercera Guerra Mundial, en una confrontación mayor que la crisis de los misiles de Cuba de octubre de 1962. El motivo esencial de la crisis parece que fue la operación Able Archer 83, un ejercicio de puestos de mando de la OTAN que los soviéticos, informados por sus servicios de inteligencia, percibieron como una ofensiva real. En Moscú, según expuso el coronel, se creyó estar bajo la amenaza de una inminente ofensiva occidental, y se estuvo a punto de desencadenar un ataque preventivo.

Able Archer 83 consistía en el planeamiento de una ofensiva de carácter estratégico de la OTAN desencadenando un ataque atómico contra la URSS para responder a una hipotética invasión de las tropas del Pacto de Varsovia en Europa Occidental. Se trataba de un ejercicio imponente, enmarcándose además con la operación Reforger 83, que, a su vez, estaba integrada en el ejercicio Autumn Forge 83[108]. Uno de los objetivos principales de la operación era el de simular la comunicación y toma de decisiones a nivel político en el contexto de una guerra nuclear. Entre los líderes políticos que participaron en el ejercicio, en algún momento, estaban el presidente Reagan, la primera ministra británica Margaret Thatcher y el canciller de la República Federal Alemana, Helmut Kohl, además del primer ministro italiano Bettino Craxi, que no podía ser calificado, precisamente, como muy proamericano. La situación internacional había llegado a ser tan tensa que, en octubre de 1983, uno de los expertos de mayor prestigio en asuntos soviéti-

108 Los ejercicios Autumn Forge y Reforger (Return of Forces to Germany) eran ejercicios anuales reales de transporte de fuerzas aliadas desde Estados Unidos, Canada y Gran Bretaña al teatro europeo, esencialmente al llamado Frente Central, pero, ocasionalmente, también a Italia, en caso de invasión soviética, para poner a prueba la capacidad de movilización y los tiempos que ello requería; suponían el traslado de miles de soldados y material, y podían ser interpretados erróneamente y causar alarma. La URSS no necesitaba esos ejercicios ya que sus fuerzas estaban ya desplegadas en toda Europa Oriental. Es oportuno señalar que, si el lanzamiento de misiles era sólo un simulacro, las tropas, carros de combate, artillería, y abastecimientos, que se movían a través de Europa, eran reales y sus movimientos eran observados por los soviéticos.

cos, el diplomático norteamericano George F. Kennan[109], había señalado en el semanario *New Yorker* que la coyuntura internacional tenía «las características propias de una inevitable marcha hacia la guerra»[110].

El ejercicio presentaba un escenario en el que, tras un cambio de liderazgo en la Unión Soviética —lo que verdaderamente se produjo al poco tiempo con el fallecimiento de Andropov y su relevo por Chernenko—, tenía lugar un choque diplomático entre la URSS y Occidente sobre Oriente Medio, acompañado todo de una grave crisis económica en los Estados del Pacto de Varsovia —lo que era especialmente cierto en el caso de Polonia—, las fuerzas combinadas de los países del Este invadían primero Yugoslavia, que se sumaba a la causa de la URSS, y luego Italia, Finlandia y Noruega, llevando a cabo ataques aéreos sobre Gran Bretaña y Alemania Federal, acabando todo ello en el empleo de armas nucleares[111].

Mientras en la OTAN se llevaba a cabo el ejercicio, al otro lado del telón de acero los soviéticos consideraron que no se trataba de un simulacro, sino que era una excusa de la OTAN para llevar a cabo un ataque real contra los países del Pacto de Varsovia[112]. Las fuerzas estratégicas soviéticas y las bases militares en Alemania Oriental y Polonia fueron puestas en alerta por primera vez en la historia de la Guerra Fría, con los aviones de ataque con capacidad nuclear Sukhoi Su-24 Fencer preparados para entrar en acción. Según el

---

109 *New Yorker,* 3 de octubre de 1983, «Breaking the Spell. Reflections on Soviet-American relations», por George F. Kennan.

110 En el Reino Unido, la reina Isabel II tenía preparado, incluso, el discurso con el que expondría al pueblo británico el estallido de la Tercera Guerra Mundial, según se hizo público en 2013: «Now this madness of war is once more spreading through thc world and our brave country must again prepare itself to survive against great odds [...]. The enemy is not the soldier with his rifle or even the airman prowling the skies above our cities and towns but the deadly power of abused technology». Documento conservado en los Archivos Nacionales británicos, en Kew Gardens, Londres.

111 Pocos días antes de que comenzara el ejercicio Able Archer 83, Estados Unidos lanzó la operación Urgent Fury, cuyo objetivo fue la invasión de Granada, en el Caribe, que desafió la doctrina Brezhnev (una vez comunista, un Estado debe permanecer siempre comunista). Los soviéticos percibieron este ataque contra una nación que se había convertido al socialismo marxista, y que contaba con apoyo de tropas cubanas, como la primera fase de una ofensiva occidental de mayor alcance.

112 Es importante tener en cuenta que el secretario general y presidente del Presídium, en Moscú, era Yuri Andropov, que estaba convencido de que Occidente quería atacar a la URSS. Con su sucesor, Chernenko, la tensión se redujo.

conferenciante, no era fácil comprender las razones por las que los soviéticos al final se convencieron de que no estaban a punto de ser atacados y que todo era un ejercicio puramente didáctico, pero los indicios apuntaron a que fuentes soviéticas con conocimiento interno del Cuartel General de la OTAN en Bruselas debieron detectar la realidad e informaron a Moscú asegurando que los países occidentales no estaban iniciando ninguna ofensiva contra la URSS. Por otra parte, algunos indicios indicaron a Washington que la situación había tomado derroteros muy peligrosos y, consecuentemente, se adoptaron medidas correctoras a tiempo que redujeron en el último momento la intensidad del ejercicio[113].

Mi propia conclusión tras asistir a la conferencia fue que el mundo estuvo al borde de un desastre sin precedentes debido a una falta de comunicación que llevó a una grave falta de percepción entre los dos bloques que ignoraban por completo las verdaderas intenciones y los temores de cada uno. Los soviéticos llegaron a creer, en algún momento, que estaban a punto de ser atacados, mientras que los norteamericanos, y el mando de la OTAN, no parecieron percibir con claridad que los soviéticos estaban preparando un contraataque real a su ofensiva simulada. Fue sólo después de la crisis, como demostraba la conferencia, que se comenzó a tomar seriamente conciencia de la gravedad de lo que había sucedido.

Lo que se nos quiso presentar en la Escuela de Estado Mayor italiana era que la crisis era un caso perfecto para estudiar cómo cuestiones psicológicas ligadas a la percepción de las idiosincrasias entre adversarios pueden afectar al proceso de toma de decisiones. Los soviéticos tenían una idea del todo errónea de las intenciones occidentales, pero era a partir de esta percepción psicológica teórica que tomaban sus decisiones y que, sin embargo, tenían graves consecuencias en el mundo real. Otra cuestión fundamental es la relativa a cómo influían las creencias del liderazgo, que acababan siendo fundamentales, en el proceso decisorio. Por

113 Algunos años más tarde, viviendo en Gran Bretaña, llegaría a mi conocimiento que el coronel soviético Oleg Gordievsky, que había desertado y vivía en Londres, había advertido en aquellos días a los servicios británicos de que la URSS estaba seriamente preocupada por las actividades de las bases norteamericanas en Inglaterra, que habían simulado el lanzamiento entonces de los primeros misiles de medio alcance.

ejemplo, los líderes soviéticos miraban el mundo a través de su filosofía marxista-leninista, forzando al mundo a entrar en sus esquemas teóricos, y en Occidente[114], el presidente Reagan había calificado a la URSS como «Imperio del mal». ¿Habrían llegado los soviéticos a pensar que Estados Unidos, y Europa Occidental estaban verdaderamente a punto de desencadenar el apocalipsis si no se hubiesen criado en un sistema donde la propaganda anticapitalista constituía un pilar de la política y de la sociedad?

En suma, la crisis nos enseñó que la situación geopolítica y económica de los Estados, y su nivel de armamento y desarrollo tecnológico no son los únicos elementos que deben ser tenidos en cuenta a la hora de estudiar las relaciones internacionales. Las cuestiones psicológicas, e incluso el azar, pueden jugar un papel muy importante en el desarrollo de las políticas mundiales. El factor humano no puede ser tachado nunca de secundario y el mantener abiertos los canales de diálogo es esencial. Informé de todo ello lo más detalladamente que pude a nuestro agregado militar, coronel Tapia, y al delegado del CESID, comandante Yanes, quienes pusieron ojos como platos, y nunca más volví a saber nada más del tema. Si en España estaban al corriente, o no, nunca lo supe, y nadie mencionó el asunto.

El ejercicio Able Archer, curiosamente, había contemplado que la apertura de hostilidades entre los bloques daba comienzo con una invasión de Italia desde Yugoslavia y Austria, naciones neutrales en principio —y no afiliadas a ningún bloque—, y eso era lo que preocupaba a Italia, y, especialmente, al Ejército italiano. Por ello no nos resultó extraño que el siguiente ejercicio didáctico fuera llevar a cabo un estudio adicional de la defensa de la frontera nororiental, y así, a los pocos días nos pusimos en marcha de nuevo hacia Verona, Vicenza y Udine.

La defensa del *confine settentrionale*, una vez sobre el terreno, tenía su complicación ya que, aunque el terreno favorecía la defensa, no había posibilidades para tener ideas muy imaginati-

114 En el Reino Unido, Margaret Thatcher, tras ser elegida primera ministra, mantuvo una posición muy dura hacia la URSS, pero, sin embargo, después del ejercicio Able Archer 83, su actitud se hizo menos agresiva, mostrándose favorable a llevar a cabo todos los esfuerzos que pudiesen evitar nuevos malentendidos entre los dos bloques.

vas. De un lado, al oeste, y al norte, la defensa se apoyaba en los Alpes dolomíticos y, al este, estaba el mar Adriático, con lo cual maniobrar era complicado. Mis propuestas de llevar a cabo ataques preventivos me acarrearon más de una mirada seria del profesorado, ya que, además de significar que era Italia la que iniciaba la guerra, las tropas italianas deberían invadir Austria y Yugoslavia, lo que políticamente era totalmente inaceptable. Estaba claro que Italia tenía que esperar a ser atacada. Eso sí, como en este caso las fuerzas soviéticas y del Pacto de Varsovia deberían ahora ser ellas las que cruzasen Austria y Yugoslavia, Italia gozaría de un tiempo inestimable de preaviso e incluso se podrían efectuar, sin duda, misiones de ataque aéreo contra las tropas enemigas en su movimiento de aproximación a la frontera italiana, algo para lo que estaban especialmente dotados los nuevos Tornado de la Aeronautica Militare y los A-10 norteamericanos[115].

Por lo tanto, la defensa tenía que adoptar la modalidad de defensiva estática sin idea de retroceso, ya que la idea de una defensiva móvil cediendo terreno para recuperarlo luego mediante contraataques, es decir, una defensiva elástica, tampoco era políticamente correcta. La defensiva estática era algo que a todos los que creíamos en la movilidad y la maniobra nos repugnaba. Era, en lenguaje taurino, como la tarea del picador y la del rejoneador; ante todo, espíritu jinete y eso me granjeó un aplauso de mis compañeros y también de los profesores. No sabía cómo, pero algo se nos ocurriría. La respuesta estaba en la nueva doctrina norteamericana conocida como Airland Battle y, como estábamos organizados en equipos de trabajo, le propuse al oficial norteamericano, Thomas Piazze, que la expusiera él, precisamente por ser norteamericano. La única condición que nos imponían era que la línea más retrasada de la defensa tenía que ser el río Piave y que Venecia tenía que ser declarada ciudad abierta[116]. En aquellos días aún no sabíamos con

115 El A-10 Thunderbolt era un avión, todavía en servicio, específicamente diseñado para misiones aire-tierra, y muy especialmente para destruir carros de combate. Había A-10 desplegados en cuatro bases en Alemania Occidental, y muy fácilmente podrían cumplir misiones sobre Austria y Yugoslavia.

116 El concepto de la AirLand Battle, o Batalla Aeroterrestre, constituía en aquellos días la base de la doctrina defensiva del Ejército norteamericano para el combate en Europa contra las fuerzas del Pacto de Varsovia. Naturalmente, ponía el énfasis en la coordinación íntima entre los medios acorazados, actuando en

exactitud que el concepto de la AirLand Battle había sido adoptado ya en 1984 como idea de maniobra principal de la OTAN para la defensa del teatro europeo, y aunque el mando italiano estaba al corriente los manuales tácticos aún no lo habían recogido, pero sí consideraban la «defensa activa», que era un concepto que se había introducido en 1976. En España aún se continuaba trabajando con la Doctrina de 1957 y con la defensiva estática sin idea de retroceso, algo que yo no comprendía y que, a fecha actual, sigo sin entender, a no ser por la penuria de medios.

A estas alturas, y para acabar de comprender el porqué de toda esta preparación y todos estos estudios, conviene detenernos en saber, en líneas generales, cuál era el enemigo y a qué creía enfrentarse el Ejército italiano. Pero antes conviene aclarar que el hecho de fuéramos unos oficiales extranjeros —a mi idea, además de Thomas Piazze, se unieron entusiastas el oficial alemán, mayor Jürgen Fitchner, y el oficial francés, comandante Jean Louis Travers— los que lideramos la idea, se debía, en exclusiva, a la actitud de nuestros compañeros italianos, quienes, motivados por un exceso de celo, se aferraban a los reglamentos en vigor para no enfrentarse a una mala nota que pudiera perjudicar sus expectativas de carrera. En mi caso, en particular, cuando en alta voz dije que el problema de actuar conforme a los reglamentos era que los reglamentos también los conocía el enemigo, me consagré definitivamente como un espíritu rebelde e independiente[117].

---

forma agresiva y maniobrando defensivamente, y la aviación táctica actuando contra los escalones enemigos más retrasados y contra las líneas de apoyo logístico. El padre de la idea había sido el general Donn Starry —quien dirigía el Departamento de Instrucción y Doctrina norteamericano (TRADOC)—, y a quien yo había conocido personalmente en Fort Knox cuando realicé allí el Curso Avanzado del Arma Acorazada. Requería profusión de empleo de carros de combate y aviación táctica en misiones aire-tierra actuando contra la retaguardia enemiga. Asimismo, iba a necesitar un apoyo masivo en sistemas de mando y control, comunicaciones e información, lo que en terminología militar llamábamos C3I (Command. Control, Communications and Intelligence).

117 Ello motivaría, sin ningún tipo de malas formas, que el general Alfredo Cotugno, como jefe del curso, me propusiera dar un paseo un día y me dijera muy amablemente: «Caro Candil, quando il galletto canta tropo, li coltano il collo. Debi fare attenzione» («querido Candil, cuando el gallo canta demasiado, le cortan el cuello. Debes ser prudente»). Triste, pero muy cierto y lo experimentaría a lo largo de mi carrera.

El enemigo —es decir, el Ejército soviético y sus aliados— tenía en 1985, sobre el papel, una fortaleza mayúscula y podía dar la impresión de que era insuperable. A diferencia de España, Italia —además de estar mucho más comprometida con la OTAN— estaba casi en primera línea de frente y como se consideraba en gran parte de los ejercicios y supuestos tácticos, era uno de los objetivos estratégicos primordiales, hipotéticamente hablando, del Pacto de Varsovia.

La amenaza directa del Pacto de Varsovia sobre Italia la representaba Hungría, donde además de las propias fuerzas húngaras, desplegaba el llamado Grupo de Fuerzas Soviéticas SUR. Las relaciones húngaro-soviéticas se caracterizaron por intervenciones políticas, económicas y culturales de la Unión Soviética en la política interna húngara durante cuarenta y cinco años, es decir, a lo largo de toda la duración de la Guerra Fría. Hungría fue miembro del Pacto de Varsovia ya desde 1955, y desde el final de la Segunda Guerra Mundial, las tropas soviéticas estaban estacionadas en el país, interviniendo directamente en el momento de la Revolución húngara de 1956, para evitar que se desmoronase el comunismo. De alguna manera, se puede decir que Hungría era un país ocupado —había sido aliado del III Reich—, lo que no significaba que, en 1985, no fuera ya una nación comunista y alineada con la Unión Soviética, sino todo lo contrario, pero fue ocupado, que no liberado, en 1945. No obstante, las tropas soviéticas en Hungría, al igual que las tropas húngaras, formaban un componente bastante coherente que había que tomar en serio, sobre todo a efectos de planificación.

En 1985, el Grupo de Fuerzas Soviéticas SUR —creado en 1957—, con cuartel general en Budapest, estaba compuesto por dos divisiones acorazadas —cada una con trescientos veintiocho carros de combate—, dos divisiones de infantería motorizada —con doscientos veinte carros cada una—, además de una brigada aerotransportada, unidades de helicópteros y de misiles, apoyo logístico, ingenieros, transmisiones, defensa atómica y bacteriológica, y de defensa antiaérea, junto con un importante componente aéreo con aviones de caza, y ataque al suelo, transporte, y reconocimiento, que totalizaban más de trescientos aviones. Aproximadamente sesenta y cinco mil efectivos, y más de mil carros de combate, con una potente artillería, al mando de un general de alto rango. Dentro de lo que era entonces el concepto estratégico general soviético, estas fuerzas estaban asignadas al llamado teatro de Operaciones/TVD Sudoccidental, y estaban consideradas como de Categoría 1, equipadas y dotadas de personal y armamento al 100 % y listas para intervenir. Todos los carros de combate eran de los tipos T-64/T-72/T-80, los más modernos entonces. Y no hay que olvidar que, entre la artillería con la que contaban estas fuerzas, había lanzadores de misiles tácticos tierra-tierra FROG 7, SCUD C y SS-12 SCALEBOARD, todos con capacidad convencional/nuclear/química, y alcances que colocaban virtualmente ciudades como Milán o Verona a su merced. No me cabe duda de que, en el papel, era una organización seria y temible apta para la guerra, capaz incluso de desarrollar operaciones independientes durante un cierto periodo de tiempo.

A estas fuerzas había que sumar el Ejército Popular húngaro (HPA), instruido y equipado según el modelo soviético que, en 1985, se estructuraba en un nivel de ejército (5.º Ejército húngaro) con tres divisiones de infantería motorizada, como las soviéticas, y una división acorazada, más un cuerpo de ejército (3.º Cuerpo de Ejército), con dos divisiones de infantería motorizada. Todo ello venía a suponer un total de unos ochenta mil efectivos con unos mil doscientos carros de combate de los tipos T-54/55, no tan modernos como los soviéticos, pero eficaces —aparte de que se sabía que Hungría había comenzado ya a recibir carros nuevos T-72—, y artillería autopropulsada de 122 mm y 152 mm, junto con una fuerza aérea modesta que aportaba unos doscientos aviones de combate de los tipos MiG-21, MiG-23 y Sukhoi Su-22. El pensamiento italiano consideraba que, de iniciarse las hostilidades, la misión de las fuerzas húngaras sería la de desempeñar un papel de apoyo en la penetración de las fuerzas soviéticas, bien en la dirección sur hacia Italia —manteniendo libre el paso en Austria—, o suroeste, flanqueando el frente central, pero siempre asegurando el paso a través de Austria.

En suma, bajo estas consideraciones, es comprensible cierta ansiedad de la parte italiana, especialmente si se tiene en cuenta que las fuerzas expuestas no eran de naturaleza defensiva sino claramente ofensiva. No había razón alguna que justificase la presencia de un contingente de fuerzas como era el Grupo SUR, en Hungría, como no fueran propósitos ofensivos. No hay ninguna razón —al margen de que creyesen que la OTAN les iba a atacar a ellos—, que justifique desplegar un sistema de misil como el SS-12 —con un alcance de 900 km—, y con capacidad nuclear, si no es con un propósito ofensivo o, en todo caso, de desencadenar un ataque preventivo de carácter estratégico.

Las hipótesis que se avanzaban sobre el desencadenamiento de un conflicto Este-Oeste presentaban que en lo relativo al teatro de operaciones sudoccidental —de acuerdo con la doctrina soviética— se ofrecían dos posibles líneas de aproximación: bien siguiendo el Danubio, a través de Austria, y Baviera, protegiendo el flanco sur de un avance en el teatro occidental, o bien siguiendo la depresión de Liubliana y el boquete de Gorizia, para alcanzar la frontera nororiental italiana, y bloquear al mando de la OTAN en Italia, impidiéndole actuar en el centro de Europa. Políticamente, los propósitos inmediatos podrían ser unas ofertas separadas de paz a Italia, Grecia y Turquía, lo que dejaría fuera de juego por completo a todo el flanco sur de la OTAN. La hipótesis principal, en cualquier caso, veía una acción soviética contra el flanco sur e Italia, como un esfuerzo secundario para apoyar el esfuerzo principal en el teatro de operaciones/TVD Occidental, que era el que defendían las fuerzas aliadas en Europa Central (AFCENT), y que era básicamente el territorio de Alemania Occidental, Bélgica, Holanda y Luxemburgo, y posiblemente Francia también, a tenor de cómo se desarrollasen las operaciones.

La cuestión que nadie se atrevía a poner sobre la mesa era la de las armas nucleares. Italia, en sí misma, no disponía de ellas, pero había armas nucleares norteamericanas en suelo italiano, y además estaba la vecina Francia, que sí contaba con ellas. Se daba por descontado que el Pacto de Varsovia las emplearía si las operaciones convencionales no alcanzaban los resultados esperados. Lo que ocurriera después era ya imprevisible. Supongo que en el nivel más alto del pensamiento estratégico italiano se habría contemplado el caso y existirían planes de contingencia al respecto, pero en la Escuela nunca se habló de ello.

La clausura del ejercicio nos llevó al final del curso, que, tras un corto viaje de estudios a Grecia, donde visitamos unidades y centros militares griegos, nos sirvió de descanso. Allí pude constatar que la amenaza militar que preocupaba a los griegos no era la soviética sino la turca. Un oficial griego quiso comparar la situación con la de España y Marruecos, y le tuve que decir que Marruecos ni era miembro de la OTAN, ni tenía el potencial militar turco.

Había sido un año muy interesante, desde el punto de vista personal, pero ahora la realidad me llevaba a considerar mi futuro profesional inmediato, ya que, aunque, incomprensiblemente, seguía estando destinado en el CESID, estimaba que mi cese sería efectivo en cuestión de días. En principio, podría haber varias opciones y me dediqué a explorarlas, aprovechando unos días de descanso en Italia, tras regresar de Grecia y ya clausurado el curso en la Escuela de Guerra, antes de volver a España.

En primer lugar, podría haber optado a un puesto de nueva creación en Italia, bien en ámbito OTAN: AFSOUTH, en Nápoles, o LANDSOUTH, en Verona, y lo hablé con el agregado militar, coronel Tapia, pero no era algo que pareciese ser inmediato, y además estaría abierto a oficiales de mayor graduación —hasta teniente coronel inclusive—, con lo cual, siendo yo todavía capitán, mis posibilidades no eran muchas. También se presentaba la posibilidad de quedarme como agregado militar adjunto, con el mismo coronel Tapia, y aunque aquí podría haber más posibilidades ya que, en principio, yo podría ascender a comandante en 1986, tampoco se vislumbraba que pudiera ser algo rápido. Personalmente, me apetecía más un destino de Estado Mayor en Bruselas —en la sede principal de la OTAN—, pero, nuevamente, mi juventud era una desventaja.

Una posibilidad no explorada era permanecer en el CESID, destinado en Italia, como adjunto del comandante Yanes, pero ni parecía que a él le entusiasmase la idea, ni a mí tampoco. Podría haber sido de gran ayuda ya que, no solo hablaba un buen italiano, sino que, tras el curso, tenía muchos contactos con oficiales italianos y aliados, que iban a ocupar puestos de relieve en la administración italiana, y en la estructura de la defensa nacional, pero nada de esto pareció ser de interés y alguien tomó la decisión por mí. Esto que puede parecer normal a cualquiera con un mínimo de sentido común, en el Ejército español y en general, en la administración española, era justo al contrario[118].

---

118 Un buen amigo mío, diplomado de Estado Mayor en la Escuela del Ejército británico, en vez de ser destinado a Gran Bretaña como agregado militar —además habiendo vacante— fue destinado, en cambio, a Suecia.

La decisión que se tomó me sorprendió considerablemente, ya que, como he expuesto, yo ya consideraba que no iba a seguir en el CESID en ningún caso. Sin embargo, a principios de julio de 1985, el comandante Yanes me comunicó con urgencia que el general Alonso Manglano —que parece que estuvo en contra de que yo causase baja en el Centro y no aceptó firmar mi baja, según supe posteriormente— había tomado la decisión personal de crear una representación del CESID en el Reino Unido —en esos momentos no había nadie del Centro allí ni había tradición de mantener relaciones con los servicios británicos—, y me había designado para el puesto, sin más. Disponía de cuarenta y ocho horas para dar mi conformidad, así que después de pensarlo brevemente y hablarlo con mi esposa, decidí aceptar. Sabía que iba a tener que empezar desde cero, y construir unas relaciones, hasta ahora inexistentes, con unos servicios considerados como entre los mejores del mundo. Era un gran desafío que no pude rechazar.

Al igual que había ocurrido con mi destino a Italia, mi destino a Gran Bretaña iba a transformar profundamente mi vida, no solo profesionalmente sino personalmente. Lo vemos en el siguiente capítulo. Dejé Italia con el sentimiento de dejar detrás algo de mí; había tenido la oportunidad de conocer una gran nación y de entablar amistades que perduran a través del tiempo. Italia ocupa un lugar importante en mi corazón desde aquellos días.

8. EN EL PAÍS DE JAMES BOND Y LA DAMA DE HIERRO[119]: PUNTUALIDAD, FORMALIDAD, BUEN HACER Y PROFESIONALIDAD

1985-1991

«A lo largo de mi vida, todos nuestros problemas han venido de la Europa continental, y todas las soluciones han venido de las naciones angloparlantes a lo largo y ancho de la Tierra».

Margaret H. Thatcher

«Los ingleses tienen tres cosas de las que mostrarse orgullosos: El té, el whisky, y un escritor como yo. Pero resulta que el té es chino; el whisky, escocés, y yo soy irlandés».

Oscar Wilde

Incluso a fecha de hoy, cuando me paro a reflexionar, no alcanzo a saber por qué el general Alonso Manglano decidió enviarme a Gran Bretaña en representación del CESID. Yo contaba con haber causado baja en el servicio al irme a Italia, y, al parecer, así lo estipulaban las reglas que, aquellos que las invocaban, exigían, pero aquellas reglas

119 Margaret Thatcher fue apodada, curiosamente, la Dama de Hierro por un periodista soviético, Yuri Gavrílov, en la revista militar soviética *Estrella Roja*, en 1976 —antes de ser primera ministra—, como contestación de Moscú a unas declaraciones en las que Thatcher acusaba a la Unión Soviética de querer dominar el mundo.

no debían ser tan rígidas cuando el propio director impidió que se me aplicasen, aunque yo no tuve arte ni parte, y solo me enteré cuando se me comunicó, no solo que no había causado baja, sino que se me destinaba a Londres. No fue un destino que yo busqué ni solicité.

Una vez en Madrid, de regreso de Italia, me presenté en mi antiguo destino, donde, antes que nada, todos se volcaron incondicionalmente en examinar todo aquello que iba a poder necesitar en mi nuevo puesto ya en Gran Bretaña, y aunque ya no estén aquellos que así se comportaron, aprovecho para agradecérselo desde estas páginas. Todo fueron facilidades, incluso en la sede central, en Castellana, donde Manglano parece que había dado órdenes de que todo fueran facilidades y que no se me regatease nada. Sin embargo, no vi a Alonso Manglano hasta la víspera de emprender el traslado definitivo. Por supuesto, a quien no vi ni hice el mínimo esfuerzo por ver fue al Sr. Roca —coronel Ruiz de Conejo—, culpable de mi desencuentro con el Centro en 1984, y que dejó el servicio para ir a mandar un regimiento. Tengo que decir que tampoco el Sr. Osma —comandante Orzáez— estuvo especialmente amable, y cuando le agradecí la confianza que depositaban en mí para cumplir una misión en Gran Bretaña, me dijo, con toda claridad, que él no tenía nada que ver y que, en todo caso, se lo agradeciese al propio Manglano, que era quien lo había decidido. De alguna manera, todo esto me sirvió un poco para identificar a aquellos en quienes podía confiar, y en quienes no. El que se suponía que estaba encargado de las relaciones exteriores del Centro, el Sr. Dardo —comandante Durbán—, en ningún momento me preguntó nada ni me ayudó en nada. Lo que nadie me decía tampoco, sin embargo, era lo que se esperaba que yo hiciera en el Reino Unido, y consecuentemente, actué con mi propio criterio, sin que nadie me recondujese lo más mínimo. Casi autonomía total.

Dado que se me nombraba agregado a la Embajada de España en Londres —según escrito oficial que recibí nombrándome para el puesto, firmado por el entonces ministro de Asuntos Exteriores, Sr. Fernando Morán—, lo primero que hice fue escribir formalmente al embajador, Sr. José Joaquín Puig de la Bellacasa, poniéndome a su disposición. Mi nombramiento no se hacía público, sin embargo, y a todos los efectos administrativos yo seguía destinado en la Subsecretaría del Ministerio de Defensa como oficial de Estado Mayor. A continuación, me personé en el Ministerio de Asuntos Exteriores, en el Palacio de Santa Cruz, donde me facilitaron pasaportes diplomáticos para mí y toda mi familia. El tener cobertura diplomática facilitaba mucho las cosas, y era una especie de garantía y protección —como el contar con inmunidad a efectos legales—, pero también revelaba en alguna forma que era un funcionario de un Gobierno extranjero.

Una de las vulnerabilidades principales de los destinos del CESID en el extranjero entonces y que, sin duda, era fruto de las tensiones y difíciles relaciones del Centro —y del Ministerio de Defensa en general—, con el Ministerio de Asuntos Exteriores, radicaba precisamente en el nombramiento y la cualificación que conllevaba al conceder solo el título de «agregado» sin especificar nada más. No sé el origen de aquello, aunque imagino que como las relaciones entre los diplomáticos y los militares nunca fueron buenas, ellos trataban de estar aparte y no mezclarse demasiado con nosotros. Y supongo que, en justa réplica, a nosotros no nos entusiasmaron nunca tampoco, ¡las eternas rivalidades ibéricas! Sea como sea, lo que ocurría es que al no dar a los representantes del CESID una cobertura diplomática adecuada —y solo el título dudoso de «agregado» a secas—, ello equivalía a anunciar con bombo y platillos cuál era la función que se desempeñaba. Recuerdo una de las primeras reuniones o conferencias a las que asistí ya en Londres, y en la que me senté en una mesa con varios miembros de la Embajada de Israel, y al intercambiarnos tarjetas, uno de ellos, que se presentó como coronel, le dijo a otro de los israelíes presentes, sonriéndose: «Uno que dice ser "agregado", pero no dice de qué, es que hace lo mismo que haces tú, David», con lo cual ya tuve una introducción directa y abierta con la delegación del Mossad en el Reino Unido. Fueron simpáticos y me ofrecieron su ayuda en todo momento, pero fui muy prudente sabiendo lo agresivos que podían ser. Las relaciones del *Mossad* con el CESID eran muy buenas, en cualquier caso, como he expuesto en capítulos anteriores, y en Gran Bretaña tendría la impresión de que eran también buenas, pero que, sin embargo, los ingleses los ataban cortos y no les dejaban campar por sus respetos.

Tras estos trámites iniciales, a continuación, expuse en el Centro —mediante propuesta dirigida al general Manglano—, la conveniencia de efectuar un viaje exploratorio a Londres —lo que se aprobó sin ninguna objeción—, para situarme, presentarme en la Embajada, y estudiar las alternativas que se me ofrecían en términos de vida y funcionamiento, tanto en lo profesional como en lo personal. No iba a relevar a nadie, no iba a disponer de ninguna secretaria, y, por lo tanto, tenía que partir de cero en casi todo. En aquellos días, además, no había aún informática disponible ni ordenadores y era todo muy elemental.

Embajada de España en Londres, sede de la delegación del CESID entre 1985 y 1990.

Me sorprendió que el propio Centro dejase a mi criterio el ubicar la sede de mi trabajo en la Embajada, o en mi propio domicilio particular. Había antecedentes de lo segundo, y por poner un ejemplo, la oficina del Centro en Múnich estaba en la vivienda particular del oficial allí destacado. Me pareció un proceder poco correcto que, además, obligaría a adoptar medidas especiales de seguridad y protección, ya que en una vivienda particular no regía el principio de la inmunidad y protección diplomática, y entendía que las dependencias de un organismo de inteligencia debían de gozar de esa protección. Por otra parte, de cara a los organismos oficiales y servicios británicos tampoco me parecía ni digno ni formal, por muy suntuosa que pudiera llegar a ser mi vivienda. Dejé claro cuál era mi opinión al respecto —lo que le pareció bien al general Alonso Manglano—, y el Ministerio de Asuntos Exteriores lo aprobó, acordándose que dispondría de un despacho en la sede de la propia Embajada, en el 24 de Belgrave Square, barrio de Belgravia, Londres SW1, en el corazón de Westminster, ya que en las oficinas de la Agregaduría de Defensa no había sitio, y probablemente tampoco iba a ser bienvenido. Ahora bien, la Embajada no me iba a facilitar ni mobiliario, ni apoyo de oficina, ni personal auxiliar ni nada de nada; mínima colaboración reducida a lo indispensable. Era lo que había, pero me revelaba que mucho concepto de labor de Estado y de ayuda no había.

También —a título personal y sin decir nada en el CESID—, me puse en contacto con los Estados Mayores, en Madrid, a los que me ofrecí en todo lo que estuviera en mi mano, y, en particular, con el agregado militar en Londres, coronel, de Infantería y de Estado Mayor, Leandro Peñas[120], quien fue muy amable, y, sin conocernos, me ayudó considerablemente, aconsejándome unos apartamentos amueblados en el centro de Londres, en la zona de Knightsbridge-Chelsea, para permanecer allí con mi familia durante mi viaje exploratorio, lo que resultó de gran utilidad. Desafortunadamente, a los pocos días, el coronel Peñas emprendió viaje por carretera a España, sufriendo un accidente en Francia a resultas del cual falleció y nunca llegamos a conocernos personalmente. Su puesto quedó vacante durante casi dos años, y ello me llevó a tener una colaboración especial muy estrecha con la Agregaduría de Defensa de la cual surgió una excelente relación profesional.

Entendiendo que, para poder dedicarme, a fondo, a lo que iba a ser mi trabajo debería asegurar, mi logística familiar, lo primero que hice nada más llegar a Londres fue resolver todas aquellas cuestiones personales del día a día que nadie me iba a solucionar, empezando por buscar una vivienda digna y acorde con mi posición, buscando a continuación colegios para mis hijos y abriendo cuentas bancarias, así como llevando a cabo la compra de un automóvil para el funcionamiento diario. Aunque en Gran Bretaña se conducía por la izquierda y con el volante a la derecha, y todo era al revés, la

120 El coronel Leandro Peñas tenía experiencia en temas de información ya que había estado destinado en el SECED, e, incluso, sido su secretario general en 1972.

verdad es que nos adaptamos perfectamente y nos dimos cuenta enseguida de que estábamos en un país serio donde se respetaban las reglas y había una gran corrección en lo que era el comportamiento social, al menos en el ambiente en el que nos desenvolvimos.

Tras varias consideraciones y sopesar todas las circunstancias, decidimos no vivir en el casco urbano y en el centro de Londres, lo que nos permitiría gozar de mejor calidad de vida. Elegimos la zona al oeste de la ciudad, a lo largo del Támesis, y una vez allí el barrio de Richmond justo enfrente de los Reales Jardines Botánicos de Kew Gardens, a unos veinte minutos de la Embajada y con acceso directo al metro —«the Tube»—, a la autopista M-4, a Oxford, y con fácil comunicación con el aeropuerto de Heathrow.

Kew Gardens era una zona residencial muy bien situada en la que había mucho ambiente intelectual. Un día paseando me encontré con Richard Attenborough, el actor, el de *La Gran Evasión*, *Parque Jurásico*, y tantas otras, y le saludé y hablamos unos minutos. Tambien tuve un encuentro casual con sir Alec Guinness en una tienda de discos. La casa de George Harrison, Friar Park, en Twickenham, estaba muy cerca. Había una pastelería —Newens—, donde me gustaba ir a tomar té o café con unos pasteles que se llamaban «Maids of Honour», que decían que se seguían haciendo como los hacían para Enrique VIII. Hoy, en Kew, además de los jardines botánicos están los archivos del Gobierno —The National Archives—, a los que he acudido buscando documentación sobre la guerra civil española o la implicación de España en la Segunda Guerra Mundial numerosas veces. Los terrenos de los jardines botánicos habían sido, en su día, zonas de caza de Enrique VIII, nada menos, y estaba todo muy cuidado —Hampton Court[121] estaba relativamente cerca—, y cómodo para la vida diaria, e incluso encontramos colegios para mis hijos enseguida. El vivir en una casa independiente, relativamente alejados de lo que era la comunidad diplomática española —que vivían casi todos juntos en unos pisos alquilados por el Ministerio de Asuntos Exteriores español— nos permitió integrarnos mucho más en la sociedad británica.

121 El Palacio de Hampton Court es un palacio real, situado en el término municipal de Richmond, originalmente construido para el cardenal Thomas Wolsey, uno de los ministros de Enrique VIII, y cuando Wolsey perdió el favor del rey, el palacio pasó a la Corona.

En lo concerniente a mi trabajo, como ya he citado, tuve que hacer todo, y tardé en ser operativo casi dos meses ya que no había nada de nada. La Embajada puso a mi disposición un despacho con un pequeño cuarto para guardar algo, o como archivo, pero tuve que pintarlo, amueblarlo, etc.; contratar línea telefónica independiente, línea de fax y télex; todo eso eran cosas nuevas para mí. Y, por supuesto, aprender a manejar el télex porque no lo había visto en mi vida, y, naturalmente, cifrar todos los mensajes, de cualquier tipo que fueran. La máquina de cifrar era suiza y me la enviaron de España, pero el equipo era todo de la marca Siemens que adquirí en Londres conforme a las instrucciones que me dieron. Mensualmente tenía que cambiar las claves y era algo bastante laborioso. Aquello no se parecía en nada a la famosa máquina alemana Enigma de la Segunda Guerra Mundial. Y también tuve que comprar una caja fuerte —de la casa Chubb—, tremenda, de acuerdo con las especificaciones que me dieron desde Madrid, y para instalarla tuve que contratar un equipo que pudieran subirla a mi despacho en el segundo piso de la Cancillería; fue toda una odisea.

En la Embajada me gané pronto la confianza del personal auxiliar de oficina, y sobre todo de los chóferes que me fueron de gran utilidad. También me sería muy útil y leal el ordenanza de la Embajada, Lorenzo, que vivía en la Cancillería, con su mujer, y era una especie de vigilante nocturno en consecuencia. El caso de Lorenzo era único, en mi opinión, ya que se trataba de un marinero que había servido en la guerra civil española con el marqués de Santa Cruz —José Fernández Villaverde y Roca de Togores—, y que, cuando en 1958, Franco lo nombró embajador en Gran Bretaña, se lo llevó a Londres como repostero, con un par, y allí se quedó. Lorenzo me traía los periódicos —*The Times*, *The Guardian*, *The Daily Telegraph* y *The Independent*—, todos los días, y los diarios de sesiones de la *House of Commons* y *House of Lords*, los «Hansards»[122] —especie de boletines oficiales—, como se llamaban coloquialmente, con lo cual acabé estando muy informado sobre la situación política cotidiana del Reino Unido.

---

122 Esta denominación era debida a la imprenta que los editaba, propiedad de Thomas Curson Hansard, que fue quien estableció la imprenta en Westminster a partir de 1809.

El personal diplomático era diverso y distante, no muy proclive a establecer amistades, y me sorprendió que no mantuvieran unas relaciones más estrechas con los organismos británicos. El de mayor rango tras el embajador —con rango de ministro consejero— era José Ignacio Benavides López Escobar, primo de un compañero de mi promoción de Estado Mayor —Jacobo Boza López Escobar, de Artillería—, y no nos llevamos mal, aunque descubrí pronto que tenía dos caras y no debía desvelar mis cartas con él nunca. Pero, aun así, hubo una buena relación. Él se ocupaba esencialmente de todo lo administrativo, pero le gustaba que fuese a su despacho y le «informara» por lo que no me fue difícil tenerlo contento y que no me supusiera problemas, aunque, naturalmente, no le informaba de nada. Le sustituiría José Sáenz de Heredia, que procedía de la rama materna de la familia de José Antonio Primo de Rivera, y era mucho mejor persona, por lo que nos llevamos muy bien.

Mucho más eficaz y mejor persona era el segundo en la lista, José Ignacio Carbajal, que acabaría siendo cónsul general en Londres, y con el que trabé una buena amistad que permaneció en el tiempo. Él se dedicaba a los asuntos políticos y en un gesto que le agradecí, ordenó que se me diera copia de todos los mensajes y escritos que él remitía al Ministerio de Asuntos Exteriores, sin yo pedírselo. Desgraciadamente ya falleció. Era una gran persona. El tercero en antigüedad fue un gran amigo, con el que todavía mantengo relación: Eduardo De la Iglesia y del Rosal, hermano del Caballero Cambridge —capitán de Infantería Antonio De la Iglesia—, de la promoción de la Academia anterior a la mía, que estaba destinado entonces como representante del CESID en Mauritania, en la Embajada de España en Nuakchot, y del que ya he hablado anteriormente. Me ayudó mucho y se volcó conmigo, aunque era igual de presumido y esnob que su hermano. Posteriormente acabó de embajador en México. Por último, venía Ricardo Martí Fluxá, con quien me llevé bien pero que era un ambicioso y oportunista tremendo. Este era de la cuerda de Rodolfo Martín Villa —el antiguo ministro—, y con el PSOE en el Gobierno estaba algo caído en desgracia. Me llevé bien con él y salimos juntos varías veces, pero se fue pronto como cónsul a Houston, por diferencias con el embajador, y acabaría siendo secretario de Estado de Seguridad con Aznar, en 1996, ¡sustituyendo a Rafael Vera nada menos! Era bastante especial, en cualquier caso. Había otros dos o tres diplomáticos más, pero ya de un nivel diferente con los que tuve menos relación. Uno de ellos era Miguel Aguirre de Cárcer, y otro era Manuel Cacho, que sería embajador en Cuba. Más tarde se incorporó también Fernando de la Serna, que era un personaje muy especial, al que había conocido ya en la OTAN, y que terminaría sus días como embajador en Trinidad y Tobago, en las Antillas.

Luego estaban los agregados culturales, de prensa, educación, laboral, etc., a los que conocí esporádicamente. Y el cónsul general también, aunque no tuve mucha relación con él. Las dependencias, que ocupaban todos ellos, estaban distribuidas por todo Londres, lo cual era un poco caótico. La Agregaduría de Defensa estaba fuera también de la Embajada, en un piso de la calle Hans Crescent, 3, enfrente de Harrod's y encima de la Embajada de Ecuador, donde se refugió durante varios años el causante de todo el embrollo de WikiLeaks, Julian Assange. En cualquier caso, estaba a cinco minutos de la Embajada.

El embajador tenía dos secretarias inglesas, con las que me llevé muy bien, aunque de manera discreta previne al embajador para que tuviera en cuenta que cualquier tema delicado que tratase lo iba a saber el Foreign Office enseguida. Aquí no me hizo ningún caso, ya que el embajador decía abiertamente que el representaba a la Casa Real y no al Gobierno socialista de Felipe González, y por lo tanto le importaba un comino que se enterase el Foreign Office de todo. Se lo conté a Manglano con discreción, pero tampoco pareció importarle. De esa manera, tan sencilla, tuve claro que mi misión no era la seguridad ni la protección de la información en la Embajada, con lo cual me abstuve de opinar al respecto. Mención aparte merece el canciller de la Embajada, Felipe —Philip—, Letheren, quien siempre tuvo una conducta intachable, y de quien guardo un buen recuerdo. El Sr. Letheren era inglés, pero había estado al servicio del duque de Alba, cuando este fue designado embajador de España por el Gobierno de Franco, ya desde los tiempos del Gobierno en Burgos durante la Guerra Civil, y ningún español había sido más inglés que el duque, sir James Fitzpatrick Stuart y Falcó, o Jimmy Alba como lo llamaba Churchill. No había nada que Mr. Letheren no supiera o no pudiera solucionar.

En la Embajada también se encontraba un inspector del Cuerpo Nacional de Policía, Mariano Rayón, acreditado igualmente como «agregado», con el que tuve muy buenas relaciones, pero al que ignoraban de forma clara los diplomáticos, y de los que él acabó pasando igualmente. El inspector Rayón era el representante del Ministerio del Interior ante Scotland Yard, pero también estaba relacionado con los servicios de seguridad interiores británicos, es decir, con el servicio de inteligencia interior Security Service, conocido coloquialmente como MI-5. Rayón tenía línea directa con el director de la Dirección General de Seguridad, Rafael Vera, y de alguna manera, desde el CESID[123] me indicaron que evitase su compañía, lo cual, por supuesto, ignoré abiertamente. Sinceramente creo que el inspector Rayón era una persona competente que no merecía ser ignorado. El embajador pensaba, de alguna manera, que la misión de Rayón era vigilarle a él. Nadie podía imaginar entonces como acabaría Rafael Vera.

La Embajada estaba ubicada en un edificio histórico diseñado por el arquitecto Henry Kendall, construido entre 1840 y 1850, propiedad del duque de Westminster, en el aristocrático barrio de Belgravia, donde se han rodado infinidad de películas, y donde están ubicadas numerosas representaciones diplomáticas. La Embajada de España estaba entre la Embajada de la República Federal Alemana[124] y la Embajada de Noruega, con las cuales llegué a mantener excelentes relaciones.

LA SOCIEDAD BRITÁNICA EN LOS OCHENTA

El reciente fallecimiento de la reina Isabel II, a los noventa y seis años, puso fin al reinado más largo de la historia británica y sucedió en un momento en que la vida de la nación —y su futuro— parecen inciertos. La última primera ministra —Liz Truss—, la cuarta

123 La rivalidad de Manglano con Rafael Vera fue algo patente y muy nocivo en todo este tiempo, que, incluso, llegó a lo personal.

124 La sede de la Embajada alemana había sido el Consulado del III Reich, y tras la guerra mundial empezó a actuar como embajada en 1961, al renunciar el Gobierno Federal alemán a utilizar la antigua sede. En 1990 se integró en ella la Embajada de Alemania Oriental que dejó de funcionar entonces debido a la reunificación.

persona en ocupar el cargo en siete años duró menos que lo que dura una lechuga fresca en la nevera, como ha señalado el semanario británico *The Economist*. El Brexit ha desestabilizado las relaciones de la nación con sus vecinos más cercanos. La pandemia ha dejado cicatrices profundas, la inflación en el Reino Unido está en un nivel que no se había visto en cuarenta años y, en la antesala del invierno —cuando escribo estas páginas—, se vislumbra una crisis energética que parece destinada a perjudicar seriamente a una gran parte de la sociedad británica.

Gran Bretaña había venido siendo una figura internacional crucial, una nación líder en Europa, y un socio diplomático y militar fiable con un Gobierno competente y valores democráticos liberales. Hoy luce cada vez más como un aislado Estado insular del Atlántico. Gran parte de su disfunción ha sido autoinfligida, lo cual les ofrece a otros países algunas lecciones sobre los peligros de las políticas populistas. Sin embargo, los hipotéticos enemigos del Reino Unido no deberían felicitarse a sí mismos por haber tenido razón sobre los errores que ha cometido Gran Bretaña, principalmente bajo Gobiernos conservadores. Es importante no solo para Gran Bretaña, sino también para Europa, Estados Unidos y el mundo, que Gran Bretaña sepa cómo reponerse. Hasta un personaje tan controvertido como Hitler declaró, en su día, que era esencial preservar la estabilidad del Imperio británico.

En la década de los ochenta, el Reino Unido era totalmente distinto, y una nueva filosofía política, que se ha dado en llamar «thatcherismo», acababa de emerger. Margaret Thatcher fue elegida primera ministra en mayo de 1979, y permanecería en el poder hasta noviembre de 1990, de modo que cuando me traslade al Reino Unido, en 1985, se encontraba en la cumbre de sus sucesivos mandatos, tras haber sido reelegida en 1983, y en 1987. Era la primera mujer en la historia de Gran Bretaña que había llegado al puesto más alto de la política británica, la primera mujer en alcanzar la presidencia de un país europeo, la primera en liderar un partido político importante, la única en ganar tres elecciones consecutivas con mayorías holgadas, y la única que ha sido comparada con políticos británicos de la talla de Winston Churchill. Se la ha definido como «una combinación de libertad económica, valores cristianos y conservadores tradicionales, patriotismo británico y una firme adhesión a Estados Unidos»[125].

No había sido una época fácil, ni se lo habían hecho fácil —ni su propio partido ni la oposición—, pero lo había superado. Margaret Thatcher fue una líder fuerte de marcada personalidad y firmes convicciones, en un período dominado por hombres, y en una sociedad, la británica, obsesionada por la clase social. La política estaba dominada tradicionalmente por hombres que provenían de universidades de élite y de un elevado estatus social —al que ella no pertenecía— y a quienes tenía que dar órdenes, lo cual no era nada fácil y siempre tuvo conspiradores detrás de sus espaldas.

Antes de seguir y adentrarnos en la sociedad británica de los años ochenta, tengo que decir que la conocí personalmente —ya lo explicaré más adelante—, y la encontré encantadora, muy amable, pero muy en su sitio, que es como entiendo que debe ser un líder político que, además, desempeña la labor de dirigir una nación relevante en el concierto internacional. Su elección, en 1979, sin embargo, no eliminó las divisiones existentes en el Partido Conservador, especialmente en lo concerniente a Europa, y a como estaba evolucionando la comunidad europea. Una de las manifestaciones de estas divergencias cristalizó en la llamada «Huelga de los Mineros», entre 1984-1985, de una gran gravedad, acaudillada por el líder socialista, claramente marxista, Arthur Scargill. Tanto el Partido Conservador como el Partido Laborista estaban en crisis entonces, y eso motivó el nacimiento de una tercera fuerza que se manifestó como la alianza social-liberal, hoy ya desaparecida[126].

Margaret Thatcher puede haber sido o no la causa, pero lo cierto es que, bajo su liderazgo, de alguna manera, el Reino Unido experimentó un enorme cambio económico, demográfico y cultural, de

125 John O'Sullivan, comentarista y periodista británico, fue consejero político de Mrs. Thatcher, en la década de los ochenta, y escribió numerosas declaraciones oficiales y discursos de la primera ministra. Tuve ocasión de conocerle y trabamos cierta amistad dado que era nativo de Liverpool y yo un fanático de la música de los Beatles. En 2008 pasó a dirigir Radio Free Europe/Radio Liberty. Ignoro su paradero actual.

126 En 1981, la llamada «banda de los cuatro» —formada por los laboristas Roy Jenkins, Shirley Williams, el doctor David Owen, y Bill Rodgers— constituyó el núcleo del partido socialdemócrata británico (SDP), y acto seguido formaron una alianza con el partido liberal liderado por David Steel, que fue conocida simplemente con el nombre de «la Alianza».

todo lo cual fui testigo privilegiado. Hoy, en retrospectiva, más de cuarenta años después de haber sido elegida, el pueblo británico la ve como el mejor líder que hayan tenido desde 1945. Su forma de entender el concepto de soberanía la llevó a apoyar una fuerte defensa nacional y a reforzar las fuerzas armadas, a defender ardientemente los intereses británicos en Europa, a la protección de la identidad y forma de vida británicas, y a salvaguardar la unidad del reino, incluyendo aquí Irlanda del Norte y la Commonwealth. El que fuera posteriormente primer ministro, David Cameron, diría en su funeral: «Margaret Thatcher no solo dirigió nuestro país, sino que lo salvó. Fue un ejemplo de patriotismo, y luchó por los intereses de la nación en todo momento».

La oposición política a Margaret Thatcher no fue otra que la que ejercía el Partido Laborista, liderado en aquellos días por Neil Kinnock. Mr. Kinnock, no obstante, a pesar de su vehemencia y oratoria agresiva en el Parlamento, era un líder de izquierda moderado. Tradicionalmente, el Partido Laborista británico había sido siempre el más animoso contra España, en especial durante el régimen de Franco y en los momentos posteriores iniciales. El comienzo de la transición democrática, la legalización de los partidos políticos y la aprobación de la Constitución de 1978, en España, provocó una suavización de su postura, especialmente tras el triunfo en 1982 del PSOE y la llegada al poder de Felipe González. Con Gobiernos socialistas en una gran mayoría de los Gobiernos europeos, los laboristas británicos se sintieron más fuertes y dispuestos a recuperar el poder que habían perdido en las elecciones generales de 1979, con la victoria de Margaret Thatcher. Ahora veían a España como un país aliado que podía ayudarles en sus aspiraciones. Ello hizo que tuviera interés en conocerlos mejor y tomar contacto con ellos. Mi persona de contacto fue la Srta. Jenny Little, que era la secretaria para relaciones internacionales del Partido Laborista; no me fue difícil simpatizar con ella y mantuvimos un contacto formal y permanente durante el tiempo que permanecí en Gran Bretaña. Jenny Little[127] era una buena persona genuinamente preocupada por las necesidades de los más desfavorecidos. Sentí mucho su pronto

127 Jenny Little tenía un talento especial para las relaciones internacionales. Era hija de un diplomático británico y había nacido en El Cairo y trabajó inicialmente en el Foreign Office. Fue la encargada, entre otras cosas, de las relaciones ente

fallecimiento. Hacia 1987 el Partido Laborista se había convertido en un desastre sin paliativos, tras perder por tercera vez consecutiva las elecciones, y no sería hasta que Margaret Thatcher dejó el poder que los laboristas encontraron su oportunidad de nuevo, pero eso ya sucedió en la década de los noventa cuando yo ya había regresado a España y dejado definitivamente el CESID.

En el ámbito de la defensa nacional, tras las elecciones de 1987, el Partido Laborista abandonó su política de desarme nuclear unilateral, y aunque siguió propugnando no construir más submarinos nucleares balísticos tipo Trident, y manteniendo su pensamiento de no ser los primeros en utilizar armas atómicas —*no first use*—, ya no insistió más en el desarme ni en solicitar el desmantelamiento de las bases norteamericanas. Esa actitud, sin duda, dejaba al PSOE en una posición precaria[128]. Del mismo modo, se procedió a ir arrinconando a los personajes más radicales y proclives al marxismo como Tony Benn[129], que era virulentamente anti-español y que seguía identificando España con Franco. Este giro hacia la moderación culminaría en 1997 con la elección de Tony Blair como primer ministro. El Partido Laborista había necesitado nada menos que dieciocho años para recuperar el poder.

Sin duda, Margaret Thatcher fue la expresión más clara de lo que se ha dado en llamar «neoliberalismo», denominación que corresponde a la moderna teoría político-económica que predica el libre comercio, la privatización de las empresas públicas, y la mínima intervención estatal posible en todo lo que sea privado, junto con la reducción del gasto público y de los llamados servicios sociales. En 1985 esa fue la sociedad con la que me encontré en Gran Bretaña.

Y todo esto me lo encontraba viniendo de un país en el que había llegado al poder un partido que invocaba justo lo contrario. España, en 1985, estaba todavía estrenando un Gobierno que se decía

---

el Partido Laborista y el PSOE. Aunque sabía perfectamente que yo no era socialista nos llevamos muy bien.

128 Conviene tener presente aquí que había sido un Gobierno laborista, bajo Clement Attlee, el que había desarrollado la bomba atómica británica en 1947, y habían sido Gobiernos laboristas, Harold Wilson y James Callaghan, los que habían autorizado la adquisición de misiles atómicos Polaris y el despliegue de misiles Crucero norteamericanos en suelo británico.

129 Tony Benn fue nada menos que el mentor de Jeremy Corbyn, que sería el líder del Partido Laborista en 2015.

socialista —socialista obrero—, y que había renunciado al calificativo de «marxista» no hacia mucho, un Gobierno que no veía ninguna amenaza en la URSS ni en el Pacto de Varsovia y que acometía el desmantelamiento de lo militar —con la cooperación de un generalato afín—, y que propugnaba salir de la OTAN, un Gobierno que intervenía en lo privado —y ahí estaba el caso Rumasa como ejemplo—, y un Gobierno que trataba de controlar la enseñanza, modificando incluso la historia, y, por supuesto, eliminando la asignatura de religión del currículo escolar. En la España de 1985 habíamos pasado, de la noche a la mañana, a considerar virtud lo que muy poco tiempo antes era pecado[130]. No hace falta aclarar en donde me encontré personalmente más integrado.

MISIONES Y FUNCIONAMIENTO DE LA DELEGACIÓN DEL CESID EN EL REINO UNIDO

Como decía al iniciar este capítulo, nadie me indicó en ningún momento la naturaleza de mi misión en Gran Bretaña. Cualquiera no versado en estos temas podría aventurar que me enviaban a «espiar» a los ingleses, pero es obvio que eso era una estupidez. Los intereses de España en el Reino Unido no pasaban de ser puramente comerciales, y en el campo político se trataba de aproximar posturas, mejorar las relaciones existentes en lo posible y conseguir apoyo británico para entrar a formar parte de la Comunidad Económica Europea (CEE). No había más y en esos campos el CESID tenía poco que hacer. En el campo militar España contaba ya con una Agregaduría de Defensa, y las relaciones eran muy aceptables, especialmente en el ámbito naval —la Armada, se diga lo que se diga, siempre ha admirado a la Royal Navy—, a pesar de lo que se pueda pensar, ya que la Armada estaba interesada en varios proyectos como eran los aviones Harrier de despegue vertical[131], y los dragaminas de la clase Sandown, entonces en desarrollo en la Royal

130 Aún recuerdo aquella frase lapidaria del dirigente socialista Alfonso Guerra: «Vamos a poner a España que no la va a reconocer ni la madre que la parió», el día que el PSOE ganó las elecciones (28 octubre de 1982). Lo malo es que fue cierto.

131 Consecuencia del proyecto Harrier, la Armada adquirió un cierto número de carros de combate ligeros Alvis Scorpion para la Infantería de Marina.

Navy. Lo único que se podía hacer era establecer unas relaciones sólidas —hasta ahora inexistentes—, con los servicios y la comunidad de inteligencia británicos y en ello focalicé mi actividad.

Naturalmente, en el CESID hubo quien quiso monopolizar mi actividad y orientarla hacia otros fines. De alguna forma, se solía entender que, si un directivo encuadrado en una determinada división era destinado a un puesto en el exterior, seguía perteneciendo a esa división y su misión era facilitar la labor de análisis de inteligencia de la misma, y, en particular, del área correspondiente, proporcionando información sobre el país en cuestión. En mi caso, eso significaba que iba a tener una cierta dependencia del Área 2 de la División de Inteligencia Exterior (DIE), mandada por el teniente coronel Riera, Sr. Rico, y dentro del área el oficial responsable iba a ser la Srta. Balmes —sobrina de Manglano—, dado que era la responsable del Reino Unido. En un segundo plano, también iba a tener relación directa con el oficial responsable para lo relacionado con Gibraltar, dado que era el único tema conflictivo entre España y Gran Bretaña. Ese oficial era la Srta. Jáudenes, sobrina del teniente coronel Jáudenes, autor del informe del CESID sobre el 23-F, que nadie ha podido ver hasta la fecha.

No había ningún curso ni preparación para ir destacado a un país extranjero, ni nada de nada, a diferencia de lo que se solía hacer con los agregados militares. Tenía que actuar en base al sentido común y como mejor considerase. Como ya he expuesto —a excepción de las señoritas «Balmes» y Jáudenes—, nadie me encomendó ninguna tarea ni obtención de ninguna información; cuando me recibió Manglano, lo único que me indicó y parecía preocuparle es que mantuviese unas relaciones excelentes con el embajador y con los servicios británicos; lo demás parecía no importarle, aunque sí me dijo que yo representaba al Centro, y no a ninguna división en particular.

En consecuencia, tuve acceso a las demás divisiones del Centro, ya que, en teoría, iba a ser el representante de todo el servicio, y así fue como el coronel Ferrer, que mandaba la División de Contrainteligencia, me dijo que no tenía ningún requerimiento especial para mí ya que con quien trabajaban mano a mano era con Estados Unidos y no con Inglaterra, pero si me dijo que estaba abierto a cualquier posibilidad de cooperación que fuera de interés. No le volví a ver nunca más. También estuve con la División de Inteligencia Científica y Económica, bajo el mando del coronel del Aire, ingeniero aeronáutico, Fernando de la Malla, que resultaría todo un personaje esperpéntico, y apenas tuvo interés en mi futura actividad en Gran Bretaña. En la División de Interior —donde mantuve una reunión muy agradable con el coronel Manolo Guerrero—, el único interés posible que tenían era el de las hipotéticas relaciones entre ETA y el IRA (Irish Republican Army) aunque nunca, posteriormente, recibí ninguna petición de información.

Quien tuvo mayor interés, ya en esos días, fue el propio servicio de inteligencia británico —a quien obviamente la Oficina de Relaciones, del Sr. Dardo, le había comunicado mi destino, sin decirme nada—, y pronto, incluso antes de irme a Londres, tuve ya una reunión y comida de trabajo con el jefe de la inteligencia británica en Madrid, Simon Butler-Madden, un personaje al estilo del actor David Niven, consejero en la Embajada de Su Majestad —y no simple agregado—, y muy bien situado en la sociedad de Madrid de entonces. Parece que incluso solía jugar a veces, por aquellos días, al tenis con el rey Juan Carlos, aunque él me lo desmintió, pero los diplomáticos españoles creían que era un diplomático real de carrera del Foreign Office. Esa era la diferencia con nosotros. Simon representaba en España a lo que se viene llamando MI-6, cuyo nombre real era el de Secret Intelligence Service (SIS), pero se relacionaba abiertamente tanto con el Ministerio de Asuntos Exteriores como con el Ministerio del Interior, pero no con el Ministerio de Defensa, que era una labor que dejaban a los agregados militares. Me sorprendió que Simon supiera mucho más de mí que nuestros propios compañeros. ¡Simon había leído casi todos los artículos que yo había escrito en la revista *Ejército*! Y sabía que había estado en Estados Unidos, en Fort Knox, en el Sahara, y en Francia. En suma, había hecho bien su labor.

La relación con el CESID, por parte británica, era algo reciente y que les resultaba poco familiar, por decirlo de alguna manera, y consideraban al Centro como una organización esencialmente militar, y con poca experiencia, lo que era totalmente cierto. No obstante, Simon no pareció muy entusiasmado con que el CESID tuviera ahora un representante en el Reino Unido, y me insistió en que no hacia ninguna falta porque él podía hablar en nuestro nombre a sus autoridades siempre que fuera necesario, a lo que tuve que responder con mucho tacto. Yo se lo complicaba un poco, pero le ofrecí consultar con él todo aquello que pudiera ser necesario y no interferir, sino actuar en beneficio mutuo. Acabaríamos siendo buenos amigos y se portó como un caballero siempre. Hablaba un español excelente y estaba casado con una dama sudamericana, Marcela, de alto postín que lamentablemente falleció, y vivían en una gran mansión fuera de Madrid, a la altura de las pistas de carreras del RACE. Me aconsejó, igualmente, no vivir en el casco urbano de Londres, y acordé con él que le avisaría cuando estuviera instalado para que su servicio se pusiera en contacto conmigo y tener así una primera reunión de trabajo y presentarme ya oficialmente[132].

Simon se quejaría continuamente conmigo de la cantidad de trabas y dificultades que el citado Sr. Dardo, en la Oficina de Relaciones, le ponía para tener reuniones de trabajo con el CESID, y especialmente para entrevistarse con Alonso Manglano, cuando su servicio, en cambio, me trataba con la mayor cortesía, siendo recibido por su director, y atendiendo cualquiera de mis peticiones. Esta sería una cuestión de permanente incomodidad durante toda mi estancia en Londres, en la que traté de ayudar todo lo posible, aunque no fue fácil, llevando personalmente el tema ante el propio Manglano, lo que finalmente surtió algún efecto y Simon se encontró más a gusto, mejorando las relaciones. No puedo encontrar ninguna justificación al modo de proceder del comandante Durbán, alias Sr. Dardo, al margen de una incompetencia crasa. Yo optaría por no relacionarme con él, y en cambio, hacerlo con su segundo de a bordo, el comandante de Artillería Juan Cano, Sr. Campo, que era una persona normal y agradable, siempre dispuesto a echar una mano. Simon contaba en Madrid

132 Curiosamente, tengo entendido que Simon no ha abandonado nunca España, y creo que vive, o en Madrid, o en Sevilla. Dejó el servicio de inteligencia británico y hoy dirige una excelente compañía de viajes organizados a todo lujo para millonarios que quieren visitar España y Portugal, con oficinas en Madrid, llamada Abercrombie and Kent, Spain and Portugal. Yo debería haber hecho algo parecido en Gran Bretaña, para millonarios españoles, pero no tuve esa visión de negocio.

con un segundo de a bordo, Nicholas Beer, a quien conocería más tarde, igualmente acreditado como diplomático en la Embajada británica, que sufrió vicisitudes similares a las de Simon.

Respecto de los requerimientos que me habían hecho desde el Área 2 de la División de Exterior, decidí evitar la confrontación, pero me propuse ignorarlos y concentrar mi esfuerzo en lo que percibí que era el verdadero interés del general Alonso Manglano y que no era otro que el de establecer una sólida relación del CESID con la comunidad británica de inteligencia, a la par que mantener una buena relación también con la Embajada, y, por ende, con el Ministerio de Asuntos Exteriores español. Creo que conseguí sobradamente ambos aspectos, aunque sé que hubo quejas por parte de la Srta. Balmes.

Los requerimientos de inteligencia exterior —técnicamente llamados Elementos Esenciales de Información— que me presentó la Srta. Balmes eran, como poco, irrelevantes, y los que cualquier vademécum de geografía política sobre un país expondría, como: líneas generales de la política exterior británica, postura de la oposición, actitudes de los partidos políticos, declaraciones programáticas de la primera ministra y de su majestad la reina, política de defensa, y otros aspectos en la misma línea. No creí, ni por un momento, que se me enviase a Gran Bretaña para informar sobre estos aspectos que, en principio, estaban cubiertos sobradamente por la Embajada, por lo que decidí simplemente, después de todo, hacer una especie de resumen semanal de los aspectos que yo considerase que podrían tener mayor interés para España. En cuanto a Gibraltar[133], los requerimientos de la Srta. Jáudenes eran igual de básicos: posición del Gobierno británico en cuanto a la soberanía en el Peñón, punto de vista del principal partido de la oposición, líneas de aproximación más convenientes para dialogar sobre el contencioso, y otros aspectos similares. Todo ello sin tener en cuenta que, históricamente, la postura británica no había variado desde 1713 de acuerdo con el Tratado de Utrecht,

133 Es difícil comprender por qué el CESID incluía entre sus elementos esenciales de información el problema del Peñón, que era competencia del Ministerio de Asuntos Exteriores, a no ser que el ministro, Narcís Serra, quisiera tener su propia fuente de información, y de alguna forma, prevalecer ante el presidente del Gobierno y el ministro de Asuntos Exteriores.

que dejaba muy claros los términos de la cesión. Y, además, sin tener en cuenta la opinión y planteamientos que pudiera presentar el Ministerio de Asuntos Exteriores, único interlocutor válido autorizado en este asunto, y que, por otra parte, no había solicitado el parecer o información del CESID[134]. No tengo constancia de que durante el tiempo que permanecí en Gran Bretaña, hubiera algún aspecto relativo a este contencioso, en el que el CESID aportase nada que pudiera conducir a una nueva situación, ni que siquiera lo intentase. La mejor prueba está ahí: nada ha cambiado; si acaso, los gibraltareños se sienten más ingleses que nunca. Comentare estos aspectos en mayor profundidad, no obstante.

Al margen de estos aspectos, comprendí que, si mi misión real era la de contribuir a mejorar y reforzar las relaciones hispano-británicas, pasando ello por estrechar la cooperación con los servicios de inteligencia, debía integrarme lo máximo posible en la sociedad británica, y llegar a ser una de las personas mejor informadas sobre la realidad política y social del Reino Unido. Y a ello me dediqué con interés.

Lo primero que hice fue establecer una cierta norma de conducta social y profesional compatible con lo que era la vida familiar y mi conducta de persona con estatus diplomático. Solía llevar a mis hijos a sus colegios, tomaba parte en las reuniones de padres, y asistía a los actos que se organizaban, tomando contacto con los profesores y otros padres, lo que, ocasionalmente, me introdujo a otras personas. En el circuito diplomático asistía a los actos sociales a los que se me invitaba y ello a su vez, provocaba que se me invitase a asistir a más ocasiones o acontecimientos sociales dentro y fuera del mundo diplomático. Naturalmente, ello me obligaba a corresponder ocasionalmente.

Adaptándome de la mejor manera posible a la idiosincrasia británica, lo que no me resultó difícil, me hice miembro de algún club privado, entre los que destaco el Cavalry and Guards Officers Club, en Piccadilly Street, en el que fui admitido como socio de honor, y el Reform Club[135], ambos clubs de los más tradicionales

134 Gibraltar sería un punto de fricción permanente entre el CESID, como Ministerio de Defensa, y el Ministerio de Asuntos Exteriores, que lo consideraba una intromisión inaceptable en sus competencias.

135 El Reform Club, fundado en 1836, era el nido de todos aquellos con ideas liberales y progresivas, y resultaba un sitio muy conveniente para leer, escribir y pensar,

en la sociedad británica, donde entonces no se admitían mujeres, y en donde la compañía femenina quedaba restringida a un par de comedores a los que debían acceder por una puerta secundaria de entrada y nunca por la puerta principal. Eran las cosas típicas de los ingleses. Asimismo, y a través de mis relaciones personales en el Ejército británico, tuve acceso al Regimiento de la Guardia Real, y en su marco a lo que se conocía como Household Cavalry Regiment[136] —Regimiento de Caballería Real—, y me habitué a visitar el regimiento, cuyas dependencias —en Hyde Park/Knightsbridge Barracks—, estaban a diez minutos de la Embajada española, en Horse Guards Parade, y a entablar conversaciones con los oficiales británicos. Además, se me dio permiso, por parte del coronel jefe del regimiento —en aquellos días el coronel James Emson[137]—, para montar los caballos del regimiento, asignándome una yegua —llamada Jamaican—, del grupo de escuadrones Blues and Royals, que acostumbré a montar dos veces por semana, saliendo incluso a pasear con frecuencia por Hyde Park, en una ocasión acompañando al coronel Emson. Ello me proporcionó, sin quererlo ni buscarlo, cierto renombre en el ambiente social del entorno, ya que era el único diplomático, y militar extranjero, que realizaba tal actividad; de todos modos, no hice mucha propaganda de ello, aunque mi embajador tuvo pronto conocimiento y, sin duda, lo comentó, positivamente, ya que, además, su futuro yerno y amigo personal mío era oficial de Caballería, y hermano de Beatriz Méndez-Vigo,

---

además de conversar con gente muy interesante. Ha sido escenario posteriormente de varias películas de James Bond, entre ellas *Muere Otro Día*, con Pierce Brosnan. Miembros destacados del club habían sido Churchill, y H. G. Wells, entre otros.

136 La organización británica para los no versados es, a veces, difícil de entender. El Household Cavalry Regiment, en realidad, se compone de dos regimientos —que aquí yo he llamado grupos de escuadrones—, y que son los dos regimientos más antiguos de la Caballería británica: los Life Guards (uniforme rojo) y los Blues and Royals (uniforme azul). Por otra parte, el Regimiento no era únicamente una unidad de ceremonial, sino que era operativa y bajo la configuración de regimiento acorazado había estado presente en zonas de conflicto, desde Irlanda del Norte a Alemania, en el marco del Mando Europeo de la Alianza (SACEUR).

137 Al coronel Emson, que fue un buen amigo, le relevó en 1987, el coronel Andrew Parker-Bowles, nada menos que el primer marido de Camilla —la actual reina consorte—, y a quien no vi en ningún momento, ni de quien yo supe nada en aquellos días. En cualquier caso, no tuve la misma relación con el coronel Parker-Bowles que con el coronel Emson, ni tampoco me pareció que era muy apreciado por sus oficiales.

entonces una de las directivas del Centro, y más adelante secretaria general ya del CNI. Debo decir que me sentí bien recibido en el Regimiento en todo momento, y respetado, y nadie, nunca, hizo la mínima alusión a que yo fuera un oficial de inteligencia o no. Asistí a numerosas celebraciones y actos, y aunque ya conocía al Ejército británico, todo ello y la forma de comportarse y actuar me hicieron adquirir un profundo respeto por su profesionalidad. Creo que, en 1985, era el mejor ejército de Europa.

Naturalmente, como ya he expuesto anteriormente, continué con las relaciones establecidas ya desde 1983, cuando trataba de conocer en profundidad la Unión Soviética, es decir, el Centro de Estudios e Investigación Soviéticos (SSRC), dirigido por mi amigo Christopher Donnelly, en la Academia Militar de Sandhurst, en Camberley, adonde ahora ya me desplazaba casi con frecuencia semanal, y con el Royal United Services Institute (RUSI), en el Ministerio de Defensa, en Whitehall, adonde asistía también a reuniones y conferencias semanalmente y tenía ocasiones pata conversar y debatir con mis amigos, y miembros del Instituto, James Sherr y Jonathan Eyal[138]. Asimismo, seguí con mis relaciones con el Instituto Internacional de Estudios Estratégicos (IISS), y con el coronel Jonathan Alford, y del mismo modo mantuve una estrecha colaboración con el mayor Edgar O'Ballance, y el Military Commentator's Circle, en cuyo marco entablé amistad con el comandante de los Royal Marines, Sam Pope, quien, a su vez, me introdujo ante lord Ashdown, Mr. Paddy Ashdown[139], que había sido compañero suyo en los Marines. Sam Pope era colaborador habitual del RUSI. Las reuniones de este grupo solían tener lugar en el Club de Oficiales de la Royal Air Force (RAF Club), situado en Piccadilly Street. Chatham House —realmente el Real Instituto para Asuntos Internacionales (RIIA)—,

138 Jonathan Eyal, de origen rumano, era un experto en el flanco sur de la OTAN, y James Sherr, en toda la problemática del Partido Comunista de la URSS.

139 Paddy Ashdown había sido oficial en los Royal Marines, e integrante de sus fuerzas especiales —Special Boat Squadron—, y había estado destinado también en el servicio de inteligencia. Tras retirarse y dedicarse a la política, fue líder del partido Demócrata Liberal en 1988, y ya más tarde, en 2002, fue nombrado alto representante de la Unión Europea para Bosnia-Herzegovina. Cuando supo que yo representaba al servicio de inteligencia español y que era militar, nos convertimos en buenos amigos y pasamos muy buenos ratos en algunas ocasiones. Era todo un tipo muy simpático.

que serviría de modelo para crear en España el Real Instituto Elcano, era otro de los centros de pensamiento que comencé a frecuentar y del que me hice miembro.

Chris Donnelly me introdujo en la Universidad de Oxford, en el St. Antony's College, donde entablé una fructífera relación profesional con el profesor Michael Kaser, exciudadano de la República Democrática Alemana, y economista, quien me explicó, con gran paciencia, la economía del bloque oriental y predijo, con toda exactitud, el derrumbamiento de la URSS, debido a la entrada en bancarrota de su sistema económico causado, sobre todo, por la magnitud del gasto militar. Acostumbré a hacer acto de presencia en Oxford, como mínimo de manera mensual, y asistí a numerosas exposiciones y seminarios sobre relaciones internacionales que me resultaron de gran interés. Más tarde, acabaría cursando estudios en la universidad bajo la dirección del hispanista Raymond Carr. Tampoco olvidé mi relación con el Departamento de Estudios de Defensa de la Universidad de Edimburgo, en Escocia, que dirigía el profesor John Erickson, sino que la incrementé y mantuve un contacto regular. Del mismo modo, inicié un contacto con la London School of Economics, y una sólida amistad con el profesor Christopher Cooker, que, con el tiempo, me sería de gran utilidad. A través del profesor Cooker llegué a conocer a Michael Portillo, que era entonces un joven diputado conservador en el Parlamento, y casualmente también un buen amigo del periodista Jeremy Paxman, a quien me referiré mas adelante.

Michael Portillo era hijo de un exiliado español[140] y era una personalidad arrolladora. Había nacido en Gran Bretaña, pero su padre lo inscribió en el Consulado español de Londres, y en su pasaporte español —que me enseñó—, figuraba como Miguel Portillo Blyth, por lo que tenía doble nacionalidad. Sin embargo, me comentó que no tenía ningún contacto con la Embajada española y, de hecho, cuando le introduje ante el Embajador no le conocía. Había entrado en política en 1984 —era un acérrimo partidario

140 Su padre, Luis Gabriel Portillo, era un intelectual, profesor de Derecho, amigo de Unamuno, que rechazó el alzamiento militar de 1936 por puros principios legales, pero que no era ni comunista ni socialista, y al acabar la guerra se exilió al Reino Unido, en donde inicialmente estuvo ayudando a los refugiados políticos que habían huido de España. En la década de los setenta, antes del fallecimiento de Franco, desempeñaba un cargo de representación del Gobierno republicano en el exilio. Fue rehabilitado en España en 1977.

de Margaret Thatcher—, y desempeñaba en aquellos días el puesto de subsecretario de la Seguridad Social. Más tarde, y ya con John Major, llegaría a ser brevemente ministro de Defensa.

En la Universidad de Oxford conocí a Felipe Fernández-Armesto[141], escritor, historiador y profesor que, a pesar de sus apellidos españoles, era más inglés que el Big Ben. Autor de numerosos libros, y conocido y galardonado en España, este sí era muy conocido en la Embajada, y prácticamente asistía a todos los eventos que se organizaban, a pesar de residir en Oxford. Su conocimiento de la sociedad británica no tenía rival. En la actualidad dirige la Facultad de Historia de la Universidad de Notre Dame, en Indiana, Estados Unidos.

En el casco urbano de Londres estaba también el King's College, que era una de las universidades más antiguas del Reino Unido, fundada por el duque de Wellington, en 1829, y contaba con un Departamento de Estudios de Defensa, dirigido por el profesor sir Lawrence Freedman, hoy considerado como el «decano de los estudios de estrategia en el Reino Unido», y autor en aquellos días de un polémico libro titulado: *La definición de la amenaza soviética en relación con las decisiones sobre armas estratégicas en Estados Unidos*, que había sido uno de mis documentos de investigación al estudiar la URSS. En 2009 fue designado como miembro del Consejo Privado de la Corona (Her Majesty's Privy Council). Colaborador habitual del King's College, era el historiador y profesor en Oxford, Timothy Garton Ash, que, en esa época, analizó e informó casi a diario acerca del abandono del comunismo en Europa Central.

Igualmente, y tras ser introducido por terceros, logré establecer un enlace directo con el Foreign Office, y mantuve intercambio regular de opiniones con varios diplomáticos como fueron Giles Paxman, que llegaría a ser en fecha reciente el embajador británico en Madrid, y sir Malcolm Rifkind, que era el responsable para las relaciones con la URSS y con la UE —era curioso que ambos temas los llevase la misma persona—, y que estuvo presente en el primer encuentro entre Margaret Thatcher y Mijaíl Gorbachov. Sir Malcolm era un decidido partidario de mejorar las relaciones

141 Felipe Fernández-Armesto, padre, era un periodista español que solía escribir bajo el seudónimo de Augusto Assía en *La Vanguardia*, y que, desde 1936, contribuyó al Gobierno nacional, en Burgos, como responsable de la sección de prensa del Gabinete de Franco. Se retiró en 1986.

con el bloque oriental y de reducir las tensiones[142]. No obstante, cada vez que me reunía con algún diplomático británico, tomé la costumbre de decírselo o bien al embajador, o bien al diplomático español que estuviera más relacionado con el tema que pudiera salir a la luz en las conversaciones, afín de evitar suspicacias. En aquellos primeros días, el tema de interés principal desde la óptica española era el ingreso en la comunidad europea, y lo relativo a la llamada Acta Única Europea.

A través de Mr. Paxman, conocí a su hermano Jeremy —antes ya citado—, periodista y uno de los realizadores del programa de investigación semanal *Panorama*, en la BBC, con quien mantuve una muy gratificante amistad y me abrió numerosas puertas. Otros periodistas que conocí fueron Peter Snow, también de la BBC, y Christiane Amanpour, de la CNN, que se había especializado entonces en Europa del Este y seguía todos los movimientos de disidencia que estaban teniendo lugar en el bloque soviético, lo que la convertía en una fuente excelente para conocer la realidad del mundo comunista, o, al menos, otro punto de vista. Peter Snow era historiador y había sido oficial de Infantería, además de ser el presentador de las noticias de la noche —*Newsnight*—, de la BBC, y el corresponsal para los temas de defensa, y había vivido un tiempo en Gibraltar cuando su padre era segundo jefe de la base británica; era muy enriquecedor escuchar sus opiniones.

Llevado de mi interés por la historia, tomé igualmente contacto con diversos centros de estudios históricos como eran el Museo Imperial de Guerra (Imperial War Museum), y naturalmente el Museo de Carros (Tank Museum), del Arma Acorazada británica (Royal Armoured Corps/RAC), en Bovington Camp[143], en Dorset, de cuyo director, George Forty, yo tenía varios libros, y donde

142 En 1992, ya con el Gobierno de John Major, sería nombrado ministro de Defensa, y posteriormente, ministro de Asuntos Exteriores (secretario del Foreign Office).

143 El Museo de Carros británico databa de 1947, pero realmente se originó curiosamente en 1923, a raíz de una idea del notable escritor Rudyard Kipling, cuando visitó el lugar donde se estaban almacenando los carros de combate averiados o destruidos en la Primera Guerra Mundial. Bovington Camp era también el lugar donde estaba situada la Escuela del Arma Acorazada británica —Tank School—, y el Centro de Estudios y Desarrollo de Carros (Royal Armoured Corps Centre), todo lleno de historia y nombres como Fuller, Martel, Liddell Hart, Montgomery, y tantos otros.

me encontré con el historiador, y autor, Kenneth Macksey, que había sido discípulo de sir Basil Liddell Hart, y había conocido personalmente a todos los grandes impulsores de la mecanización y desarrollo de los medios acorazados, e incluso había estado bajo el mando directo de uno de ellos, sir Percy Hobart. Pasaría horas escuchándole en varias ocasiones. En el Museo Imperial conocí y entablé amistad con Mr. David Penn, responsable de exhibiciones y restauración de materiales en el museo, con quien inicié una especie de proyecto, cuando se interesó en conseguir un carro de combate soviético T-26 de la Guerra Civil, que estaba basado en un diseño británico de los años veinte de la empresa Vickers, y que, en diferentes estados de conservación, podía estar disponible en muchos lugares en España.

En el ámbito del mundo cultural y del arte, y puramente social, solía frecuentar varios de los excelentes museos y galerías que había en Londres: Museo Británico, Museo de Victoria y Albert, Galería Tate, Galería Nacional, etc., y tuve encuentros ocasionales insospechados con personalidades como los actores Richard Harris —con quien coincidí en la inauguración de una librería en Covent Garden—, o Peter O'Toole, con quien tuve una conversación interesante en una ocasión —durante un acto social en la Embajada—, al que el actor había sido invitado, demostrándome que tenía un perfecto conocimiento de España y relatándome —con cierta actitud «confidencial»—, que mantenía muy buenas relaciones con los marqueses de Villaverde —especialmente con Carmencita Franco—, e incluso que había saludado personalmente a Franco, en una ocasión, lo que fue para mí una gran sorpresa.

También conocí personalmente a alguien que me impactó seriamente dada mi afición a la música y a mi pasión por los Beatles, y me refiero nada menos que a sir George Martin, el llamado quinto Beatle, y productor de la gran mayoría de sus discos con los estudios EMI. Lo conocí, curiosamente, a través de una gestión con una empresa británica de electrónica para adquirir unos equipos de vigilancia en los que estaba interesada la Agrupación de Misiones Especiales del Centro (AOME), resultando que el director de la empresa era amigo personal de George Martin. Tuve ocasión de visitar los estudios de Abbey Road y conocer al ingeniero de sonido que había efectuado casi todas las grabaciones, Geoff Emerick —una persona de una gran calidad humana—, que me explicó con paciencia alguna de las técnicas de grabación que se utilizaron, pero nunca llegué a conocer personalmente a ninguno de los Beatles. Sir George Martin era una gran persona igualmente, y cuando hizo acto de presencia en la Embajada, respondiendo a una invitación que le cursé, provoqué el asombro y la envidia, quizás, de algunos diplomáticos que me preguntaban cómo le había conocido.

Llegados a este punto —y el lector me comprenderá—, no puedo evitar dejar de decir que Londres me parecía una ciudad apasionante en donde podía pasar todo. Creo que, sin exagerar, el mundo se veía diferente desde la óptica de una nación que, a pesar de todo, aún seguía contando y teniendo mucho peso en las relaciones internacionales.

IRLANDA: UNA HERIDA EN EL CORAZÓN DE GRAN BRETAÑA Y UN PUNTO COMÚN CON ESPAÑA

A pesar de la imagen que lo hasta ahora relatado pueda dar al lector, no es oro todo lo que reluce y Gran Bretaña en la década de los ochenta estaba pasando por una grave enfermedad: el separatismo y republicanismo irlandés, con un agravante terrorista de mayor gravedad y virulencia, si cabe, que el que vivía España, si es que la barbarie se puede medir.

Naturalmente, el problema irlandés era totalmente diferente del problema vasco, pero sí eran idénticos el dolor y el sufrimiento que se experimentaba en ambas sociedades. España y el Reino Unido habían venido siendo escenario de una intensa violencia perpetrada por las organizaciones terroristas IRA (Irish Republican Army) y ETA. Los ciclos de violencia de estos grupos nacionalistas y separatistas, sin embargo, fueron experimentando una progresiva disminución de sus atentados mortales con el paso del tiempo, que dieron paso a diversas treguas en la década de los noventa. Sin embargo, mientras que en Irlanda del Norte se mantuvo, al menos oficialmente, la situación de alto el fuego del más activo de los grupos terroristas, el IRA, en el País Vasco, ETA prolongaría su campaña hasta mucho más tarde. Hoy vivimos en una sociedad que parece haber olvidado los trágicos acontecimientos terroristas que nos han asolado durante décadas y que han afectado a numerosas familias.

Irlanda del Norte (Úlster) se caracterizaba por ser una de las sociedades europeas más divididas y era un verdadero cáncer para el Reino Unido. En Úlster convivían cristianos de diferentes confesiones: católicos, protestantes, presbiterianos y anglicanos, aunque no siempre en paz. Estas diferencias, entre otras, habían ocasionado, esencialmente, la división de Irlanda en la República de Irlanda e Irlanda del Norte, la última siempre perteneciente al Reino Unido, donde las diferencias entre la población católica y nacionalista —partidaria de la adhesión a la República de Irlanda—, y entre la población protestante y unionista —partidarios de la continuación de Irlanda del Norte como parte del Reino Unido— ocasionaron más de tres décadas de violencia.

Las medidas políticas que realmente encaminaron el diálogo y la relación entre británicos e irlandeses comenzaron con el Acuerdo Anglo-Irlandés, en 1985, cuando el Gobierno británico invitó al irlandés a negociar la administración de Irlanda del Norte. Estas negociaciones llevadas a cabo entre la primera ministra británica, Margaret Thatcher, y el primer ministro irlandés, Garrett Fitzgerald, representaron un cambio en el rumbo de la política británica tras la firme postura de la primera ministra a lo largo de las huelgas de hambre que habían llevado a cabo los presos del IRA en prisiones británicas en 1981, acercando posturas hacia una mayor cooperación. El aumento de importancia del brazo político del IRA, Sinn Féin, así como su desvinculación cada vez más evidente del grupo terrorista, vino propiciado por el desencanto de la población norirlandesa ante la actuación de la cúpula del IRA, el Army Council, así como por el aumento de las medidas antiterroristas establecidas por el Gobierno británico. La capacidad de las fuerzas de seguridad británicas para prevenir atentados, frustrar numerosos intentos de la banda e infiltrarse en ella fue decisiva para frenar la lucha armada como opción política. Aun así, no sería hasta finales de la década de los ochenta que los líderes del IRA abandonarían la lucha armada como arma principal. En esa época comenzó a participar en las negociaciones el Sinn Féin al establecerse que la única forma de negociar con el Gobierno británico era abandonando la violencia como arma política.

Cuando llegué a Gran Bretaña hacía menos de dos años del tremendo atentado del IRA en Brighton, en 1984, con ocasión de la Conferencia del Partido Conservador, que estuvo dirigido realmente contra la primera ministra. A pesar de ello, la violencia se redujo significativamente durante la década de los ochenta, con menos de cien victimas anuales en la mayoría de los años de la década. La excepción fue un aumento en los ataques con explosivos en suelo inglés. La mayoría de estas explosiones se saldaron sin muertes, sin embargo, dado que habitualmente se daban avisos de bomba. El objetivo más frecuente durante la década fue el distrito financiero de Londres, pues se priorizó el posible daño económico a las víctimas mortales.

Al margen de la generalizada concepción sobre la similitud entre el terrorismo vasco y norirlandés, se puede afirmar que las diferencias son numerosas. Sin embargo, la impunidad es una de las características que comparten, pues muchos de los crímenes perpetrados por sus miembros en la actualidad continúan sin resolverse, del mismo modo que la represión hacia los miembros disidentes de ambos grupos ha sido acallada, como también lo fue el intercambio de conocimiento entre ambos. Aunque se sabe que ETA y el IRA han estado en contacto durante muchos años, esta información no es muy conocida ni se encuentra difundida en los medios. No obstante, las similitudes entre ambos grupos terminarían aquí, pues ni el origen del conflicto, ni la actuación de los Estados y sus fuerzas de seguridad ni la situación actual se corresponden lo suficiente como para establecer similitudes. La diferencia más importante con el caso vasco es que en Irlanda del Norte se reconoce el derecho de los habitantes a cambiar el estatus legal del territorio por la vía democrática, legalizando la posibilidad de independencia y adhesión a la República de Irlanda a través de mecanismos democráticos.

Sin embargo, las divisiones sociales entre republicanos y unionistas, católicos y protestantes siguen siendo profundas. Las heridas por cerrar y el odio que se profesan las dos mitades de la sociedad norirlandesa todavía definen la realidad de la región, y la estabilidad política y social en Irlanda del Norte está en permanente amenaza. En cualquier caso, me resultó curioso que nunca se me encargase nada relacionado con este tema. En ningún momento recibí ninguna petición de información al respecto ni tuve que hacer ninguna gestión relacionada con este tipo de terrorismo. Si en algún momento tuve interés, fue exclusivamente a título personal y por simple motivación profesional. Mi impresión era que lo que pudiera haber en este campo era responsabilidad del inspector Mariano Rayón, del Ministerio del Interior, ya citado, que estaba destacado en la Embajada.

Como colofón a este capítulo, tengo que resaltar que, como resulta obvio, mi trabajo en Londres tenía poco de militar y menos aún de espionaje. Todavía hoy me sigo preguntando para qué fui allí destinado y si mi servicio fue de alguna utilidad para España. Nunca tuve la sensación de haber ayudado en la política exterior española ni de que nada de aquello sobre lo que yo informaba fuera tenido en cuenta. Y pienso que esto mismo es aplicable a muchos otros destinos del CESID en el exterior.

Trataré de profundizar en estos pensamientos en las páginas siguientes.

9. UN MODELO PARA SEGUIR: LA COMUNIDAD DE INTELIGENCIA BRITÁNICA

«Los servicios secretos eran la única medida válida de la salud política de una nación, la única expresión auténtica de su subconsciente».

John Le Carré, *Tinker, Tailor, Soldier, Spy*, 1974

«¿Tenemos nosotros unos servicios secretos? Si los tenemos, como son secretos yo no estoy al corriente de lo que hacen ni si existen siquiera».

Margaret Thatcher, en respuesta a un diputado laborista en el tiempo de preguntas a la primera ministra en octubre de 1988 tras un intento de atentado del IRA en Gibraltar

Cuando alguien escriba un día una historia oficial del CESID deberá considerar el año 1985 como el año en el que despegó realmente e inició su proyección exterior. Yo no fui el único que fue destinado a otro país, si bien sí fui el primero en aterrizar formalmente en «la pérfida Albión». Otros oficiales —todos militares— llegaron a Bélgica, Alemania Federal, y algo más tarde a Francia. En Bruselas, el comandante de Artillería Alberto Pinilla —un buen amigo—, Sr. Pin, sustituyó a Luis Calero, que fue a parar a la División de Economía y Tecnología, y acabaría dejando el Centro poco después. En Alemania, en Múnich, el comandante de Infantería y DEM, Andrés Fuentes Gómez, un personaje muy simpático y práctico, casado con una alemana, y más afín al general Manglano, sustituyó al comandante Juan Calero Torrens, procedente de los servicios del antiguo Alto Estado Mayor —y que había sido uno de mis primeros capitanes—, que dejó el Centro y se reintegró al Ejército. En Portugal y en Marruecos continuaron los oficiales que ya estaban allí y en Italia siguió por el momento mi amigo Rosendo Yanes, mientras que en Francia continuó durante algún tiempo Aurelio Madrigal, que sería destinado más tarde a Presidencia del Gobierno, como asesor de Felipe González, y le sustituiría el comandante de Ingenieros Ricardo Martínez Isidoro, Sr. Manacor, uno de los profesores del Curso Básico que ya expuse.

En suma, en 1985 Manglano colocó personas de su confianza —entre las que me incluyo—, en las principales capitales europeas. Anteriormente ya había enviado —el año anterior—, a un oficial a Washington, el comandante de Infantería Francisco Parra Cuadro, que fue el primer oficial de inteligencia español en la historia acreditado oficialmente ante Estados Unidos. De momento eso fue todo; más adelante se irían cubriendo otros países en Europa, en Hispanoamérica, en Oriente Medio, en África e incluso en Asia. Las representaciones del CESID en el exterior recibieron el nombre de bases y se designaron con la letra B; Londres pasó a llamarse B-26.

Lo que no estaba claro era la razón que justificaba tal proceder. ¿De repente, España se lanzaba a una tarea de adquisición de inteligencia en el mundo occidental? ¿Había razones para ello? Mi valoración personal, en retrospectiva, es que aquello no era más que acumular poder —o dar esa impresión—, de cara al mundo político y social español. No era lo mismo presentarse como una organización dedicada al control y espionaje doméstico, de puertas adentro, que «presumir» de tener un despliegue exterior y dar la impresión de que se sabía lo que ocurría en Londres, en París, en Bonn, en Lisboa, en Bruselas, en Roma y en Washington, aunque no se supiera. ¿De quién había sido la idea? Creo que muy probablemente de Narcís Serra, y Manglano sería quien la perfeccionaría. ¿Objetivo? Crecer, porque cuanto más grande, más poder. Nada de lo que el CESID pudo llegar a saber mediante ese despliegue influyó lo más mínimo en la definición de la política exterior española.

La política exterior de una nación conlleva el disponer de una organización capaz de conocer aquella información de los países extranjeros que no es pública y que solo se puede conocer mediante actividades encubiertas, pero que además afecta a los intereses de esa nación. Ese no era el caso en Europa para los intereses de España, en general con ninguna nación. Por otra parte, se debe decir alto y claro que la política exterior española era poco menos que irrelevante, o cuando menos inexistente. Los grandes periodos de aislamiento y neutralidad, fuera esta pasivamente decidida o impuesta, que se habían vivido, habían colocado a España al margen de las decisiones internacionales, y su presencia en los organismos *ad hoc* que se habían creado no tenía ningún peso, pero lo más llamativo era que no parecía que el Gobierno tuviera mucho interés en remediar esta situación. En este marco, tener unos servicios secretos establecidos en el exterior para informar sobre política exterior era un lujo. Los grandes parámetros de la «política exterior» española eran en la década de los ochenta la adhesión a la Comunidad Económica Europea (CEE), el mantenimiento de la presencia española en el Norte de África, el seguir en la OTAN sin implicarse demasiado ni participar en las grandes decisiones y el no antagonizar innecesariamente a la Unión Soviética[144]. En suma, eran aspectos sin ningún relieve internacional que no requerían la presencia del CESID en las capitales europeas. Quizás, y por motivos que no necesitan explicación, hubiera estado justificada la presencia del Centro en Marruecos, y todo lo más en París y Bruselas, debido a la actividad allí de los separatistas vascos, aunque eso eran temas más propios del Ministerio del Interior, y no competencia del ministro de Defensa.

Mi primer descubrimiento, una vez en Gran Bretaña, fue que, en España, y especialmente en el CESID, se ignoraba por completo la realidad de los servicios de inteligencia británicos. Se puede decir que compartían el pensamiento de lo que Margaret Thatcher afirmó en 1988 en el Parlamento británico: si los servicios británicos eran secretos, no se podía saber nada sobre ellos. Y efectivamente, los servicios británicos eran muy secretos; no se publicaba nada sobre ellos y los nombres de sus directores eran completa-

144 Lo he dicho ya en alguna ocasión anterior, pero la realidad es que nunca se ha sabido qué acordó Felipe González en su visita a Moscú en 1977, cuando el PSOE acababa de ser legalizado.

mente secretos, y su designación no aparecía en ningún documento ni boletín oficial de ningún tipo ni se hacía pública. Como dijo el historiador británico sir Michael Howard[145]: «La posición oficial del Gobierno es clara, los servicios de seguridad y de inteligencia británicos no existen. Los espías enemigos son localizados escondidos en matorrales, y la información nos la proporciona la cigüeña».

Por supuesto nadie me había explicado nada sobre su organización, funcionamiento, etc., y quien se supone que debía saberlo —la sección de Relaciones y el ya citado comandante Durbán— o no lo sabía o no se quiso implicar en explicármelo. Pienso, debido a su actitud habitual, que no sabía nada de nada. Llegué a Londres con unas cartas de presentación mal hechas y dirigidas a personas que ya no estaban al frente de las organizaciones respectivas. Pienso que no era más que negligencia profesional y que nadie se había molestado en contrastar los nombres ni siquiera preguntándoselos al representante británico en Madrid; yo mismo no había caído en ello, porque no pude considerar tamaña incompetencia.

Yo era portador de dos cartas de presentación firmadas por el general Alonso Manglano, y dirigidas a quienes se suponía que eran los directores de los servicios de inteligencia conocidos bajo los nombres de MI-5, que en el CESID se conocía como Snuffbox, y MI-6, al que se le denominaba Espla. Ignoro la razón de tan pintorescos nombres[146], pero eso era lo que figuraba en los sobres. El supuesto director de Snuffbox, y a quien iba dirigida la carta, era sir John Jones, que a mi llegada a Londres ya no era el director. La carta dirigida al director de Espla estaba a nombre de sir Colin Figures, que tampoco era ya el director. Ambas cartas habían sido preparadas por el comandante Durbán, o, al menos, en su departamento. En Londres contactó conmigo un oficial del llamado MI-6, Graham

145 Sir Michael Howard era el profesor principal de Historia, y de Historia Militar, de la Universidad de Oxford. Le sucedió en su catedra el hispanista John Elliot. Fue oficial de Infantería en la Segunda Guerra Mundial y combatió en monte Cassino. Tuve el honor de conocerle y asistir a varias de sus clases.

146 Una vez en Londres me dio la impresión de que los nombres citados eran una invención del CESID, en Madrid, y los británicos los ignoraban por completo. Ellos al CESID no lo designaban con ningún nombre pintoresco, y hasta los nombres de los miembros de los servicios que conocí eran reales y no eran ni seudónimos ni ficticios como era el caso en el CESID, donde, además, los nombres solo se usaban internamente.

Wilkinson[147], que había estado en España hasta 1984 y me ayudó a corregir estos errores. Este contacto me lo proporcionó Simon Butler-Madden, el representante británico en Madrid ya citado.

Los nombres de MI-5 y MI-6 eran nombres históricos que respondían a Military Intelligence dado que su origen había sido enteramente militar, pero que, en la actualidad, se llamaban oficialmente Security Service (SS), y Secret Intelligence Service (SIS) —nombres que utilizaré en estas páginas de ahora en adelante—, aunque de manera coloquial se les seguía llamando con los nombres de antaño148. Sin embargo, pronto me enteré de que la comunidad de inteligencia británica era mucho más amplia que los servicios citados, que nos eran conocidos, y como he dicho, no se tenía ni idea de su existencia en el CESID. Así estaban la inteligencia propia del Ministerio de Defensa —Defence Intelligence Staff (DIS)—, que tenía sus propios medios de adquisición de información, los servicios de inteligencia de la Policía —Scotland Yard—, con el nombre de Special Branch, dedicados, sobre todo, a la actividad antiterrorista, con especial énfasis en el terrorismo separatista y unionista irlandés, y, por último, el servicio menos conocido y con mayores recursos y efectivos, que era el servicio de interceptación y criptografía de las comunicaciones radioeléctricas y radiomagnéticas, denominado Servicio de Comunicaciones del Gobierno (Government Communications Headquarters/GCHQ) totalmente secreto, si cabe mucho más que los anteriores. Hablaremos de todos ellos. Existía además un organismo coordinador de toda esta actividad de inteligencia del que también hablaremos, y que era esencial.

El director del SIS, en 1985 era sir Cristopher Curwen —C[149]—, mientras que el nuevo director del SS era sir Antony Duff. Sir Colin Figures, un legendario oficial de inteligencia profesional con muy buena reputación[150], había pasado a desempeñar la labor de coordi-

147 Graham Wilkinson era un oficial muy polifacético que había estado destinado en Madrid, pero sus destinos anteriores habían sido Uganda e Irán. No le vi apenas tras la fase inicial.

148 Esta denominación de Military Intelligence cesó, *de facto*, en 1992, cuando ya se reconoció oficialmente la existencia de los dos servicios: SS y SIS.

149 Contrariamente a como se presenta en las películas de James Bond, al director del SIS se le conocía informalmente como C (Chief), y no como M.

150 Sir Colin Figures había estado destacado como oficial de inteligencia en Rumanía, Hungría, Polonia y Austria —y se le consideraba un experto en

nador de inteligencia en el Gabinete de la primera ministra, en Downing Street. Las cartas de presentación hubo que rehacerlas en Madrid, con la mayor urgencia, y se me remitieron por valija diplomática. No obstante, siguiendo el consejo que me dio Graham Wilkinson, del SIS, entregué también la correspondiente a sir Colin Figures, modificando únicamente su cargo, lo que fue una primera ocasión para visitar Downing Street, aunque fue una visita de cortesía extremadamente breve, como era lógico. Naturalmente a esta visita fui acompañado por un oficial del SIS destacado en Downing Street[151].

El Servicio de Comunicaciones del Gobierno (GCHQ).

Tanto el SIS como el SS tenían el mismo origen, en 1909, por lo que se les puede considerar como servicios hermanos, y de ahí que compartieran denominación: Military Intelligence/MI-5/MI-6, pero en la época en que estos hechos se sitúan —y me consta que su imbricación en el sistema no ha variado—, el SIS dependía directamente del primer ministro y solo actuaba en el exterior del Reino Unido y Commonwealth, con muy pocas excepciones, mientras que el SS dependía del Ministerio del Interior (Home Office) y

Europa del Este—, así como en Irlanda, y hablaba ruso. Siendo ya director del SIS tuvo que gestionar la inteligencia que se generó por el conflicto de Malvinas, en 1982.

151 Stephen Wright me acompañó a Downing Street a saludar a sir Colin Figures, y hablaba español porque había estado destinado en La Habana. Al poco tiempo fue destinado a Nueva Delhi.

solo actuaba en el interior del Reino Unido, y Commonwealth por extensión. El DIS tenía un campo de actuación esencialmente exterior, aunque primordialmente dirigido a aquellos países que podían ser considerados como no amistosos y dedicado sobre todo al ámbito de la inteligencia militar y ni que decir tiene que su prioridad era la Unión Soviética. El GCHQ, en cambio, no tenía límites de actuación, y contaba con instalaciones compartidas en Canadá, Australia y Nueva Zelanda, además de bases o estaciones en territorios británicos como podían ser Hong Kong, Gibraltar, la base en Chipre, Diego García o las Malvinas. Contrariamente a lo que se pueda pensar las relaciones entre ellos eran excelentes y mantenían un alto grado de cooperación como pude comprobar a lo largo de todos mis años en Gran Bretaña.

Lo que sí observé, y que constituía una notable diferencia respecto del CESID o el concepto que, en España se tenía de los servicios de inteligencia, era que los servicios de inteligencia tenían un denominador común que era la defensa contra un enemigo exterior, y esa defensa se llevaba a cabo bien en el interior, SS/MI-5, o bien en el exterior, SIS/MI-6, pero no se pensaba en cosas como involución, o defensa del Estado contra enemigos públicos o conspiradores contra la monarquía. Esas amenazas eran, en el Reino Unido y en 1985, sencillamente irrelevantes o algo de lo que, como mucho, se ocupaba Scotland Yard. A diferencia de España, no se pensaba en enemigos del Estado, ni en acciones subversivas, pero si se consideraba una prioridad el problema separatista, y, por ende, terrorista, de Irlanda.

Sencillamente, no había tradición de espiar a los propios ciudadanos, ni de establecer ningún control sobre los partidos políticos. Ni siquiera en tiempos lejanos, como puede ser la época de Isabel I, en cuyo mandato si se controlaba con quien se veía la reina María de Escocia era por su relación con la España de Felipe II y la amenaza externa que ello suponía. En esa época hubo una intensa actividad de inteligencia —llamémoslo así—, motivada por la construcción de la Armada Invencible y el plan español de invadir Gran Bretaña. Pero siempre era relacionado con un enemigo exterior. Quizás se puede encontrar una excepción en el caso de Oliver Cromwell y el derrocamiento temporal de la monarquía, motivado —hay que decirlo—, por la falta de respeto del monarca al Parlamento[152]. Se puede considerar que, el origen remoto de los servicios británicos lo encontramos en sir Francis Walsingham[153] y la organización o estructura que creó para proteger el reino, encarnado por Isabel I, de enemigos externos —España, Francia, y el Vaticano—, como internos, que eran aquellos que aspiraban a destronar a Isabel en beneficio de las potencias extranjeras.

Mis relaciones con los servicios británicos empezaron a través del SIS/MI-6, como era lógico ya que era el único que mantenía una presencia activa en España. A través de Graham Wilkinson se puso en contacto conmigo John Venning[154], quien sería mi oficial de enlace durante mis primeros meses en Londres. John era una persona muy afable y de modales muy cuidados que, con gran paciencia, me fue introduciendo en el modo de hacer las cosas en el Reino Unido —«donde fueres haz lo que vieres»—, dándome consejos de cómo actuar según los casos. No puedo ocultar que fue introduciendo en mí una especie de sentimiento del ser británico que ha perdurado ya siempre en mi modo de comportarme. Lo primero que ocurrió a los pocos días fue una presentación social, y relativamente informal, ante los principales jefes de división o responsables de aquellos departamentos más susceptibles de tener alguna necesidad de colaboración conmigo en lo que concernía al punto de vista español sobre Europa del Este, Hispanoamérica, Norte de África, y, en cierto modo, Oriente Medio. La presentación, informal como ya he dicho, tuvo lugar en un comedor privado de uno de los más famosos y tradicionales restaurantes londinenses: Rules[155], en Maiden Lane, Covent Garden, muy

152 Me resultó curioso que, en alguna ocasión, amigos ingleses comparasen a Cromwell con Franco. Ciertamente existía alguna similitud.

153 Sir Francis Walsingham fue el principal confidente de Isabel I y su secretario de Estado. Era considerado como el «maestro de espías» de la Corona británica. Todo indica que consiguió penetrar en España y tener pleno conocimiento de los planes de Felipe II.

154 John Venning era una gran persona y había estado en puestos con cierta dificultad como eran Pakistán y Chipre. Su siguiente destino fue Oslo, que era un lugar bastante tranquilo a pesar de la proximidad a la URSS, y con una gran tradición de amistad y cooperación con el Reino Unido.

155 Rules fue fundado en 1798 y es de hecho el restaurante más antiguo de Londres. Es un restaurante cargado de mucha historia que solía frecuentar Laurence Olivier y que aparece en novelas de Graham Greene, o Evelyn Vaugh, y más

cerca de Trafalgar Square, en el marco de una comida de bienvenida con la que el servicio británico me recibía. No me esperaba tal acogida y, francamente, me sorprendió. Además, tuve que hablar —sin haber preparado nada—, y todos estaban pendientes de mí, como era lógico, por lo que, improvisando, recurrí a mis conocimientos de historia y traté de dejar claro que mi misión era solo la de contribuir a reforzar la amistad hispano-británica y borrar cualquier vestigio de malentendidos históricos, exponiéndoles que en mí solo encontrarían un aliado y amigo incondicional. No lo esperaba, pero pronto tendría ocasión de demostrarlo. En cualquier caso, parece que salí airoso de este primer encuentro a raíz de los apretones de manos que recibí al despedirnos.

Tanto el SIS/MI-6 como el SS/MI-5 tuvieron un mismo origen: la Oficina de Servicios Secretos (Secret Services Bureau), en 1909, y se crearon a sugerencia del entonces primer ministro Herbert Asquith[156], durante el reinado de Eduardo VII, que estimó necesario tomar medidas para afrontar lo que parecía una actividad de espionaje extranjero creciente en todo el Reino Unido. Entre esas medidas estuvo la constitución de los servicios secretos, siguiendo la recomendación del Comité Imperial de Defensa que, en julio de ese mismo año, daba cuenta de la existencia en Gran Bretaña de una extensa red de espionaje alemán. Durante la mayor parte del tiempo transcurrido desde la creación de los servicios, la amenaza a la que se han enfrentado ha sido, por este orden, la procedente de Alemania, y tras el fin de la Segunda Guerra Mundial, la originada por la Unión Soviética. Y se puede afirmar que si en la lucha contra Alemania los servicios británicos resultaron victoriosos, tanto en el campo de la inteligencia exterior como en el de la contrainteligencia, en la confrontación con la Unión Soviética el resultado fue mucho más dudoso, y también exigió un esfuerzo mucho mayor.

---

recientemente en films como *Spectre*, de James Bond, o la serie televisiva *Downton Abbey*.

156 Herbert Asquith sería el primer ministro que optaría por la guerra en 1914, interviniendo en el conflicto que se convirtió en la Primera Guerra Mundial.

Century House, sede del MI-6 (SIS) en los años ochenta.

En 1909, los servicios británicos compartían una misma oficina, en un piso alquilado con mínimo equipamiento y mobiliario, en Victoria Street, en el centro de Londres, a muy poca distancia de Whitehall. Dos oficiales llevaron a cabo la organización y arranque inicial: el capitán de fragata de la Royal Navy Mansfield Cumming, y el capitán de Infantería, del Ejército británico, Vernon Kell. Algunos meses más tarde, ya en 1910, los servicios creados se desdoblarían en lo que han sido posteriormente y Mansfield Cumming, ascendido a capitán de navío, se convertiría en el primer director del MI-6, y Vernon Kell, a su vez coronel, lo sería del MI-5. La misión de ambos, sin embargo, fue oponerse a la actividad alemana de información y obtener información sobre sus intenciones: el MI-6 en el exterior —sobre todo en la misma Alemania—, y el MI-5 en el interior del territorio británico y Commonwealth. En 1985, el MI-6 disponía de un edificio emblemático en la orilla sur del Támesis, Century House, en la zona de Lambeth, no tan espectacular como el actual en el puente de Vauxhall, además de varias otras oficinas en Whitehall, mientras que el MI-5 contaba con una sede central en Curzon Street —Leconfield House—, casi esquina con Park Lane, en el corazón de Mayfair, además de un edificio funcional de oficinas en Gower Street, en Bloomsbury, igualmente no tan imponente como el actual en Thames House, y alguna otra dependencia.

Inicialmente, ambos servicios dependieron del Ministerio de la Guerra (War Office), aunque el MI-6 tenía una dependencia directa —no en vano su jefe era un marino—, del Almirantazgo, y desde 1911 hasta 1915, respondía nada menos que ante Winston Churchill, como primer lord del Almirantazgo (First Sea Lord). La prioridad de ambos servicios era, obviamente, Alemania, pero en el caso del MI-6 estaba dirigida a temas navales esencialmente. El MI-5, no obstante, se apoyaría en Scotland Yard para todo lo que tenía que ver con seguimientos, investigación, detenciones e interrogatorios, por lo que tuvo una relación directa con el Ministerio del Interior (Home Office) casi desde sus comienzos. Esta dependencia continuaría así hasta después de la Segunda Guerra Mundial, pasando, en 1952, el MI-5 a inscribirse por entero en el Home Office, y el MI-6, a efectos administrativos y de cobertura, en el Ministerio de Asuntos Exteriores (Foreign Office), aunque dependiendo directamente del primer ministro en Downing Street. El Ministerio de Defensa contaría con su propia organización aparte.

Lo primero que pude observar en mi relación con el SIS, y que me maravilló, era su perfecta integración en la administración británica en contraposición a lo que ocurría en España. La prueba más contundente era que todo el personal directivo y auxiliar tenían consideración de funcionarios civiles (*civil servants*), y, por lo tanto, eran miembros de la administración. El origen de los directivos era diverso —todos graduados o licenciados superiores—, y así, estaban los que procedían directamente de las universidades y de la vida civil, como los que procedían de las fuerzas armadas y habían renunciado, por consiguiente, a su carrera militar. Todos, en cualquier caso, a efectos oficiales y dentro de la idea de mantener el secreto, figuraban como miembros del Foreign Office y eran, por consiguiente, diplomáticos, apareciendo en la llamada «lista diplomática», es decir, la escalilla de la carrera diplomática británica, aunque el ministerio no tuviera ninguna jurisdicción sobre ellos, ya que dependían directamente del Gabinete del primer ministro, y sus nombramientos, destinos, ascensos, y recompensas se decidían en el gabinete a propuesta del director del servicio. Naturalmente, en los destinos al exterior ocupaban puestos diplomáticos y eran o secretarios de embajada —en sus diversas categorías, o consejeros, o ministros consejeros o cancilleres, llegado el caso—, y solían ocupar oficinas o despachos separados del resto de dependencias y dotados de especiales medidas de seguridad. Solo en casos excepcionales ocupaban el puesto de cónsules o, incluso, embajadores, y eso podía ocurrir en países especialmente conflictivos, pero no era habitual, y nunca eran «agregados»[157]. En cualquier caso, no les preocupaba lo más mínimo; sabían muy lo que eran y cuál era su función. De algún modo se puede decir que los miembros del SIS gozaban de una cobertura perfecta; ello era algo que me produjo cierta envidia sana. Y aunque resulte anecdótico, no existía ni la «licencia para matar» ni se portaban armas, ni había numeraciones con dobles ceros ni nada semejante; solo se utilizaban los nombres reales y sus nombramientos formales dentro de la carrera diplomática, lo que era la mejor cobertura posible. Ello no significa que el SIS no realizara actividades encubiertas llegado el caso, ya que tenía capacidad de hacerlo, pero de eso, naturalmente, no supe nada y como se me dijo una vez, hablando sobre el tema, bromeando, «era libre de pensar lo que estimase, pero ellos no podían comentar nada».

El SIS no tenía una sección o departamento dedicado como tal para las relaciones con los servicios aliados como era el caso del CESID —algo que en última instancia, desde mi óptica, probó ser solo un cuello de botella, agravado por la mala gestión de alguien ya citado, y un retraso en el plano operativo—, sino que, aunque existiera coordinación de todo ello en el órgano de dirección, las relaciones eran directas con el oficial o departamento apropiado —siempre utilizando nombres personales reales—, a través de un punto de contacto, que era diferente para cada servicio aliado acreditado oficialmente en Londres como pude saber. Ese punto de contacto solía ser el analista o persona responsable del seguimiento del país en cuestión en cada caso. Era un sistema eminentemente práctico y rápido, sin duda no perfecto, pero eficaz y no fácil de detectar por servicios hostiles que siempre dudaban si se trataba de

157 Cuando tuvimos confianza, ya en el tiempo, me preguntaron cómo era que el Gobierno español me confería solo la titulación de «agregado». Me dijeron que no solo era peligroso para mí, sino también para ellos si realizábamos alguna actividad juntos, como sería el caso en un futuro. Lo explicaré en el párrafo apropiado.

personal diplomático real o no[158]. La principal fuente de adquisición de información era la colaboración humana —HUMINT (Human Intelligence)—, en lo que los británicos eran maestros. Naturalmente también se disponía de la inteligencia de las comunicaciones (SIGINT-Signal Intelligence y ELINT-Electronic Intelligence), pero eso era responsabilidad de otro servicio, el GCHQ ya citado y sobre el que entraré con más detalle.

Tras el breve interregno tanto de Graham Wilkinson como de John Venning, mi punto definitivo de contacto pasó a ser John Fisher[159], que se convertiría en un gran amigo personal. Su especialidad era Europa Occidental, pero no conocía España ni había estado nunca, con lo cual tuve campo suficiente para poder ambientarle y familiarizarle con la situación española de aquellos días. En general, los británicos de cierto nivel veían con simpatía el camino por el que discurría España tras el período del régimen de Franco, que ellos veían con dosis de gran escepticismo, cuando no de antagonismo, dada la simpatía que entonces se había mostrado por las potencias del Eje. Tuve que explicar y aclarar muchos aspectos, desconocidos con carácter general en Gran Bretaña, para conseguir que incluso el período de Franco se viera de otra manera. Lo que sí percibí siempre fue un gran interés por saber todo aquello que no era del conocimiento común, y al final, creo que conseguí transmitir una imagen de España muy distinta del estereotipo habitual. Al margen de la relación profesional, con John encontré un lugar común de pensamiento cuando me dijo que era natural de Liverpool, y para mí esa ciudad —que visité en profundidad con él y con su mujer— tenía solo un significado: los Beatles. Éramos además de la misma edad y teníamos gustos parecidos. Fuimos juntos a un concierto de Paul McCartney, en el Estadio de Wembley. Lo mismo ocurrió con otro oficial que, con motivo de una ausencia profesional de John, fue también mi punto de contacto en el SIS: David Handley.

---

158 De hecho, los diplomáticos españoles, por citar un caso, siempre consideraban que se trataba de personal diplomático genuino y lo que yo les decía no les parecía creíble.

159 John Fisher había estado destinado en el exterior como segundo secretario de Embajada en Ankara, y posteriormente, como primer secretario en Viena, y había ingresado en el SIS en 1974, con lo cual podía ser considerado como un experto ya con más de diez años de antigüedad. Sus dos primeros años en el servicio los pasó, tal como él mismo me contó, aprendiendo idiomas: turco y alemán.

David Handley[160] estaba también adscrito a asuntos europeos, aunque había estado en destinos algo contrapuestos, como Europa del Este, Líbano y Centroamérica, pero, en cambio, hablaba español. Era algo más mayor que John y yo, y más antiguo en el SIS, pero por poco, y también compartíamos muchos gustos y afinidades. Acabamos reuniéndonos mucho los tres, John, David y yo —incluso con familias—, y pasamos muy buenos ratos juntos. Ni John ni David tenían formación militar ni antecedentes en las fuerzas armadas. Recuerdo bien los buenos ratos que pasamos juntos.

Sir Christopher Curwen.

No obstante, fue John Venning quien me introdujo ante el director general del SIS, sir Christopher Curwen[161], C, en la primera ocasión que fue posible, y así fue como visité por primera vez la sede tradicional del MI-6, Century House[162]. Se me indicó que, si tomaba

160 David Thomas Handley había desempeñado el puesto de segundo secretario, y había estado destinado en el Centro de Estudios Arábigos de Oriente Medio (MECAS) —un organismo creado en su día por el Ejército británico—, en Beirut, y luego fue primer secretario en Budapest, para pasar a ser encargado de negocios en la ciudad de Guatemala. Había ingresado en el SIS en 1972.

161 Sir Christopher Curwen era un profesional de la inteligencia y su especialidad era el Sudeste Asiático, habiendo estado destinado en Tailandia, Laos y Malasia. Procedía del Ejército, y como oficial de Caballería había participado en las operaciones de guerra subversiva de Malasia en 1948 encuadrado en el 4.º Regimiento Acorazado de Húsares, un regimiento del que Churchill había sido coronel. Posteriormente había estado destinado en Washington, y en Ginebra. Fue designado director del SIS en 1985, sustituyendo a sir Colin Figures.

162 Century House era un edificio de veintidós pisos en la orilla sur del Támesis en Westminster Road, muy cerca del Museo Imperial de Guerra, y a poca distancia del Parlamento, del Foreign Office, y de Downing Street. En 1994 el MI-6 se trasladó a la sede actual, en Vauxhall Cross, y Century House se reconvirtió en un edificio de apartamentos y pisos.

un taxi, nunca diera la dirección exacta, por lo que opté siempre por ir al Museo Imperial de Guerra y desde allí encaminarme a la sede del servicio. En alguna ocasión se me sugirió que podía aparcar en el garaje del propio servicio, siempre que cumpliese con un protocolo de autovigilancia (Surveillance Detection Route/SDR) y estuviese seguro de que no me había seguido nadie. A pesar del problema terrorista del IRA, no observé ninguna medida especial de protección, ni verjas, ni centinelas, ni alambradas, ni barrera siquiera, aunque existía seguridad por supuesto, y la prueba está en que nunca hubo ningún atentado. Cuando, en mi primer encuentro informal con sir Christopher, le mencioné el hecho, su mujer se echó a reír y me dijo que Century House era el secreto mejor guardado de Londres, «conocido solo por todos los taxistas, los guías turísticos, y los agentes del KGB», haciéndonos reír a todos. En cualquier caso, me di cuenta de que se trataba siempre de no llamar la atención y aparentar normalidad, algo muy británico desde tiempos inmemoriales. Supongo que hoy no será lo mismo.

Creo que simpaticé con sir Christopher Curwen desde el primer día y tomé la costumbre de visitarle formalmente al menos una vez al mes, y dado que tenía que pasar siempre a través del despacho de su secretaria, acabamos estableciendo una especie de amistad o de mutua simpatía, y cuando ella me saludaba diciéndome «good morning, major», yo era entonces comandante, le respondía diciéndole «good morning, Moneypenny», lo cual le hacía mucha gracia. Siempre fue muy agradable y cordial. Sir Christopher era también muy amable y correcto, y siempre me pedía mi opinión sobre la situación en España. Le preocupaba la actitud de España en la OTAN y la tendencia antinorteamericana que percibía. La relación con sir Christopher llegó a ser muy fluida y aceptó varias invitaciones mías, incluso a cenar en mi domicilio particular con su esposa, acabando siempre en las cenas hablando de carros de combate, ya que él había sido oficial en una unidad de carros, y me confesó que no había nada como mandar un escuadrón de carros. Sentí su relevo en 1989.

Durante el mandato de sir Christopher tuvo lugar una de las operaciones de mayor éxito en la historia del SIS, que consistió en la extracción de la Unión Soviética del oficial del KGB, Oleg Gordievsky, que llevaba varios años —desde 1974— trabajando a favor de Occidente, a través de los servicios británicos, y que había sido descubierto —o los soviéticos sospechaban ya de él—, y no se le abandonaría. Expondré los detalles más adelante ya que viví los hechos y el servicio británico me hizo partícipe de ello.

En cualquier caso, sir Christopher Curwen decidió retirarse por edad y fue relevado por sir Colin McCall[163]. Colin McCall fue el primer director del SIS que no procedía de ninguna otra rama de la administración, ni civil ni militar, ni de ninguna empresa civil, y había hecho toda su carrera dentro del servicio, y primer escocés que llegaba a ese puesto. Licenciado por la Universidad de Oxford, fue propuesto para el servicio siendo todavía estudiante, y tras pasar por la Escuela de Lenguas Orientales y el Curso de Inteligencia en la Escuela de inteligencia del SIS —en Fort Monckton, Gosport, Hampshire—, cerca de Portsmouth, fue destinado inicialmente al Sudeste Asiático. Era una personalidad muy distinta de sir Christopher, pero también tuve muy buena relación con él y continué visitándole, como había hecho con su predecesor, al menos una vez al mes. Tocaba la flauta travesera y lo hacía en su despacho, a veces, para relajarse y recuperar claridad de juicio y cuando le dije que yo hacía lo mismo, pero con la guitarra acústica, no pudo evitar sonreír; desde ese momento nuestras charlas mensuales se tornaron en francas conversaciones, aunque yo prefería que hablase él, dado su vasto conocimiento geopolítico y del mundo de la inteligencia. Nunca se aventuró a que nos reuniéramos en un restaurante público, pero sí compartimos alguna velada en un reservado, bien en el club del Ejército y la Marina (*Army and Navy Club*), en Piccadilly, o bien en mi club de oficiales de Caballería. Mi relación con la Universidad de Edimburgo, al ser él escocés, también ayudó a tener una buena relación.

No puedo pasar por alto aquí unas curiosidades. En el despacho de C, fuera quien fuera, la mesa de trabajo era una auténtica reliquia, ya que formaba parte del patrimonio artístico e histórico británico, pues se trataba nada menos que de una mesa del siglo XVIII, pertene-

163 Colin Hugh Verell McCall ingresó en el MI-6 tras graduarse en la Universidad de Oxford, en 1956, y después de pasar por la Escuela de Lenguas Orientales (School of Oriental and African Studies-University of London), fue destinado a Bangkok, y posteriormente a Laos, tras lo cual pasó a Varsovia, y más tarde a Ginebra, donde ejerció como cónsul. Después de retirarse del SIS, en 1994, se dedicó a la empresa privada, precisamente con una sociedad escocesa.

ciente al mobiliario de la cámara privada del almirante Nelson, en el buque insignia HMS Victory, en la que el almirante solía trabajar y desde donde había dirigido la batalla de Trafalgar. Reconozco que cuando lo supe me impresionó y le expuse a sir Colin que, en mi caso, me sería difícil trabajar y concentrarme ante tamaña prueba y testigo de la historia. Al parecer, la mesa estaba allí desde los momentos iniciales de creación del MI-6 —se considera que fue sir Mansfield Cumming quien la llevó en 1909—, y había sufrido todos los traslados y mudanzas. Me consta que, en la actualidad, se encuentra en la actual sede del SIS en Vauxhall Cross. El despacho se hallaba en la última planta de Century House y la visión que desde allí se tenía de Londres era simplemente extraordinaria.

La designación de sir Colin McCall como director del SIS tuvo lugar en un momento especialmente delicado en el panorama internacional, pero sobre todo en el ámbito europeo —muy particularmente en los Balcanes—, y también británico. El Pacto de Varsovia estaba desmantelándose y la unificación de Alemania era un hecho, al tiempo que la Unión Soviética se deshacía, mientras el terrorismo procedente de Oriente Medio se radicalizaba, y Gran Bretaña vería no muy tarde, en 1997, el fin de su colonia en Hong Kong y un auge imparable de China. El mandato de Margaret Thatcher iba acercándose a su fin, y Europa se encaminaba al establecimiento de un nuevo ente, la Unión Europea, cuyo significado, actualmente, sigue estando confuso. Tengo constancia de que fue directamente Mrs. Thatcher quien designó a sir Colin como director, precisamente para que reorganizase el SIS de cara a la nueva situación, no solo en la Unión Soviética sino en toda Europa del Este[164], que surgiría inevitablemente a consecuencia de la caída del comunismo y de la Unión Soviética. McCall estaba considerado como uno de los más brillantes oficiales del SIS y estimaba, con toda la razón, que, en los nuevos tiempos que se avecinaban, el tráfico de drogas, el blanqueo de dinero y el terrorismo iban a suponer desafíos a los que los servicios de inteligencia iban a tener

164 Mrs. Thatcher tenía especial interés en explotar la caída de la URSS y en que fuera el SIS quien condujera a los servicios de Polonia, Bulgaria, Checoslovaquia, Hungría y Rumanía por la senda democrática, y no otro servicio occidental. Mi amigo Christopher Donnelly, desde la OTAN, tendría un papel relevante en todo ello.

que enfrentarse, pero, sobre todo, tras su experiencia en Varsovia y Ginebra, era un especialista en el bloque soviético. No obstante, inicialmente no se apreciaron mucho los cambios.

Ligado al conocimiento y relaciones que mantuve tanto con sir Christopher como con sir Colin, trabé una amistad que ha perdurado en el tiempo con el segundo de a bordo, *de facto*, del SIS en aquellos días: Barrie Gane[165]. Mantuve con él muy buenas relaciones y, dado que vivía no muy lejos de mi domicilio —en la zona de Putney[166]—, solíamos vernos con frecuencia e incluso salíamos a cenar con nuestras mujeres, o nos visitábamos mutuamente, y asistimos juntos en 1987 al torneo de tenis de Wimbledon que ganó el australiano Pat Cash. Barrie era profundamente anticomunista, lo que nos llevó a simpatizar aún más si cabe. Estaba previsto, de alguna forma, que sucedería a Colin McCall cuando este se retirase, pero, en 1993, pidió el retiro adelantado y pasó a trabajar para la empresa privada. Su puesto oficial en el SIS venía a ser un equivalente a un coordinador y distribuidor de la información —(Director of Requirements and Production)—, pero actuaba en la práctica como subdirector del SIS. McCall no se retiró hasta 1996, ya con John Major como primer ministro, y cuando yo ya había dejado el CESID.

En principio, según supe, aunque yo ya había dejado Londres para trasladarme a Bruselas, McColl debería haberse retirado en 1992, pero consiguió permanecer en su puesto con la excusa de supervisar todos los cambios y el traslado a la nueva sede en Vauxhall Cross, que tuvo lugar en 1994, además de querer hacer frente a los recortes del presupuesto, anunciados por John Major desde que tomó posesión del Gobierno en noviembre de 1990, como consecuencia del final de la Guerra Fría y de la caída del comunismo. En esa línea, se procedió a retirar anticipadamente a un número sustancial de oficiales del servicio, relevándolos por personal más joven y reduciendo, a la vez, la plantilla. Barrie

---

165 Barrie Charles Gane, procedente de la Universidad de Cambridge, era también un especialista en el bloque soviético a pesar de sus andaduras iniciales en Lejano Oriente. Ingresó en el SIS en 1960, y estuvo destinado en Laos, en Sarawak —uno de los Estados que fundaron Malasia—, en Varsovia —donde coincidió con Colin McCall—, en Uganda, y finalmente en Hong Kong.

166 Putney es una zona del municipio de Wandsworth, en la zona oeste de Londres, de buen nivel, cuna de personalidades como Thomas Cromwell, el historiador Edward Gibbon, o el primer ministro Clement Attlee.

Gane[167] no estaba conforme con la dirección que tomaba el servicio y por eso decidió aceptar la oferta de retiro. Le sucedería David Spedding[168] en 1994. Sentí mucho su marcha.

No traté con David Spedding en su puesto como C, pero sí lo conocí antes y recuerdo que fuimos en una ocasión a mi club a charlar de forma informal. Hijo de militar, era licenciado por la Universidad de Oxford, y hablaba árabe, francés y español, motivo este por el que entablamos una cierta amistad. Fue el director del SIS más joven en su día, y alguien que no tenía experiencia en asuntos soviéticos ni en el Sudeste Asiático sino en Oriente Medio y en terrorismo, lo que en el momento de su nombramiento resultó muy apropiado. Cuando le conocí, en 1986, dirigía el Departamento de Terrorismo Internacional del SIS y estaba encargado de la coordinación con el MI-5/SS en la lucha antiterrorista. Recuerdo que me dijo que, si estuviera en mi lugar, dedicaría todo su esfuerzo a la lucha contra la banda terrorista ETA, algo que me hizo pensar y considerar que el CESID, probablemente, no estaba haciendo lo correcto. Le tocaría el cambio de administración en 1997, tras la victoria electoral de Tony Blair, del Partido Laborista.

En 1999 le sucedió Richard Dearlove[169], otro directivo del SIS a quien había tratado, y, por consiguiente, primer jefe del servicio elegido ya por un Gobierno laborista. Richard Dearlove tendría que soportar todo el tema de la guerra en Kuwait contra Irak y el espinoso asunto de las armas de destrucción masiva y sus repercusiones. Le sustituiría John Scarlett[170] en 2004, otro viejo conocido.

---

167 Barrie Gane fue contratado por la empresa de seguridad Global Solutions, parte de la sociedad Securitas, y posteriormente fundó la empresa de seguridad Threat Response International.

168 David Rolland Spedding ingresó en el SIS, en 1967, y tras su paso por el Centro de Estudios Arábigos de Oriente Medio (MECAS), estuvo destinado en Beirut, en Santiago de Chile, en Abu Dhabi, y en Jordania.

169 Richard Billing Dearlove, procedente de la Universidad de Cambridge, ingresó directamente en el SIS en 1966, y estuvo destinado en Nairobi, Praga, y París. Cuando le conocí, en 1990, acaba de volver de Ginebra, donde había estado destinado en las Naciones Unidas, pero a continuación fue destinado a Washington.

170 John McLeod Scarlett era un personaje legendario en el MI-6. Licenciado en Historia por la Universidad de Oxford —motivo por el cual conversamos en algunas ocasiones—, había ingresado en el SIS en 1971, y su primer destino fue Nairobi, para pasar posteriormente a Moscú, y a París, y de nuevo a Moscú, de donde fue expulsado en 1994. Hablaba perfectamente francés y ruso. En 2001 pasó a dirigir el Comité Conjunto de Inteligencia (Joint Intelligence Committee).

Tanto Richard Dearlove como John Scarlett pertenecían al llamado Soviet Bloc, constituido de manera informal dentro del SIS por todos aquellos que se habían especializado en asuntos de la antigua URSS y Europa del Este. Aunque yo ya no estaba ni siquiera destinado en el CESID, en 1999 —a través de contactos y amigos que sigo conservando— supe del *Archivo Mitrokhin*, un aspecto en el que Dearlove tuvo un papel relevante como C en ese momento.

El tema de la guerra de Irak y las armas de destrucción masiva también le salpicó a John Scarlett ya que desde 2001 había sido el coordinador de inteligencia en el Gabinete del primer ministro. Richard Dearlove y John Scarlett fueron los últimos directores del SIS con experiencia en temas soviéticos y de la antigua Europa del Este. Tras ellos llegó una nueva generación de directivos que estaban más orientados hacia las amenazas del terrorismo global, la guerra cibernética y el islamismo radical fundamentalista. Eran ya otros tiempos. Se abandonó el secretismo de antaño y se reconoció la existencia oficial de un servicio de inteligencia exterior. De alguna manera, se perdió el romanticismo que había acompañado a la imagen del MI-6 y 007.

El MI-5/SS, aun siendo un servicio hermano, tenía competencias muy distintas, pero tan amplias o más que las del SIS. Sin embargo, por ello mismo y debido a la naturaleza más doméstica e interna de sus actividades, se enfrentó a un mayor escrutinio. De alguna forma se puede decir que era el servicio que se enfrentaba a unas amenazas más directas y hasta cotidianas. No en vano su verdadera denominación era «Servicio de Seguridad».

Cuando me instalé en Londres, a mediados de 1985, contacté con el MI-6 porque era el servicio que tenía representación en España y por lo tanto, con el que se tenía una relación más directa, pero realmente para moverme en el interior del Reino Unido, y si necesitaba algún apoyo, era el MI-5/SS el servicio con quien debía tratar y no el MI-6. Por otra parte, si las autoridades británicas sentían curiosidad por mis actividades, era también el MI-5 el servicio que me iba a vigilar. Por lo tanto, y al margen de que llevaba una carta de presentación, decidí que me convenía mucho tener una buena relación con ellos.

Curiosamente, y como el MI-5 no tenía representación en España, y aunque todo lo que fuera necesario lo canalizaban a través del representante en Madrid del MI-6, Simon Butler-Madden, una vez en Londres el MI-6 no me ayudó por razones de competencias, y quien lo hizo fue el representante oficial del Ministerio del Interior español y de la Dirección General de Seguridad, inspector Mariano Rayón, destinado en la Embajada y acreditado oficialmente ante el MI-5, ya que, obviamente, el calamidad del comandante Durbán en la Oficina de Relaciones del CESID no sabía a quién tenía que dirigirme. Ello a pesar de que el general Alonso Manglano no quería que me relacionase con nuestro Ministerio del Interior, y que las relaciones que él mismo mantenía con el director Rafael Vera eran pésimas. Naturalmente nunca informé de la excelente relación que mantuve con el Sr. Rayón, quien, por otra parte, era un excelente profesional[171] y se portó siempre como un buen amigo.

Así las cosas, y debido a gestiones del inspector Rayón, un buen día recibí una llamada de un tal Peter Mason que me dijo ser amigo de él, y que entendía que era conveniente que nos conociéramos cuanto antes, dado que le comuniqué ser portador de una carta para su jefe, sin decir nombre ni nada. Rayón ya me había alertado sobre Peter y me había dado su nombre. Consecuentemente quedamos para conocernos en un pub de la zona de South Kensington, no muy lejos de mi despacho, y muy popular, al día siguiente.

Peter Mason era una persona de carácter abierto y resultó ser de trato muy agradable y estar muy dispuesto a ayudar siempre. A diferencia del SIS, el MI-5 estaba integrado por completo en el Ministerio del Interior (Home Office) y sus integrantes eran funcionarios de ese ministerio e incluso, si se presentaba el caso, podían ser trasladados a otro departamento dentro del mismo. Yo era el primer representante del CESID acreditado ante ellos y no sabían muy bien cómo tratarme, ni entendían que hubiera dos españoles pertenecientes a dos ministerios distintos, Interior y Defensa, relacionándose con ellos[172]. A decir verdad, yo tampoco lo entendía.

171 Mariano Rayón era jefe de la Unidad Central de Información Exterior (UCIE) del Ministerio del Interior en los días del atentado del 11-M y, en mi opinión, hizo una excelente labor que no fue valorada. Fue destinado a Roma, curiosamente igual que el entonces director del CESID/CNI, Sr. Dezcallar, que fue nombrado embajador ante la Santa Sede. El CESID de entonces parece que estuvo totalmente al margen del atentado y no tuvo, sorprendentemente; ninguna actividad ni previa ni posterior a los hechos, o si la tuvo quedó difuminada y se ocultó.

172 Para el MI-5 yo era «Major Candil» y Mariano Rayón era el «Inspector Rayón».

Les aseguré que no habría duplicidades por mi parte y opté por coordinar mis reuniones con ellos previamente con el inspector Rayón, al objeto de evitar interferencias y malentendidos, y de común acuerdo entre Rayón y yo, decidimos que yo solo trataría con ellos temas de contrainteligencia y contraespionaje, focalizándome en los países de Europa del Este y la URSS, y él todo lo relativo a terrorismo internacional. Fue un acuerdo entre caballeros que nos permitió salvar las apariencias ante los británicos y mantener unas relaciones cordiales entre nosotros. Fue Peter Mason, por otra parte, quien me sugirió establecer más adelante una relación directa con el servicio de inteligencia de defensa (DIS), en la convicción de que me sería más grato tratar temas militares con ellos, ofreciéndose a introducirme cuando lo considerase apropiado.

Mi entrada en contacto con el MI-5 ocurrió en un período de no poca tensión, por no decir crisis, dentro del servicio. Relativamente reciente, sucedió en 1983, estaba el caso de Michael Bettaney, un oficial del MI-5, Departamento de Contrainteligencia, convicto de haber pasado información al KGB y de ser en realidad agente soviético. La comisión que investigó el caso —la Comisión Permanente de Seguridad (Standing Security Commission), un organismo encargado de examinar e investigar las posibles violaciones de seguridad en la administración británica— llegó a la conclusión de que el servicio había cometido serios errores de gestión y recomendó ciertas medidas de reorganización. Llovía sobre mojado ya que anteriormente, y desde el fin de la Segunda Guerra Mundial, habían sido numerosos los casos de infiltración de los servicios soviéticos en el Reino Unido y los consiguientes escándalos. Bettaney fue condenado a veintitrés años de prisión. Las repercusiones del caso todavía se sentían cuando empecé a relacionarme con el MI-5 en 1985.

Por si ello fuera poco, en el mismo año que llegué a Gran Bretaña, el 12 de marzo de 1985, se produjo el caso de Cathy Massiter, una señorita del servicio que tuvo una crisis de conciencia, y abiertamente, sin previo aviso, presentó su dimisión y expuso en el programa MI-5 Official Secrets del Canal 4 de televisión —un canal estatal— las actividades de contrasubversión que llevaba a cabo el servicio, calificándolas como antidemocráticas. Massiter, que era una oficial del Departamento de Contrasubversión[173], reveló que el SS llevaba a cabo una vigilancia permanente de las organizaciones proderechos civiles, de los sindicatos[174] —especialmente del sindicato minero—, y de la Campaña por el Desarme Nuclear (CDN)[175], incluyendo escuchas telefónicas, por considerar sus actividades subversivas y de inspiración comunista, lo cual no estaba muy lejos de la verdad. Curiosamente el Gobierno británico no se querelló contra Massiter ni negó las acusaciones de que era objeto. Aquello supuso un fuerte golpe para el servicio, y para la opinión pública, dado el alto grado de confianza que los ciudadanos tenían en sus instituciones. Para los miembros del servicio representó un descrédito, pero al mismo tiempo afectó seriamente a la moral personal y colectiva, y abrió una brecha seria en el compañerismo y grado de confianza mutua entre ellos. Fue una época turbulenta y complicada, en la que el rendimiento del servicio descendió apreciablemente. Inicialmente, al estar recién llegado, no fui muy consciente de lo que ocurría, pero supe de estas circunstancias al poco tiempo.

Entre otros aspectos, la situación obligó al MI-5 a redefinir el concepto de subversión y a establecer mecanismos de control hasta entonces desconocidos. Las declaraciones públicas de Cathy Massiter llevaron a realizar una seria investigación y una revisión de las formas y procedimientos de trabajo, que cristalizaron en la creación de la figura del llamado «consejero de dirección» (*staff counsellor*), que sería definitiva en 1987, y que era una primera medida para afrontar los casos individuales de desmoralización o pérdida de confianza en el servicio y en la ética con que se actuaba. Se pretendía que, tanto en el caso de Massiter como en el de Bettaney, el servicio contase con una figura —a modo de *ombudsman*—, al que los miembros

173 Por subversión el MI-5 entendía aquellas acciones dirigidas a desestabilizar la democracia parlamentaria por medios políticos, industriales o simplemente violentos. Suponía hostilidad al proceso democrático en sí mismo, y ahí no se incluía el disentir —que era perfectamente legítimo—, sino solo el establecer si la hipotética amenaza subversiva afectaba a la seguridad nacional.

174 Había evidencias de que los servicios soviéticos habían penetrado en los sindicatos, sobre todo en el NUM (Unión Nacional de Mineros) e influían en sus decisiones.

175 La Campaña por el Desarme Nuclear (CDN) es una organización que todavía existe que, en los años ochenta, se oponía a que Gran Bretaña tuviese armas nucleares, proponiendo renuciar unilateralmente a ellas. Fue muy activa en ese período organizando marchas y manifestaciones. Existían sospechas con cierto fundamento de que había conexiones entre la CDN y la Unión Soviética.

del servicio pudieran acudir en busca de consejo y presentando aquellas quejas o dudas que pudieran albergar y que no hubiera sido posible resolver de forma regular oficial, incluyendo aquí la posible publicación de obras respecto del servicio, algo que ocurrió acto seguido. Esta figura debería ser alguien ajeno al servicio, pero con conocimiento profundo de la administración del Estado y sensibilidad suficiente para tratar y conocer asuntos de seguridad nacional. El primer *staff counsellor* fue sir Philip Woodfield, que había sido subsecretario permanente para asuntos de Irlanda del Norte, con el título de *staff commissioner for the security and intelligence services*[176], y prestando servicio tanto al SS como al SIS.

Asimismo, mientras esto ocurría, se iba generando lo que acabaría siendo el escándalo de Peter Wright. El caso de Peter Wright estalló más tarde, pero no tuvo nunca la gravedad de los dos escándalos anteriores, aunque sí mucha más difusión pública. Peter Wright simplemente fue un oficial —inicialmente de la rama técnica—, que, llevado de un exceso de celo tras retirarse del servicio, y ser adjunto al director, envió un informe al Parlamento exponiendo lo que consideraba eran vulnerabilidades del SS, y dando a entender que la totalidad de la administración británica estaba penetrada por los servicios soviéticos. Además, publicó un libro, *Spycatcher*, en el que revelaba muchas interioridades y aspectos que crearon una situación incómoda para el Gobierno. El libro se prohibió en Inglaterra, en base a las diversas alegaciones contra el Gobierno que se establecían, y por revelación de datos, pero no en Australia ni Estados Unidos ni, curiosamente, en Escocia. En el libro, calificado de forma simplista por el propio autor como una «autobiografía sincera de un oficial de inteligencia», se dejaba caer la posibilidad de que uno de los anteriores directores del MI-5, sir Roger Hollis, en 1965, y el que fuera primer ministro, Harold Wilson, hubieran sido agentes soviéticos. Esta posibilidad fue rechazada y oportunamente aclarada, revelándose rigorosamente falsa.

Por otra parte, la prohibición del libro —difícilmente calificable como admisible en un régimen democrático[177], y justificable

176 En la actualidad se denomina *investigatory powers commissioner* (IPC).

177 En 1991, el Tribunal Europeo de Derechos Humanos sentenció que el Gobierno británico había violado la Convención Europea sobre Derechos Humanos. En 2021, los archivos británicos sobre este caso seguían cerrados y no accesibles al

por razones de seguridad nacional— provocó, como suele ocurrir en estos casos, un inusitado interés y se convirtió en el libro más buscado en todo el Reino Unido. El CESID se contagió de este interés —algo que no entendí bien nunca— y me pidieron obtener varias copias, lo que pude hacer a través de una editorial en Escocia, no sin advertirles que, en el fondo, era una obra bastante sensacionalista. Peter Wright acabaría vendiendo más de dos millones de ejemplares.

Independientemente, dado el volumen y alcance de todo lo expuesto, se estimó prudente reorganizar el servicio por completo, empezando por nombrar un nuevo director, por un tiempo limitado, que, por primera vez en la historia, iba a ser una persona ajena al servicio. El elegido, y nombrado candidato especialmente de Mrs. Thatcher, fue sir Antony Duff. El mandato que recibió fue el de rectificar todas las deficiencias que habían sido observadas por la Comisión Permanente de Seguridad.

Sir Antony Duff procedía de la carrera diplomática (Foreign Office), pero había sido militar y conocía el mundo de los servicios de inteligencia, ya que había presidido el Comité Conjunto de Inteligencia y ejercido como coordinador de inteligencia en el Gabinete de la primera ministra. Como diplomático había estado destinado en lugares tan variados como Alemania Occidental —al acabar la guerra—, Nepal, Malasia, Kenia, y Rodesia. Pero como militar estaba considerado un héroe de guerra, ya que, procedente de la Escuela Naval de Darmouth, y como oficial profesional, había sido comandante de un submarino durante la Segunda Guerra Mundial y combatido tanto en el Atlántico como en el Pacífico. Tuve el honor de ser recibido por él a finales de noviembre de 1985, en la sede de Curzon Street, y me ofreció un almuerzo en el club del Ejército y la Marina (Army and Navy Club), y simpatizamos mucho cuando supo que había hecho mis prácticas de Marina, en el Curso de Estado Mayor, en un submarino de la clase Daphne, en Cartagena. Durante la Segunda Guerra Mundial, según me dijo, tuvo el mando del submarino HMS Stubborn (Testarudo), entre 1942 y 1944, y estuvo a punto de ser hundido por los alemanes

público. Personalmente he leído el libro y me parece una buena novela al estilo de John Le Carré, pero nada más. Opino que el Gobierno británico se empecinó excesivamente en este asunto.

en Noruega. Fue el único submarino con ese nombre en la Royal Navy, y sir Antony solía decir que llevaba ese nombre por él. Desde entonces, cada vez que me recibió en su despacho solo hablábamos de submarinos y comentamos especialmente la novela *The Hunt for Red October*, de Tom Clancy, que ambos habíamos leído y encontramos fascinante a la par que real, y que era una de las lecturas recomendadas en la Escuela Naval en Darmouth. Sir Antony[178] fue de una amabilidad exquisita conmigo y me indicó que siempre que necesitase algo, me pusiera en contacto con su adjunta en la dirección que resultaría ser Mrs. Stella Rimington, quien más tarde, cuando yo ya no estaba en el Reino Unido, sería la primera mujer, en la historia, directora del MI-5.

Sir Anthony Duff.

Cuando ya tuve más confianza con Peter Mason y le comentaba mis encuentros con su jefe, pude observar que efectivamente sir Tony, como le llamaban sus subordinados, había logrado restaurar la confianza y la moral del personal del servicio. Aunque tenía un aire patriarcal que infundía respeto, era muy apreciado y en poco tiempo se impuso en las diversas tareas y cometidos del servicio.

178 Da idea de la calidad humana de sir Antony el hecho de que cuando se retiró se dedicó a ayudar a los más desfavorecidos y entró a trabajar como voluntario en un albergue para personas sin hogar.

Su excelente relación con Downing Street y todo Whitehall, y en particular con Mrs. Thatcher, fue esencial para el bien hacer del servicio y llevó a aprobar en abril de 1989 una nueva ley para el servicio, la Security Service Act[179], que regulaba sus actividades.

Bajo su dirección, el MI-5 se transformó radicalmente, y aunque siguió manteniendo su primera prioridad en la contrainteligencia orientada a los países del bloque del Este y China, lo relativo a contrasubversión descendió en importancia, mientras que aumentó considerablemente el esfuerzo dedicado a contraterrorismo. Voluntariamente, sir Tony se retiraría en 1988, sucediéndole en el puesto sir Patrick Walker, a quien le tocaría vivir el desmantelamiento del comunismo en el bloque soviético, y el auge de nuevas amenazas. Sir Antony Duff ha sido, hasta la fecha, el único director del MI-5 que no ha pertenecido previamente al servicio.

Con sir Patrick Walker me tocaría vivir algunas anécdotas, y aunque era muy distinto de su predecesor, tuve una relación francamente buena y simpática con él. Siempre le gustaba bromear diciendo que era el primer director del SS que no era británico, y hasta cierto punto era cierto ya que había nacido en Kuala Lumpur, Malasia, donde vivían sus padres. Tras un corto periodo de su infancia, la familia se trasladó a Nairobi, Kenia, y el joven Patrick fue a Inglaterra donde curso el bachillerato en un internado en Canterbury y posteriormente se licencio en la Universidad de Oxford, regresando a Kenia y entrando a trabajar para la administración colonial de Uganda (Ugandan Colonial Service). Sería en este puesto desde donde pasó al Ministerio del Interior (Home Office) y de ahí al MI-5, en 1963. Patrick se especializó en contraterrorismo, especialmente en lo concerniente al terrorismo irlandés, residiendo en Irlanda del Norte durante momentos de alta conflictividad. En el momento de su designación como director era el jefe de la División de Contraterrorismo del SS.

179 Esta nueva ley, de hecho, reconoció y sacó a la luz pública la existencia del MI-5. En su primer capítulo definía la misión del SS como «la protección de la seguridad nacional, contra las amenazas de espionaje, terrorismo y sabotaje, así como contra las actividades de agentes extranjeros, y contra las actividades que pudieran intentar socavar la democracia parlamentaria ya sea por medios políticos, industriales, o violentos». Y en el siguiente capítulo añadía una misión adicional: «proteger el bienestar económico del Reino Unido contra las posibles acciones de personas no residentes en las islas británicas».

En mi presentación oficial, en enero de 1988, le expuse la situación en el País Vasco, que le interesó mucho y, en consecuencia, designó a uno de sus directivos en la División de Contraterrorismo para contactar periódicamente conmigo e intercambiar datos e información que pudieran servir de interés tanto al SS como al CESID[180]. Este hecho, tan simple, me granjeó una relación muy especial con el MI-5 y, sobre todo, con sir Patrick, hasta el punto de que me empezaron a invitar a sus celebraciones informales y reuniones no oficiales, incluyendo el asistir a partidos de críquet ya que el SS tenía un equipo del que sir Patrick era capitán. Confieso, humildemente, que fui incapaz de entender el detalle de las reglas del juego, que me parecieron endiabladas.

Recuerdo que días más tarde, respondiendo a una invitación suya, invité a mi vez a cenar a sir Patrick con su esposa, Susan, en un elegante restaurante de la zona de Belgravia, en el centro de Londres, y en un momento determinado, sir Patrick, en una de sus actitudes típicas, dijo que no solo era el primer no-británico que llegaba a ser director del SS —lo que como he explicado era un decir—, sino que también era el primer católico en ese puesto, y eso sí era cierto, añadiendo que temía que un día sir Francis Walsingham se levantase de su tumba para castigarle. Mi asombro fue tal que levanté las manos e, involuntariamente, derramé mi copa de vino blanco sobre la mesa y se manchó su corbata. Mi disgusto fue tremendo y le pedí todas las excusas imaginables, ante lo cual su mujer me dijo: «¡Tony, no te preocupes, esa corbata no me gustaba nada y además, la había comprado en Tie-Rack!» Nos reímos todos ya que Tie-Rack era una cadena de tiendas donde vendían corbatas baratas para casos de emergencia; ni que decir tiene que, al día siguiente, le hice llegar una corbata de Hermès que compré en Harrods.

Un mes más tarde se produciría el intento de atentado del IRA en Gibraltar —el 6 de marzo de 1988—, en el que los tres miembros del comando del IRA resultaron muertos y se abortó el atentado. El hecho produjo todo tipo de noticias y especulaciones que detallaré en el siguiente capítulo. No obstante, las autoridades españolas

180 De este hecho informé lealmente al inspector Mariano Rayón que llegó, incluso, a acompañarme y participar en alguna reunión, pero no lo comuniqué nunca al CESID, a sabiendas de que Manglano no quería contactos con el Ministerio del Interior español.

—el Ministerio del Interior— colaboraron en la medida de lo posible —no el CESID—, a pesar de lo cual sir Patrick me llamó personalmente para enviarme su agradecimiento, lo que trasladé tanto al general Alonso Manglano como al embajador Puig de la Bellacasa, que tengo la impresión de que ni entendieron ni valoraron el mensaje. El general Alonso Manglano no llegó nunca a mantener un encuentro con sir Patrick Walker.

Durante el resto de 1988 se produjeron cambios y tuvieron lugar hechos relevantes. Dentro del MI-5, quizás el más relevante fue el paso de Stella Rimington a dirigir la División de Contraterrorismo. Era la primera mujer que accedía a ese puesto, precisamente en un momento en que tanto el terrorismo doméstico, en Irlanda, como el de carácter internacional, protagonizado sobre todo por organizaciones palestinas, estaban en auge, mientras que la amenaza derivada de la Guerra Fría con el bloque oriental parecía estar en recesión. Ello demostró la seriedad de las intenciones de Patrick Walker en cuanto a renovar el servicio. También le correspondería llevar a cabo el traslado de las instalaciones del MI-5 a la nueva sede[181] en Thames House, en Millbank, no muy lejos de la sede nueva también del MI-6, lo que tendría ya lugar en 1994, siendo primer ministro John Major, y que yo ya no conocí.

Cuando entré en contacto con el MI-5, Stella Rimington dirigía la División de Contrasubversión —por lo que vivió el asunto de Cathy Massiter en primera plana—, pero pasó a continuación, primero como adjunta al director —que es cuando la conocí yo—, y luego a dirigir la División de Contrainteligencia, dirigiendo varias operaciones contra las actividades soviéticas de espionaje en el Reino Unido, y acabando finalmente como directora de Contraterrorismo en 1988. Para mis adentros siempre pensé que, bien de forma premeditada, o bien de forma imprevista, Stella debía ser la persona más preparada para, llegado el momento, dirigir el servicio, dado el profundo conocimiento que debía tener de toda la organización, lo que sucedería en no muy largo plazo.

181 Durante mi tiempo en Londres el MI-6 usaba indistintamente dos sedes; una formal en Curzon Street —Curzon Street House—, en Mayfair, y otra, donde se desarrollaba realmente el trabajo, en el 140 de Gower Street, en Bloomsbury. El despacho del director estaba en la sexta planta. Ambas sedes eran edificios sin ningún caracter. Thames House es algo distinto, en estilo neoclásico, pero sin llegar a ser el megaedificio del SIS.

Eliza Manningham-Buller.

Cuando sir Patrick Walker me puso en contacto con la División de Contraterrorismo del MI-5, una de las personas con las que más traté aquellos días fue *miss* Eliza Manningham-Buller. Eliza, como yo la llamaba, era una joven agradable y efusiva, con mucho carácter, pero de una gran profesionalidad. No podía imaginar, en aquellos días, que, en un futuro no muy lejano, mi amiga Eliza sería la segunda mujer que llegaba a ser directora general del MI-5[182]. Eliza, o debo decir la baronesa Manningham-Buller, era licenciada en Literatura por la Universidad de Oxford, y fue profesora en un instituto antes de ingresar en el MI-5, en donde la destinaron a asuntos de contraterrorismo. En el momento del atentado de Lockerbie —cuando un avión de Pan Am se estrelló en Escocia en diciembre de 1988—, Eliza estaba en Londres y tuvo que trabajar en el caso. Posteriormente fue destinada a Washington D. C., como enlace con las autoridades norteamericanas, y no supe de ella. Al regresar a Gran Bretaña estuvo encargada de asuntos de terrorismo en Irlanda, y enseguida fue nombrada subdirectora del MI-5. En 2002 fue nombrada directora general, y en 2007, voluntariamente, dimitió de su cargo. Tuvo que asumir el atentado terrorista en Londres de 2005, y fue crítica con el asunto, acusando a la burocracia del Gobierno no haber impedido el hecho, a pesar de tener información. Perdí el contacto con ella, pero sé que, en la actualidad, es miembro permanente de la Cámara de los Lores. *Lady* Eliza Manningham-Buller es una gran mujer y fue un honor para mí conocerla.

182 Tanto Stella Rimington como Eliza Manningham-Buller dejaron escritas unas memorias o reflexiones sobre su tiempo al frente del MI-5 por lo que fueron criticadas en algunos sectores de la administración británica empeñados en mantener un secretismo absoluto.

Hasta aquí los dos servicios de inteligencia británicos más conocidos y hechos populares, en alguna forma, a través de la literatura y el séptimo arte. Los personajes con los que entré en contacto a lo largo de mi estancia en Gran Bretaña me parecieron todos personas honorables y de una gran calidad humana, al tiempo que unos excelentes profesionales con gran experiencia no solo en el campo de la inteligencia, sino también en el aspecto de las relaciones internacionales. No quisiera ser malinterpretado, pero no puedo dejar de decirlo: aquellos caballeros y damas no tenían nada que ver con sus homólogos ni del CESID ni de la Dirección General de Seguridad en España. En el CESID éramos unos aficionados, y ni el MI-5 ni el MI-6 eran organizaciones partidistas entregadas a la opción política del momento. A diferencia del CESID, con las excepciones actuales, ninguno de los directores que tuve el honor de conocer eran ajenos al servicio respectivo, sino que habían hecho toda su carrera profesional en el mundo de la inteligencia y tenían mucho que decir y aportar en ese campo. Yo me sentía muy pequeño cuando asistía a reuniones con ellos y siempre me pregunté qué pensarían sobre mí.

En otro aspecto, y entrando en otro asunto, Peter Mason cumplió su propósito y me puso en contacto con el Servicio de Inteligencia de Defensa (Defence Intelligence Staff/DIS), del cual, en España, no conocíamos su existencia, ni siquiera en el CESID. Mi contacto en el DIS fue el capitán de corbeta de la Royal Navy Peter Hazelton, con quien inicié una buena amistad además de una excelente relación profesional. El DIS, después de todo, iba a resultar el servicio mejor situado y más oculto ya que sus dependencias se encontraban dentro del propio Ministerio de Defensa en Whitehall[183], en donde ocupaban una planta entera del edificio, eso sí, de acceso restringido, sin letreros ni nombres sino solo números en los diferentes despachos precedidos por una letra, y quedaba perfectamente protegido por el anonimato dentro de todo el ministerio. Su situación era inmejorable ya que estaba a corta distancia de Downing Street, del Foreign Office y del Parlamento.

183 Contrariamente a lo que se pueda pensar, el Ministerio de Defensa británico databa solo de 1964 —trece años antes que el español—, y era el resultado de la fusión del Almirantazgo (Admiralty), el Ministerio del Aire (Air Ministry) y el Ministerio de la Guerra (War Office).

Peter Hazelton era un oficial ya en la reserva debido a un accidente sufrido en vuelo —había sido piloto de los aviones embarcados de lucha antisubmarina Fairey Gannet—, y ahora dirigía la oficina y secretaría del DIS. Pronto tomamos la costumbre de reunirnos o mantener un corto encuentro con carácter semanal, y enseguida me introdujo ante el director del DIS que era, en 1986, el teniente general del Ejército sir Derek Boorman.

Sir Derek Boorman.

La relación con el general Boorman fue magnífica ya que, además de verle con frecuencia, le acompañé en la visita oficial que hizo a España en 1987, primera visita que hacía un director de un servicio de inteligencia británico al CESID y que resultó un éxito total, y en la que tengo que decir que el general Alonso Manglano se volcó por completo. Sir Derek Boorman era un oficial de Infantería, procedente de la Real Academia Militar de Sandhurst, y había sido coronel de un regimiento de Gurkhas (el 6 Queen Elizabeth's Own Gurkha Rifles) y de un regimiento de infantería (el Staffordshire Regiment), un regimiento mecanizado que había estado de guarnición en Gibraltar y en Alemania. En 1980 fue nombrado jefe de la División de Operaciones del Estado Mayor en el Ministerio de Defensa. Su último destino antes de pasar a dirigir el DIS había sido el de comandante militar de Hong Kong y jefe de la 51.ª Brigada de Infantería, en Hong Kong entre 1982 y 1985. No daba la impresión de haber estado destinado en unas fuerzas que, de alguna forma, eran especiales y comparables con la Legión en España. Se retiraría del Ejército en 1988. Podríamos decir que tenía un perfil de carrera muy militar, al estilo de Manglano, y que, como aquel, no era un especialista en inteligencia, pero, sin embargo, la organización que dirigía no era algo nuevo, sino que era una organización dedicada a la inteligencia integrada por personal experimentado, a diferencia del CESID que había nacido en 1977. Además, y por resaltar las diferencias, sir Derek Boorman era ya general cuando fue designado para el cargo, había mandado unidades, y no debía sus ascensos al favor político.

El DIS era, y es, un servicio de inteligencia militar, no político, integrado y dependiente del Ministerio de Defensa. En cierto modo, sería el verdadero equivalente del CESID si no fuera por sus cometidos. El principal cometido del DIS era el análisis de la información que se obtenía a través de todo tipo de fuentes, desde abiertas a totalmente secretas, y el tratamiento que se daba a ello era obviamente distinto en cada caso, con la finalidad de dar apoyo a las operaciones militares, al planeamiento de contingencia en situaciones de emergencia y a informar adecuadamente a los responsables de decidir en materia de política de defensa o de adquisición de sistemas de armas, en su caso. Mantener la capacidad de poder informar con oportunidad, de todos aquellos aspectos estratégicos que pudieran afectar en los campos político-militares, científicos y tecnológicos a los intereses del Reino Unido es parte de su misión. Muchos de los estudios y análisis del DIS iban al Comité Conjunto de Inteligencia (JIC), para apoyar a otros ministerios (Economía, Transportes, etc.) o a la OTAN. A partir del momento en que establecí las relaciones con el DIS, la documentación que empezó a llegar oficialmente a mi despacho en la Embajada fue enorme —venía siempre en unos sobres herméticos a mi nombre con la inscripción «On Her Majesty's Service» que recordaban una película de James Bond—, y yo la remitía por valija diplomática a Madrid. En ocasiones, si apreciaba que el contenido era de interés prioritario para los Estados Mayores, se la daba directamente a los agregados militares, advirtiéndoles que no me mencionasen para nada. Ignoro si esa colaboración se habrá seguido manteniendo.

El DIS contaba con un centro de formación y escuela —donde yo mismo había realizado un Curso de Inteligencia OTAN en 1984, como he relatado ya, pero entonces no caí en que formaba parte del DIS—, en Templer Barracks, en Ashford, Kent —muy cerca de Canterbury—, donde se formaba al personal, civil y militar, que iba destinado al servicio. El Centro compartía instalaciones y servicios con el MI-5.

Mantuve relaciones frecuentes con el general Boorman hasta que se retiró y resultó curioso que la primera vez que le visité en su despacho, pude observar una mesa que se apoyaba sobre una bomba de aviación convencional de 250 kg que había alcanzado a un barco de la Royal Navy cuando la campaña de las Malvinas en 1982 y, afortunadamente para los marinos británicos, no había hecho explosión. ¡Pero lo que llamó mi atención es que la bomba llevaba bien visible su placa y numeración de registro, con la inscripción «Explosivos Alaveses -EXPAL»! Era una bomba española y, aunque supongo que sir Derek lo sabía, se lo dije y le hice reír. Sin comentarios. En esa misma visita, sabiendo mi afición por la aviación, me ofreció volar en un helicóptero Super Puma del Ejército británico, pero cuando denegué, con agradecimiento, su oferta y le dije que me haría más ilusión volar en un Spitfire de la Segunda Guerra Mundial, me pidió excusas y me propuso, en cambio, volar en un bombardero cuatrimotor Lancaster, lo que resultó fascinante, y, además, pude estar en la cabina de un Spitfire y de un Hurricane. Con el DIS fue una relación entre compañeros, entre militares, que resultó muy gratificante.

A sir Derek Boorman le sucedió el almirante sir John Kerr, quien también viajaría oficialmente a España en 1989, y yo, naturalmente, le acompañé. La visita fue muy positiva y sirvió para estrechar más las relaciones entre el DIS y el CESID. Con sir John Kerr las relaciones fueron buenas y correctas, pero nada más. Mi tiempo en Gran Bretaña, por otra parte, se iba acabando y me tendría que enfrentar a otros problemas. El almirante Kerr era un marino de guerra con una notable carrera —su último mando había sido el del portaaviones HMS Illustrious, que, no llegó a intervenir en el conflicto de las Malvinas—, y posteriormente tuvo el mando, ya como vicealmirante, de la Primera Flotilla (Fragatas y Destructores) de la Royal

Navy, con base en Portsmouth, hasta ser destinado al DIS en 1988. Sería relevado en 1991 por el mariscal del Aire sir John Walker, de la Royal Air Force, a quien yo ya no conocí.

Lo expuesto cubre lo esencial de los servicios de inteligencia británicos, pero eso no era todo y aunque yo no tuve relación con dos de ellos no puedo dejar de mencionarlos en esta obra. El primero era el servicio de información de la Policía, Scotland Yard, conocido como el «servicio especial» (Special Branch), y con este servicio existían relaciones a través del Ministerio del Interior, cuyo representante en Londres, el inspector Mariano Rayón, tenía un enlace formal y bien establecido. No entraré en detalle ni en su organización ni en su funcionamiento, ya que no era mi cometido, pero baste decir que el Special Branch cubría todo aquello que tenía que ver con el terrorismo doméstico, el crimen organizado, la subversión y todo aquello que significara la realización de actividades políticas radicales. El nombre de Special Branch, en cualquier caso, era genérico y de uso generalizado para toda la Commonwealth e Irlanda.

El último servicio, y, sin duda, el más importante en cuanto a volumen, gestión y presupuesto era el llamado Servicio de Comunicaciones del Gobierno, (Government Communications Headquarters) o GCHQ, un servicio totalmente desconocido en España —donde no había nada similar—, y con el que no existía ningún tipo de relación, y entiendo que sigue sin haber. El GCHQ es un servicio de inteligencia electrónica —inteligencia de las ondas electromagnéticas y de las comunicaciones (Communications Intelligence/COMINT), inteligencia electrónica (Electronical Intelligence/ELINT), (Signal Intelligence/SIGINT)— y tenía aproximadamente el triple de personal —en la actualidad más de siete mil personas—, y tres veces más presupuesto que el MI-5, el MI-6 y el DIS, juntos. Eran los herederos de Bletchley Park, los que habían descifrado las claves de las comunicaciones alemanas de la máquina Enigma, durante la Segunda Guerra Mundial, y que en esa época su nombre oficial había sido el de Escuela de Codificación y Cifrado del Gobierno (Governmente Code and Cypher School/GC&CS), y cuya existencia se había mantenido en secreto hasta mediados de los años setenta. Aunque integrado administrativamente en el Foreign Office, depende exclusivamente del primer ministro y proporciona información elaborada a los demás servicios y a los ministerios o departamentos que puedan tener necesidad de conocer cierta información.

Para cumplir su misión en la década de los ochenta hasta los noventa, el GCHQ disponía de modernísimos sistemas de escucha y captación de radiocomunicaciones, complementados con medios aéreos, navales y hasta satélites espaciales, constituyendo un increíble entramado de observación y «espionaje electrónico» desplegado por todo el mundo. Naturalmente, se contaba con la aportación y apoyo de los servicios de inteligencia de casi toda la Commonwealth y de lo que se denomina hoy como Cinco Ojos (Five Eye*s*), es decir, Estados Unidos, el Reino Unido, Canadá, Australia y Nueva Zelanda, con estaciones y dispositivos de antenas enormes en todo ese territorio (en Gibraltar hay una estación). En el Reino Unido, su central estaba, y está, en Cheltenham, en Gloucestershire, en la región de los Cotswolds, desde 1951, donde había estado ubicada la base principal logística de las fuerzas norteamericanas para toda Europa durante la Segunda Guerra Mundial.

Las actividades del GCHQ han sido debatidas en muchas ocasiones, dada su naturaleza, y en la actualidad su actuación está perfectamente legislada. En la década de ochenta la misión prioritaria era la Unión Soviética; hoy, obviamente, ha sido ampliada a todo el espectro de posibles amenazas que afectan a la sociedad, lo que, sin duda, ha incrementado la importancia del servicio. El director del GCHQ en 1988 era sir Peter Marychurch, un antiguo oficial de la Royal Air Force, a quien fui presentado en una ocasión, pero, en cualquier caso, durante mi estancia en Gran Bretaña no tuve ninguna relación con este servicio. Ni el GCHQ pareció tener interés en colaborar con España en ningún sentido, ni recibí ninguna indicación, en ese sentido, tampoco ni del general Alonso Manglano, ni del CESID como organismo.

En este punto, casi ya en 1989, me daba cuenta de que había conseguido establecer unas relaciones que, en algunos casos, trascendían de lo profesional e institucional, y se tornaban en casi personales. Era consciente de que era un logro importante y de que, antes de mí, no había existido el buen clima que ahora se respiraba, ni en lo concerniente al aspecto profesional, ni al social, incluyendo aquí la convivencia en la sede de la Embajada y las relaciones con el embajador. Ciertamente, tuve suerte; simplemente se habían dado una serie de circunstancias personales que favorecieron mucho mi integración social y profesional en el Reino Unido. Sin embargo, en retrospectiva, hoy me pregunto qué es lo que, en verdad, había conseguido y con qué finalidad. No puedo recordar hoy ninguna situación en la que resultase necesario una cooperación hispano-británica en el campo de la inteligencia, ni que hubiera ninguna petición de apoyo mutuo en ningún campo. Por supuesto, el general Alonso Manglano y el ministro Serra podían vanagloriarse de contar con la presencia de un subordinado en Gran Bretaña y poco más. Nunca me sentí útil, en verdad, ni pude ver que las relaciones establecidas producían algún rendimiento especial o ayudaban en la resolución de algún conflicto, y tengo duda razonable de que en la posteridad hayan seguido manteniéndose, o al menos, con el mismo grado de colaboración.

Fue un periodo enriquecedor, no obstante, a nivel personal, que califico como, probablemente, el de mayor impacto en mi vida y forma de pensar. Inglaterra es un país que deja huella, una huella imborrable. Me llamó la atención, con envidia sana, el apoyo y respaldo que Mrs. Thatcher dio en todo momento durante su mandato, en toda la década de los ochenta, a los servicios de inteligencia. La primera ministra valoraba su labor y creía en la necesidad de la actividad de inteligencia. El grado de motivación que ello suponía era incalculable.

LAS TRIBULACIONES DE UN CHINO EN CHINA: LA ACTIVIDAD OPERATIVA DEL CESID EN EL REINO UNIDO

«Margaret Thatcher es la mujer que ha tenido más impacto en el mundo desde Catalina la Grande de Rusia. No solo cambió decisivamente la economía británica en la década de los ochenta, sino que sus métodos fueron copiados en más de cincuenta países».

Paul Johnson, historiador y periodista británico

«Me gusta el Sr. Gorbachov. Creo que podremos entendernos».

Margaret Thatcher, BBC, 17 de diciembre de 1984

Si la década de los ochenta había comenzado siendo un período de alta conflictividad, y el convencimiento de los bloques de que se iban a atacar mutuamente, lo que seguía no iba a estar exento de sorpresas. A todo ello, España asistía como un espectador casi pasivo. La caída de la Unión Soviética y el desmantelamiento del Pacto de Varsovia iba a ser el acontecimiento del fin de la década y algo que cogió por sorpresa al mundo occidental[184]. España no se sintió afectada. Pero antes ocurrieron muchas otras cosas.

184 Mijaíl Gorbachov había visitado oficialmente el Reino Unido en diciembre de 1984, como secretario del Comité Central del Partido Comunista, pero aún no era el líder soviético. En marzo de 1985 falleció Konstantin Chernenko, y

En 1985, desde el Reino Unido —a pesar de que se había producido un cambio importante con el acceso al poder en el Kremlin de Mijaíl Gorbachov—, se percibía que la amenaza primordial a la paz mundial estaba todavía constituida por la Unión Soviética, y consecuentemente, la mejora de la defensa nacional, incluyendo el arsenal nuclear, y la potenciación de la OTAN eran prioritarias[185]. A distancia, en el horizonte del panorama geopolítico, se vislumbraban el terrorismo originario de Oriente Medio y el sempiterno conflicto árabe-israelí como una fuente seria de inestabilidad; por último, el terrorismo separatista o unionista, de origen irlandés, constituía un problema a tener presente de forma permanente.

En España, se intentaba inculcar a la población la idea de que no había amenazas y, sin embargo, España llevaba veinte años involucrada en una guerra terrible que parecía no tener fin, la guerra contra el terrorismo de ETA. A diferencia del Reino Unido, España actuaba de forma que parecía incoherente y débil, y representantes radicales del separatismo se sentaban en el Congreso de los Diputados y en el Senado. La gran amenaza contra Occidente no era tenida en cuenta y España era muy poco solidaria con la defensa colectiva occidental, no integrándose en la estructura militar de la OTAN, y manteniendo unos presupuestos de defensa que apenas iban más allá de permitir atender a los gastos de personal. El Norte de África constituía una zona donde la amenaza resultaba entonces poco creíble en el escenario internacional. El CESID, por su parte, continuó expandiéndose y paulatinamente se enviaron representantes a diversas capitales en Sudamérica —Argentina y Costa Rica—, y, por primera vez, a Europa del Este, a Polonia, adonde se destinó a Fabiola Moreno de Alborán, que fue la primera mujer no solo en ir destinada al exterior, sino en ir a un país teóricamente enemigo y miembro del Pacto de Varsovia.

Gorbachov fue elegido entonces para sustituirle como secretario general del Partido Comunista soviético.

185 En 1985 la URSS había completado su despliegue de misiles de alcance medio SS-20, que cubrían toda Europa, y Estados Unidos el suyo de misiles Pershing II y Crucero en los países de la OTAN que habían aceptado su instalación. Por si fuera poco, Estados Unidos estaba en pleno desarrollo del sistema de defensa antimisiles balísticos basado en el espacio y conocido como Star Wars —técnicamente llamado Iniciativa de Defensa Estratégica/SDI—, frente al cual la URSS estaba entonces en clara inferioridad tecnológica.

En el Reino Unido, contra las posibles amenazas descritas, los diversos servicios de inteligencia expuestos en el capítulo anterior desarrollaban una actividad, si no frenética sí constante. Para coordinar todos los esfuerzos estaba el Comité de Inteligencia Conjunto (Joint Intelligence Committee/JIC)[186], ya mencionado anteriormente, que respondía directamente entonces ante la primera ministra, Mrs. Thatcher. El Comité me pareció una institución admirable y esencial si se quería que la actividad de inteligencia fuera fructífera y, en verdad, produjera resultados, evitando, al mismo tiempo, duplicidades e interferencias entre los servicios respectivos. El Comité era responsable de coordinar, y valorar la inteligencia proporcionada por los servicios, además de ejercer una cierta actividad de supervisión de los mismos, a excepción del Special Branch de Scotland Yard, cuya supervisión recaía directamente en el Ministerio del Interior (Home Office). Durante todo el tiempo que desarrollé mi actividad en Londres, el presidente del Comité fue sir Percy Cradock[187]. Anteriormente le había precedido en el cargo sir Antony Duff que, como he expuesto, fue luego director del MI-5. Sir Colin Figures, anterior director del SIS, era el coordinador de inteligencia, pero no presidia el Comité.

El Comité estaba integrado por los directores de todos los servicios británicos ya citados y se reunía los miércoles, en

---

186 El Comité de Inteligencia Conjunto se había creado en 1936 como un subcomité de lo que entonces era el Comité Imperial de Defensa (Committee of Imperial Defence) y durante la guerra mundial se convirtió en el principal órgano de asesoramiento en materia de información del primer ministro. En 1957 pasó a formar parre del Gabinete en Downing Street. No obstante, no sería hasta que tras las crisis de la Primavera de Praga (invasión soviética de Checoslovaquia en 1968) y más tarde en el conflicto de las Malvinas, en 1982 —cuando se apreciaron algunos fallos en la comparación de la información que se recibía—, que se demostró que la labor de coordinación de la información era esencial. Fue a iniciativa de Mrs. Thatcher que se intensificó la labor del Comité y la figura del coordinador cobró más relieve. A partir del conflicto de las Malvinas la designación del presidente del Comité era decisión personal del primer ministro y ya no dependía del Foreign Office.

187 Sir Percy Cradock era diplomático de carrera y había sido embajador en China hasta 1983, atribuyéndosele la responsabilidad del acuerdo de devolución de Hong Kong, por lo que fue muy criticado. Gozaba, sin embargo, de mucha confianza en Downing Street y era un experto en China. No le traté, pero sí le conocí ya que vivía cerca de mi casa en Richmond y era también miembro del Reform Club. En 1993 fue designado miembro del Consejo Privado (Privy Council) de la Casa Real.

Downing Street[188], o, en ocasiones, los jueves por la mañana. Los viernes se remitía una valoración semanal de inteligencia —que se denominaba Red Book—, con los aspectos que podían requerir una atención más urgente, directamente a la primera ministra. También se entregaba semanalmente a la primera ministra otro documento —elaborado por el GCHQ y llamado Blue Book—, con los aspectos más sobresalientes captados en las comunicaciones interceptadas. A las reuniones asistían también los representantes acreditados en Londres de los servicios de inteligencia y seguridad de Canadá, Australia, y Nueva Zelanda, además del representante oficial de los servicios de Estados Unidos en Gran Bretaña; era lo que se ha dado en llamar Five Eyes (Cinco Ojos), y su origen no era otro que la intensa colaboración iniciada durante la Segunda Guerra Mundial entre todos ellos, y continuada después ya en la Guerra Fría. Siempre me pregunté como España no había hecho algo parecido con todos, o casi todos, los integrantes de la comunidad hispánica en el mundo. Lo que hacían mis anfitriones británicos me pareció una medida muy inteligente.

Mi labor en Gran Bretaña era esencialmente diplomática y de representación ante los organismos oficiales expuestos en el capítulo anterior. Sin embargo, al poco tiempo —en diciembre de 1985—, y debido a una reunión formal que tuvo lugar en Londres, en la que conocí a representantes oficiales de los servicios suecos, se amplió mi campo de acción temporalmente también a Suecia. La reunión estuvo motivada por una presentación hecha en la Embajada sueca en Londres, situada muy cerca de la Embajada española, ante los organismos de seguridad y defensa británicos, que se hizo extensiva a los demás miembros de la OTAN acreditados en Londres. Como todo fue gestionado desde el JIC y el SIS, fui invitado, pero no se cursó invitación alguna al agregado de Defensa español curiosamente[189]. En la presentación también participó

188 El Comité sería muy criticado mucho más tarde, en 2004, en lo concerniente a la guerra de Irak en 2003, y al asunto de las armas de destrucción masiva, siendo su presidente John Scarlett, a quien conocí, y que luego fue director del SIS entre 2004 y 2009, cuando yo ya había dejado el Ejército.

189 Posteriormente, informé al agregado de Defensa y Naval, capitán de navío José Luis de Carranza, sobre los pormenores de la presentación. Como recordará el lector, no había entonces agregado militar en Londres debido al accidente sufrido por el coronel Peñas, al que nadie había sustituido.

el Centro de Estudios e Investigación Soviéticos (Soviet Studies Research Centre/SSRC), que dirigía mi amigo Chris Donnelly. La presentación consistió en informar en detalle sobre las actividades detectadas en aguas suecas de submarinos soviéticos que venían produciéndose desde 1981. Era un tema que preocupaba mucho al Gobierno sueco ya que Suecia se había declarado neutral, y no pertenecía ni a la OTAN ni a la Comunidad Económica Europea. De alguna manera se puede considerar que fue mi primera actividad de adquisición de información en el Reino Unido, aunque fuera debida a la ayuda británica y no a mi propia gestión.

Suecia no tenía frontera natural con la Unión Soviética, pero sí con Finlandia —también neutral—, y con Noruega, miembro de la OTAN, que tenía frontera con la URSS. Las actividades provocativas y violaciones de la soberanía en Escandinavia por parte de aviones y submarinos soviéticos eran algo corriente, pero en los últimos años se habían incrementado exponencialmente —especialmente las de submarinos en aguas suecas—, y ello había llevado a que barcos, aviones y submarinos de la OTAN —sobre todo británicos, pero también norteamericanos—, junto con medios aeronavales suecos, hicieran su aparición e incrementasen su presencia en el Báltico, con el consiguiente aumento de la tensión internacional. Para mí todo aquello supuso una novedad y me permitió tener un mejor conocimiento de la situación.

La presentación me hizo tener un primer contacto con los servicios militares suecos y con el Instituto de Investigación de la Defensa Nacional (Försvarets forskningsanstalt/FOA), un organismo de estudios y análisis del Ministerio de Defensa sueco, del cual uno de sus directores, el Sr. Lars Wallin —muy amigo y colaborador de Chris Donnelly—, fue especialmente amable, mostrando un interés especial por conocer los planteamientos que se hacían en España de cara a una hipotética amenaza soviética. Consecuentemente, recibí una invitación formal para visitar el Instituto en Estocolmo y mantener una reunión con ellos allí. En la reunión se me entregó documentación de carácter reservado a propósito del asunto de las violaciones de las aguas territoriales, que remití por valija diplomática al CESID a Madrid, informando, además, sobre el contacto mantenido con FOA. El CESID me autorizó a desplazarme a Suecia en la primavera de 1986, y tras abrir una vía de enlace con FOA, ya no volví a saber más del asunto, aunque yo mantuve mi relación personal con Lars Wallin. Posteriormente, supe que el CESID había destinado a una persona como representante en Estocolmo —creo que una mujer—, pero no fui informado nunca formalmente de ello. Nunca supe a qué atribuirlo.

El año 1985 se iba acabando, pero con mi cumpleaños —el 27 de diciembre—, llegó un «regalo envenenado» que iba a afectar seriamente a la comunidad de inteligencia occidental y tener serias repercusiones en muy corto plazo. Ese día dieciséis personas murieron en el aeropuerto de Roma y cuatro en el de Viena en dos atentados simultáneos de la organización terrorista palestina Abu Nidal en las terminales de la compañía israelí El Al, que, además, causaron un centenar de heridos[190].

Los terroristas utilizaron pasaportes tunecinos confiscados en Libia a trabajadores de esa nacionalidad, e iban equipados incomprensiblemente con granadas de mano con marcas del Ejército libio. Además, según informó el MI-6, los terroristas habían recibido una cantidad del orden de cinco millones de dólares como pago por la operación. Aun así, no parecieron evidencias aplastantes que probasen una implicación oficial libia. Sin embargo, la administración americana, contactó en esos días con Downing Street, buscando apoyo para lanzar un ataque fulminante de advertencia contra objetivos en Libia, utilizando aviones norteamericanos de bombardeo desplegados en territorio británico —y asignados a la OTAN—, y según supe, Mrs. Thatcher logró convencer a Reagan de esperar una mejor ocasión y de tener evidencia irrefutable de la implicación oficial libia. No obstante, se impusieron sanciones económicas y políticas a Libia, acusando al coronel Gadafi de haber ordenado los atentados, y se destacó la Sexta Flota del Mediterráneo, que estaba bajo mando OTAN, para hacer ejercicios tácticos en las proximidades de las aguas territoriales libias, lo que daría ocasión a que surgieran enfrentamientos aéreos entre aviones embarcados de la US Navy y la Fuerza Aérea libia, resultando derribados varios aviones libios.

---

190 En junio de 1985, Abu Nidal atentó contra las oficinas de la línea aérea British Airways en Madrid. Ello hizo que los servicios británicos compartieran información relativa a Abu Nidal tanto con el CESID como con el Ministerio del Interior español.

Como cabe imaginar, tanto el MI-6 como el MI-5 —e incluso la entera comunidad de inteligencia británica— se vieron implicados en este hecho, y yo tuve conocimiento marginal de los hechos. Entre 1970 y 1980, Abu Nidal estaba ampliamente considerado como uno de los grupos palestinos más agresivos y peligrosos, y había llegado a actuar en España y otros países. Austria e Italia habían participado en el intento de organizar conversaciones de paz en Oriente Medio, y ese era su pecado. Fuentes cercanas a Abu Nidal dijeron que la inteligencia libia había suministrado las armas. La mayoría de la gente en Occidente, e incluso muchos árabes, no podían distinguir entre Abu Nidal y la OLP, y como alguien advirtió cuando estas cosas ocurrían, la gente común empezaba a pensar que todos los palestinos eran criminales

Abu Nidal buscaba de manera preeminente la eliminación del Estado de Israel, preferentemente a través de una revolución árabe internacional, por lo que apoyaba la lucha armada contra Israel. Se oponía totalmente a las negociaciones de paz entre árabes e israelíes, así como a Estados Unidos, a la OLP, y a los regímenes árabes que mantenían relaciones con Israel como eran Jordania, Egipto y los países moderados del golfo Pérsico. También servía como una fuerza terrorista mercenaria para los regímenes árabes radicales, como fueron Irak, Libia y Siria, y no se deben descartar relaciones con ETA. Sin embargo, la creación de un Estado palestino no era prioritaria para esta organización, lo que refleja su carácter violento, centrado más en las acciones terroristas en sí, que en alcanzar objetivos políticos. A finales de la década de los ochenta, los servicios de inteligencia británicos —MI-5 especialmente— descubrirían que Abu Nidal poseía cuentas en el Banco Internacional de Crédito y Comercio (Bank of Credit and Commerce International/BCCI) en Londres. Tras la intervención en siete países de esta entidad bancaria, Abu Nidal llegó a perder más de cincuenta millones de dólares de la época. Tras el grave atentado en 1988 contra un avión de la Pan Am —del que hablaremos—, y la obvia implicación libia nuevamente, el coronel Gadafi se fue distanciando de Abu Nidal, que acabó asentándose en Irak en 1999, y en donde la organización acabó difuminándose y su líder eliminado por órdenes de Sadam Huseín, en 2002, según todos los indicios[191]. Pero antes tendría lugar el atentado en Berlín y la operación de bombardeo de Libia por parte de Estados Unidos.

Todas estas informaciones fueron remitidas por mí al CESID, a medida que los servicios británicos las iban compartiendo, pero tengo que decir, en honor a la verdad, que nunca recibí ni respuesta, ni reacción, ni comentario o solicitud de información adicional alguna. Tuve la sensación de que no interesaba lo más mínimo, a pesar de que, al parecer, Abu Nidal se movía bastante en España y había llevado a cabo algunos atentados.

El atentado, sin embargo, tuvo la consecuencia de que los servicios británicos —en este caso, sobre todo, el MI-5— valoraron más la cooperación con otros servicios amigos y aliados. Mi amiga Stella Rimington había pasado a dirigir el Departamento de Contrainteligencia en el MI-5, y desde la óptica británica, y desde que comenzó la Guerra Fría, uno de los puntos fuertes, y ventajas, de la actividad de contraespionaje del mundo occidental había sido precisamente la cooperación y la colaboración entre los servicios occidentales, especialmente entre aliados tan íntimos como eran el Reino Unido, los miembros de la Commonwealth y Estados Unidos, y que en este último caso había llevado a crear la llamada «relación especial» existente entre Gran Bretaña y Norteamérica.

Mantener y reforzar esta relación entre los servicios de inteligencia ha sido, y es, una de las tareas más importantes que los británicos se han impuesto, conscientes de que va en ello el propio destino y futuro de la nación. Tal y como me lo explicaron, cuando se crearon los servicios, en 1909, estaba terminantemente prohibido compartir información con ningún otro país por muy próximo o aliado que fuera, pero incluso cuando en aquellos días la actividad de contrainteligencia parecía estar limitada exclusivamente al interior del territorio del Reino Unido, y a la creciente Alemania, pronto fue evidente que hacerlo solos sin ningún apoyo de ultramar era más difícil de lo que se había considerado. No sería, sin embargo, hasta ya entrada la Segunda Guerra Mundial, que esta cooperación se haría realidad y daría verdaderos resultados.

191 Aunque yo ya no estaba destinado en la inteligencia, tuve conocimiento de indicios que apuntaban a relaciones entre Abu Nidal y los terroristas responsables del 11-S. Ello hizo pensar que Sadam Huseín tuvo algo que ver. Sadam, probablemente, quería desentenderse de todo lo que le pudiera acarrear problemas.

Tras la Segunda Guerra Mundial se constató que la única forma de enfrentarse y contener el inmenso esfuerzo de obtención de información que iniciaron los servicios de inteligencia de la URSS y del Pacto de Varsovia, sobre todo a partir de 1955, era mediante una colaboración y coordinación total de los servicios de inteligencia de toda la comunidad occidental. Sin embargo, la desventaja mayor que presentaba esta cooperación radicaba en que en una colaboración multilateral era más fácil que se produjeran infiltraciones de los servicios supuestamente enemigos, por lo que en los centros de decisión se estableció que la cooperación debería tener lugar en un plano bilateral, país a país, y siempre regida por el principio de la «necesidad de saber o conocer» (*need to know*). Naturalmente, estas reglas no se aplicaban a la «relación especial» con Estados Unidos, ni a los miembros de la Commonwealth. Por otra parte, el auge del terrorismo, del crimen organizado, y ya en el futuro, de los delitos cibernéticos a nivel casi estatal iban a exigir una cooperación mucho mayor, más puntual y discreta, pero, al mismo tiempo, mucho más inmediata.

En otro sentido, 1986 iba a ser un año algo agitado, aunque positivo, en lo que se refiere a las relaciones hispano-británicas, dado que ese año, finalmente, España ingresaba en la entonces llamada Comunidad Económica Europea (CEE) con efectos de 1 de enero[192]. Ello significaba que España y Gran Bretaña eran ahora no solo aliados en el campo político-militar dentro del marco OTAN, sino también en el plano económico y comercial de la CEE. Aunque este hecho no afectaba a mis funciones en Gran Bretaña, tenía sus repercusiones indudablemente.

El día 31 de enero, por otra parte, tuvo lugar una visita no oficial y extraña del ministro de Defensa Narcís Serra al Reino Unido. De Narcís Serra se han dicho muchas cosas —y todavía se dirán más—, pero a título personal puedo aportar mis recuerdos, que son bastante ilustrativos de cuál era la visión personal del ministro

192 El Acta de Adhesión de España a las Comunidades Europeas fue firmada en junio de 1985 para entrar en vigor el 1 de enero de 1986. Esta incorporación se realizó al mismo tiempo que la de Portugal. Este hecho constituyó el proceso más completo y sistemático de liberalización, apertura y racionalización de la economía española y, además del progreso económico, supuso la salida del aislamiento internacional que se padecía desde 1947, y la estabilización de la democracia.

sobre las Fuerzas Armadas. Aquel día fui comisionado por el embajador para esperar al ministro, que llegaba a la base aérea de la Royal Air Force en Brize-Norton, para trasladarse a continuación a Oxford, con objeto de pronunciar una conferencia en St. Antony's College, en la universidad, a propósito del ingreso de España en la OTAN. En compañía del agregado naval, capitán de navío José Luis de Carranza, y del ministro consejero de la Embajada, José Ignacio Carbajal, esperamos a Narcís Serra en la base aérea, le acompañamos a la Universidad de Oxford, y compartimos con él su conferencia, y una cena posterior ofrecida por el decano de St. Antony´s, que era el hispanista Raymond Carr.

Ese día había tenido lugar en España la aprobación de la pregunta a hacer en el referéndum sobre el ingreso en la OTAN, y todavía no se había publicado en los medios de comunicación. Al margen del tema sobre la OTAN, entre bromas y chascarrillos, Narcís Serra se expresó despectivamente sobre los militares españoles, y citando la llamada entonces Ley de la Reserva Transitoria, —una clara rememoración de la ley de Azaña de la II República—, explicó —en inglés macarrónico—, que «para quitárselos de encima, mandaba a los militares a su casa, con todo el sueldo», con lo que propició que algunos ingleses asistentes al acto le preguntaran sí podían apuntarse ellos a ese esquema, todo con risas, y poca seriedad. Posteriormente, en el transcurso de la cena, y ya hablando español, teniendo al lado al historiador Raymond Carr, me preguntó si yo era capitán o comandante, y al oír mi respuesta le comentó a Raymond Carr: «Ves, Raymond, este joven es todavía capitán, y yo, como no hice el servicio militar, soy el ministro de Defensa», y naturalmente con más risas y bromas[193]. Narcís Serra despreciaba claramente al estamento militar y no tenía ningún interés en hacer reformas constructivas. Aquello, no obstante, me

193 Según me refirió un amigo personal que estuvo destinado en la Embajada de España en la URSS, en el curso de la visita que realizó Narcís Serra a Moscú, en mayo de 1989, repitió lo dicho en Oxford, en 1986, y les explicó a los soviéticos lo de la Reserva Transitoria. Serra les dijo que «los oficiales se podían ir a la calle manteniendo su sueldo íntegro y añadió, con una sonrisa, que resultaba sorprendente que algunos no quisieran irse». Los soviéticos, que estaban enviando entonces a sus casas a cientos de miles de militares profesionales sin ningún tipo de contraprestación, no salían de su asombro.

permitió conocer a Raymond Carr[194], con quien he mantenido una gran amistad desde entonces, hasta su fallecimiento. Tras la cena, a pesar de la hora, el ministro reemprendió viaje de regreso a Madrid; al despedirse, bromeando, dijo a los británicos que «si perdía el referéndum sobre la OTAN pediría asilo político en el Reino Unido». Sabiendo que Manglano despachaba casi a diario con el ministro, no hice ningún informe ni comuniqué nada al CESID sobre la visita, ni nadie me preguntó nada tampoco. Me llamó la atención que el embajador no hiciera acto de presencia en ningún momento. Fue una visita extraña que, en mi opinión no venía a cuento, ni supe tampoco nunca quien la organizó, ni porqué el ministro Serra quiso dar la primicia de la noticia en Gran Bretaña. Extraoficialmente, en el Ministerio de Defensa británico me insinuaron que no había gustado nada que España llevara a cabo un referéndum ya que sentaba un mal precedente, en un momento no exento de tensiones todavía con la URSS.

En 1986, además, tuvo lugar la primera visita de Estado de un monarca español al Reino Unido. Ningún jefe del Estado español había visitado oficialmente Gran Bretaña desde que lo hiciera Alfonso XIII en junio de 1905, que tan solo tres años antes, tras ser declarado mayor de edad a los dieciséis años, había comenzado a reinar, poniéndose fin a la regencia desempeñada por su madre, la reina María Cristina de Habsburgo. Habían pasado ochenta y un años nada menos y tengo que reconocer que me tocó vivir un momento histórico. Desde el CESID se me ordenó preparar una monografía especial sobre el momento presente del Reino Unido para entregarla a la Casa Real y asesorar, en la medida de lo posible, a don Juan Carlos. Fue una tarea exigente, dado el poco tiempo que yo llevaba residiendo en Gran Bretaña, pero lo hice. Como la monografía no tenía clasificación de confidencialidad alguna, *a posteriori*, entregue una copia al embajador.

El monarca, en mi opinión hoy demérito en lugar de «emérito», no había protagonizado aún ningún escándalo conocido, y aunque algunos sabíamos la realidad de lo ocurrido el 23-F, se veía a Juan

194 Mi amistad con el profesor e historiador, Raymond Carr me llevó a realizar un máster en Relaciones Internacionales en 1987 en St. Antony's College, Oxford, del que él fue mi director. Guardo un excelente recuerdo de aquella época, y de Raymond Carr como profesor y amigo.

Carlos en el Reino Unido como al entronizador de la democracia en España. La única crítica curiosa que se hacía es que hubiera visitado antes la Unión Soviética, en 1984, que Gran Bretaña, aspecto en el que yo mismo no había reparado pero que, efectivamente, llamaba la atención del observador avispado.

El momento de la visita era complicado, no obstante, ya que Estados Unidos acababa de bombardear Libia —lo que expondré a continuación—, y el Reino Unido se encontraba en estado de alerta por si se producía alguna represalia por parte del coronel Gadafi a causa del apoyo británico a la actuación de la Fuerza Aérea norteamericana, así que Scotland Yard, encargado de la seguridad de la familia real y de sus invitados, y los servicios de inteligencia —muy especialmente el MI-5— extremaron las precauciones.

Personalmente, y por indicación del embajador, estuve muy implicado en la visita. Los monarcas llegaron el 22 de abril y permanecieron cuatro días en Gran Bretaña, alojados en el Castillo de Windsor. Juan Carlos habló en el Parlamento, ante la Cámara de los Comunes y de los Lores, y fue el primer monarca extranjero en hacerlo. Mantuvo una entrevista privada con Margaret Thatcher en Downing Street, sin ningún contenido político —Mrs. Thatcher nunca hubiera entrado en ese campo—, sino exclusivamente de cortesía, a la cual le acompañé, si bien no asistí a la conversación, que fue a puerta cerrada. Por la noche, el alcalde en funciones de Londres[195] —el lord mayor de Londres sir David Rowe-Ham—, ofreció una cena en su honor en el Guildhall[196], situado en el City Hall, —al otro lado del puente de Westminster—, a la que también asistí.

195 Este hecho fue algo complicado ya que el 1 de abril de 1986 el Ayuntamiento de Londres —London Greater Council (LGC)— había sido disuelto de acuerdo con la nueva ley para las administraciones locales, Local Government Act de 1985, y por lo tanto el alcalde, Ken Livingstone, había sido cesado. La situación venia ya de tiempo atras, ya que el alcalde Livingstone —apodado por los medios de comunicación Red Ken— era un laborista radical, próximo a los comunistas, que tenía frecuentes enfrentamientos públicos con Mrs. Thatcher. El motivo de la disolución del Ayuntamiento, sin embargo, fue la gestión ruinosa que se estaba haciendo y se devolvió la gestión a los diversos municipios que integraban Londres. En 2001, con Tony Blair como primer ministro, volvió a ser como antes y Ken Livingstone fue alcalde nuevamente.

196 El Guildhall era el edificio administrativo y de protocolo del Ayuntamiento de Londres. El término «Guildhall» hacía referencia tanto al edificio como a su salón principal —*the great hall*—, que databa de tiempos medievales. Fue una ocasión memorable en la que brilló el protocolo británico.

En el marco de la visita, los monarcas se desplazaron a la Universidad de Oxford —y por decisión del embajador fui incluido en la visita—, durante la cual don Juan Carlos fue investido doctor *honoris causa*, y conversó brevemente con el rector que, entonces, era el exprimer ministro Harold McMillan, y con el decano, y profesor, del St. Antony's College, e hispanista, Raymond Carr, a quien yo ya conocía desde la visita que había efectuado Narcís Serra tres meses antes.

Ese mismo día, se celebró una cena de gala en la Embajada de España, con asistencia de la reina Isabel II y del duque de Edimburgo, de los príncipes de Gales y de gran parte de la aristocracia británica. En total, recuerdo que eran unos ochocientos invitados. El embajador estaba encantado. Entre los asistentes, destacaron el guitarrista español Andrés Segovia, el arzobispo de Canterbury, Robert Runcie[197], y el actor Peter O'Toole con quien pasé casi toda la velada charlando de historia y de cine. En el discurso en la cena de gala, la reina Isabel II destacó el papel de don Juan Carlos en la historia reciente de España, diciendo literalmente: «Inspirada por vuestra guía y ejemplo personal, España ha retomado su legítimo sitio entre las naciones democráticas de Europa Occidental. Por supuesto, siguen existiendo diferencias entre nosotros, y sería sorprendente que no fuera así». A su lado, el rey asentía. No quiero ni pensar que habría dicho hoy Isabel II. Pasarían treinta años hasta que se volviera a producir una nueva visita de Estado de un monarca español al Reino Unido.

El otro incidente que ocasionó cierto disgusto en el Reino Unido con España, aparte del relativo al referéndum sobre la OTAN, tuvo lugar antes de la visita real y estuvo relacionado con el atentado que tuvo lugar el 5 de abril, en el que tres personas murieron y doscientas veintinueve resultaron heridas, cuando en la discoteca La Belle, en Berlín Oeste, hizo explosión una bomba. Este lugar era comúnmente frecuentado por militares norteamericanos de la guarnición en Berlín, siendo dos de los muertos y setenta y nueve de los heridos militares estadounidenses. Algunas de las víctimas quedaron permanentemente discapacitadas debido a las lesiones causadas por la explosión.

197 El arzobispo Runcie era un sacerdote que emanaba confianza y que estaba a favor de estrechar lazos con la Iglesia católica.

Se culpó a Libia por el bombardeo después de que por parte del GCHQ británico se interceptaran los mensajes de Trípoli a la Embajada libia en Alemania Oriental, felicitándolos por un «trabajo bien hecho», aspecto que se me comunicó por parte del MI-6, y del que informé al CESID, si bien sin citar el procedimiento. A pesar de los informes culpando a Libia por el ataque a la discoteca, ninguna persona en concreto fue oficialmente acusada de los bombardeos hasta la reunificación de Alemania en 1990 y la posterior apertura de los archivos de la STASI alemana en Berlín Oriental. Se averiguó además que el explosivo fue llevado a Berlín Occidental en una valija diplomática de la Embajada libia. El Gobierno de Estados Unidos acusó a Libia de patrocinar el atentado, y el presidente Ronald Reagan, esta vez cargado de motivos, ordenó acciones aéreas desde las bases británicas y por parte de la Sexta Flota, contra objetivos terrestres en Libia, diez días después, y ello a pesar de tratarse de fuerzas asignadas a la OTAN.

Días después de haber transcurrido los hechos, pude asistir a un *briefing* coordinado por las autoridades norteamericanas en el Ministerio de Defensa, en Whithehall, en el que, de forma detallada y metódica, se expusieron los acontecimientos tal como se habían desarrollado el día 15 de abril. Las acciones militares se condensaron en lo que se llamó operación El Dorado Canyon, compuesta por el conjunto de ataques aéreos contra objetivos libios realizados el 15 de abril por fuerzas aéreas combinadas de la USAF, US Navy y Marines. Las acciones se iniciaron en la tarde del 14 de abril desde bases aéreas británicas contra los siguientes objetivos libios:

- Centro de Mando y Control del coronel Gadafi, en Trípoli, para operaciones en el extranjero.
- Centro de entrenamiento para comandos navales y buceadores de combate en Trípoli.
- Aeropuerto internacional de Mtiga, utilizado por aviones de transporte pesados Ilyushin Il-76.
- Centro Logístico y Centro de Operaciones alternativo en Bengazhi, que comprendía un cuartel general de mando, y control alternativo para operaciones en el extranjero, y un almacén para componentes de aviones MiG.

- Aeropuerto internacional de Benina, utilizado como base por los llamados «combatientes internacionales», que no eran otros que ETA, IRA, Baader Meinhoff, u otros similares.

Todos ellos objetivos legítimos, dentro de lo que cabe considerar, y alejados de núcleos de población, lo que minimizaría los daños colaterales y bajas en la población civil. Libia alegó posteriormente que sufrió bajas civiles y militares, citando la cifra de unas cien personas, entre las que, desafortunadamente, se encontraba una hija adoptiva del propio coronel Gadafi, sin embargo, confirmando indirectamente la intención norteamericana de minimizar bajas[198]. La misión realizada desde Gran Bretaña resultaría ser la más larga en distancia y de mayor duración en la historia de la aviación militar.

Ignoro si al CESID, en Madrid, llegaron otros informes sobre los hechos, especialmente desde la Embajada española en Libia, donde, desde 1979, se encontraba el comandante de Infantería Juan Martínez Drissien, bajo cobertura de agregado cultural. En cualquier caso, el comandante Martínez —que hablaba árabe perfectamente y conocía el país, sin duda— era el único oficial español en la zona que podía aportar alguna información relevante. Informaciones aparecidas en 2022 y relatos novelescos recientemente publicados por parte de personajes que se atribuyen un papel inexistente pertenecen al género de la ciencia-ficción. En cualquier caso, en mayo de 1986, el comandante Martínez Drissien fue expulsado del territorio libio en respuesta a las actitudes que, en general, adoptaron los países europeos, aunque España no hubiera participado en nada.

Lo que causó disgusto en medios oficiales británicos respecto de España fue la decisión del Gobierno de Felipe González de no permitir el sobrevuelo del territorio nacional español a los aviones norteamericanos que despegaron desde Inglaterra, al igual que hizo

198 Los aviones elegidos para llevar a cabo el ataque —los F-111F Aardvark—, reflejaban esta intención dada su precisión en ataques nocturnos mediante bombas guiadas por láser. Además, se utilizaron también aviones EF-111A Raven de guerra electrónica para anular los radares de la defensa aérea libia. Desde los portaaviones USS Coral Sea y USS America se lanzaron aviones de ataque A-6 y F-18 para completar la acción de los F-111. Cazas F-14 proporcionaron cobertura a toda la fuerza. Parece que una bomba cayó cerca de la Embajada francesa, aunque sin consecuencias.

Francia. Yo no pude dar ninguna explicación sobre los motivos para que España obrase así, cuando de manera informal me preguntaron los servicios británicos, pero confieso aquí abiertamente que sentí vergüenza y me declaré abiertamente opuesto a lo sucedido ante los que consideraba mis compañeros británicos, aunque era obvio que no había nada que yo pudiera hacer. El embajador se encogió de hombros cuando informalmente hablé con él. La actitud del Gobierno español fue vista como insolidaria en el Reino Unido, con ellos en primer lugar, que a sabiendas de las críticas que recibirían tomaron la decisión de apoyar a un aliado que pedía ayuda, pero con la colectividad internacional occidental también, dado el peligro que el terrorismo de origen islámico, o árabe en general, iba suponiendo. Libia, en particular, se había convertido en un país exportador de terrorismo y no se podía permanecer pasivo ante tal actitud[199]. Tuve la impresión de que España era considerada ya como un aliado no fiable, especialmente si además de la postura tomada en la crisis libia se consideraba también la idea del referéndum sobre el ingreso en la OTAN. La postura de Francia era mayormente execrable, dado que el Gobierno francés, tras la URSS, era el principal proveedor de armas para el régimen del coronel Gadafi.

Las consecuencias de la acción militar norteamericana sobre Libia fueron muy distintas de lo que auguraban los expertos en relaciones internacionales, y aunque inicialmente el presidente Reagan y Estados Unidos recibieron duras críticas, la realidad

---

199 El caso de España no tenía justificación alguna. Abu Nidal y grupos afines —con ayuda libia— habían comenzado a llevar a cabo acciones violentas en España en 1979, llevando a cabo dos asesinatos en 1982, dos atentados contra oficinas de líneas aéreas, y un atentado contra un restaurante en 1985 con dieciocho muertos. En aquel momento el ataque contra el restaurante fue el atentado terrorista más letal que había sufrido España en toda su historia, aunque sería pronto superado, y se le considera como el primer atentado islamista grave en territorio español, con muertos. Resumiendo, el Gobierno español estaba perfectamente legitimado para haber accedido a la petición de sobrevuelo de Estados Unidos. El general norteamericano Vernon Walters —representante de Estados Unidos en la ONU— visitó al presidente González para solicitar su apoyo, pero España no rectificó su decisión. Debido a la decisión de España, el trayecto total a recorrer por el grupo de combate norteamericano que despegó del Reino Unido se incrementó en casi 12.000 km más, y hubo que utilizar aviones de reabastecimiento en vuelo, que también despegaron de bases británicas. Un F-111 fue derribado —curiosamente su piloto, el capitán Fernando Ribas, era de origen español—, falleciendo la tripulación, y otro F-111 se vio obligado a aterrizar en la base de Rota durante el vuelo de regreso por problemas técnicos.

—una vez calmadas las aguas—, y quizás la principal repercusión, fue que el coronel Gadafi, de repente, quedó ante el auditorio internacional como un personaje débil, vulnerable, aislado, y menos predispuesto ya a implicarse en acciones de terrorismo. Aún tardaría tiempo en desaparecer, pero aquello fue el principio del fin para su régimen dictatorial.

El ataque aéreo norteamericano dejó al descubierto las vulnerabilidades del régimen radical libio y erosionó de manera casi terminante la influencia de Gadafi en el mundo árabe. Por otra parte, los terroristas islámicos pasaron a ponerse, en cierto modo, a la defensiva, reduciéndose considerablemente su capacidad para llevar a cabo nuevas acciones terroristas. Y, por si fuera poco, la URSS —hasta ahora el principal aliado y valedor de Gadafi— comenzó a distanciarse también de la actitud extremista del coronel, deteriorándose considerablemente la cooperación política y militar existente. En el plano político, los países europeos —incluida España— comenzaron a adoptar medidas restrictivas contra diplomáticos y empleados de las oficinas de representación libias sospechosos de haber llevado a cabo acciones de apoyo a terroristas, y cerca de quinientos funcionarios libios en terceros países fueron expulsados del territorio europeo. Lo mismo sucedió en el plano económico, y muchos vuelos de líneas aéreas occidentales a Libia fueron suprimidos, al igual que las importaciones de petróleo libio que se redujeron drásticamente.

En el campo de las relaciones Este-Oeste, por otra parte, tuvo lugar una crisis importante, a lo largo de 1986, y un grave aumento de la tensión cuando el mundo fue tomando conciencia de que Estados Unidos estaba ya dando los primeros pasos en su decisión de proceder con lo que se denominó como Iniciativa de Defensa Estratégica (Strategic Defense Initiative/SDI)[200], más conocido como programa Star Wars. El Reino Unido cerró filas en apoyo de la idea, aunque hubo su debate y discusión y no todo el gabinete estuvo de acuerdo, y ello a pesar de que la primera ministra cerró toda discusión que llevase a cuestionar la idea. El pensamiento de

200 La SDI había sido puesta en conocimiento de la opinión pública, no solo norteamericana sino también mundial, en marzo de 1983 por el presidente Reagan, en una alocución televisada en todo Estados Unidos, sin consultar con ninguno de los países aliados.

Downing Street estaba en la línea de considerar la SDI como un freno a la expansión y agresividad soviéticas —hay que tener presente que en el momento de la declaración de intenciones norteamericana en la Unión Soviética gobernaba Yuri Andropov—, y de que, para ello, era necesario que Estados Unidos conservara la superioridad tecnológica y militar en el espacio. Mrs. Thatcher, en particular, veía toda la labor de investigación y desarrollo que la SDI conllevaba como la mejor forma de estar al día en cuanto a las tecnologías punteras relativas a la defensa contra misiles, y consideraba que, estando al lado de Estados Unidos, ello permitiría mantener la credibilidad del sistema de disuasión británico hasta bien entrado el siglo XXI. Sus opositores consideraban que todo iba a acabar en una nueva carrera de armamentos a desplegar en el espacio y que, al contrario, disminuiría la credibilidad del componente nuclear británico. El debate que tuvo lugar sobre el tema en Gran Bretaña a lo largo de 1986 fue enteramente público y se desarrolló en gran parte en el Parlamento británico.

Si se es consciente de la importancia, entonces y aun hoy en día, del concepto de disuasión nuclear para Gran Bretaña, no es difícil darse cuenta de la preocupación que suponía el hecho de que sus misiles pudieran quedarse obsoletos. Me consta que, en aquella época, el Ministerio de Defensa británico emitió un detallado análisis[201] para estudio del Gabinete de la primera ministra, con la observación de que «si bien nada impide el despliegue de armas de energía directa en el espacio, va a llevar al menos diez años definir los requerimientos y, al menos, veinte años más, desarrollar estas armas para finalmente desplegarlas en el espacio». Asimismo, se advertía de que la Unión Soviética podría ser capaz de disponer de armas antisatélite con la finalidad de destruir estos sistemas, algo que, en aquellos días, sabemos que era exagerado. Al mismo tiempo, se enviaba un mensaje de tranquilidad al gabinete diciendo que no había peligro de que los misiles nucleares británicos Trident fueran afectados por la SDI ya que las tecnologías adecuadas no estarían listas hasta por lo menos 2010. Algún tiempo después, durante 1986, en el DIS y MI-6, me sondearon acerca de la posibi-

201 Prime Minister 19/1188, *Informe del Ministerio de Defensa británico* (MOD Letter to No. 10), «President's Reagan's Speech on Defensive Technology», 1985, (UK The National Archives/TNA, Kew, Surrey).

lidad de que, aunque España no tuviera armas nucleares, estuviera dispuesta a secundar una moción británica en la OTAN, recomendando prudencia a Estados Unidos. Les dije a nuestros aliados ingleses que, quizás, España, dado el antiamericanismo del Gobierno español, no era un buen candidato para esa idea, pero lo hice y escribí al general Alonso Manglano. Nunca recibí respuesta.

En mayo de 1986 tuve la ocasión de asistir personalmente nada menos que a una presentación de lo que era el programa Star Wars, a cargo de su director, el Dr. Gerold Yonas, en auditorio reservado, en la Universidad de Cambridge. El objeto de la presentación era tranquilizar al Reino Unido sobre la fiabilidad del concepto. A esa presentación asistí acompañado por un oficial del DIS —teniente coronel— Wing Commander, de la RAF, David Greenwood, y también asistieron representantes de Israel, Francia y Alemania Federal. Informé al CESID y tampoco obtuve ni respuesta ni reacción. Ya desde 1984, tanto el Foreign Office como el Ministerio de Defensa británico estaban preocupados con lo que parecía ir a desembocar en una carrera de armamentos en el espacio, y urgían a Mrs. Thatcher a que presionase a la administración norteamericana en favor de una ralentización del proyecto SDI y del desarrollo de armas antisatélite. Gran Bretaña dependía entonces en gran medida de los satélites de observación y reconocimiento norteamericanos, y seguía contemplando con aprensión la posibilidad de que la URSS se lanzase a perfeccionar nuevas armas antisatélite, que pondrían en peligro las posibilidades disponibles hasta el momento en Estados Unidos.

El informe antes citado argumentaba, por otra parte, que la investigación relacionada con el programa SDI podría tener graves repercusiones para el dominio del espacio y advertía de que la URSS estaba más adelantada que Estados Unidos en lo concerniente a la investigación sobre armas de energía directa. No obstante, la cuestión más importante, en mi opinión, que se suscitó en Gran Bretaña fue la de si, bajo la SDI, el territorio británico continuaría cubierto, y protegido, por el escudo norteamericano, especialmente dada la proximidad a la Unión Soviética, y que era muy probable que los misiles británicos no lograran penetrar la cortina de defensa soviética, no teniendo, por lo tanto, ninguna utilidad como elemento de disuasión. Margaret

Thatcher intentó persuadir al presidente Reagan de que había que intentar evitar una situación en la que la opinión pública pensara que las armas nucleares habían quedado ya obsoletas y por lo tanto se estaba en un estado de indefensión casi total. En suma, la reacción británica a la SDI hay que entenderla enmarcada dentro de las implicaciones que el programa suponía para la estrategia nuclear del Reino Unido. De alguna manera, la iniciativa estratégica lanzada desde Norteamérica hacía aflorar ahora ciertas disensiones, en materia de la visión común estratégica -americana de la defensa, que estaban dormidas desde los años setenta.

El Foreign Office argumentó con mucho énfasis que la SDI iba a socavar el principio de la disuasión, anular la eficacia del sistema nuclear de disuasión británico[202] y separar la defensa de Europa de la defensa de Estados Unidos. Margaret Thatcher, por supuesto, no aceptó este punto de vista, sino que, por el contrario, estimo —en mi opinión acertadamente—, que el programa reforzaría la disuasión al asegurar que, en caso de conflicto, Estados Unidos iba a poder conservar la posibilidad de respuesta y de llevar a cabo un segundo ataque nuclear (*second strike capability*), en caso necesario.

Mijaíl Gorbachov había visitado el Reino Unido, en 1984 —antes de ser nombrado secretario general del PC en marzo de 1985—, en calidad de secretario general del Comité Central del Partido Comunista soviético, y miembro de pleno derecho del Politburó, pero se había entrevistado con Margaret Thatcher, antes de conocer por primera vez al presidente Reagan en 1985, y por lo tanto se puede decir que eran los británicos quienes podían efectuar un mejor análisis de su estilo y personalidad, y ofrecer una segunda opinión. El encuentro que tuvo lugar en noviembre de 1985, en Ginebra, entre Gorbachov y Reagan no produjo ningún resultado en cuanto a reducción de armas nucleares, y, si bien, ambos reconocieron la importancia de reducir el arsenal de armas ofensivas, el programa de la SDI se convirtió en un obstáculo insuperable. Ello produjo satisfacción en el Reino Unido, donde se veía la doctrina de la destrucción mutua como una alternativa mucho más segura. En octubre de 1986 ambos líderes se volvieron

202 El secretario del Foreign Office, sir Geoffrey Howe, ya había calificado la SDI como «una nueva línea Maginot anclada en el espacio». Conferencia pronunciada en el Royal United Services Institute (RUSI) en marzo de 1985.

a encontrar en Reikiavik, en un encuentro que pasaría a la historia como el de mayor trascendencia entre los máximos gobernantes de Estados Unidos y la Unión Soviética. La elección de Reikiavik como lugar del encuentro tuvo, entre otros, el propósito del presidente Reagan de distanciarse de Margaret Thatcher durante las conversaciones, según la opinión pública británica. Gorbachov comenzó sorprendiendo a los norteamericanos —y al mundo entero—, con una propuesta que habría llevado con toda seguridad al desarme nuclear internacional, a la retirada de las armas nucleares de alcance intermedio (INF) de toda Europa, a la prohibición de realizar pruebas nucleares, y a la posibilidad de ejercer una verificación *in situ*, siempre que se considerase necesario. La consecuencia que se extrae es que en Reikiavik se puso claramente de manifiesto que la Unión Soviética no podía ya seguir manteniendo la carrera de armamentos en curso dado su coste económico, esencialmente[203], que acabó llevándolos a la bancarrota total.

De forma indirecta, a la primera ministra británica le llegó el mensaje, por parte norteamericana, de que la Unión Soviética ofrecía igualmente no tener en cuenta, en lo relativo a las armas INF, los arsenales ni británico ni francés, que seguirían inalterables[204]. El problema, no obstante, continuó siendo la SDI, al rechazar Gorbachov la idea de que Estados Unidos siguiera avanzando en ese campo. La Unión Soviética quería confinar la SDI al «laboratorio», pero Estados Unidos deseaba efectuar pruebas y, eventualmente, desplegarla en el espacio. Obviamente, no hubo acuerdo alguno, pero Gorbachov se creó, a su vez, un problema dado que, si no se abandonaba la SDI, se iba a ver obligado a competir con ella, y eso demostró ser un callejón sin salida en aquellos días para la URSS.

---

203 Según se pudo saber, tras la caída de la URSS en 1990, el presupuesto de defensa soviético venía consumiendo entre un 30 y un 40 % del PNB.

204 Literalmente, según Mr. Charles Powell, secretario privado de Mrs. Thatcher, las palabras exactas de Gorbachov que le transmitió la delegación norteamericana fueron: «La Unión Soviética no desea obtener ninguna concesión ni por parte británica ni por parte francesa; los arsenales nucleares de ambos países no se contabilizarán». En Londres deberían haber hecho una doble lectura de este aspecto y darse cuenta de que quizás los soviéticos estaban dando a entender que la capacidad de disuasión franco-británica era realmente insignificante y no les preocupaba.

En Londres, y así pude entreverlo, la primera ministra llegó a la conclusión —con esa astucia tan británica—, de que si Gorbachov, y en consecuencia la URSS, se mostraba tan alarmado por la SDI, era porque ello iba a ser la clave de la victoria de Occidente sobre el bloque oriental, como así fue[205]. Y por eso se volcó en apoyar a Estados Unidos[206].

Los países que firmaron posteriormente un acuerdo con Estados Unidos para participar en la SDI en la medida de sus posibilidades fueron: el Reino Unido, Portugal, Japón, Italia, Alemania Occidental, e Israel[207]. Francia se mostró reticente una vez más y España estuvo totalmente ausente. Por mi parte, informé puntualmente al CESID de todos estos aspectos, y tengo que decir, una vez más, que nunca recibí ningún comentario ni petición de información, claro es que en Madrid estaban volcados en otros problemas como el ingreso, finalmente ratificado tras el referéndum, en la OTAN, y el tema de la SDI —al estilo de Unamuno—, ni se contemplaba. ¡Que inventen ellos[208]!

---

205 En cierto modo, se debe concluir también que los servicios de inteligencia soviéticos —KGB y GRU— probaron ser bastante incapaces al no detectar la realidad tecnológica de la SDI.

206 Thatcher, Margaret. *The Downing Street Years.* Harper & Collins, 1993.

207 El presidente Reagan consideraba que la participación británica en la SDI fomentaría el apoyo europeo al programa. La Organización para la SDI (Strategic Defense Initiative Organization /SDIO) —que era la institución que, en Estados Unidos, supervisaba el programa— estaba especialmente interesada en trabajar con los organismos británicos adecuados en todo lo que se refería a la computación óptica. La SDIO había llegado a la conclusión de que los computadores ópticos serían necesarios para el control de las armas de energía cinética y de energía directa asociadas al programa. Fundamentalmente, los intereses no solo de defensa, sino políticos, económicos e industriales estaban presentes en la participación del Reino Unido en la SDI. De hecho, la participación se acordó ya en diciembre de 1985, mediante un memorándum secreto.

208 El Gobierno español decidió no participar en el programa SDI al tomar en consideración la valoración de distintos factores. En primer lugar, existía un acuerdo según el cual los partidos socialistas que tenían responsabilidades de gobierno se comprometían a no participar en el programa SDI. España fue el único país europeo de cierta importancia que careció de postura oficial sobre la SDI, lo que volvía a poner sobre la mesa la cuestión de la fiabilidad de España como aliado. El lector no se sorprendera de que, una vez más, en aquella época, todo eso me causase no poca desazón y desanimo, ante lo que no se podía calificar más que como negligencia crasa.

La SDI continuó aun después de los drásticos cambios que tuvieron lugar en la URSS, y las diversas tecnologías que la conformaban se aplicaron a otros proyectos que continúan incluso en la actualidad, hasta que, en 1993, el entonces presidente Bill Clinton la canceló —al reducir dramáticamente el presupuesto asignado—, iniciando un programa de defensa antimisiles menos ambicioso[209].

En otro ámbito, en aquellos días, en mis despachos habituales con el embajador —José Joaquín Puig—, tuve conocimiento, en tono de queja, de las frecuentes visitas del entonces ministro de Educación socialista José María Maravall a Londres —ministro en el primer Gabinete de Felipe González—, los fines de semana habitualmente, por motivos privados. El embajador clamaba que el ministro exigía que la Embajada pusiera a su disposición un Rolls Royce, y luego pasaba la factura de su alojamiento en el hotel Dorchester —el más lujoso y caro de Londres—, incluyendo hasta las propinas, a la Embajada. Me lo decía en tono de queja, como quizás esperando de mí que informase de ello. Consciente de los hechos, pero viendo que el embajador no hacía nada, aparte de desahogarse conmigo, yo tampoco hice nada ni lo mencioné siquiera al general Alonso Manglano. Al cabo de cierto tiempo, las visitas de Maravall cesaron, aparentemente porque debieron cesar los motivos que le llevaban a Londres.

A mediados de 1986, propiciado por el DIS, y junto con el RUSI, asistí en el marco de una delegación británica —ya que España no estaba invitada—, a una reunión organizada por la Fundación Hans Seidel (Hans Seidel Stiftung), ligada al partido demócrata cristiano alemán CSU, en Wildbad Kreuth, Tegernsee, en Alemania Occidental. Acompañé, por consiguiente, al general de brigada John Hemsley, un experto en el Pacto de Varsovia, y al Dr. Jonathan Eyal, de origen rumano, y buen conocedor de las interrelaciones entre la URSS y los demás países de Europa del Este. La reunión a la que asistí era, en realidad, una conferencia de tres días a propósito de la hipotética reunificación de Alemania que, aunque no lo sabíamos aún, estaba próxima a ocurrir. Los debates fueron

209 En 1993, el presidente Clinton canceló la SDI, y estableció la llamada Organización de Defensa contra Misiles Balísticos (Ballistic Missile Defense Organization-BMDO), que a su vez fue convertida por el presidente George W. Bush en la Agencia de Defensa contra Misiles (Missile Defense Agency).

muy interesantes y en esta ocasión conseguí despertar el interés del CESID en Madrid, hasta el punto de que a la conferencia que tuvo lugar en 1987, junto conmigo asistió la señorita Beatriz Méndez-Vigo, que era la analista responsable de Alemania Oriental en la División de Inteligencia Exterior. Si la reunificación alemana y Alemania Oriental preocupaban al Gobierno español como para estudiar la situación es más que discutible, y, de hecho, no creo que fuera ni siquiera un aspecto de interés[210].

También durante 1986 fui invitado a visitar la escuela y centro de entrenamiento del MI-6, que se encontraba ubicado en el llamado Centro Militar de Instrucción n.º 1 (Military Training Establishment No. 1), conocido como Fort Monckton, y que era operado enteramente por el SIS/MI-6, aunque teóricamente fuera una dependencia del Ejército británico. Fort Monckton es una fortaleza histórica que data de 1545[211] aunque su verdadera utilización militar se remonta en realidad a 1779, con la finalidad de proteger la base naval de Portsmouth, en la península de Gosport en Hampshire. Cuando se desmanteló la artillería de costa en 1956, pasó a ser utilizado por el SIS como centro de instrucción y enseñanza. En mi época en Gran Bretaña, era el lugar donde se llevaban a cabo los cursos de ingreso y selección, básicos y avanzados del SIS, pero también lo utilizaban las fuerzas especiales del SAS (Special Air Service), del Ejército, y SBS (Special Boat Service), de la Royal Navy. Todos los cursos tenían lugar en régimen de internado, y periódicamente se daban cursos de actualización y refresco de conocimientos para el personal ya veterano. Como ya imagina el lector, nada que ver con el curso básico ni con la escuela del CESID descritos en los primeros capítulos de esta obra.

---

210 Las relaciones de España con la República Democrática Alemana se establecieron formalmente en 1977, y duraron hasta 1989 cuando tuvo lugar la reunificación alemana. El verdadero despegue de las relaciones llegó bajo el Gobierno de Felipe González en España. La RDA llevaba años manteniendo contactos con el PSOE, ahora instalado en la Moncloa, y la cordialidad que había existido entre partidos se trasladó a unas relaciones interestatales que alcanzaron en octubre de 1988 su cumbre con la estancia del máximo dirigente de la RDA, Erich Honecker, en España, durante la cual se firmaron importantes acuerdos económicos. Todo ello incrementaba la no fiabilidad de España en Europa Occidental.

211 Fort Monckton pertenece a la serie de fortalezas denominadas como Henrican porque su origen se debe a los planes de Enrique VIII de fortificar el sur de Inglaterra y Gales, previsiblemente contra posibles ataques de España o Francia.

Pasé tres días en Fort Monckton, en noviembre de 1986, y me acompañó en todo momento mi ya amigo John Fisher, del SIS. La extensión y construcción de las instalaciones era considerable y el conjunto tenía acceso directo al mar. La entrada al centro era a través de un puente levadizo. En el edificio principal, donde me alojé, había habitaciones especiales para visitantes o para directivos que, por alguna razón, debieran pernoctar en el establecimiento, incluyendo una *suite* para el director del servicio. Todas las habitaciones disponían de excelente acomodación, y había varias cocinas y comedores, bar, gimnasio, piscina cubierta, galería de tiro, biblioteca, salas de lectura, laboratorios, y en suma todo lo propio de un centro de enseñanza de carácter militar.

Asistí a conferencias sobre las diversas materias que allí se impartían y tomé parte en alguna actividad práctica. Se me expuso que el centro estaba abierto a oficiales de países aliados y que se le ofrecía al CESID la posibilidad de enviar directivos para efectuar cursos sobre las diversas materias que se exponían allí, así como de conocimiento sobre los servicios supuestamente enemigos y su manera de actuar, lo que trasladé con entusiasmo al CESID en Madrid, para, de nuevo, no recibir nunca ninguna respuesta ni petición de información. Resultaba frustrante lo que parecía una absoluta falta de interés por parte del Centro. En el momento de mi visita había allí alumnos en intercambio de Alemania Occidental, Israel y Estados Unidos, además de los más habituales de Australia, Canadá, y Nueva Zelanda, y otros países miembros de la Commonwealth.

Mi estancia en Fort Monckton finalizó con una visita a la base naval de Portsmouth. La base, denominada oficialmente entonces como Her Majesty's Naval Base Portsmouth (HMNB Portsmouth), es una de las tres bases principales de la Royal Navy en el Reino Unido. Alberga a unas veinte mil personas y allí se estacionan casi dos tercios de la flota de superficie británica, incluidos los portaaviones, además de talleres, astilleros, diques secos e instalaciones de reparaciones y mantenimiento. Pero quizás la presencia más significativa en la base es la del navío HMS Victory, un barco de línea de ciento cuatro cañones, que no es ni más ni menos que el que fue el buque insignia y de mando del almirante Nelson en la gran batalla de Trafalgar, de la que, sin exagerar, la Armada no se ha recuperado moralmente aún. El barco, que entró en servicio en 1778, ha sido sometido a reconstrucción, reparaciones, y mantenimiento numerosas veces y aun se considera en servicio en la lista oficial de barcos de la Royal Navy y es el buque insignia del primer lord del Almirantazgo en los tiempos actuales. Con gran sorpresa por mi parte, mi buen amigo John Fisher me ofreció visitar el barco, convertido en museo flotante pero cerrado aquel día, y me invito a un *lunch* ¡en los aposentos del propio Nelson! Y mi asombro aumento aún más cuando se nos unió, sin previo aviso, el director del SIS, sir Christopher Curwen. Debo confesar, aunque a ellos no se lo dije, que me sentía hasta orgulloso. Allí me encontraba, un oficial español, compartiendo una comida con M (C en realidad) en la cámara del almirante Nelson; ignoro si algún español más ha recibido ese tratamiento, pero tengo dudas de ello. De este hecho informé verbalmente al general Alonso Manglano, pero nunca lo puse por escrito, para evitar comentarios inapropiados o envidias y críticas de aquellos que se dedicaban a esa actividad. Mi informe escrito se redujo a relatar la actividad en Fort Monckton.

La presencia de sir Christopher Curwen en Porstmouth se debía a que en Fort Monckton se encontraba alojado en aquellos días, aunque yo no lo supe entonces, un huésped muy especial: el coronel del KGB Oleg Gordievsky, que había desertado de la URSS, y había sido rescatado y traído al Reino Unido, en una operación espectacular, tan solo un año antes, y estaba bajo protección británica en todo momento. Sir Christopher había estado en Fort Monckton manteniendo precisamente unas conversaciones de trabajo con Gordievsky. En 1987 yo mismo tendría una reunión con Gordievsky, a propuesta del SIS, lo que relataré en el siguiente capítulo.

Otro aspecto de interés que tuvo lugar en ese período fue el de la construcción en Madrid de una nueva sede para la Embajada soviética, hoy Embajada de Rusia[212]. Fue construida entre 1986 y 1991 y la parcela de tierra de la calle de Velázquez 155, había sido

212 El hecho de que la Embajada soviética inicial se encontrase ubicada en un edificio muy poco representativo en la calle Maestro Ripoll de Madrid, detrás del edificio del Alto Estado Mayor, en Vitrubio, y casi enfrente de la sede de la División de Inteligencia Exterior del CESID, es algo digno de análisis, y sobre lo que pesan no pocas responsabilidades.

proporcionada gratuitamente a los soviéticos ya en 1980, coincidiendo con el periodo del profesor filocomunista Enrique Tierno Galván como alcalde de Madrid. Su construcción se retrasó debido a regulaciones del Ayuntamiento de Madrid, zonificación que limitaba la altura del edificio a seis metros, la presencia de cables militares españoles que discurrían bajo tierra —un aspecto que, por sí solo, debería haber invalidado el proyecto—, y la increíble presencia de un poblado gitano en el solar, pero todo se pudo resolver obviamente, aunque entonces ya era alcalde el socialista Juan Barranco, que tampoco puso pegas a las obras. El edificio fue diseñado inicialmente por el pintor soviético Ilya Glazunov, quien contribuyó posteriormente al diseño de los interiores, siendo la estructura del edificio diseñada por el arquitecto soviético Anatoly Polikarpov, ligado al ingeniero y diseñador aeronáutico Nikolai Polikarpov. Se trataba, en cualquier caso, de un edificio excesivamente lujoso y ostentoso.

Las relaciones hispano-soviéticas habían pasado a través de un tortuoso camino y parecía que estaban enderezándose entonces, aunque es difícil saber a quién beneficiaba más ello. España y la URSS, curiosamente, no tuvieron relaciones diplomáticas después de la Revolución de Octubre y la toma del poder por los bolcheviques hasta prácticamente el inicio de la Guerra Civil en 1936. Y se cancelaron abruptamente en 1939 con la victoria de Franco hasta 1977, cuando el Gobierno de Adolfo Suárez, y con la monarquía juancarlista las reanudó, la URSS, en Madrid, con diecinueve funcionarios que fueron aumentando, y España con sólo cuatro diplomáticos, lo que da idea del asunto. Las relaciones de este período no fueron exactamente amables, alcanzando un punto crítico cuando España ingresó en la OTAN en 1982, un acto considerado por la URSS como una «violación de los intereses soviéticos», aunque España nunca llegó durante la existencia de la URSS a integrarse en la estructura militar de la Alianza, un aspecto digno de ser estudiado a fondo.

En estas circunstancias es cuando de manera formal el SIS me convoca a una reunión y me proponen —para que lo traslade a Madrid— llevar a cabo una operación conjunta que iba a consistir en situar sensores y micrófonos especiales en la sede de la

Embajada soviética en Madrid, aprovechando la construcción de las nuevas instalaciones. Resultaba necesario obtener planos de las obras, tener acceso a la empresa constructora, subcontratistas y a los equipos de trabajo, y controlar la evolución y desarrollo de las tareas y trabajos. Los ingleses me aseguraron y me expusieron la tecnología de que disponían e insistieron en que sería una operación conjunta de mutuo beneficio para el Gobierno español y para el británico, aunque ellos se verían obligados a compartir datos también con sus aliados en Five Eyes. La ventaja estribaba en que, aunque la responsabilidad y supervisión de las obras corría a cargo de ingenieros soviéticos, las empresas implicadas eran españolas, obviamente seleccionadas y con control del KGB. Por mi parte les advertí de que, con toda seguridad, los sindicatos de izquierda —UGT y sobre todo CC. OO.— estarían sobre aviso y alertarían a sus trabajadores. No obstante, a mí me pareció una idea y un proyecto fascinante y una verdadera operación de inteligencia, y así lo comuniqué directamente al general Alonso Manglano.

La primera reacción desde Madrid —esta vez sí hubo respuesta— fue cauta pero no desfavorable y se acordó seguir explorando posibilidades, pero considerando la propuesta británica. Imagino, aunque no lo supe nunca a ciencia cierta, que otros servicios aliados o amigos habían presentado proposiciones similares, pero creo que ninguna podría ser tan completa y fiable como la sugerida por nuestros aliados británicos, ya que detrás del SIS había toda una organización muy compleja y sofisticada como era el GCHQ, y los servicios de Five Eyes. Sea como fuere, el CESID quería dirigir la operación desde Madrid, por lo cual yo me mantuve al margen, y la mayoría de las acciones se coordinaron con el representante del SIS en Madrid, Simon Butler-Madden. En Londres, no obstante, tuvo lugar una reunión preliminar y, desde Madrid, acudió el teniente coronel de Infantería y DEM, Manuel Chalud, entonces a cargo de asuntos de contrainteligencia sobre la URSS y sus aliados.

La información que se iba acumulando, no obstante, no prometía buenos augurios hasta donde pude saber, ya que por citar un ejemplo, se supo que, a pesar del incremento de coste y el retraso que se provocaba, cada dos o tres semanas, por orden de los supervisores soviéticos, se destruía y desmantelaba el trabajo realizado, para volver a empezar de nuevo, eliminando así la posibilidad de que se instalase de forma efectiva cualquier tipo de artefacto electrónico de escucha, insertado en la estructura de las dependencias. Este procedimiento parece que se aplicó casi hasta los últimos días de finalización de las obras. No obstante, lo que tampoco tuvo lugar fue la operación conjunta hispano-británica. En primer lugar, por la firmeza demostrada por los soviéticos, y las dificultades técnicas que iban surgiendo. Y, en segundo lugar, por la desmoralización y falta de interés que iban apareciendo entre las filas propias a consecuencia de esas dificultades, pero también por la ausencia de un interés claro y decisivo por parte de las autoridades superiores, es decir, por parte del mismo Alonso Manglano. Todo quedaría finalmente en agua de borrajas, y sería un episodio más que se vería en el mundo anglosajón como otra muestra de la baja fiabilidad de España como aliado.

En el capítulo siguiente hablaremos del impacto y las consecuencias de la desaparición del Imperio soviético, tanto desde España como desde el Reino Unido.

11. LA CAÍDA DE LA UNIÓN SOVIÉTICA Y EL DERRUMBAMIENTO DEL COMUNISMO

«Nada es más difícil de llevar a cabo, ni más dudoso de que pueda llegar a tener éxito, ni más peligroso de dirigir que iniciar un nuevo ordenamiento de la sociedad».

Nicolás Maquiavelo

«Uds. no han destruido al Partido Comunista de la Unión Soviética. Lo hemos destruido nosotros».

Mariscal Sergei Akhromeyev, jefe del Estado Mayor General de la URSS y asesor militar principal del secretario general del PCUS[213], en 1990, al almirante norteamericano William Crowe, jefe de la Junta de jefes de Estado Mayor

«Les vamos a hacer a Uds. algo terrible. Les vamos a privar de tener un enemigo».

Georgy Arbatov, director del Instituto para Estados Unidos y Canadá, de la Academia de Ciencias soviética

El final absoluto de la Unión Soviética y el derrumbamiento total del Partido Comunista soviético fueron acontecimientos inesperados, casi repentinos y probablemente constituyen los hechos más

213 El mariscal Akhromeyev se suicidó en 1991 tras el fracaso del golpe de Estado en Moscú. Akhromeyev era un fiel devoto de los ideales marxistas-leninistas.

relevantes de la segunda mitad del siglo XX, aunque quizás no la mayor catástrofe geopolítica del siglo como lo ha calificado Vladímir Putin. Lo que sí es cierto es que modificó de forma radical el pensamiento estratégico occidental y, en última instancia, llevó al mundo a su configuración actual.

Muchos analistas y estudiosos han tratado de explicar los motivos que llevaron a que ello ocurriera y, con toda seguridad, ninguna razón ha provocado mayor controversia que la Iniciativa Estratégica de Defensa (SDI) o Star Wars. Tres acontecimientos, sin embargo, en mi opinión, fueron los que marcaron, de alguna forma, el sendero a recorrer por el que transcurrió todo hasta llegar a la culminación del derrumbe total. Estos acontecimientos fueron la invasión de Checoslovaquia en 1968, la invasión soviética de Afganistán en 1979, y la aparición del sindicato Solidaridad en Polonia en 1980, incluyendo aquí, en este último caso, la influencia de la Iglesia católica que fue decisiva. Estos acontecimientos fueron determinantes a largo plazo, y cada uno de ellos en su espectro de influencia, en acelerar la descomposición que empezó a aquejar al régimen soviético.

En la URSS a principios de los años ochenta (y en cierto modo ligados a lo que empieza a suceder en la República Democrática Alemana, en Hungría, en Checoslovaquia y en Polonia) se detectaron graves problemas de funcionamiento del sistema en el terreno económico, pero la llamada Nomenklatura y el Politburó estimaron que estos problemas podrían resolverse como en otras épocas. En el aspecto militar se daba, además, una preocupación creciente por la dificultad para mantener el ritmo de innovación tecnológica que imponía el desarrollo de nuevos sistemas de armas en los países occidentales, sobre todo en Estados Unidos. La llamada Iniciativa Estratégica de Defensa anunciada en 1983 por el presidente Reagan agravaría aún más la situación.

La invasión de Afganistán conllevó un recrudecimiento de la Guerra Fría y se reconoció tanto en la URSS como entre sus aliados del Pacto de Varsovia, al igual que en el ámbito de la OTAN, que existía un grave peligro de llegar a la guerra. La ventaja tecnológica occidental, por tierra, mar y aire, era vista desde Moscú con gran alarma, en cuanto podía hacer inútil la tradicional superioridad numérica con la que los soviéticos compensaban siempre su retraso técnico, como fue patente durante la Segunda Guerra Mundial. El estamento militar soviético, a nivel del Estado Mayor General, pedía acelerar el desarrollo científico-tecnológico militar a fin de no quedar definitivamente atrás en la carrera de armamentos y ello agudizaría la crisis económica.

La designación de Andropov, en 1982, como secretario general del PCUS, lo empeoraría to, en mi opinión, ya que, aunque se propuso enderezar la situación, su pensamiento marxista no le llevaría a cambiar ninguna de las líneas directrices establecidas ni, por supuesto, a iniciar ningún proceso de liberalización, y menos de democratización. Andropov, no lo olvidemos, había sido el director o presidente del KGB soviético durante quince años y se le consideraba como el responsable de la sangrienta supresión de la revolución de Hungría en 1956[214]. Sin embargo, fue Andropov quien incorporaría, entre otros, a Gorbachov a la Nomenklatura.

Tras la muerte de Andropov, en 1984, la elección de Chernenko como secretario general supuso un año más de retraso y estancamiento durante el cual la crisis económica, política y militar se agravó. Por otra parte, en el momento de su elección, Chernenko estaba ya gravemente enfermo, y sus facultades se encontraban muy disminuidas. El fallecimiento de Chernenko, en marzo de 1985, puso sobre la mesa el hecho de que en la Nomenklatura había plena consciencia de que se estaba en una grave crisis. Y aunque se siguió pensando que esta era, en su origen, de naturaleza esencialmente económica, la realidad es que, ya que afectaba prácticamente a todos los aspectos de la sociedad soviética, el malestar de la población empezaba a ser generalizado.

La llegada de Gorbachov tras Chernenko, en 1985, era esperada por casi todos los sovietólogos, o por aficionados como yo mismo, pero nadie imaginaba lo que iba a ocurrir. Gorbachov fue la opción preferida dentro del sistema, que era consciente de que se debían cambiar algunas cosas para que tanto el propio sistema como los miembros de la Nomenklatura pudieran sobrevivir políticamente.

---

214 El historiador británico Christopher Andrew estima que la experiencia vivida en Hungría hacía que Andropov viera en el empleo de la fuerza el único medio para reconducir situaciones de crisis, como era el caso de Afganistán. Andrew, Christopher; Mitrojin, Vasili. *The Mitrokhin Archive: The KGB in Europe and the West*. Gardner Books, 2000.

Para Occidente, Gorbachov era la mejor opción, dado su talante más moderado, y a la cabeza de esta preferencia estaba el Reino Unido y la misma Mrs. Thatcher, tras haberlo conocido en 1984 con ocasión de su visita a Londres.

Gorbachov, sin embargo, no es, en principio, un reformador ni el inventor de la llamada perestroika ni del glásnost. Gorbachov es un fiel comunista que quiere que el sistema funcione. Perestroika solo significa, en ruso, reestructuración, mientras que glásnost quiere decir transparencia, es decir, apertura. Mediante la perestroika, Gorbachov quiere conseguir que la economía y la industria soviéticas funcionen; mediante el glásnost quiere obtener, permitiendo cierta crítica objetiva, el apoyo necesario para el programa de perestroika. En 1985, los protagonistas de la perestroika, todos ellos miembros destacados de la Nomenklatura, creían en la viabilidad del socialismo y en sus ventajas sobre el capitalismo occidental. La perestroika es, por consiguiente, un cambio iniciado por la Nomenklatura del sistema con el que se intenta mejorar las condiciones de vida del pueblo. Gorbachov afirmaba que la reforma desde el sistema era el único camino posible. La perestroika, sin embargo, tiene que ver mucho con el temperamento y las propias ideas de Gorbachov.

Inicialmente, Gorbachov debe hacer frente a los cuatro aspectos más urgentes de la crisis que aqueja a la Unión Soviética desde los años setenta: la situación militar en Afganistán, el retraso tecnológico e industrial, una agricultura ineficiente y líderes incapaces en casi todos los campos. Sin embargo, durante los primeros cien días al frente del Kremlin, el cambio es más cosmético que real, y las medidas que se aplican son las de otras épocas o, al menos, desde el Reino Unido así se aprecia. El hecho de que, desde el primer momento, la reestructuración estuviera asociada con el desarrollo científico-tecnológico se interpretaba en medios británicos como motivada por la preocupación militar-industrial ante el retraso que separaba ya a la URSS del bloque occidental, y el mismo Gorbachov llegaría a explicar más tarde que no se trataba de una revolución, sino del perfeccionamiento del sistema. La guerra de Afganistán era un tema grave[215], y muy pronto el conflicto pasó a ser uno de los

215 En Afganistán, los británicos se sorprendían de que en Moscú nadie hubiese considerado la experiencia sufrida por Gran Bretaña en el siglo XIX.

motivos que hicieron sentir a Gorbachov la necesidad de afrontar una renovación profunda de la política exterior soviética. Mrs. Thatcher había explicado claramente en 1984 a Gorbachov que salir de Afganistán era condición *sine qua non* para una mejora de las relaciones con Occidente. Por otra parte, la mejora de la economía y el desarrollo científico-tecnológico exigían una reducción de la carrera de armamentos.

En mi opinión, como han señalado no pocos especialistas y académicos, la carrera de armamentos, y en especial el tema de la Iniciativa Estratégica de Defensa —valorada en toda su importancia— es el principal elemento que se halla tras el hundimiento del régimen soviético. El importante esfuerzo militar del periodo 1960-1970 —con nuevas generaciones de carros de combate, artillería autopropulsada, barcos, submarinos y aviación táctica— se había realizado a costa de movilizar la economía, la industria y la ciencia soviéticas en un grado muy superior a lo que se estaba haciendo en Occidente, con el consiguiente recelo en el marco de la OTAN. A pesar de todo, a principios de los ochenta, en el interior de la URSS se daban cuenta de que las capacidades recién adquiridas no iban a poder mantenerse mucho tiempo a causa de la creciente distancia tecnológica entre los países occidentales más avanzados y la URSS, y del estado de casi total bancarrota de la economía. Sin embargo, la realidad de la situación no era ni siquiera bien conocida en Occidente, y existía una sobreestimación notable de las capacidades militares soviéticas, especialmente en el teatro central europeo.

Desde la década de los setenta, los soviéticos habían conseguido dotarse con unas fuerzas armadas capaces de defender la integridad de la llamada Europa Oriental, sin tener que hacer uso de la disuasión nuclear. Sin embargo, a partir de comienzos de los ochenta, ante la introducción en los Ejércitos más adelantados de la OTAN de nuevos sistemas de armas, con una precisión y un alcance desconocidos hasta entonces, justo en pleno conflicto de Afganistán, con el llamado periodo de la distensión olvidado, y con Estados Unidos a punto de iniciar su «Guerra de las Galaxias», la ansiedad se apoderó de la Nomenklatura y la tensión generada fue altísima —solo hay que recordar el episodio Able Archer[216] en 1983—, llegando el jefe del Estado Mayor General soviético, mariscal Ogarkov, a anunciar cambios profundos y revolucionarios de los procedimientos operativos, como fue la creación de los Grupos de Maniobra Operativos[217] en el seno del Ejército soviético. La naturaleza y alcance de estos cambios preocupó mucho en Occidente, y en la OTAN algunos veían ya a las fuerzas del Pacto de Varsovia llegando a los Pirineos. La posibilidad de confrontación era notablemente alta y se daba por descontado que tendría lugar con empleo de armas nucleares. Yo mismo estaba convencido de que el apocalipsis nuclear era inevitable, más tarde o más temprano.

Aún con Andropov, la URSS había lanzado la operación de inteligencia del KGB de mayor alcance en la historia que hoy se ha podido conocer. Esta operación, denominada proyecto RYAN —(Raketno-Yadernoe Napadenie, o simplemente «ataque de misiles nucleares»)—, fue revelada por Gordievsky al SIS y conllevaba la utilización de medios rudimentarios de informática junto con la utilización de fuentes humanas a gran escala para descubrir las intenciones de la OTAN y Estados Unidos. Como es natural, el conocimiento en Occidente de todos estos detalles, aunque tuvieran naturaleza defensiva, contribuía a incrementar la preocupación y desconfianza. Estos sentimientos fueron heredados, de alguna forma, por Gorbachov en 1985.

El mariscal Ogarkov resultó ser el principal defensor de la necesidad de invertir de inmediato todo lo necesario en defensa para disminuir la distancia tecnológica con Occidente, en lo que persistió a pesar de que la línea predominante en el Politburó era ya muy diferente. Fue destituido por Chernenko en 1984 y su sucesor,

216 El ejercicio Able Archer lo he relatado extensivamente en el capítulo cinco, y estuvo a punto de desencadenar una guerra mundial en 1983-1984.

217 Un grupo de maniobra operativo como propugnaban los soviéticos en 1986 podía integrar dos divisiones acorazadas y de cinco a seis divisiones de infantería motorizada. La doctrina militar soviética de entonces propugnaba utilizar estos grupos para penetrar en las defensas de la OTAN a través de brechas que abrirían el primer escalón de fuerzas en el ataque. Para contrarrestar la acción de estas grandes unidades la doctrina OTAN establecía el despliegue de fuerzas especiales con misión de realizar acciones de sabotaje y ataque contra centros logísticos en la retaguardia soviética.

el mariscal Akhromeyev, sería ya más flexible y político, adaptándose, a partir de 1985, a lo que Gorbachov deseaba y esperaba, aunque intentaría siempre limitar el impacto de los recortes sobre la capacidad operativa y el equipamiento de las Fuerzas Armadas, como debe ser el deber de todo militar.

Es en esta época, ya con Gorbachov, surge el concepto de la llamada «suficiencia razonable», que servirá como justificación para la reducción del esfuerzo militar, así como, de la limitación de capacidades de las fuerzas armadas y de su repliegue de los países de Europa del Este. Todo ello va a favorecer una nueva política de defensa soviética en la que se da mayor atención al uso de medios no militares. Pero no iba a ser inmediato. Los militares se limitaron a continuar obedeciendo a la dirección política del Kremlin según los procedimientos establecidos desde siempre. Gorbachov no promovió de inmediato cambios importantes en la cúpula militar ni intervino en cuestiones internas militares, y ello desorientaba a los observadores occidentales. La militarización del régimen siguió siendo muy alta, y a pesar de la reducción del grado de prioridad que se concedía a lo militar en la asignación de los presupuestos, el gasto en defensa se mantuvo muy elevado.

Ante esto, los países occidentales en general, y Gran Bretaña en particular, asistían como quien asiste a un espectáculo fascinante, en un ejercicio de asombro, valoración difícil de expresar y especulación. Para Mrs. Thatcher —al margen de la favorable impresión que albergaba—, la cuestión era saber hasta qué punto Gorbachov estaba seriamente comprometido con reestructurar el sistema. Surgían numerosas preguntas que, a pesar de mi corta experiencia en comparación con muchos de los especialistas británicos —del MI-6 y DIS—, tuve la satisfacción y el honor de compartir, tratando de aportar lo que buenamente pude. Estas preguntas apuntaban en las siguientes direcciones:

- ¿Iba a ser Gorbachov capaz de revitalizar la moribunda economía soviética? Mi respuesta era que no, y consideré que ello iba a exigir tal esfuerzo y tal cambio que se iban a requerir varias generaciones. Los británicos estuvieron conformes con mi diagnóstico, «¿pero entonces?», nos preguntábamos todos…

- ¿Será ello compatible con la línea que tome el Partido Comunista soviético? Aquí no éramos capaces de aventurar una respuesta clara. Y entonces venía la pregunta final…
- ¿Cuáles serán las repercusiones de todo el cambio en el panorama internacional? Aún no lo sabíamos y no se podía aventurar nada, pero serían terribles, contrariamente a las expectaciones existentes, y Europa vería desencadenarse en su territorio unas guerras con un odio y barbarie como no se habían visto desde el final de la Segunda Guerra Mundial, en lo que hasta ese momento fue Yugoslavia, y cuyas consecuencias siguen latentes de algún modo.

El hasta entonces llamado bloque occidental podía hacer muy poco ante lo que se estaba gestando, pero iba a sufrir sus consecuencias de una forma muy especial. Aunque Gorbachov inicialmente había procedido con moderación, a partir de 1986 en un esfuerzo de lo que los rusos llaman *uskorenie* —aceleración—, olvidó la prudencia, y en un discurso pronunciado en enero de 1987, ante una sesión plenaria del Comité Central del PCUS, denunció los errores del sistema, habló de la necesidad de una reforma política, y presentó la democratización de la URSS como la única salida viable para entrar en el siglo XXI.

El error de Gorbachov estribaba en que, por una parte, quería liberar las energías de una nación oprimida tras setenta años de dictadura represiva, y por otra, pretendía seguir controlando el proceso, incapaz de darse cuenta de que no podía haber término medio entre la línea del Partido Comunista y un Gobierno popular democrático y libre. Es obvio que, con todos sus defectos, nadie le habló de la transición española tras la muerte del general Franco. En cualquier caso, no habría servido de nada, ya que Gorbachov quería conservar el modelo comunista. Como expuso Mrs. Thatcher con claridad meridiana, el problema de Gorbachov era que quería mejorar el sistema soviético, sin darse cuenta de que el problema era verdaderamente el propio sistema. Gran Bretaña, no obstante, estaba dispuesta a impulsar y ayudar en el programa de reestructuración de Gorbachov como muestra del fracaso del comunismo.

Por otra parte, en el campo de la política internacional, desde Gran Bretaña se veía con escepticismo la actuación de Gorbachov hasta ese momento, y la conclusión era que había cambiado de estilo, pero no de objetivos. Las medidas de reducción de armamentos que presentaba eran evaluadas por el Gobierno británico como dirigidas a impresionar a aquellos Gobiernos europeos —en clara alusión a España— que no deseaban aumentar sus presupuestos de defensa sino reducirlos y que estaban dispuestos a creer lo que se dijera desde Moscú. Los hechos eran los que eran, sin embargo, y la realidad es que las fuerzas soviéticas en Europa seguían manteniendo una enorme superioridad numérica; la URSS continuaba su programa de modernización de misiles, y aumentaba el gasto dedicado a investigación y desarrollo. Así, en 1986 —según pude saber a través del DIS— se habían detectado despliegues de nuevos misiles intercontinentales móviles SS-25 Sickle (o Topol), y otro nuevo tipo —el SS-24 Scalpel (o Molodets)— estaba siendo probado, al igual que un nuevo tipo de avión de bombardeo estratégico —el Tu-160 Blackjack—, que había entrado en fase de producción —y todavía está en servicio—, junto con nuevos tipos de misiles crucero. Claro está que todo esto para el CESID seguramente sonaba a ciencia-ficción, pero en el Reino Unido se le daba la mayor importancia.

A pesar de las apariencias y la declaración de intenciones que —en el marco del XVII Congreso del PCUS en 1986— efectuara el propio Gorbachov respecto de la actividad soviética en el tercer mundo, señalando que el apoyo a las llamadas «guerras de liberación» no constituía ya una prioridad para la URSS, la realidad era que la actividad de apoyo a los movimientos revolucionarios no disminuyó: se extendieron créditos a Nicaragua y Vietnam a través de diversas entidades bancarias europeas subsidiarias del Gosbank (Gosudarstvenny bank SSSR) o Banco Estatal de la URSS, tuvo lugar un golpe de Estado prosoviético en Yemen del Sur, y se proporcionó equipo militar a Angola, así como armamento avanzado a Libia y a Siria. Estos manejos, generalmente, no se vieron bien en Occidente y dejaron de considerarse tan benévolas las actitudes de Gorbachov.

No obstante, entre 1986 y 1989, Gorbachov se propuso superar la desconfianza occidental existente mediante una serie de importantes concesiones unilaterales que, en principio, redujeron considerablemente la capacidad combativa del Ejército soviético y, en consecuencia, la amenaza potencial que la capacidad militar representaba para Occidente. En 1987, Gorbachov firmó el Tratado para la Eliminación de los Misiles de Alcance Intermedio (INF). Al año siguiente, en 1988, anunció la retirada de las fuerzas soviéticas de Afganistán, que se completaría en 1989. Pero lo que acabaría provocando una fuerte impresión fue el discurso ante la Asamblea General de Naciones Unidas en diciembre de 1988. En Nueva York, Gorbachov se comprometió a reducir en quinientos mil hombres los efectivos de las fuerzas terrestres soviéticas, y a retirar de Europa Oriental cincuenta mil hombres, diez mil carros de combate, ocho mil quinientas piezas de artillería y ochocientos aviones de combate. Gorbachov quizás no fue consciente del riesgo que para la estabilidad del Pacto de Varsovia suponía la renuncia al uso de la fuerza y al despliegue de fuerzas soviéticas fuera de las fronteras propias de la URSS. La retirada de Afganistán fue vista en Europa del Este como un signo claro de cambio y de debilidad del sistema. Esto tendría una influencia muy importante y, entre otros aspectos, llevaría al rápido hundimiento del sistema social-comunista en estos países, así como al abandono y disolución del Pacto de Varsovia y del Consejo de Ayuda Mutua (CAME)[218], entre otras instituciones del bloque oriental.

Los servicios británicos, sin embargo, se equivocaron cuando sobreestimaron las capacidades e intenciones de Gorbachov concernientes a la posible retirada de tropas soviéticas de los diversos escenarios, considerando la decisión de defender a ultranza cualquier posible ganancia territorial hecha por la URSS. Pero efectivamente —como Churchill ya predijo—, Rusia era un misterio dentro de un enigma y para empezar yo mismo estaba convencido de que la URSS nunca abandonaría sus conquistas. La realidad es que no conocíamos la mentalidad soviética, ni el pensamiento de Gorbachov, y pienso que seguimos sin conocer ni saber hoy lo que es Rusia.

---

218 El CAME era el equivalente, en alguna forma, de la Comunidad Económica Europea (CEE), pero significativamente más amplio, ya que abarcaba no solo Europa del Este, sino también otros países como Finlandia, México, Cuba, Nicaragua, Angola, Mozambique, Etiopía, Yemen del Sur, Afganistán, Mongolia, Laos y Vietnam. Pese a ser Estados abiertamente capitalistas, países como Finlandia y México también fueron miembros observadores en el CAME.

Sea como fuere, en febrero de 1988 Gorbachov hizo públicas sus intenciones de retirarse finalmente de Afganistán. Para Gran Bretaña —y los servicios británicos—, el tema pasó a asegurarse que el Gobierno que se instalase en Kabul no iba a ser una marioneta de los soviéticos. No nos dábamos cuenta, en Occidente, de que estábamos abriendo la caja de Pandora. Las palabras de Arbatov iban a resultar proféticas. No obstante, la retirada de la URSS de Afganistán marcó un cambio radical en la política exterior soviética y se abrieron numerosas y nuevas posibilidades.

A finales casi de 1988, la reestructuración de Gorbachov entró en nuevos derroteros. Se puede decir sin temor a incurrir en error que el antiguo orden económico había sido desmantelado por completo, pero no había sido sustituido por nada. La ley de empresas estatales que se promulgó ese año fue un completo fracaso al intentar combinar una tímida economía de mercado con un control estatal de precios. A pesar de ello, en 1989, Gorbachov fue elegido presidente de la Unión Soviética —un cargo ejecutivo sin precedentes en la historia de la URSS—, y en 1990 ya, el PCUS y sus órganos de gestión y control fueron separados del Gobierno. El mayor problema, sin embargo, resultaría ser el nacionalismo emergente que demostraría ser una fuerza separatista fatal. Se desencadenaron guerras civiles en el sur de Rusia, los Estados bálticos —Lituania, Letonia, y Estonia— solicitaron su independencia, y Rusia, como república federal ahora, tenía una identidad separada, también ya con un presidente muy particular: Boris Yeltsin.

En política exterior, sin embargo, y al margen de Afganistán, Gorbachov siguió aferrado a los parámetros ya expuestos desde la cumbre de Reikiavik, en 1986, buscando la desnuclearización de Europa, y al mismo tiempo, la separación práctica de Europa Occidental y Estados Unidos. La cuestión para no pocos Gobiernos europeos era la credibilidad de la tradicional amenaza soviética bajo Gorbachov, y la respuesta era obviamente un no en mayúsculas. La conclusión era que ya no había que preocuparse más en términos militares. Gorbachov se hizo inmensamente popular entre los Gobiernos occidentales[219], hasta el punto de que en Italia el primer ministro Andreotti llegó a proponer la

219 En 1990 Gorbachov sería galardonado con el premio Nobel de la Paz.

creación de un nuevo Plan Marshall para ayudar a Rusia, y en Alemania[220] se pasó a dar por terminada la Guerra Fría y a desestimar cualquier posibilidad de una amenaza militar proveniente de la URSS, comenzando, incluso, un cierto desarme inicial de sus fuerzas armadas[221]. En Gran Bretaña, no obstante, la conclusión era que ahora la URSS era capaz de alcanzar sus objetivos mediante una combinación de medidas extraordinarias en el ámbito de los acuerdos de desarme, y cierta presión político-militar en algunos campos. En mi opinión, ambas posturas —la europea y la británica— estaban equivocadas. El oso soviético seguía siendo peligroso[222] —sobre todo por su arsenal nuclear—, pero tampoco había que exagerar su amenaza ni pensar que el mundo se había convertido en Disneylandia. La prescripción ideal hubiera sido la de no bajar la guardia, pero manteniendo a la vez una posición de vigilancia y seguridad en relación con los cambios e intenciones que anunciaba Gorbachov.

Sin embargo, la situación era tal, según se decía en los medios oficiales británicos que yo frecuentaba, que —con excepción de la política exterior y de defensa— la propia Margaret Thatcher había sucumbido al hechizo de Gorbachov tras la visita que realizó en la primavera de 1987 a la URSS. Gorbachov volvería a visitar el Reino Unido en abril de 1989 por segunda vez y sería recibido por la reina Isabel II en esta ocasión. Era la primera vez que un jefe de Estado soviético era recibido en el Palacio de Buckingham. Con ocasión de esta visita, Gorbachov incidió en que la superioridad convencional y numérica soviética no era tal, excepto en carros de combate, campo en el que admitió que el Pacto de Varsovia era superior.

Gorbachov supo causar un impacto decisivo en el plano internacional y en la conducción de la política exterior soviética gracias,

220 El ministro presidente de Baviera, Franz Josef Strauss —un controvertido personaje—, declararía, en una visita a Moscú, en 1988, que la Unión Soviética había dejado de ser una amenaza militar para Europa Occidental.

221 Alemania empezó asimismo a mostrar rechazo a que hubiera armamento nuclear en su territorio y en Dinamarca se anunció un referéndum en torno a prohibir el paso y acceso a las aguas danesas de barcos con material nuclear a bordo.

222 A pesar de las reducciones unilaterales anunciadas por Gorbachov en 1988, la realidad es que la superioridad soviética en fuerzas convencionales continuaba siendo de dos a uno respecto de Occidente. En 1989, durante la visita oficial que realizó al Reino Unido, Gorbachov se permitió advertir a la OTAN de no modernizar sus armas tácticas nucleares.

en parte, a la designación de nuevos responsables en diferentes campos del sistema. Así, tuvo lugar, entre otros, la sustitución del sempiterno ministro de Asuntos Exteriores Andrey Gromyko, llamado Mr. Nyet, por el más moderado Eduard Shevardnadze, y la de Boris Ponomarev, un miembro de la vieja guardia del Politburó, por el hasta entonces embajador en Estados Unidos, Anatoly Dobrynin, más acostumbrado a tratar con el mundo occidental y con la administración norteamericana. Estos nombramientos facilitaron la adopción por Gorbachov de un nuevo pensamiento dirigido a unos intereses universales, en lugar de seguir aferrado a la lucha de clases en el marco de las relaciones internacionales, y también le permitió aplicar el principio de «suficiencia razonable» ya citado, en lo concerniente al gasto militar. Los cambios introducidos por Gorbachov en la política exterior permitieron, en última instancia, la transformación completa del panorama geopolítico de Europa del Este y resultó curioso que no intentara reconducir la situación, incluso cuando el vendaval originado amenazó con engullirlo a él mismo, lo que finalmente ocurrió.

La retirada final de Afganistán, en febrero de 1989, significó que la nueva URSS —bajo Gorbachov—, y contrariamente a todas las predicciones, podía aceptar la pérdida de un miembro de la comunidad marxista-leninista, en determinadas circunstancias. Ello provocó serias consideraciones acerca del proceder de Gorbachov en caso de crisis futuras. Estas se iban a concentrar de forma inmediata en lo que había venido siendo el Imperio soviético de Europa Oriental. En lo militar, como indicó el coronel Lester Grau, del US Army —y compañero en el Curso de Inteligencia en la escuela del DIS en 1984—, la guerra soviética de Afganistán no es sino la crónica de

> [...] cómo una fuerza mecanizada moderna con aplastante superioridad tecnológica acabó enredada en una guerra civil ajena en una topografía imposible. Muestra cómo se llegó a un empate militar y a una derrota política [...] y muestra finalmente la desilusión con el sistema soviético que los veteranos llevaron con ellos de regreso a casa. Su pérdida de fe se extendió al conjunto de la sociedad y resultó un elemento clave en el eventual colapso del Imperio soviético.

Afganistán, en cualquier caso, era considerado desde la óptica británica un problema diferente —bien lo sabían en el Reino Unido y aún estaban vivos los recuerdos de las campañas allí ocurridas en el siglo XIX—, y se estimaba que el ciudadano soviético corriente lo veía como una aventura muy costosa. Los países «aliados» de Europa del Este eran otra cosa, sin embargo, y se veían como la justa recompensa a los sufrimientos experimentados por la URSS durante la Gran Guerra Patria de 1941 a 1945 contra la Alemania nazi. Además, también constituían el glacis de la defensa del territorio soviético en caso de un intento de invasión occidental. Por otra parte, la presencia militar soviética en esos países era vital para la estrategia del Pacto de Varsovia frente a la OTAN, especialmente en el caso de Alemania Oriental, donde se encontraban no menos de trescientos mil soldados soviéticos que constituían el llamado Grupo de Fuerzas Soviéticas en Alemania, una gran unidad altamente mecanizada dotada con los medios acorazados más avanzados, además de con modernas fuerzas aéreas y misiles tácticos nucleares. Desde Gran Bretaña se pensaba que una retirada soviética de Europa del Este era inconcebible y que la URSS nunca la aceptaría.

Sin embargo, en Europa del Este, siempre inconformista por naturaleza con la URSS, las ideas de Gorbachov cayeron en terreno abonado. Polonia y Hungría enseguida lideraron el camino, aunque desde la URSS no se intentó exportar la perestroika. La visita de Gorbachov a la República Federal Alemana en junio de 1989 sería esencial para lo que se avecinaba, especialmente cuando declaró que «todos los países tenían derecho a la autodeterminación y que eran libres para decidir su destino». En septiembre de ese mismo año, en la ONU, en Nueva York, el ministro Shevardnadze diría que «había que respetar las realidades derivadas del fin de la guerra mundial».

Desde Gran Bretaña se observaba todo con precaución y con una actitud ambivalente. Estaba claro que el sistema capitalista occidental había triunfado sobre el sistema soviético, y la actitud de Gorbachov así lo demostraba, pero no se veía con certeza cómo explotar esa situación, ni en Europa del Este ni en la propia URSS. Se deseaba que la reestructuración iniciada triunfase, pero, al mismo tiempo, no se estaba seguro de cómo iba a reaccionar el sistema si la integridad política y territorial de la URSS, y del Pacto de Varsovia, se veían amenazadas[223]. En aquellos días, se llegó a considerar cuál sería la actitud a tomar —teniendo en cuenta a los demás aliados— si los Estados bálticos se sublevasen; sir Colin McCall me dijo con toda claridad que, sintiéndolo mucho, habría que ceder ante la URSS para evitar un mal mayor, como había ocurrido en ocasiones anteriores. La primera ministra, en la visita que realizó a Polonia a finales de 1988, no obstante, había animado a los polacos a proseguir en el camino de la reforma político-económica, ¡con la finalidad de llamar la atención de la «generosidad occidental»!

En Hungría, el Partido Comunista había reemplazado al líder sempiterno, y controvertido, desde la Revolución de 1956, Janos Kadar[224], e incluso se había legalizado una cierta oposición. En suma, en 1989, en Polonia y Hungría existía ya un amplio movimiento hacia la liberalización y la reforma, siguiendo los pasos de lo preconizado por Gorbachov, que, desde Gran Bretaña se aplaudía, al tiempo que surgía la pregunta clave: ¿hasta cuándo va a seguir tolerando la Unión Soviética estas actitudes? El dilema que se presentaba era doble, en primer lugar, cómo mantener a Occidente unido ante la actitud seductora de Gorbachov, y, en segundo lugar, cómo aprovechar las posibilidades que se ofrecían en Europa Oriental sin causar inestabilidad ni provocar la ira del oso ruso. Desde Downing Street se mandaron mensajes tanto al Kremlin como a las autoridades polacas, en el sentido de que era crítico para Occidente que Moscú respetase las reformas en

223 Estas dudas llevaron a crear, en 1991, el Consejo de Cooperación del Atlántico Norte (North Atlantic Cooperation Council/NAAC), directamente bajo la supervisión del secretario general de la OTAN, Manfred Wörner, con la asistencia de mi amigo Chris Donnelly, como asesor especial para Europa del Este, aunque continuaba prestando asesoramiento al primer ministro británico, inicialmente Mrs. Thatcher y luego John Major. El NAAC intentó ser un foro de discusión y cooperación con los países del bloque oriental para estimular la confianza, la estabilidad y disminuir la amenaza militar. En 1994 se transformó en lo que se conoce hoy como PfP o Asociación para la Paz, pero que ha acabado en el actual Consejo Euro-Atlántico (Euro-Atlantic Partnership Council/ EACP). En la primera reunión del NACC, en diciembre de 1991, el representante soviético —Nikolay Afanassievsky— anunció que él representaba ya solo a Rusia puesto que la URSS había dejado de existir. Chris Donnelly me comentó que fue un momento verdaderamente dramático.

224 Janos Kadar, a pesar de su actitud ortodoxa marxista, fue quien inició la liberalización de Hungría hasta el punto de que su país se convirtiese en el más próspero del Pacto de Varsovia.

Polonia para poder seguir creyendo en las buenas intenciones de Gorbachov, pero al mismo tiempo urgiendo al líder polaco Lech Walesa a ser prudente en sus relaciones con la URSS[225], y en última instancia, comunicando a ambos que desde la CEE se revisaría la cuestión de la posible ayuda económica a Polonia.

Muchas veces, en el marco de las relaciones internacionales, los hechos que se observan y llaman la atención en un determinado momento ocultan lo que, en realidad, es más urgente y, a menudo, más peligroso, y así, cuando Hungría y Polonia ocupaban la atención de Occidente, un asunto más importante estalló de repente: Alemania Oriental. Fue algo imprevisto y que, sin temor a equivocarme, ningún servicio occidental había previsto. Durante mi asistencia a la conferencia organizada por la Fundación Hans Seidel, en Tegernsee, al margen de haberse mencionado la existencia de algún movimiento de disidencia, especialmente en el seno de la Iglesia evangélica alemana, nadie avisó de posibles turbulencias graves que pudieran amenazar la existencia misma de la República Democrática.

En mayo de 1988 viajé a Berlín Oriental —con conocimiento del CESID, en Madrid, por supuesto—, aceptando una propuesta del MI-6, sugerida por sir Christopher Curwen, para conocer de cerca la situación y actitudes soviéticas en la Alemania comunista a la luz del programa de reestructuración lanzado por Gorbachov. Realicé el viaje en compañía de John Fisher, del MI-6, y llevamos a cabo una parada previa inicial, tras salir desde Londres en un vuelo regular de British Airways, en Colonia, para visitar el Cuartel General de las Fuerzas Británicas en Alemania (British Army of the Rhine/BAOR) —entonces bajo el mando del general sir Brian Kenny—, en Rheindahlen, donde me recibió mi antiguo profesor y jefe del Curso de Inteligencia en la escuela del DIS, en Ashford, Kent, el coronel Anthony Crawford, quien me ofreció una exhaustiva presentación sobre el Grupo de Fuerzas Soviéticas (GSFG)[226]

225 La declaración formal de Lech Walesa de que Polonia seguiría siendo un miembro leal y comprometido del Pacto de Varsovia ayudó a suavizar la situación.

226 Las tropas soviéticas en Alemania Oriental desplegaban en unas doscientas setenta y seis localidades con instalaciones diseminadas por toda la RDA, aunque la mayoría estaban en la región de Brandenburgo. Estas instalaciones incluían cuarenta y siete aeródromos y ciento dieciséis campos de maniobras. En 1988 había unos trescientos treinta mil soldados soviéticos que constituían veinticuatro divisiones —ocho eran acorazadas con más de cuatro mil carros

en Alemania. En ningún momento surgió el tema de la disidencia en Alemania Oriental ni la posibilidad de disturbios o de la existencia de una oposición organizada activa.

En Rheindahlen permanecimos el tiempo mínimo necesario y continuamos viaje desde Colonia, en avión británico, a Berlín, aterrizando en el aeropuerto de Berlin-Tegel, en el sector de ocupación francés, en un barrio del distrito de Reinickendorf, a unos 10 km del centro de la ciudad. Una cláusula del Acuerdo Cuatripartito de la Potencias Vencedoras de la Segunda Guerra Mundial estipulaba que ninguna línea aérea alemana ni de otro país podía volar desde o hacia Berlín Oeste, y que únicamente aerolíneas estadounidenses, francesas, británicas o soviéticas podían hacerlo. Hoy día el aeropuerto de Tegel ya no existe, por lo que, sin duda, viví historia en el término más estricto de la palabra. En Berlín Oeste nos recibió el jefe de estación del SIS, y nos alojamos en el hotel Am Zoo[227], en la famosa avenida Kurfürstendamm —la Ku'damm—, que era un verdadero icono histórico, en el que habían pernoctado Marlene Dietrich, Thomas Mann, Romy Schneider, Gina Lollobrigida, Grace Kelly, Michael Caine y muchos otros.

El MI-6 tenía su sede en el edificio del Gobierno militar británico en Berlín —en el Olympiastadion—, en el sector asignado a Gran Bretaña al acabar la Segunda Guerra Mundial, que comprendía los distritos de Charlottenburg, Spandau, Tiergarten y Wilmersdorf. El jefe de estación era Alan Charlton, que había ingresado en el servicio en 1978, y había estado destinado anteriormente en Amman. Tanto él como su esposa Judith se volcaron conmigo, y

---

de combate—, más un ejército aéreo. Las fuerzas soviéticas permanentemente destinadas en la RDA tenían como misión primordial contrarrestar el poder militar de la OTAN. Integrado en estas fuerzas destacaba el Tercer Ejército de Choque, integrado por cuatro divisiones acorazadas, cuya misión se estimaba que sería la de llevar a cabo el esfuerzo principal de un hipotético ataque contra la OTAN; uno de sus mandos, el general Valentín Varennikov —que había sido uno de los responsables del planeamiento de la invasión de Afganistán—, era entonces el comandante en jefe de las fuerzas terrestres soviéticas.

227 El hotel Am Zoo fue el escenario de la película *Funeral en Berlín*, protagonizada por el actor Michael Caine, que encarnaba al agente del MI-6 Harry Palmer, en una trama con los servicios secretos soviéticos y germano-orientales. Me pareció fascinante estar allí, y mis amigos británicos disfrutaron mucho viendo mis reacciones. Hoy, el hotel como tal ya no existe —hoy se llama hotel Zoo Berlin— y ha sido completamente renovado.

me atendieron de forma insuperable. Para nuestros desplazamientos pusieron a nuestra disposición un vehículo oficial con chófer del Gobierno militar, con el que entramos a Berlín Oriental a través del Checkpoint Charlie, en el sector americano, que era el único punto por donde se permitía el paso —en ambos sentidos—, a los miembros de las potencias vencedoras, y sin decir palabra yo fui incluido como un integrante más de una supuesta delegación británica que cruzaba al sector soviético. En la sede del Gobierno militar conocí, por otra parte, al teniente coronel, escritor e historiador, Tony Le Tisier, de la Real Policía Militar británica, que había sido hasta 1987 gobernador de la prisión militar de Spandau, en donde había cumplido condena, entre otros, Rudolf Hess, y que me dedicó su libro sobre la batalla de Berlín en 1945.

En Berlín Oriental hicimos un recorrido turístico para despistar a los posibles seguidores que teníamos, visitando el Museo Pergamon y el relevo de la guardia en el monumento dedicado a las victimas del fascismo y del militarismo, en la llamada Neue Wache[228], sobre la avenida Unter Der Linden, donde montaba una guardia de honor el Regimiento Friedrich Engels del Ejército Popular alemán (National Volksarmee/NVA). Tras dar varias vueltas en coche por la ciudad, y cuando nuestros seguidores consideraron que no éramos de interés, nos dirigimos andando al punto de encuentro convenido para tener una reunión clandestina con representantes de la Iglesia evangélica alemana que estaban constituyendo una —me pareció tímida— oposición al régimen comunista. En un momento determinado fuimos detenidos brevemente por una patrulla de soldados soviéticos armados, no alemanes orientales, que fue algo que nos sorprendió y que no era habitual ya en esa época en la que el Ejército soviético de ocupación mantenía una actitud discreta, pero salimos airosos del encuentro gracias a nuestra documentación diplomática.

La oposición al régimen comunista en Alemania Oriental se había hecho más consistente y crecido en importancia a principios de la década de los ochenta, surgiendo, al mismo tiempo, un

228 Originalmente un cuartel de las tropas del príncipe de Prusia, la Neue Wache, fue un monumento a las víctimas del fascismo durante la existencia de la Alemania del Este. Actualmente es un monumento recordatorio a las «víctimas de guerra y dictadura».

movimiento por la paz en ambas Alemanias, que no solo fomentaba el pacifismo, sino que se oponía también al régimen de la RDA. La consecuencia fue que el Gobierno intensificó la militarización de la sociedad, y en las escuelas, colegios y universidades se educaba a los jóvenes en la vigilancia de actitudes «antisociales» y se les motivaba respecto de una posible guerra con las potencias occidentales. El movimiento pacifista incorporó pronto a la Iglesia protestante, a los partidos ecológicos y a los grupos antinucleares. Ello fue creando una atmósfera social que desembocó en la Revolución Pacífica de 1989. Pero en 1988 esta situación no era tan patente ni clara. El movimiento generado en el seno de la Iglesia protestante era similar a algunos de los movimientos generados en Europa Occidental y ejerció una influencia importante en la ideología de la oposición política que se fue generando, en alguna línea similar a lo que sucedía con la Iglesia católica en Polonia. En el marco de la Iglesia evangélica alemana, muchos se desilusionaron pronto con el rechazo del Gobierno a adoptar el programa de reestructuración aplicado en la URSS por Gorbachov, y la Iglesia se decantó positivamente en apoyo del creciente movimiento de liberalización que pedía la sociedad. La Iglesia, sin embargo, proponía una política de «pequeños pasos» y de «diplomacia secreta», mientras que los grupos políticos preferían la confrontación abierta y publica, y actividades no convencionales. En cualquier caso, en 1988 iba siendo evidente que, a menos que surgiera un levantamiento «democrático» generalizado, nada iba a suceder. El contacto que tuvimos con unos de los líderes del movimiento acaudillado por la Iglesia iba en la línea de aconsejarles prudencia —en el marco de la «diplomacia secreta»—, y esperar a ver qué ocurría en Polonia y Hungría. Mi presencia allí obedecía, indudablemente, a la imagen favorable que los servicios británicos querían que yo proyectase de ellos en España. Naturalmente, informé al CESID, pero no facilité ni nombres ni lugares relativos al tema ni tampoco me lo preguntaron. Una vez más tuve la impresión de que en Madrid no sabían muy bien qué hacer con la información proporcionada, y en tanto en cuanto nada de relieve surgió en la República Democrática Alemana de forma inmediata, no hubo más que comentar. A mi regreso a Londres seguí con mi práctica habitual. Había sido una experiencia muy interesante que agradecí a mis colegas británicos.

Las conclusiones tras el viaje no son difíciles de adivinar, pero quizás sean contrarias a lo que el lector pueda esperar. La realidad era que, independientemente de un descontento creciente en todo el bloque oriental, los analistas, en el caso concreto de Alemania del Este, no presagiaban ningún cambio inminente. Obviamente, al igual que en el caso de Afganistán, sobreestimaron la voluntad soviética de aferrarse al territorio poseído o controlado. El sistema de seguridad y la capacidad militar de la República Democrática nos parecían a muchos, yo mismo incluido, formidables y la supresión de los disidentes al estilo de lo que ocurrió más tarde en la plaza de Tiananmén, en Pekín, era más que posible. Por otra parte, Alemania Oriental era esencial para la seguridad y defensa del Pacto de Varsovia y del sistema soviético; no creíamos ninguno que la URSS la abandonase así como así. Existían incluso razones sentimentales y, digámoslo así, hasta patrióticas para no hacerlo y más de veinte millones de víctimas que lo justificaban.

Sin embargo, el colapso de todo Europa del Este empezó en Alemania del Este y no en ningún otro lugar. Durante agosto y septiembre de 1989, más de cuarenta mil ciudadanos de la República Democrática lograron huir a Occidente, pasando a Austria —que no era miembro de la OTAN—, a través de Hungría en donde los controles para cruzar la frontera se habían relajado considerablemente. Cuando las autoridades comunistas en Alemania se dieron cuenta, y se prohibió viajar a Hungría, el problema se trasladó a Checoslovaquia, y muchos emigrantes solicitaron asilo político en la Embajada de Alemania Occidental en Praga. El éxodo que había comenzado puso sobre la mesa la cuestión de la legitimidad de la existencia como nación de Alemania del Este y reavivó las demandas de reforma política. Nuestra sorpresa, en los servicios de inteligencia —especialmente en Gran Bretaña—, era mayúscula, pero creo que muchos rusos, y otros de las diversas nacionalidades que componían la URSS, también se sorprendieron.

Durante el mes de octubre se produjeron manifestaciones generalizadas en Alemania Oriental, especialmente en la zona de Leipzig. El 7 de octubre prácticamente quedó sellada la suerte de la RDA cuando Gorbachov en una visita oficial que hizo —para conmemorar el 40.º aniversario de la fundación del régimen germano-oriental— manifestó, sin equívocos, que la URSS no apoyaría al Gobierno comunista de Erich Honecker si el Gobierno se manifestaba contrario a aplicar las reformas que solicitaba la sociedad. En Helsinki, a fin de mes, Gorbachov expuso que «no tenía ningún derecho, ni moral, ni político para intervenir en los acontecimientos de Europa del Este», algo impensable tan solo unos años atrás. La suerte estaba echada. Cuando llegó fin de año, en 1989 no quedaba ya en pie ningún país comunista en la Europa del Este tradicional.

La caída del comunismo en la RDA estuvo íntimamente ligada a la caída del Muro de Berlín. Eso ocurrió el 9 de noviembre de 1989, y ese día, casualmente, al caer la tarde, me encontraba en la sede oficial del MI-5, en Curzon Street, en Mayfair, asistiendo a una celebración organizada por nuestros anfitriones británicos para dar a entender de manera formal las excelentes relaciones del servicio con los correspondientes servicios aliados. Allí estaban presentes, además de los socios habituales de la Commonwealth y de Estados Unidos, representantes del BND alemán, de la DGSE francesa, y de los servicios italianos, entre otros. La reunión acabó transformándose en una celebración increíble de lo que se consideró la victoria indiscutible de Occidente sobre el bloque oriental. Ello, sin embargo, no debemos interpretarlo como una muestra de unidad por parte de los aliados occidentales y alguien incluso entonó varios versos de *Hellas*, un drama lírico en el que se ensalzaba la independencia de Grecia, del poeta romántico británico Shelley —conocido por sus ideas liberales y republicanas, contrarias a la aristocracia—, celebrando ya la disolución del Pacto de Varsovia.

Aún hoy día sigue siendo un misterio, para todos los que estudiamos y tratamos de entender el misterio que es Rusia, la conducta de Gorbachov en todo lo que ocurrió en Europa del Este y en la propia URSS. Sin duda podía haber invocado la doctrina Brezhnev y suprimir con mano dura cualquier intento de disensión, pero eso era ya inviable, comprometido como estaba con todo el proceso de liberalización en la propia URSS. La actitud de Gorbachov estuvo, sin duda, totalmente impregnada de idealismo, pero, en retrospectiva, fue un idealismo arropado en un error de cálculo brutal que lo llevó a estimar equivocadamente que una Europa Oriental más liberal y autónoma seguiría siendo socialcomunista y fiel a la URSS. Es obvio que Gorbachov desconocía la historia europea. Cuando se dio cuenta de su error era ya demasiado tarde.

Ni siquiera alguien como Oleg Gordievsky, coronel del KGB ya mencionado que desertó en 1985, pudo entreverlo. Para Gordievsky todo fue un enorme despropósito y algo que no le salió bien a la Nomenklatura. En su opinión, Gorbachov era un *apparátchik* más y no muy inteligente ni culto. En Moscú, siempre según Gordievsky, inicialmente lo vieron como un provinciano que ni siquiera dominaba bien el ruso culto de la élite moscovita. La gran contradicción estaba en que mientras en Occidente se veía a Gorbachov como a un héroe, en la URSS se le consideraba responsable de un desastre geopolítico sin paliativos, y de unos cambios que, al final, eran solo fruto sobrevenido de la casualidad y no de una planificación detallada. Gordievsky insistía en que Gorbachov solo había querido que el sistema funcionase y no que se derrumbase.

Conocí a Gordievsky personalmente a mediados de 1987. Fue una entrevista en un hotel de la cadena Holiday Inn, en Croydon[229] —cerca de Londres—, en la que estuvo presente mi amigo, ya casi inseparable, John Fisher. Gordievsky no dominaba bien el inglés, y ni John ni yo hablábamos ruso, pero logramos entendernos sin mucha dificultad. Gordievsky me hizo preguntas en relación con el PCE y su actividad en España, a lo que respondí diciéndole que en 1987 era minoritario, y no tenía mucha influencia ya. Sin embargo, él me dijo que no debíamos subestimar la capacidad del KGB ya que si un partido comunista no tenía influencia real, se utilizaban otros cauces, como podía ser el PSOE o incluso partidos de derecha y, especialmente, personajes que simpatizasen con los movimientos no alineados, pacifistas o ecológicos. Gordievsky identificó ante John Fisher y yo mismo al hasta hacía poco alcalde de Madrid, Enrique Tierno Galván[230], y a Ramón Tamames, como colabo-

229 Croydon es un municipio donde estaba el aeropuerto principal de Londres antes de la Segunda Guerra Mundial y un lugar que yo conocía bien dado mi interés por la historia, y, en particular, por la batalla de Inglaterra, ya que había sido una de las bases principales del Mando de Caza británico en 1940. Fue muy castigado y sufrió graves daños agravados en 1944, por ataques de bombas volantes V-1 y V-2.

230 Enrique Tierno, como alcalde de Madrid, logró la «proeza» de hermanar a Madrid con Moscú.

radores comprometidos del KGB, y advertía como muy posible que, a través de ellos, el KGB hubiera creado una red de agentes al servicio de Moscú. Me explicó el funcionamiento de las redes de «agentes durmientes», algo con lo que yo estaba familiarizado tras mis propias investigaciones sobre el KGB y los servicios de inteligencia de los países comunistas, y a tenor de lo que, hoy en retrospectiva, podría ser que exista algún núcleo que todavía pueda colaborar con la Rusia de Putin, y que haya sustituido la ideología comunista por otros principios de lealtad a la Madre Rusia, aunque reconozco no tener fundamentos en los que basarme. No hablamos para nada de las actitudes del presidente Felipe González. Después de esta entrevista y de informar personalmente sobre ella en el viaje que realicé a Madrid, convencí a Gordievsky de viajar a España y exponer sus ideas y conocimientos directamente al general Alonso Manglano, así como de intercambiar ideas con los analistas encargados del seguimiento de la situación en la URSS y con los especialistas en contrainteligencia. El MI-6 estuvo de acuerdo en que esa visita tuviera lugar.

Tengo entendido que Gordievsky realizó el viaje a Madrid en algún momento de 1988, acompañado por Simon Butler-Madden, y algún oficial más del SIS, en avión militar británico que pudo aterrizar en la base aérea de Getafe, al sur de Madrid, y se entrevistó con oficiales de la División de Contrainteligencia española que sí hablaban ruso, y con el general Alonso Manglano. No tuvo ningún contacto con el Ministerio del Interior español. A su regreso me dijo que había sido muy bien tratado, pero que no parecía haber impresionado a las autoridades españolas y que no había sido recibido por nadie del Gobierno, en contraste, no ya con el Reino Unido en donde había asesorado a Mrs. Thatcher directamente, sino con otros países, especialmente Francia, Alemania Federal y Estados Unidos, país este último en donde le había recibido el propio presidente Reagan en 1987[231].

231 En 2008 —veintitrés años después de haber dejado la URSS—, parece que hubo un intento de envenenar a Gordievsky con talio, aunque se consiguió detectar a tiempo, y quedó fuera de peligro treinta y seis horas más tarde, según supe. Mi amiga Eliza Manningham-Buller, aunque entonces no era ya directora del MI-5, logró que se abriese una investigación sobre el asunto.

Sobre España, en concreto, Gordievsky me dijo que —independientemente de los aspectos históricos, culturales y sociales que eran muy reconocidos en la Rusia tradicional[232]— los españoles éramos muy inocentes y no nos dábamos cuenta del interés soviético en España. España era un objetivo de interés para la Unión Soviética por tres razones de carácter estratégico: en primer lugar, era un país miembro de la OTAN; en segundo lugar, en el suelo español había bases e instalaciones norteamericanas —una de ellas con armas nucleares—, y una importante base aeronaval británica en Gibraltar, y, por último, España controlaba el acceso al Mediterráneo occidental desde el océano Atlántico. Gordievsky no había estado relacionado con las actividades del KGB en España, pero afirmó que la actividad soviética ilegal no era algo que debiéramos menospreciar. Surgirían novedades de interés en este campo, como expongo más adelante.

Gordievsky contribuyó notablemente a la defensa y seguridad occidental. Especialmente, y utilizando sus propias palabras, ayudó en el conocimiento del pensamiento político, militar y estratégico del Kremlin, sobre todo en lo relativo a la política sobre control de armamentos y desarme, así como en lo referente a actitudes respecto de la OTAN. Igualmente, su asistencia en todo lo que tenía que ver con el sistema operativo del KGB y del GRU, que incluía no solo procedimientos sino despliegue, identificación de agentes y *modus operandi* de los llamados «agentes ilegales», no solo fue esencial para conocer las actividades de los servicios soviéticos, y de Europa del Este, en Occidente, sino que ayuda hoy a detectar posibles operaciones de los servicios rusos FSB y SVR, herederos del KGB, que aplican los mismos procedimientos.

232 Cervantes y *Don Quijote de la Mancha* se ganaron la admiración de los grandes padres de la literatura rusa del siglo XIX, desde Pushkin a Tolstói, Dostoyevski o Turgueniev. De entre todas las obras de autores extranjeros, quizás sea la novela de Cervantes la más conocida en Rusia. Gordievsky me comentó que era una obra autorizada y recomendada por el PCUS, presentando a don Quijote como adalid de la clase obrera en la lucha contra el feudalismo —es decir, capitalismo—, en la Edad Media moderna. Yo mismo sorprendí, por otra parte, a Gordievsky con mis conocimientos de la literatura y poesía rusa, que siempre me había atraído. Al mencionarle a la poetisa rusa Anna Akhmatova, Gordievsky me indicó que un signo de que algo estaba cambiando en la URSS era que se hubieran publicado finalmente sus obras en Rusia.

La información de carácter militar que proporcionó Gordievsky fue igualmente relevante y permitió tener una idea más correcta de la capacidad real de las fuerzas soviéticas, descubriendo que no todas las divisiones soviéticas, y de sus aliados, tenían el mismo grado de operatividad —como era característico en la URSS, se trataba más de cantidad que de calidad—, y que, además, presentaban serias carencias y deficiencias en numerosos casos, especialmente en el plano logístico y de adiestramiento. Gracias a Gordievsky, en Occidente se pudo rebajar el grado de alarma existente y no aumentar excesivamente el gasto militar. Todo indicaba que el oso soviético no tenía bien afiladas sus garras, como los hechos en Ucrania vienen probando, y que, además, se pudo observar en Afganistán por los observadores más avezados. Sin embargo, muchos no nos dimos cuenta y sobre el papel —amén de los desfiles en la plaza Roja—, las fuerzas soviéticas y del Pacto de Varsovia tenían un aspecto formidable.

El último aspecto en el que la ayuda de Gordievsky fue de gran importancia fue el conocimiento de la psicología y pensamiento ruso, que no soviético, ya que Rusia guiaba el pensamiento de la URSS. Muchos seguimos pensando que aún no comprendemos suficientemente el alma rusa. El conocimiento de cómo era el proceso de razonamiento habitual en el KGB, cómo se pensaba, cómo se hablaba y cómo se actuaba en los diversos estamentos, ya fuera en las estaciones soviéticas ubicadas en sedes diplomáticas en el exterior, o en la sede central en Moscú, y cómo funcionaba la burocracia soviética y se interconectaban los diferentes departamentos resultó de gran utilidad para los servicios británicos.

El derrumbamiento de la Europa del Este no fue fácil, por otra parte, y el caso de la que había sido hasta ese momento el aliado más comprometido entre todos los integrantes del Pacto de Varsovia, Alemania Oriental, se tornó muy complicado y solo se resolvió con grandes dosis de diplomacia y de cesiones en aras del beneficio mayor que se esperaba tras el hecho. Pasado el primer momento de euforia tras la caída del Muro de Berlín, la actitud oficial del Reino Unido hacia la reunificación alemana resultó incluso controvertida. El prestigioso *The Times* publicó, incluso, una columna de opinión en la que se venía a decir que «nos gusta tanto Alemania que no queremos que haya solo dos sino cuatro»[233], dando a entender que veían con preocupación el resurgir de una nueva Alemania que, sin duda, iba a volver a ser un gigante económico e industrial en Europa Occidental. La situación llevó a que se organizase un foro de negociación internacional que se tradujo en las conversaciones Dos más Cuatro, constituidas por las dos Alemanias y por las cuatro potencias vencedoras: Estados Unidos, el Reino Unido, Unión Soviética y Francia, con objeto de definir las condiciones, plazos y términos para que la reunificación tuviera lugar en la forma que resultase más satisfactoria para la comunidad internacional. En ese foro se habló de un plazo de unos cuatro o cinco años, pero al final se hizo todo mucho más deprisa.

Mrs. Thatcher, ciertamente, no saltaba de júbilo ante la inminente reunificación y consideraba prudente un plazo de entre diez y quince años para llevar a cabo el proceso de forma racional y sin apresuramientos. Pero eso no era realista y, a pesar de las advertencias y asesoramiento que recibía tanto del Foreign Office como del MI-6 y del DIS, no quería escuchar. Para ella era una ironía el hecho de que, tras dos guerras mundiales y un esfuerzo tremendo de Gran Bretaña —que había costado miles de vidas—, de nuevo una vez más, Alemania resurgía otra vez y estaba claro que iba a ser la potencia dominante en Europa, al menos desde el punto de vista económico[234]. Aparentemente Mrs. Thatcher no estaba sola en estos razonamientos, y también el presidente francés Mitterrand se expresó de forma similar, pero, sin embargo, nada salió a la luz pública. Cuando Estados Unidos decidió impulsar el asunto se acabaron las dudas y, al final, la reunificación se llevó a cabo en prácticamente un año. Y, además, logrando que la antigua Alemania Oriental formase parte de la OTAN, sin diferenciarse de la República Federal ya en nada, integradas las dos en una sola y única

233 En realidad, esta frase la había acuñado el escritor francés Francois Mauriac cuando dijo que le «encantaba tanto Alemania que estaba muy contento de que hubiera dos». *Le Temps d'un regard* (1978), Jacques Chancel.

234 En aquellos días mantuve una reunión con el jefe del servicio de inteligencia alemán BND en Londres, Hans Jochen Kretschmann —algo muy habitual ya que habíamos establecido una buena amistad desde hacía tiempo—, y con toda claridad me dijo: «Antonio, esta vez lo vamos a hacer, y sin tanques ni aviones». Estaba bien claro lo que iban a hacer, y eso era lo que temía precisamente Mrs. Thatcher: convertirse en la potencia dominante en Europa.

Alemania. Las Fuerzas Armadas alemanas[235] —la Bundeswehr— se extendieron hasta el este, llegando a la frontera con Polonia. Un nuevo frente se había abierto en Europa con el problema que iba a suponer el coste de la reunificación y su impacto en las economías de las diversas naciones que entonces componían la CEE. En mi opinión, ahí y entonces, surgieron las primeras semillas del Brexit que brotaría ya en el siglo XXI.

Tanto desde el punto de vista militar como político, los acontecimientos de 1989 habían transformado por completo el escenario europeo. Sin embargo, los ejércitos soviéticos, aunque en retirada, todavía permanecerían en sus zonas habituales hasta 1991. En los medios que yo frecuentaba de la inteligencia y la defensa británicas, se consideraba que Gorbachov no sobreviviría a los cambios tan radicales y dramáticos que estaban teniendo lugar, por lo que Europa Occidental iba a necesitar una defensa coherente y eficaz ante la posibilidad de que Gorbachov fuera sustituido por un Gobierno radical que quisiera dar marcha atrás en todo lo que había tenido lugar, sustentada por un compromiso y presencia norteamericanos con el apoyo de armas nucleares. Así de claro. Esto significaba que la Unión Soviética, o lo que hubiera en su lugar, iba a seguir siendo la principal amenaza para Europa. Sin embargo, nos diéramos cuenta o no, estábamos en un mundo nuevo y no precisamente de color de rosa.

El final de la URSS se precipitó también de un modo inaudito. El primer indicador fue la situación económica ya fuera de control, y sin un sistema que lo pudiese atajar. A continuación, vinieron unos cambios políticos que ya dejaban fuera de lugar al hasta ahora poderoso PCUS[236], y esos cambios actuarían contra el propio Gorbachov. Para rematar la situación estalló una crisis de separa-

235 La Bundeswehr pasó a hacerse, de repente, con todo el arsenal del Ejército Popular alemán, incluyendo los carros T-72, vehículos acorazados BMP, aviones de combate MiG-29, y misiles FROG y SCUD, que, sorprendentemente, los soviéticos rechazaron y no quisieron llevarse con ellos en su retirada. El conocimiento que ello aportó sobre la tecnología y la capacidad industrial militar soviética resultó de gran valor para la defensa occidental. Algo similar sucedió con los demás países del Este, que acabarían, además, siendo todos miembros de la OTAN.

236 El eminente sovietólogo George Kennan advirtió en su momento que la desaparición del PCUS entrañaría el desmembramiento de la URSS. En febrero de 1991 escribió una columna en *The Washington Post* expresando sus dudas de que la URSS pudiera ser gobernada sin el PCUS.

tismo y nacionalidades en todo lo que había venido siendo la URSS: Georgia, Moldavia (antiguo territorio rumano), Ucrania occidental y Armenia, sin olvidar los tres Estados bálticos, anexionados por la fuerza en 1940.

En la cumbre del G7 en julio de 1990, en Houston, con el aval de Alemania y Francia, Gorbachov presentó una petición de ayuda económica del orden de sesenta mil millones de dólares, ante la que Margaret Thatcher adoptó una postura reticente, siendo apoyada esta vez por el presidente norteamericano George H. W. Bush —que había sustituido a Ronald Reagan—, entre otras razones porque no estaba claro cómo se iban a usar esos hipotéticos fondos. Gorbachov se tuvo que conformar con unos estudios de la situación económica de la URSS como preludio de un hipotético préstamo. Sin duda, fue una respuesta negativa, pero la única posible.

La situación de los nacionalismos y actitudes separatistas de las todavía repúblicas soviéticas sería lo que llevó finalmente a la Unión Soviética al colapso. Los servicios británicos venían avisando y cuando ocurrió en agosto de 1991, yo ya había dejado el Reino Unido y me encontraba en mi nuevo destino: Bruselas, lidiando con otros temas. Habían sido cinco años de mi vida en un país del que guardo un recuerdo imborrable y que no tenía nada que ver con la imagen-tópico de «pérfida Albión», tan extendida en España. Aunque ya no tenía contacto oficial con los servicios británicos, supe que el Comité Conjunto de Inteligencia había creado, ya después del verano de 1990, un centro especial de seguimiento de la situación en la URSS. Ignoro si mi sucesor al frente de la oficina que yo había creado supo mantener el contacto con los servicios británicos y, consecuentemente, pudo informar adecuadamente a la central del CESID en Madrid de cómo se veían los acontecimientos en la URSS desde el punto de vista británico, pero tengo dudas razonables de que informase de nada.

En noviembre de 1990 Margaret Thatcher cesó como primera ministra a consecuencia de una especie de motín desde dentro del propio Partido Conservador, y fue sustituida por John Major. Gorbachov también desapareció de la escena política y la antigua URSS entró en una especie de caos que acabaría llevándonos adonde estamos hoy, con un nuevo dictador instalado en Moscú.

En aproximadamente un año el panorama geopolítico mundial había dado un vuelco de ciento ochenta grados. Nada iba a ser igual y eso no significaba que fuera a ser mejor.

Naturalmente, mientras todo esto ocurría, España iba a su ritmo, preocupado ahora el Gobierno en afianzar su sistema, que pronto empezó a parecerse a un Gobierno de partido único dada la ausencia de una oposición efectiva, casi como en la actualidad. Yo no recibía peticiones de información con sustancia y las relaciones con los servicios británicos seguían su ritmo. En este periodo conseguí convencer al general Alonso Manglano de venir a Londres y tener reuniones con sus homólogos. Visitó Londres en dos ocasiones; lo relato más adelante.

Dada su decisión de participar en todas las organizaciones defensivas occidentales, España solicitó ingresar en la Unión Europea Occidental (UEO) y fue admitida, junto con Portugal, en 1988. Esta organización internacional, para la defensa y seguridad, creada originariamente por Francia, Bélgica, el Reino Unido, Luxemburgo, y Holanda, se creó en un principio para asistir a cualquiera de sus integrantes en caso de recibir una agresión, pero la OTAN impediría *de facto* que la UEO actuara de forma independiente, quedando relegada realmente a un segundo término. España se comprometía, no obstante, a defender a sus socios de la UEO que se vieran atacados en sus fronteras, tal y como se contemplaba en la Plataforma sobre los Intereses Europeos en Materia de Seguridad, aprobada en La Haya en 1987. Fue uno de los puntos más difíciles de las negociaciones. La iniciativa la tomó el Gobierno socialista de Felipe González que en el denominado Decálogo sobre Política de Paz y Seguridad —presentado en el debate sobre el estado de la nación celebrado entre los días 23 y 25 de octubre de 1984— mostraba la voluntad de España de formar parte de la UEO, considerando esta perspectiva totalmente compatible con la política exterior que se pretendía llevar a cabo.

La UEO era una pura estructura civil, no obstante, por el artículo 5 de su tratado fundacional, la UEO era una alianza jurídicamente más vinculante que la OTAN, si cabe, y que implicaba un mayor grado de automatismo de la respuesta en caso de ataque contra uno de los miembros. Por ello, la aportación española en medios convencionales a la defensa común era complicada y obligaba a que la reestructuración de las Fuerzas Armadas, según los diversos planes (Meta, Norte, etc.), debería haberse hecho de modo a coordinar el esfuerzo con sus socios y aliados, en vez de contemplar una defensa basada exclusivamente en la protección de las fronteras españolas.

Manglano con los generales Veguillas y Ramón Porgueres (de uniforme).

Tras la firma de la adhesión, los ministros españoles —Francisco Fernández Ordóñez, de Asuntos Exteriores, y Narcís Serra, de Defensa— serían admitidos como «observadores activos». España participaría en todas las reuniones en estas condiciones hasta la ratificación de la adhesión por los nueve. Cobraba así más importancia la Embajada en Gran Bretaña, ya que eran los embajadores ante el Gobierno británico —al estar ubicada la sede de la UEO en Londres— los que formaban el Comité Permanente. Ello, a su vez, me otorgaba una cierta función de representación ante la UEO y así lo hice entre 1988 y 1990, entablando una buena relación directa con el nuevo secretario general Wim van Eekelen. Curiosamente, el embajador Puig de la Bellacasa no ejerció como representante permanente en ningún momento, como le correspondía; por parte del Ministerio de Asuntos Exteriores llegó un diplomático, Fernando de la Serna, que se hizo cargo, con mayor o menor gana, de los asuntos relativos a la organización.

El organismo que más se interesó, pero que apenas participó, dado que el peso de las negociaciones corrió a cargo del Ministerio de Asuntos Exteriores, fue la Dirección General de Política de Defensa (DIGENPOL), del Ministerio de Defensa, entonces bajo el mando del teniente general Veguillas. En dos ocasiones me crucé en su camino, y en ninguna de ellas obtuve una impresión agradable ni digna de respeto. La primera sucedió con motivo de una visita oficial que, como alumno del Curso de Arma Acorazada en Estados Unidos, siendo capitán, hice en Washington en 1978. El entonces teniente coronel Veguillas era el agregado militar en la Embajada de España en Washington y, aprovechando un momento libre, acudí a su despacho con el propósito simple de presentarme militarmente y ponerme a su disposición, indicándoseme una vez en su despacho que no le apetecía recibir a nadie, y menos a un simple capitán ¡qué estaba haciendo un curso y se había desplazado más de 2000 km, para, aprovechando el viaje —pecado imperdonable—, presentarse a su superior! Ese era Veguillas.

Posteriormente, diez años después, estando en Londres, en 1988, volvería a tener un encuentro con él. Fue a requerimiento del propio general Veguillas, con ocasión de un viaje oficial que hizo para entrevistarse con autoridades del Ministerio de Defensa británico, en Whitehall, para tratar aspectos relativos a la UEO. Veguillas planteó una reunión conmigo, para conocer mis opiniones y quizás encomendarme alguna tarea, aunque yo no tuviera dependencia de él, o al menos eso pensé. Mi sorpresa fue mayúscula cuando, sin ambages, me propuso colaborar con él directamente, eso sí, sin informar a mis superiores, y mucho menos al general Alonso Manglano ni al embajador[237]. Naturalmente le dije que no entendía sus propósitos, ni podía acceder a lo que me pedía sin que esa situación se regularizase de alguna forma. Yo no le ponía dificultades para verle, reunirme con él o con el personal de su Dirección General, e incluso asesorarle y darle mi parecer, pero con conocimiento de mis superiores. Veguillas, con su mejor estilo despótico, dio por terminada la reunión de forma abrupta, y hasta violenta, deseándome «suerte en mi carrera»; creo que pocas veces en mi vida me he sentido más incómodo. Asesorado prudentemente

237 Según he podido saber, por otros oficiales, Veguillas acostumbraba a hacer tales propuestas a oficiales que estaban destinados en el extranjero, pero no dependían de él. Da la impresión de que intentaba crear una red que trabajase en su exclusivo beneficio. Naturalmente, se ignora cuántos actuaron de la misma forma en que yo lo hice, ni cuántos obedecieron sus consignas, pero doy fe de que al menos otro oficial actuó de la misma forma.

por el agregado militar, coronel Juan Peñaranda, quien había sido testigo de la conversación, informé oficialmente al general Alonso Manglano de lo ocurrido. Días más tarde simplemente se me dijo que el incidente no iba a tener trascendencia, que lo olvidase, y que lo considerase como un ejemplo de lo que no se debe hacer, pero nada más. No volví a oír hablar de Veguillas; murió asesinado por ETA en 1994 en Madrid.

Las negociaciones para la adhesión a la UEO fueron curiosas, no obstante. En primer lugar, destaco la composición del equipo de diplomáticos que intervinieron en las mismas: Fernando de la Serna, Carlos Miranda, y Carlos Alonso Zaldívar. Fernando era el más joven, pero había estado destinado antes en la representación diplomática española en la OTAN, donde yo le conocí en 1983, y se podía decir que era quien tenía más experiencia en temas de política de seguridad. Carlos Miranda y Elio, conde de Casamiranda —el Conde Rojo—, era un perfecto inepto afiliado al PSOE, cuya única experiencia en defensa y seguridad era la de haber estado en el Gabinete de Narcís Serra como asesor para asuntos internacionales, a consecuencia de haber sido cesado en Asuntos Exteriores por haber incurrido en una metedura de pata colosal[238] que afectó a la presidencia del Gobierno y a la Casa Real; posteriormente sería nombrado representante permanente de España en la OTAN y tendría que tratar oficialmente con él. Por último, Carlos Alonso

238 El diplomático Carlos Miranda y Elio, conde de Casamiranda, fue cesado a final de mayo de 1983 de su cargo de director general de Política Exterior para Iberoamérica, al haber asumido la responsabilidad de un discurso del rey en Brasil que contenía párrafos textuales de unas declaraciones de Felipe González a un periódico extranjero, y, consecuentemente, fue nombrado asesor para temas internacionales del ministro de Defensa, Narcís Serra. El discurso preparado para el rey para su intervención ante el Congreso brasileño, con ocasión de la visita real a dicho país en mayo de 1983, contenía ocho párrafos sobre la proyección americana de España que estaban copiados de unas declaraciones efectuadas dos semanas antes de esa fecha por el presidente del Gobierno al diario *Le Monde Diplomatique*. Carlos Miranda presentó la dimisión al entonces ministro Morán después de que este ordenara la apertura de una investigación sobre el responsable de la autoría del discurso real, diez días después de descubrirse la coincidencia de textos. La dimisión y cese de su puesto de director general se aceptó inmediatamente. Su esposa, Odette Suárez de Puga, era secretaria particular de la esposa de Felipe González, Carmen Romero. *El País*, Editorial, 13 de septiembre de 1983. Recuerdo haber oído comentarios al respecto en el Ministerio y naturalmente, el Sr. Miranda no salía muy bien parado.

Zaldívar era miembro de número del PCE y próximo al comité central del partido; posteriormente sería nombrado embajador en Cuba[239]. Y con estos mimbres hubo que hacer el cesto.

La mayor sorpresa para mí vino precisamente el día de la firma de la adhesión formal y oficial de España a la UEO, el 14 de noviembre de 1988. Sucedió que el día 13 a mediodía llegué a Londres para el acto el ministro de Asuntos Exteriores, Francisco Fernández Ordóñez, y, por esas casualidades que ocurren cuando no deben ocurrir, el embajador me solicitó que fuera yo a recibirle; aparentemente no había ningún diplomático en la Embajada que pudiera hacerlo, y el embajador —que como ya he citado en algún momento consideraba que él no representaba al Gobierno sino a la Casa Real ante la Casa Real británica— tampoco podía recibir al ministro. Curiosamente, el ministro de Defensa, Narcís Serra, no hizo acto de presencia tampoco. Fernández Ordóñez era una persona sencilla de trato y nada estirado, por lo que no hizo ningún gesto de extrañeza ante la ausencia de un recibimiento de mayor altura que el que yo podía darle, y me trató jovialmente y con amabilidad. Su equipo —de la Serna, Carlos Miranda y Alonso Zaldívar— ya había llegado un par de días antes por lo que vino solo sin ningún séquito y en vuelo regular de Iberia. Sin embargo, durante el trayecto hacia su hotel —se alojó en el hotel Sheraton de Knightsbridge, situado a muy corta distancia de la Embajada—, comentó en voz alta «lo agradable que era venir a Londres cuando no había nada que discutir ni tratar y mucho menos ese tema tan espinoso que era Gibraltar»—, por lo cual, en vez de asentir, me sentí obligado a responderle y le dije que «¡naturalmente! Pero es que Ud. es el ministro de Asuntos Exteriores, y se espera que sea Ud. quien resuelva esos problemas», y eso ya no le hizo tanta gracia, pero no dijo nada, y me hizo algunas preguntas sobre la UEO y si consideraba que era un organismo válido. Le respondí

239 Carlos Alonso Zaldívar fue un activo militante del PCE. Fue el cabeza de lista del Partido Comunista en las elecciones de 1977 por Álava. Fue expulsado del Partido Comunista por discrepancias con Santiago Carrillo. Fue director del Departamento de Estudios del Gabinete de Felipe González, y de 2004 a 2008, con Zapatero de presidente, embajador de España en Cuba, donde apoyó vehemente a la dictadura comunista. En la actualidad escribe en diversos medios simpatizantes de la izquierda y también colabora con el gubernamental Real Instituto Elcano. En su día surgieron dudas sobre su simpatía y posibles relaciones con la URSS.

con diplomacia, diciéndole que, obviamente, la organización que tenía validez real era la OTAN, y que los británicos, mientras no significase repetición de esfuerzos y no mermase la eficacia de la OTAN, consideraban que era una organización valiosa al objeto de concienciar a las naciones europeas sobre la necesidad de mantener una defensa sólida. Me pareció que tomaba nota de lo que le dije, aunque confieso que me asombró el hecho, ya que no le había dicho nada que no fuera de sentido común. Al llegar a su hotel, me pidió que le acompañase a los almacenes Harrods para comprar una cubertería de plata y después nos despedimos.

Al día siguiente, en el acto de firma oficial, al que asistió por parte británica su homólogo sir Geoffrey Howe, junto con el secretario general de la UEO, Alfred Cahen, sucedió lo inimaginable. Según iba pasando las páginas del documento de firma, al llegar a la parte donde se expresaba claramente que las naciones europeas reconocían la validez de la cooperación trasatlántica y que era esencial la presencia norteamericana en Europa para asegurar la defensa occidental, el señor Fernández Ordóñez se volvió discretamente hacia mí, que me encontraba de pie detrás de él, ligeramente a su izquierda, y me dijo: «Esto, Candil, lo firmo, pero una vez que lo firme, de esto, nada, ¿eh?». Me quedé estupefacto, pero con la mayor flema británica ni siquiera pestañeé y mirando al infinito no moví ni un musculo facial. No informé de esto a nadie, porque después de pensarlo consideré que, obviamente, esto era una directriz del propio Felipe González, y yo no estaba en Gran Bretaña para informar de la actitud de nuestros dirigentes, pero sí se lo conté, informalmente, al agregado militar, coronel Peñaranda. A decir verdad, no entendí el objeto del comentario del Sr. Ordóñez ni por qué me lo dijo a mí, ni tampoco sé si lo escucharon los demás asistentes al acto.

Era todo un poco como de película de Federico Fellini, y un completo despropósito que España se asociase a un organismo que estaba casi en vía muerta, cuando el gran cataclismo de la desaparición de la URSS estaba teniendo lugar. En 2010, se anunció que todas las actividades de la UEO concluirían el 30 de junio de 2011, pero yo ya no me encontraba ni siquiera en activo en el Ejército.

Entrábamos de lleno en el nuevo orden mundial.

12. EL NUEVO ORDEN MUNDIAL Y EL AUGE DE LAS NUEVAS AMENAZAS. FIN DE MI PERÍODO BRITÁNICO

«Vivimos tiempos asombrosos en los que el que es fuerte resulta débil a causa de sus escrúpulos y el débil se convierte en fuerte debido a su audacia».

Henry Kissinger, *World Order*

«Hay dos peligros que amenazan constantemente el mundo: el orden y el desorden».

Paul Valéry

«La relación especial que mantenemos con Estados Unidos va a ser vital en los próximos años, tenemos que trabajar duro para mantenerla».

Sir Charles Powell, Foreign Officer

El bienio 1989-1990 resultaría muy interesante, no porque consolidó la desaparición de la amenaza soviética, sino por el significado de lo que dimos en llamar el nuevo orden mundial. Desapareció una amenaza, pero surgieron otras no menos peligrosas. Durante este periodo acabé viajando a Irlanda del Norte y a Hong Kong, cuya devolución y entrega a China, en 1997, ya se había acordado por ambas partes.

Tras la finalización de la Guerra Fría, se abogó a través de diversas formas por un nuevo orden. Por nuevo orden mundial entendemos el sistema de relaciones internacionales aparecido tras la caída de la Unión Soviética. Noam Chomsky estudió el tema con detenimiento y llegó a la dramática conclusión de que el nuevo orden mundial, al igual que el viejo, se encontraba asentado sobre la desigualdad, la hipocresía, el racismo y el colonialismo: «Por ello tiene su mérito describir el orden mundial, viejo o nuevo, como "la reglamentación de la piratería internacional"». El nuevo orden se diferenciaba fundamentalmente del antiguo por no existir ya dos superpotencias líderes de los dos grandes bloques de poder, pues ahora el capitalismo parecía alcanzar indiscutiblemente la primacía mundial y Estados Unidos era el único polo de referencia. Fue la era de la globalización neoliberal, de la occidentalización intensificada, del discurso único. Y esta era resultaba muy interesante para estudiar, pues en ella, aparentemente tendiente a la unificación mundial sobre la democracia burguesa-occidental y el libre mercado, se observaban antagonismos y contradicciones inherentes a la propia naturaleza del fenómeno. El gran sociólogo y filósofo Dr. Francis Fukuyama llegó incluso a decir que estábamos ante «el final de la historia»[240].

El concepto político del nuevo orden hacía referencia a un posible gobierno mundial —obviamente encarnado por Estados Unidos—, en el sentido de definir todas las iniciativas posibles para identificar, comprender y resolver aquellos problemas globales que escapaban a las posibilidades de que disponían individualmente algunos países. El problema, como lo definió Arthur Schlesinger Jr.[241], era que no iba a haber un nuevo orden mundial sin antes pagar su

240 Naturalmente, Francis Fukuyama no quería decir que la historia había llegado a su fin como si la raza humana se hubiese agotado ya; el significado de su expresión indicaba solamente que la democracia liberal como sistema político había conquistado a todas las demás formas de gobierno, especialmente al comunismo, y por lo tanto se había llegado al final de la evolución ideológica de la humanidad; es decir, marcaba el fin y la solución definitiva de los tipos de gobierno concebidos por el hombre, y por lo tanto se podía decir que la historia política había llegado a su fin. Conferencia pronunciada por el Dr. Fukuyama en la Universidad de Chicago durante 1988 con el título «The End of History».

241 Arthur M. Schlesinger Jr. fue un historiador político en los años sesenta y setenta, procedente de la Universidad de Harvard, considerado como el historiador por antonomasia sobre el poder político.

precio en sangre, además de con dinero y buenas palabras. Por otra parte, algunos de esos países «individuales» no estaban muy dispuestos a dejarse guiar por la «paz americana».

En el Reino Unido, una vez puesta la examenaza soviética en su nuevo contexto, las prioridades desde el punto de vista de la seguridad de los intereses nacionales y su defensa contemplaban, en primer lugar, el terrorismo, en segundo lugar, la proliferación de armas nucleares, y en último término, la situación en Europa —con la caja de Pandora de los Balcanes en espera—, y sus repercusiones en los intereses británicos —Commonwealth incluida—, así como la intrusión cibernética que empezaba a configurarse ya entonces. Todo ello sin perder de vista el poder emergente de China, por supuesto que, en particular, en Australia se veía con mucha preocupación. No era una tarea pequeña ni mucho menos. A todo ello se añadiría el islamismo radical fundamentalista que, aunque básicamente terrorismo, tenía sus connotaciones especiales en Gran Bretaña y Oriente Medio, un escenario totalmente imprevisto.

A partir de 1988 el terrorismo se convirtió en la primera prioridad para el MI-5, pasando la actividad de contrainteligencia a segundo lugar, y el hecho que lo propició fue la acción fallida que el IRA Provisional[242] pretendió llevar a cabo en Gibraltar. Fue lo que se llamó operación Flavius, controlada en todo momento por el MI-5 desde Londres, aunque como ya se ha dicho ningún plan aguanta el primer ataque, y al final los acontecimientos se precipitaron y tuvieron un desenlace imprevisto que provocó cambios dentro del servicio británico y motivó incluso una investigación parlamentaria, y hasta la intervención del Tribunal Europeo de Derechos Humanos.

Los hechos ocurrieron cuando el 6 de marzo de 1988, tres terroristas del IRA murieron al enfrentarse con una unidad de fuerzas especiales del Ejército británico (Special Air Service/SAS) en el centro de Gibraltar, donde iba a tener lugar un desfile militar junto con la ceremonia de relevo de la guardia en la residencia del gobernador, conocida como The Convent. Este hecho desencadenó una ola de violencia en Irlanda del Norte durante dos semanas. La

242 El IRA Provisional venía a ser un equivalente de ETA Militar, escindido del IRA original.

cadena británica de televisión independiente ITV realizó y emitió un documental especial titulado *Muerte en la Roca*, exponiendo que los tres miembros del IRA habían sido simplemente asesinados por las fuerzas británicas, presentando los hechos como prueba de que las autoridades aplicaban una política de «disparar a matar» con los supuestos terroristas irlandeses sin tener evidencia alguna. El problema, si es que hubo alguno, en lo que a mí me afectaba, es que España estuvo implicada de alguna forma en los hechos.

La realidad es que el MI-5 tuvo conocimiento de los planes del IRA-P en noviembre de 1987 y se pudo detectar que varios miembros de la organización terrorista viajaron con documentación falsa a España. El MI-5, con la colaboración de la DGSE española[243] —en lo que mi amigo Mariano Rayón tuvo un papel relevante—, identificó la presencia y activación de una unidad operativa del IRA en la Costa del Sol —que alquilaron un vehículo en Málaga—, y cuando se observó la presencia de un miembro de la organización en la ceremonia del relevo de la guardia en Gibraltar, la conclusión fue que pensaban actuar en el Peñón y no en territorio español, como, por otra parte, se había considerado ya que el IRA había iniciado una campaña de ataques contra objetivos militares británicos en Europa. En el momento en que se detectó que un ataque podía ser inminente se envió una unidad operativa del SAS[244] a Gibraltar con la misión de que, junto con la policía de Gibraltar, se arrestase a los posibles terroristas antes de que tuvieran ocasión de actuar. Cuando los tres miembros del IRA entraron en coche en la colonia, los acontecimientos se complicaron y la unidad del SAS abrió fuego, matando en el acto a los tres sospechosos del IRA a plena luz del día y en el mismo centro de la ciudad. En los cuerpos se encontra-

243 Cuando en la sede de Gower Street mis amigos del MI-5 me presentaron la situación, conocedor de la operatividad real del CESID, desde el primer momento les dije que era todo competencia del Ministerio del Interior español, y que el punto de contacto debía ser el inspector Rayón. Aunque tuvimos alguna reunión conjunta, siempre dejé que Rayón tuviera la iniciativa. Él, y nadie más, fue quien hizo posible la buena colaboración entre el MI-5 y la DGSE en Madrid. Naturalmente, no dije nada de esto al CESID en Madrid, sabiendo la rivalidad existente con el Ministerio del Interior.

244 La razón que llevó a enviar desde el Reino Unido a una unidad de fuerzas especiales no fue otra que la poca experiencia que tenían las fuerzas de policía de Gibraltar en enfrentarse a terroristas del IRA, que eran individuos bien preparados e instruidos en Libia.

ron unas llaves que la policía española descubrió que pertenecían a un Ford Fiesta, ubicado en un aparcamiento en Marbella, cargado con 64 kg de explosivo C-4 Semtex y municiones para fusil de asalto AK-47[245], y conteniendo igualmente varios detonadores y temporizadores. El vehículo y los explosivos, municiones, y demás accesorios fueron incautados por la Policía Nacional, aunque se les dio acceso a los representantes del MI-5 y MI-6, en concreto a Simon Butler-Madden como su representante oficial en Madrid. Desde el punto de vista operativo se consideró un éxito la acción realizada, pero había muchos claroscuros en todo lo sucedido, y no precisamente en su desenlace ni en la actuación de las fuerzas británicas, que fueron muy respetuosas en todo momento con la soberanía española y con el modo de proceder y de actuar de la policía española.

Entre esos claroscuros estaba la actuación de la Policía Nacional, y si acaso, también de la Guardia Civil. Nadie explicó nunca el origen, proveniencia y forma en que el explosivo llegó a manos del comando del IRA, lo que tuvo que suceder forzosamente en España. Según pude saber, el IRA contaba con algún tipo de estructura en la Costa del Sol que, de forma pasiva, permitía vigilar o recopilar información sobre posibles objetivos británicos en la zona del sur de España (personalidades, empresas, y por supuesto, Gibraltar). Cuando una persona —una mujer—, identificada sin ningún equívoco como miembro del IRA Provisional y considerada experta en explosivos, fue vista en Gibraltar, a finales de 1987, asistiendo precisamente a la ceremonia del relevo de la guardia, ya no hubo ninguna duda sobre cuál era el objetivo. Posteriormente, ya en febrero de 1988, esa misma mujer fue vista reuniéndose con otros dos miembros del IRA en el aeropuerto de Málaga. Sin embargo, se debió cometer algún error porque la mujer identificada inicialmente debió darse cuenta de que era vigilada por la policía española y regresó inopinadamente a Londres. Lo mismo hicieron los demás, por rutas diferentes.

A principios de marzo, el representante del MI-6 en Madrid, Simon Butler-Madden, alertó a su contacto en la policía española de que tres terroristas identificados, dos hombres y una mujer distinta de la anterior, se dirigían hacia España por carretera en un Renault

245 Todo ese armamento y equipo procedía de Libia, y su vez, de la URSS.

5. Al pasar por Francia fueron controlados por la DST francesa, tomando el relevo la policía española cuando pasaron la frontera en Irún. Sin embargo, hubo algún momento en que se debió perder el contacto y tuvo que ser entonces cuando se hicieron cargo de los explosivos y municiones, muy posiblemente en el País Vasco y con la ayuda de ETA[246]. Los policías españoles debieron retomar el control posteriormente y el 5 de marzo avisaron al servicio británico de que los terroristas habían llegado a Marbella, y allí se habían separado. Pero nadie sabía que hubiera ni explosivos ni armas. Los terroristas pernoctaron en un hotel de Torremolinos, y abandonaron el lugar por la mañana, para alquilar el Ford Fiesta que al día siguiente fue encontrado en un aparcamiento de Marbella con los 64 kg de explosivos en su interior.

Los tres terroristas se dirigieron, el 6 de marzo, en el Renault 5 hacia Gibraltar. El matiz importante era que el coche en el que viajaban no llevaba explosivos. La lógica deducción era que en un primer momento iban a comprobar el terreno para posteriormente acercar el coche con los explosivos, pero la policía española ya no tenía controlado su paradero dado que el MI-5 había solicitado que no les siguieran al objeto de no alertarles y que así pudieran entrar en Gibraltar donde serían detenidos. Lo que ocurrió después no estaba previsto. Las autoridades británicas reconocieron, no obstante, que esta operación no se podría haber llevado a cabo sin la cooperación de la policía española[247]. El CESID no intervino en ningún momento ni tampoco me preguntó nada, aunque yo emití un informe y envié copia de la investigación realizada.

La operación Flavius provocó una gran polémica en el Reino Unido. Hubo todo tipo de críticas a los servicios de inteligencia, a los militares, al Gobierno y a la primera ministra, Margaret Thatcher. En contra de lo que suelen ser las actuaciones de los políticos de

---

246 La BBC emitió noticias en las que se aseguraba que ETA Militar había dado cobertura al IRA facilitándole el material y explosivos. La policía española nunca llegó a descubrir cómo ni dónde lo hicieron o nunca lo ha dicho. Este aspecto, aunque nunca me comentaron nada, fue considerado negativamente por los británicos. Perder el contacto y no ser capaces de saber cuándo y dónde recibieron los terroristas del IRA los explosivos no dejaba en buen lugar a la policía española.

247 Yo mismo recibí una nota de agradecimiento firmada por Margaret Thatcher, aunque no tuve ninguna participación.

todo el mundo en casos como este, que intentan mirar para otro lado y no asumir responsabilidades, Margaret Thatcher acudió al Parlamento y asumió, ante la Cámara de los Comunes, toda la responsabilidad con dos palabras que han pasado a la historia: «Yo disparé», pero no reconoció la existencia del MI-5 ni mencionó públicamente la colaboración con España.

Lo curioso, como pude saber luego, fue que, en los días en que los hechos tuvieron lugar, el director del MI-5, sir Patrick Walker, junto con Stella Rimington, se encontraba asistiendo a una reunión de los directores de todos los servicios de Five Eyes en Australia, y los acontecimientos y la forma en que se desarrollaron le sorprendieron totalmente. Toda la operación y las decisiones corrieron a cargo del jefe de la División de Contraterrorismo, aunque tanto sir Patrick como los ministros del Interior y de Asuntos Exteriores, sir Geoffrey Howe, estuvieron informados puntualmente. Al suceder todo entre la provincia de Málaga y Gibraltar, las autoridades británicas, por orden expresa de Margaret Thatcher, fueron especialmente cuidadosas en no infringir ninguna barrera que pudiera molestar a España. Tengo entendido que la primera ministra mantuvo incluso alguna conversación directa con Felipe González.

Los hechos tuvieron grandes repercusiones dentro del MI-5 y la primera fue el nombramiento de Stella Rimington como nueva jefa de la División de Contraterrorismo, siendo enviado directamente al Ulster el que había dirigido la división hasta ese momento para tomar el mando directo de las operaciones allí. Al mismo tiempo ello llevó a reorganizar por completo el servicio, a cambiar prioridades, y a potenciar los recursos disponibles, incrementándose exponencialmente el número de efectivos humanos. La División de Contraterrorismo llegó a contar con una plantilla de doscientas personas. Fue también el inicio de la informatización de archivos y documentos.

Stella Rimington.

Una consecuencia inesperada fue que, a raíz de lo ocurrido en Gibraltar —y consecuentemente en España—, y por iniciativa de sir Patrick Walker —con quien, como ya expliqué, mis relaciones eran excelentes—, Stella Rimington me propuso acompañarla en un breve viaje que tenía que realizar a Irlanda del Norte. Acepté entusiasmado y en mayo, ya pasado parcialmente el torbellino de reacciones en los medios sociales, fuimos al Ulster, lo que comuniqué a Madrid sin recibir respuesta como ya era usual. Fuimos en avión regular de British Airways —imagino que ella y sus acompañantes viajaban con nombres supuestos—, y mis instrucciones eran las de no conocernos hasta que estuviéramos en lo que se podía considerar territorio propio, dado que ella decía que el IRA tenía ojos en todas partes. Al llegar a Belfast, de manera muy casual, un taxista me indicó que subiera, y sin decir más se puso en marcha y yo no pregunté; eran también las instrucciones recibidas. Observé que Stella abordaba un taxi y sus dos acompañantes otro diferente. En el trayecto pude ver que todos seguíamos itinerarios distintos. Nuestro destino final, como no podía ser otro, fue Stormont Castle[248], una zona rodeada de bosques al este de Belfast, donde se ubicaban el gobierno local y las dependencias oficiales del MI-5.

248 Stormont Castle es una mansión —castillo—, de estilo escocés, construido en 1830 por Thomas Turner, que fue adquirido como sede del Gobierno de Irlanda del Norte en 1920. En la actualidad el MI-5 tiene su sede dentro del acuartelamiento militar de Palace Barracks, Holywood.

Inicialmente, tras darme la bienvenida, me asignaron una joven oficial del MI-5 que me acompañó casi todo el tiempo que estuvimos en el Ulster y me enseñó tanto Belfast como los alrededores y me explicó muchas circunstancias de interés relativas a la misión que tenían asignada. Hicimos incluso una excursión a la República, llegando hasta Dublín —lo que hicimos en poco más de una hora y media—, que me pareció una ciudad preciosa[249]. Me preguntaron mucho sobre la similitud del problema con el País Vasco, a lo cual respondí como pude, aclarando que el entorno histórico era totalmente distinto, pero mostré interés por saber lo que fuera posible sobre la colaboración entre el IRA y ETA. Me dijeron que se habían detectado relaciones personales y operaciones logísticas comunes entre IRA y ETA en el País Vasco, en Gran Bretaña, en Estados Unidos, y en Hispanoamérica, en operaciones compartidas de aprovisionamiento de armas y municiones, y también, para entrenamiento, en campos de Libia y Siria, pero nada que apuntase a una colaboración en un futuro.

El mismo día de la llegada tuvimos una cena informal de trabajo, por así llamarla dada su sobriedad, en el propio Castillo de Stormont en la que Stella quería hacerme participe de su filosofía y pensamiento de cara al futuro y a la colaboración entre nuestros servicios. En primer lugar, me expuso que, a diferencia del contraespionaje, en contraterrorismo era vital estar posicionados en el posible escenario antes que los terroristas, a fin de evitar que estos pudieran llegar a ejecutar su acción. Y eso era precisamente lo que se había hecho en Gibraltar, al enviar una unidad operativa del SAS y desplegarla con antelación a la llegada de los terroristas. Lo que no había salido tan bien, dijo, fue no impedir la entrega de explosivos a la unidad del IRA[250].

Estos planteamientos llevaron a proponer varias reflexiones que escuché con interés. El MI-5 llevaba más de veinte años tratando el tema del terrorismo, y en particular el terrorismo de raíz separa-

---

249 Cuando le pregunté a mi acompañante si solían entrar en la República en cumplimiento de una misión, me miró y me dijo «Igual que Uds. en Francia, si resulta necesario». Le reconocí que me había dado una respuesta perfecta.

250 Nunca supe lo que pasó con ese tema. El CESID, aparentemente, no estuvo implicado y la DGSE no emitió el mínimo comentario. Rayón tampoco me dijo nada o no supo nada. Todo ello me hizo albergar serias dudas sobre lo que realmente sucedió.

tista en Irlanda, que había ido creciendo y tornándose más grave. El relativamente nuevo IRA Provisional estaba apoyado desde Libia y había extendido sus actividades no solo a Gran Bretaña sino a todo el continente europeo. Nuevas tecnologías y dinero habían fluido ahora desde Norteamérica, un aspecto que preocupaba considerablemente, dada la llamada «relación especial» existente con Estados Unidos. Por otra parte, el terrorismo de origen «leal» con Inglaterra, de raíz protestante y contrario a que el Ulster se uniera a la República irlandesa, también había incrementado su actividad y recursos.

Pero eso no era todo. Mientras el terrorismo irlandés se incrementaba, otros grupos habían hecho su aparición en Europa, como eran las Brigadas Rojas, en Italia, la llamada Fracción del Ejército Rojo, en Alemania, o el GRAPO en España, pero el peor de todos era lo que se dio en llamar «terrorismo palestino», que acabaría convirtiéndose en el terrorismo islámico radical que hoy se conoce, pasando por Al-Qaeda y el ISIS. Este tipo de terrorismo creció mucho a final de los años ochenta, especialmente tras la calificación de «Gran Satanás» que Irán lanzó contra Estados Unidos, y llegaría a sustituir al terrorismo nacionalista o separatista local. Lo que iba a venir, tras la creación de la Unión Europea, y el desmantelamiento de las fronteras en el continente europeo no iba a ayudar precisamente en la lucha contra el terrorismo. El desafío que se presentaba era considerable y por eso la lucha contra el terrorismo se convirtió en la primera prioridad para el MI-5. Bajo Margaret Thatcher el Gobierno británico adoptó una postura clara y firme, pero no todos los Gobiernos europeos actuaron del mismo modo.

Estaba claro que no solo el MI-5 sino todos los servicios occidentales debían adoptar sus procedimientos a lo que significaban las nuevas amenazas. Los métodos y técnicas hasta ahora utilizados para contrarrestar la actividad del bloque oriental y el comunismo ya no servían y había que adoptar procedimientos que permitieran actuar con rapidez, y reaccionar igualmente deprisa según evolucionasen los acontecimientos. Y en este marco, había que encontrar una forma para difundir con máximas garantías toda aquella información altamente sensible que permitiera, a través de todas las fronteras, alertar a aquellos que estuvieran en peligro y tomar las medidas oportunas para contrarrestar la amenaza. La teoría estaba ahí, pero ahora tocaba ponerla en práctica.

El paso siguiente a dar era desarrollar la red de contactos internacionales existentes a nivel de servicios de seguridad y consideraban que España iba a ser clave en esa red, por muchas razones: en primer lugar, debido a su situación como puente entre Europa y África, y acto seguido, debido a su doble condición como miembro de la OTAN, y a tener tratados o acuerdos de defensa mutua con Estados Unidos, pero también con otros países europeos estigmatizados igualmente por los radicales islámicos como eran el Reino Unido, o Francia, en cierto modo, y por último, debido a sus excelentes relaciones con el mundo árabe o lo que se calificaba como tal. Stella Rimington estimaba que el MI-5 estaba idealmente posicionado para llevar a cabo tales actuaciones dada su experiencia en relaciones internacionales, aunque solo fuera por toda la red de relaciones habidas con los demás miembros de la Commonwealth.

En este marco de relaciones tuve conocimiento por primera vez de la existencia de un grupo de trabajo constituido en Europa y formado por los directores de los servicios de seguridad de las naciones[251], que se venía reuniendo dos veces al año, y aunque era algo totalmente secreto, su existencia había empezado a ser más o menos conocida de algún modo. Nunca había oído antes hablar de ese grupo y reconozco que, conociendo el trasfondo y las propias actitudes reinantes en el CESID —y también entre algunos países europeos—, tuve dudas de que España fuese miembro de esa organización. En cualquier caso, recibí la impresión de que lo que verdaderamente funcionaba, mejor que esas organizaciones supranacionales, era la vía bilateral.

---

251 Más adelante pude saber que esa organización a la que se refería Stella Rimington no era sino el llamado Club de Berna, al que pertenecen hoy veintisiete naciones europeas, todas integrantes de la Unión Europea más Noruega y Suiza, para la colaboración en materia antiterrorista, pero, en 1988, España no era miembro. El Club se había constituido en 1971. Existían otras redes y grupos, pero España no era miembro de ninguna. En 2010 el Club de Berna celebró una primera reunión en España, en Alcalá de Henares, a la que asistió el general Sanz Roldán como director del CNI.

Independientemente, existía el Grupo Trevi, creado en 1975, compuesto por los ministros de Interior y Justicia, de los Estados comunitarios. Su objetivo inicial consistía en intercambiar información sobre actos de terrorismo; datos sobre los planes y actividades terroristas con ayuda recíproca; experiencias técnicas, funcionarios de policía y mejorar su formación; cooperar para la protección de la aviación civil y para la protección y seguridad de las poblaciones, pero en ese foro, en el que España se integró a partir de 1986, no participaba el CESID y era competencia exclusiva de la DGSE.

Permanecí tres días en Irlanda del Norte y resultó todo muy enriquecedor, desde el punto de vista humano y personal, y creo que acabé teniendo un conocimiento del problema en Irlanda más profundo que el que puedo tener de la situación en el País Vasco. Si ello era útil o no para los intereses españoles es otro asunto que no me atrevo a definir. Naturalmente hice mi informe y lo envié a Madrid, y como el lector adivinará, primero paz y después gloria, nadie me preguntó nada. Me reuní con Rayón en la Embajada y le hice partícipe de mis observaciones, contándome él, a su vez, que también había visitado el Ulster, pero en compañía de Scotland Yard y de la Policía en Irlanda del Norte y había sacado conclusiones parecidas, aunque a un nivel menor. Informé asimismo al embajador, aunque solo superficialmente, y no me hizo el menor comentario, aun siendo él mismo vasco.

La diferencia esencial entre el problema vasco y el problema irlandés, en mi opinión, estaba en la actitud religiosa tan radical —entre católicos y protestantes—, que dividía por completo a la sociedad irlandesa y que es algo, aunque no exista hoy violencia, que sigue latente. Eran la misma gente, las mismas costumbres, los mismos gustos, y hasta —valga la ironía—, conducían al revés. Circulando por las carreteras irlandesas se podía pensar que estábamos en Gales, o en Escocia, y el idioma gaélico era el mismo. La historia del Reino Unido no sería la misma sin la aportación irlandesa, como no sería igual la historia de España sin el País Vasco o Cataluña. En mi opinión, Irlanda y Gran Bretaña tienen más que ganar juntos que separados.

No había pasado mucho tiempo tras mi visita a Irlanda, no obstante, cuando se produjo un hecho inesperado y tremendo. Era justo antes de Navidad —21 de diciembre—, y me encontraba tomando un té con unos pastelitos deliciosos escoceses llamados scones, con el representante del servicio alemán BND, Hans Jochen Kretschmann, en el salón del hotel Sheraton Belgravia, cuando nos dieron la noticia: el avión del vuelo PanAm 103[252] había hecho explosión sobre Escocia, cayendo sobre el pueblecito de Lockerbie,

252 El vuelo 103 de PanAm era un vuelo regular internacional, que realizaba un trayecto entre Frankfurt, en Alemania Occidental, y Detroit, haciendo escala en Londres y Nueva York. Fue víctima de un atentado terrorista cuando cubría el trayecto entre Londres y Nueva York, explotando en el aire y cayendo sobre

en la región de Dumfries y Galloway, a unos 100 km de Glasgow. Murieron las doscientas cincuenta y nueve personas que viajaban a bordo y once personas más en tierra.

Conocido como el «atentado de Lockerbie», se convirtió en el objeto de la mayor investigación criminal británica, dirigida por el MI-5 junto con Scotland Yard y la Policía local escocesa. Fue visto como un ataque a Estados Unidos, con ciento ochenta y nueve de las víctimas siendo estadounidenses. Después de tres años de investigación conjunta entre Scotland Yard, la Policía local escocesa, los servicios norteamericanos, y el MI-5, se formalizaron acusaciones de asesinato en noviembre de 1991 contra un agente de la inteligencia libia y el jefe de seguridad de las Lybian Arab Airlines (LAA), y contra el director de la estación de las LAA en Malta. Libia se negó a entregar a los sospechosos, por lo que la ONU estableció sanciones contra el régimen libio a partir de 1992. En 2011, durante las protestas contra el régimen libio, en el marco de la llamada Primavera Árabe, el exministro de Justicia de la época aseguró que Gadafi fue quien ordenó el atentado. El FBI norteamericano concluyó que la causa de la tragedia fue un artefacto explosivo escondido en un radiocasete. A raíz de esta tragedia, se hizo obligatorio que no hubiera ninguna maleta a bordo de un avión si no había subido también a él su propietario.

La primera pregunta tras el atentado no era más que una sola: ¿por qué? No había realmente razones, ni hubo previo aviso de ningún tipo, ni los servicios intuían nada semejante. Fue una sorpresa total. Únicamente fue una venganza por el ataque norteamericano ocurrido en 1986, y ello provocó más preguntas y el temor, o ansiedad, se presentó ante la duda de que hubiera más atentados de ese estilo. Surgieron no pocos debates y especulaciones al respecto, y ello llevó a reestructurar los servicios británicos una vez más. El MI-5 recibió la responsabilidad principal de obtener la información necesaria sobre posibles acciones del terrorismo internacional que afectasen al territorio del Reino Unido, sobre terrorismo de origen irlandés fuera del territorio de Irlanda del Norte, y fuera de Gran Bretaña. La Policía de Irlanda del Norte (Royal Ulster

---

la pequeña ciudad de Lockerbie. Permanece en la historia como el peor desastre aéreo de todos los tiempos en Gran Bretaña.

Constabulary/RUC), en estrecha colaboración con el MI-5, pasó a responsabilizarse en el Ulster, y Scotland Yard se encargó de la actividad contraterrorista sobre Irlanda en el territorio de Gran Bretaña. El Ministerio del Interior (Home Office) era el órgano supremo de decisión. Era una organización mucho más extensa que cualquier otra de los demás servicios británicos, y expresaba muy bien cuál era la prioridad en esos días.

Sin embargo, mientras tenían lugar los hechos de Gibraltar, y realizaba mi visita a Irlanda, otros acontecimientos de índole muy distinta sucedían en lugares remotos e insospechados, poniendo claramente de manifiesto que el mundo de la inteligencia había cambiado por completo. No nos íbamos a aburrir.

En abril, la aduana británica había incautado en la zona portuaria de Tees-Middlesborough, en Yorkshire, ocho secciones de enormes tuberías de acero forjado y laminado, susceptibles de ser ensambladas, y perforadas para su fijación con tornillos y tuercas, destinadas a la exportación, con destino a Irak. Se sospechaba que aquellos tubos no estaban destinados a una planta petroquímica, como especificaban los manifiestos de carga y embarque, y los certificados de exportación, ya que eran de unas características y calidades muy superiores a lo que era habitual, y excesivo todo ello para las necesidades de unas simples tuberías. Los tubos habían sido fabricados en Gran Bretaña por dos empresas, Walter Somers Limited, de Wolverhampton y Birmingham, y Sheffield Forgemasters, de Sheffield. Pero las ocho tuberías interceptadas en abril eran las últimas de un total cincuenta y dos secciones.

Al cabo de unas semanas empezaron a aparecer, inesperadamente, materiales y piezas similares en toda Europa. Turquía anunció que había detenido un camión húngaro que transportaba un tubo de acero de diez metros de largo con destino a Irak, y el mismo día, unos funcionarios griegos confiscaron otro camión con piezas de acero similares. En mayo los italianos interceptaron setenta y cinco toneladas de piezas fabricadas por la Società delle Fucine, en tanto que otras quince toneladas fueron confiscadas en los talleres que la Fucine poseía cerca de Roma. Estas últimas piezas eran de una aleación de acero y titanio al igual que otros fragmentos y piezas encontrados en un almacén de Brescia, al norte de Italia. Los alemanes también participaron, aportando hallazgos efectuados en Frankfurt y Bremerhaven, manufacturados por Mannesmann AG.

Tras las investigaciones de varios de los servicios de inteligencia de las naciones implicadas en alguna forma, se llegó a la conclusión de que las diferentes piezas y tubos confiscados no eran sino piezas de un gran cañón convencional diseñado por el ingeniero especialista en armamentos canadiense Gerald Bull, con destino a Irak. Así se descubrió la historia del llamado «supercañón», cuyo conocimiento se iría ampliando y revelaría todo tipo de juegos dobles, de intromisiones de varios servicios de inteligencia occidentales, de mucha ineptitud burocrática y también de cierto oportunismo político. Gerald Bull había demostrado una gran capacidad al efectuar los pedidos para su idea, que eran suficientes para construir dos cañones completos de 156 m de longitud con un increíble calibre de un metro, capaz de disparar un proyectil del tamaño de un armario o de una cabina telefónica. Los soportes procedían de Grecia; las tuberías, bombas y válvulas que formaban el mecanismo de retroceso, y las secciones de los cañones eran de Gran Bretaña, Suiza e Italia; el bloque de la recámara, de Austria y Alemania; el sistema propulsor, de Bélgica. En total, ocho países estaban implicados como contratistas y ninguno de ellos sabía exactamente lo que estaba fabricando, ni para qué, ni quién más estaba implicado. Otros componentes fueron incautados también, además, en España.

El problema añadido estaba precisamente en que Gerald Bull estaba ligado también de alguna manera a España. En 1984, la División de Armas Pesadas de la Empresa Nacional Santa Bárbara (ENSB), perteneciente entonces al Instituto Nacional de Industria (INI), exploró varias acciones para desarrollar un obús de 155 mm, pero fue finalmente una filial de la Unión Española de Explosivos (UEE), Sistemas y Tecnologías S. A. (SITECSA), la que inicio un proyecto de ese desarrollo para un obús remolcado de 155/45, por lo que entraron en contacto, en 1986, con la empresa Space Research Corporation, una empresa de ingeniería con sede en Bruselas dirigida por el Dr. Gerald Bull[253]. Se trataba de traer a España la tecnología

253 El Dr. Gerald Bull tuvo algún encuentro ya en la década de los sesenta —siendo Franco jefe del Estado—, con representantes del INI y de ENSB, propiciado por

del obús 155/45 que el Dr. Bull había desarrollado para Sudáfrica en versión remolcada y autopropulsada sobre ruedas. Fueron negociaciones complejas con Gerald Bull, pero muy positivas, gracias a las cuales se pudo empezar la construcción de un primer prototipo en España. El Ejército de Tierra español realizó pruebas del único prototipo fabricado y, en julio de 1988, se consideró adecuado para su adquisición, sin embargo, la orden de compra nunca llegó a ser materializada y la propia SITECSA pasó a mejor vida[254].

Tramo del tubo de cañón que Gerald Bull había disenado por encargo de Sadam Huseín y que fue incautado por las autoridades británicas.

Yo, en 1988, ignoraba por completo estos aspectos, pero los servicios británicos, especialmente el MI-6, parecían saberlo todo, y fue, una vez más, Simon Butler-Madden quien se puso en contacto

Sudáfrica, para desarrollar artillería convencional en España, juntamente con Sudáfrica, pero esto no se materializó nunca en nada.

254 Mi buen amigo Alberto Posada, ingeniero y director de la fábrica de artillería de Trubia, me refirió toda esta información muchos años después. Él conoció personalmente a Bull. El obús español de 155/52 que todavía fabrica hoy GD-Santa Bárbara Sistemas está basado en los diseños de Bull.

con el Ministerio de Defensa en Madrid. Una empresa vasca, TREBELAN, de Álava, apareció implicada en diversos proyectos con Irak, como la instalación de una planta para la producción en serie de vasos de munición para un nuevo tipo de piezas de artillería y otros componentes. Yo adelanté al CESID la información que me facilitó el MI-6, y fue la División de Economía y Tecnología —que dirigía el coronel De la Malla—, la que se encargó del tema, pero nunca fui informado de los detalles.

Al final, los planes de Sadam Huseín no se llevaron a efecto, y todos los materiales fueron incautados por los respectivos Gobiernos. En realidad, no se había cometido ningún delito por parte de nadie, ya que, en 1988, no se había decretado embargo alguno contra Irak, y en cierto modo la actitud de Sadam Huseín se veía benévolamente, puesto que se le consideraba un serio freno frente al Irán radical islámico y fanático liderado por los ayatolá. El problema surgió cuando se reveló la razón última de ser del gigantesco cañón que había diseñado Bull. Esa razón era el llamado proyecto Babilonia, inspirado y contratado con Bull por Sadam Huseín y sus asesores.

El proyecto Babilonia tenía por objetivo construir una serie de supercañones, basados en las investigaciones de Gerald Bull, y su objetivo no era Irán sino Israel y, con toda probabilidad, los Estados moderados del golfo y el propio golfo Pérsico y el estrecho de Ormuz. Se pensaba que tuvieran un alcance de hasta 1000 km, lo que permitiría colocar a Israel y la zona central de Irán dentro de su radio de alcance. El proyecto comenzó en 1988, y fue cancelado definitivamente en 1990, después de que Gerald Bull fuera asesinado en Bruselas[255], en marzo de 1990, y partes de los supercañones fueran incautadas en tránsito por Europa. Los componentes que quedaron en Irak fueron destruidos después de la primera guerra del Golfo, en 1991. El asesinato quedó archivado en Bélgica como caso no resuelto, aunque siempre se ha sospechado que pudiera haber sido cometido por el servicio de inteligencia israelí Mossad.

En cualquier caso, aquello no presagiaba nada bueno, y era una premonición, en la línea de lo que ya había advertido Arbatov. Tengo el convencimiento de que una Unión Soviética fuerte, y en sus

255 Gerald Bull tenía su domicilio en Bruselas, en la zona del Observatoire, en la avenida Francois Folie, en el distrito de Uccle, relativamente cerca de la que sería mi casa unos meses después cuando me trasladé a Bruselas.

cabales, no hubiera permitido que Sadam Huseín flirtease con juegos tan peligrosos como lo hizo. Era el comienzo de lo que provocaría que Oriente Medio se convirtiese en lo que es hoy; todo lo contrario de lo que soñó aquel idealista británico que fue T. E. Lawrence[256].

Un aspecto principal en el concierto internacional que, a pesar de lo que pudiera parecer en la superficie con todos los problemas citados del panorama internacional, no se perdía de vista en el Reino Unido era China. En el MI-6 y en el Foreign Office existía una gran cultura y conocimiento de China, lo que no significaba, por otra parte, que hubiera comprensión de la problemática china ni se estuviera de acuerdo con la línea política de Pekín. Ni que decir tiene que la actividad de inteligencia dirigida a la República Popular era una de las prioridades del MI-6, y desde el punto de vista militar, también lo era para el DIS. China era importante para Gran Bretaña en términos geopolíticos como potencia nuclear y como miembro permanente del Consejo de Seguridad de la ONU, y por su utilidad —al menos durante un período relativamente extenso—, como contrapeso a la amenaza soviética en Extremo Oriente. Si en 1988-1989 todavía no se le reconocía un estatus de superpotencia, era obvio que tenía potencial para serlo, y las reformas que Deng Xiaoping estaba aplicando iban en esa dirección. China, además, era importante para el Reino Unido debido al asunto todavía pendiente de Hong Kong.

Fue en este marco cuando a propuesta del director general del MI-6, sir Colin McColl —que dirigía el servicio desde diciembre de 1988—, tras una conversación mantenida unos meses antes, me ofrecieron ir a Hong Kong y tener una visión más cercana de China. Lo propuse a Madrid, y se me autorizó sin problemas, sobre todo cuando surgió la creación en Hong Kong de un nuevo consulado español, que, al ser el territorio dominio británico, dependía entonces de la Embajada española en Londres. Me pidieron, desde Madrid, que hiciera un informe sobre las condiciones de seguridad que debería reunir el consulado y sobre la posible actividad de los servicios chinos en la colonia contra intereses españoles. Debo

256 Thomas Edward Lawrence, más conocido como Lawrence de Arabia fue un militar, arqueólogo y escritor, oficial de inteligencia en el Ejército británico, durante la Primera Guerra Mundial, que desempeñó un notable papel durante la rebelión árabe contra el dominio turco.

decir que, en 1989, China no se contemplaba para nada en el plan general de información del CESID[257], aunque había una embajada en Pekín y consulados en Cantón, y Shanghái. En la segunda mitad de los años ochenta podía decirse, sin embargo, que las relaciones hispano-chinas habían comenzado a dotarse de contenido, aunque fuese esencialmente económico y cuantitativamente modesto.

El viaje, aunque confortable y sin problemas, fue una odisea, ya que duraba, aun siendo directo, dieciocho horas, haciendo una escala técnica en Bahrain. En esta ocasión me acompañó David Handley, un oficial al que también consideraba un buen amigo y con el que había compartido numerosas ocasiones y momentos. Volamos desde Londres, Heathrow, con la línea Cathay Pacific[258], hasta Hong Kong, aeropuerto internacional Kai-Tak, sobrevolando Oriente Medio, Irán, Afganistán, el Himalaya, Camboya, Vietnam y el mar del sur de China. Fue todo un espectáculo.

En Hong Kong nos alojamos en el hotel Peninsula[259], en la zona de Kowloon, un hotel clásico, construido en 1928, que combinaba el estilo colonial con la arquitectura moderna. Durante un tiempo fue la última parada del ferrocarril Transiberiano que traía viajeros procedentes de Europa. En la década de los treinta, y posteriormente, era uno de los lugares favoritos de actores como Charlie Chaplin, Paulette Goddard, Clark Gable, Frank Sinatra, Steve McQueen, William Holden, y Roger Moore. El hotel estaba situado muy cerca del muelle donde atracaba el ferri de la compañía Star

257 Las relaciones diplomáticas entre la República Popular China y España comenzaron formalmente en 1973. El primer embajador español fue Ángel Sanz Briz, un diplomático de excelente reputación. España abrió su oficina comercial en Pekín a finales de 1979 y la primera visita económica ministerial se produjo en 1980. En esa misma década varias empresas españolas se asentaron con éxito en China, que se convirtió en el mayor receptor de financiación española. China fue el primer país comunista que visitaron los reyes de España, en 1978.

258 Cathay Pacific era una línea aérea excelente, creada en 1946, y registrada en el Reino Unido, que actuaba con sede en Hong Kong y actuaba como abanderada del Reino Unido en Extremo Oriente. El nombre de «Cathay» es como se conocía a China en la Edad Media y Moderna en Europa. En la actualidad, sigue operando, aunque prácticamente todo haya sido transferido a la República Popular China.

259 El hotel Peninsula era, sin duda, el mejor hotel en la colonia, y, entre otras cosas, era famoso por sus conciertos de música clásica durante todo el día, y por su flota de automóviles Rolls Royce al servicio de los clientes. Durante la Segunda Guerra Mundial fue el cuartel general de las fuerzas japonesas, desde 1941 a 1945, y se cambió su nombre al de hotel de Asia Oriental.

Ferry, que salía en todas las películas de acción rodadas en la colonia, y que yo cogía todos los días para dirigirme a lo que es, en realidad, la isla de Hong Kong, donde tuvieron lugar la mayoría de las conversaciones que mantuve.

Normalmente tuvimos varias sesiones de trabajo en lo que era el edificio del Gobierno, Government House, en Albert Road Street, en la isla de Hong Kong, que era donde tenía su sede formal el MI-6. El gobernador en aquellos días era sir David Wilson[260], a quien saludamos brevemente, y el jefe del SIS en la colonia era Brian Finch, que había sido oficial en el Ejército británico anteriormente. Finch me explicó que, con objeto de complicar la tarea a los servicios chinos, no tenía ningún contacto con la estación del SIS en Pekín y se relacionaba directamente con Londres. En nuestra primera reunión me ofrecieron un almuerzo de bienvenida en un restaurante giratorio llamado Revolving 66, situado en el piso 62 del edificio Hopewell Centre, en el distrito de Wanchai[261], en Queen's Road, en la isla. Finch me expuso de forma concisa los problemas a los que el MI-6 se enfrentaba en el territorio; en primer lugar, intentos de espionaje industrial y tecnológico por parte de los servicios chinos, no solo contra objetivos británicos, sino occidentales, en general. La posibilidad de actuar contra empresas españolas que ahora, al haber abierto España un consulado, surgía era una novedad y una prioridad que consideraban seriamente. En ese marco daban especial importancia a los intentos que llevasen a cabo los servicios chinos para reclutar agentes que trabajasen para ellos, ya fuera por dinero, por ideología o por chantaje, y me ofrecieron prepararme una especie de vademécum que recogiese las normas esenciales de precaución a tener en cuenta por personal español que visitase la colonia, lo que me pareció muy interesante y acepté sin dudar. La obtención de información de interés militar en Hong Kong en aquellos días era irrelevante. Finch también me dijo que, a pesar de los cambios, no despreciaban la actividad de la Unión Soviética en la colonia, ni tampoco la posible amenaza terrorista en algún momento.

---

260 Sir David Wilson era un noble escocés, perfecto conocedor de China, que hablaba mandarín y cantonés. Fue el penúltimo gobernador británico en Hong Kong.

261 El nuevo consulado de España también estaba situado en el distrito de Wanchai, en un piso de un edificio en Central Plaza.

Hong Kong era territorio británico desde 1898, a raíz de la victoria de Gran Bretaña en las guerras del Opio, con un mandato por noventa y nueve años, por lo que en 1997 debería retornar a China, como así fue. Me di cuenta de que estaba siendo testigo de la historia. En algunos sectores de la sociedad española se comparaba frecuentemente el caso de Gibraltar con Hong Kong, pero eran problemas muy distintos; para empezar, ambos casos, si bien estaban regulados por sendos tratados, la Convención para la Extensión de los Nuevos Territorios otorgada por la emperatriz viuda Cixi de la dinastía Qing, fijaba un plazo de noventa y nueve años, y la dinastía desapareció en 1912[262], dando origen a la República China, y en última instancia, en 1949, a la actual República Popular, cumpliendo Gran Bretaña escrupulosamente lo acordado; en el caso español era el Tratado de Utrecht, o Paz de Utrecht, que entró en vigor en 1715, y por el que, de acuerdo con lo estipulado, Gran Bretaña recibió Gibraltar y Menorca —esta por cien años—, así como amplias ventajas comerciales en el Imperio español de las Indias, pero fijando que la cesión del Peñón era a perpetuidad. El Tratado de Utrecht fue ratificado en 1715 y firmado por los monarcas de las casas reinantes, Ana de Inglaterra —primera reina en la historia de Inglaterra—, que sería la última de la dinastía de los Estuardo, y Felipe V, primer monarca de la Casa de Borbón en España, hoy reinante. Por otra parte, mientras China nunca trató de recuperar la colonia por la fuerza, España lo intentó en numerosas ocasiones, fracasando en todas ellas. A todo esto, hay que añadir que mientras China era una potencia en auge, España, en 1715, era ya una potencia que iniciaba su decadencia; China, además, poseía armas nucleares. La política de España, por otra parte, en relación con Gibraltar ha sido tradicionalmente errática, mientras que la británica siempre se ha mantenido en el respeto al Tratado de Utrecht y de la voluntad de los habitantes del Peñón.

Hong Kong como base naval británica figuraba como HMS Tamar Base, que fue el primer barco de la Royal Navy en la colonia —un buque que hoy llamaríamos logístico—, que se utilizó como

262 El último emperador de la dinastía Qing, Puyi, abdicó en 1912, dando fin al Imperio y terminando con más de dos mil años de tradición imperial china.

cuartel general flotante hasta que se construyeron instalaciones en tierra firme. Hacia 1978 se había construido un nuevo edificio —Prince of Wales Building—, que visité, recibiéndome el capitán de navío Peter Dalrymple-Smith, al mando de la base, que entiendo es hoy el Cuartel General de las fuerzas del Ejército Popular chino (PLA) en el territorio. La Royal Navy llevaba a cabo una importante tarea de colaboración con la Policía de Hong Kong en operaciones anticontrabando cuando visité la colonia. El Ejército británico vigilaba y controlaba la frontera terrestre con China, que me sorprendió que estuviera minada y separada con una valla metálica de aspecto infranqueable. La guarnición de Hong Kong —al mando del general de división sir Peter Duffell— me pareció considerable, aunque insignificante frente a China obviamente, y estaba compuesta por tres batallones de infantería ligera, un escuadrón de helicópteros —con helicópteros ligeros de reconocimiento Westland Scout, que podían ir armados—, y una brigada de infantería Gurkha, con los apoyos reglamentarios de rigor. Las fuerzas navales estaban constituidas por cinco corbetas para vigilancia litoral y la Royal Air Force mantenía solo un escuadrón de helicópteros en la colonia, con helicópteros Puma y Chinook. Aproximadamente, todas estas fuerzas suponían unos nueve mil efectivos. Según pude saber, ya a toro pasado, en 1982, con ocasión de la visita a China de Margaret Thatcher en 1982, y las consecuentes negociaciones, entre las que estaba la devolución de Hong Kong, el entonces secretario general Deng Xiaoping le dijo a la primera ministra: «Podría conquistar la colonia esta tarde si quisiera», a lo que Mrs. Thatcher contestó: «Por supuesto, y yo no podría impedirlo, pero entonces el mundo entero sabría cómo es China en realidad». En 2007 se reveló que Deng no estaba bravuconeando y que, efectivamente, existía un plan para conquistar Hong Kong por la fuerza[263].

La devolución de la colonia, aunque pacífica, resultó traumática para muchos residentes en Hong Kong y un gran número de ellos se apresuraron a trasladarse a otros países. Gran Bretaña concedió la nacionalidad británica a cincuenta mil familias, pero en total

263 Declaraciones de Lu Ping, al periodista Michael Sheridan de *The Times*, en 2007. Lu había estado a cargo de las negociaciones finales de entrega de Hong Kong en 1997, con el gobernador británico Chris Patten.

se calcula que, entre 1984 y 1997, aproximadamente un millón de personas abandonaron la colonia, trasladándose al Reino Unido, Singapur, Canadá, Australia y Estados Unidos. Lo ocurrido en la plaza de Tiananmén aceleró la salida de muchos habitantes. A este problema se añadía el de los refugiados vietnamitas que, en número creciente, y en medios de fortuna, llegaban a Hong Kong, huyendo del régimen comunista de Hanoi.

Las protestas y consecuente masacre de la plaza de Tiananmén, en 1989, consistieron en una serie de manifestaciones lideradas por estudiantes, entre abril y junio de 1989, y su represión, ordenada por las autoridades comunistas. La protesta recibe el nombre del lugar en que el Ejército Popular chino, con carros de combate, disolvió la movilización, en la simbólica plaza de Tiananmén. Los manifestantes provenían de diferentes grupos, desde intelectuales que acusaban al Gobierno de ser demasiado represivo y corrupto, a trabajadores que creían que las reformas económicas en China habían ido demasiado lejos y que la inflación y el desempleo estaban haciendo peligrar su calidad de vida. Los sucesos habían motivado considerar en Londres si mi viaje era procedente, pero cuando les dije que como militar no podía aceptar ese razonamiento, el propio director, sir Colin, dijo que adelante. No hubo ningún incidente ni ningún contratiempo y todo transcurrió sin sobresaltos.

En Hong Kong, amablemente, el mando militar nos permitió utilizar un helicóptero ligero Westland Scout, con el que hicimos varios vuelos a baja cota sobre la bahía, los Nuevos Territorios y la línea fronteriza, donde pude observar las disposiciones defensivas y las torres de vigilancia con ametralladoras en el lado chino. Me explicaron que todo ese despliegue era para evitar la huída a Occidente de posibles disidentes o descontentos. David Handley y yo tuvimos la osadía de cruzar, utilizando documentación diplomática, a la República Popular por un punto fronterizo que permanecía abierto —en Shenzhen, provincia de Guangdong—, lo que no estaba previsto, y que para mí supuso poner los pies por primera vez en China, y reconozco que me sentí muy emocionado. También llegamos a hacer una excursión de un día a Macao, utilizando un aerodeslizador de servicio regular. Macao era todavía un territorio dependiente de Portugal, que pasó definitivamente a China en 1999. Por lo que pude apreciar, Macao no era más que un gigantesco centro de juego y vicio. El puerto de Hong Kong relegaría a Macao a un segundo plano en el ámbito comercial. Macao, gracias a la neutralidad portuguesa en la Segunda Guerra Mundial, se libró de la invasión japonesa, que sufrieron en Hong Kong. En 1984, tras el acuerdo con el Reino Unido para la devolución de Hong Kong, la República Popular China comunicó a Portugal su intención de recuperar la administración de Macao. La firmeza china hizo que los portugueses accedieran a poner fin a su presencia en Macao con las condiciones propuestas por Pekín, que eran una copia del acuerdo alcanzado con Gran Bretaña. Finalmente, la devolución se hizo en 1999.

En Hong Kong fui testigo mudo de la operación Yellowbird, que fue una operación secreta dirigida por el Foreign Office —obviamente por el MI-6— para ayudar a salir de China, y llevarlos a terceros países, a los disidentes que corrían riesgo de ser detenidos y encarcelados por la Policía y fuerzas de seguridad chinas, ya que se emitió orden de busca y captura por parte del Departamento Municipal para la Seguridad Publica de Pekín, de todos los líderes de la Federacion Autónoma de Estudiantes, acusados de haber participado en las manifestaciones de Tiananmén. Aproximadamente cuatrocientas personas con riesgo de ser detenidas lograron salir de China entonces, aunque la operación continuó con mayor o menor intensidad hasta el momento final de la devolución de la colonia en 1997. Los servicios de Five Eyes colaboraron activamente con el Foreign Office y muchos países se ofrecieron para acoger a los refugiados, entre ellos España, aunque no puedo ofrecer datos al respecto. Fue un momento de gran relevancia y, de algún modo, hay que considerar que las convulsiones por las que atravesó China aquellos días eran repercusiones de lo que estaba ocurriendo entonces en Europa del Este y la Unión Soviética. Gorbachov había visitado Pekín tan solo un mes antes de los acontecimientos. Todo ello supuso una presión sin precedentes contra el Partido Comunista chino, cuyos líderes se mostraron divididos en cuanto a cómo responder. Sin embargo, Deng Xiaoping y sus partidarios reestablecieron el control del sistema, abandonando cualquier proyecto de reforma, y, si acaso, endureciendo las medidas de vigilancia y represión.

Volví al Reino Unido, muy enriquecido personalmente con la experiencia, y naturalmente envié un exhaustivo informe a Madrid, al que nadie respondió como ya era habitual. Mi pregunta una vez más era cuál había sido la utilidad real de mi viaje. Mis anfitriones británicos habían perseguido —no tengo ninguna duda— mostrarme someramente sus capacidades y, por supuesto, convertirme a su causa y lograr un amigo más para Gran Bretaña en aquel mundo en evolución.

A mi regreso a Londres me esperaban ciertas tareas con las que no contaba y que fueron cada cual más interesante o sorprendente. La primera fue representar al embajador en la despedida de sir Geoffrey Howe, que cesó como secretario del Foreign Office a finales de julio de aquel año, 1989. Aparentemente, como tuvo lugar en agosto, no había nadie disponible y el embajador se encontraba fuera de Londres. Para mí fue un honor, pero estimo que fue un gesto inapropiado; después de todo, sir Geoffrey era el ministro de Asuntos Exteriores y el jefe de la diplomacia británica, y se merecía una presencia de mayor relieve que la que yo podía aportar. Es posible que hubiera alguna motivación personal en la decisión del embajador ya que, según supe posteriormente, en Madrid ya se había decidido su cese.

La despedida por parte del cuerpo diplomático a sir Geoffrey tuvo lugar en Whitehall y como yo iba representando al embajador fui tratado con ese rango, con lo que me encontré alternando de igual a igual con los embajadores de los demás países. Durante el cóctel de apertura e introducción antes de la cena, acaparé, sin intención alguna, la atención de *lady* Howe —de nombre Elspeth, lo que me recordaba a las historias del rey Arturo y los caballeros de la Tabla Redonda, y que cuando se lo dije le hizo mucha gracia—; conversé ampliamente con ella, y en tono muy distendido, *lady* Howe abordó dos temas de interés en la conversación que mantuvimos; el primero, la carencia en España de algo como la Commonwealth británica, que aglutinase a todas las naciones de idioma y origen español, lo que ella consideraba un grave error por nuestra parte, y en lo que tuve que darle la razón, aunque no sin citarle antes a Ortega y Gasset[264], y establecer una compara-

264 Ortega decía: «Nuestro pueblo no admite lo distanciado y solemne. Reina en él puramente lo cotidiano».

ción con el caso de Estados Unidos, único país de habla inglesa no miembro de la Commonwealth; el segundo tema fue, como no, Gibraltar, insistiendo mucho en que me lo preguntaba sin ninguna segunda intención, por lo que respondí, citando declaraciones del propio monarca Juan Carlos[265], que decían que «no era el interés de España, recuperar Gibraltar», pero añadiendo de mi propia cosecha que sí podía ser el interés de España, en cambio, recuperar Portugal. *Lady* Howe sonrió y me dijo —quiero suponer que a título de cumplido—, que «por mi sarcasmo e ironía merecía ser británico», tras lo cual nos despedimos con apreciación mutua. Fue una velada interesante y me alegré de haber asistido.

Sir Geoffrey Howe, en realidad, no es que cesara como secretario de Estado por motivos personales o por retiro anticipado, o por designación para otro puesto, cesó por sus diferencias de criterio con la primera ministra. Pasó a ser nombrado viceprimer ministro, un cargo sin ningún significado real, y que conlleva que no se perciba ningún salario —algo que ignora la mayoría de los mortales—, por lo que se le asignó otro cargo adicional más como líder de la Cámara de los Comunes y presidente del Consejo Privado[266]. En cualquier caso, no conservaría esos cargos mucho tiempo ya que, en escasamente un año —en noviembre de 1990—, Margaret Thatcher cesó como primera ministra, y por tanto todo su gabinete fue sustituido igualmente.

---

265 En aquellos días había tenido conocimiento de que, en 1982, Juan Carlos había expuesto a sir Anthony Parsons, asesor de Mrs. Thatcher en política exterior, que «no estaba en los intereses de España recuperar Gibraltar pronto, incluso si fuera posible», en relación con la Declaración de Lisboa, de 10 de abril de 1980, en la que España y Gran Bretaña se habían propuesto resolver el problema de Gibraltar en un espíritu de amistad, y de acuerdo con las resoluciones pertinentes de la ONU. Según la nota de despacho redactada por Parsons para la primera ministra, Juan Carlos pensaba que la cuestión de Gibraltar debía manejarse a largo plazo y en una perspectiva amplia de la relación de España con el Reino Unido, y con Occidente en general. National Archive, Kew Gardens, Londres. (Sir Anthony había sido representante permanente del Reino Unido en la ONU, y en 1982 pasó a ser asesor especial de la primera ministra en temas de relaciones internacionales).

266 El Consejo Privado (Privy council) es un organismo que aconseja al monarca, formado por un comité de consejeros cercanos, que puedan darle consejos confidenciales en asuntos de Estado. El puesto de presidente del Consejo es considerado como un cargo de confianza, otorgado a miembros de alguna de las dos Cámaras, que, por acuerdo, no ocupan un puesto ejecutivo en el gabinete, pero que el primer ministro desea que asistan a las reuniones por su relevancia.

Sir Geoffrey había sido el ministro con mayor permanencia a lo largo de todo el tiempo de Mrs. Thatcher como primera ministra, comenzando como ministro de Hacienda (Chancellor of the Exchequer), para pasar luego a dirigir el Foreign Office, y tener al MI-6 bajo su dependencia nominal, durante seis años. Tengo la opinión de que era una buena persona; sus diferencias con Mrs. Thatcher eran debidas a su propio carácter y visión política, especialmente en su época de ministro de Asuntos Exteriores. Sir Geoffrey estaba más a favor de estrechar lazos con Europa, y de favorecer la unificación de Alemania, así como de no apostar por la iniciativa de defensa estratégica SDI o Starwars, como lo hizo Mrs. Thatcher. Le sustituyó, curiosamente, John Major, alguien apenas conocido en el entorno político de aquellos días, y que, en noviembre de 1990, acabó sustituyendo, a su vez, a la propia Margaret Thatcher. Todo iba a cambiar radicalmente, como había profetizado Arbatov.

La siguiente tarea fue algo que, aún hoy en día, no alcanzo a comprender. A petición del embajador —hacia mediados de septiembre de 1989—, estuve acompañando a su majestad la reina Sofía de España una tarde en Londres, sin ninguna escolta ni ningún servicio de seguridad. El embajador me pidió estricta confidencialidad en el tema y me aclaró que, precisamente por esa razón, no quiso recurrir a ninguno de sus diplomáticos, pero me pidió que no informase de aquello a nadie y ni siquiera al general Alonso Manglano, lo que así hice. Tampoco quería que informase a los servicios británicos, aunque supongo que estaban perfectamente al corriente. Dado que no afectaba para nada al cumplimiento de mis funciones, acepté de buen grado. Es la primera vez que saco a la luz pública este hecho.

Se trataba de recoger a la reina Sofía en una mansión donde, al parecer, vivía, con caracter permanente, de lo que yo no tenía el menor conocimiento, y trasladarla al hotel Claridge's[267], en el centro de Mayfair, en Londres, para reunirse con su hermana, la princesa Irene de Grecia, y llevarla de nuevo, cuando acabase su reunión, a su residencia, ubicada en la elegante zona de St. John's Wood.

267 El hotel Claridge's, en Brook Street, ha sido descrito como el primer hotel de Londres, y en él se reunieron en varias ocasiones, en 1860, la emperatriz Eugenia de Montijo —esposa de Napoleón III—, y la reina Victoria de Inglaterra.

Naturalmente, recogí a Su Majestad en su residencia, en uno de los coches de la Embajada, y la acompañé a la reunión con su hermana. Debo decir que tanto la reina como su hermana fueron extremadamente amables, e incluso me pidieron que me quedaran con ellas en el saloncito que el hotel había puesto a su disposición, lo que decliné como mejor pude, con la excusa de tener trabajo, pero pidiéndoles permiso para situarme en el salón de lectura (Reading Room) del hotel, donde se gozaba de una paz sobrenatural. Acabada su reunión —como tres horas más tarde—, acompañé a Su Majestad de regreso a su vivienda, y la princesa Irene se quedó en el hotel, donde, al parecer, estaba alojada. Y como ya dijo don Francisco de Quevedo, aquello fue todo, y después no hubo nada. Informé al embajador, y nunca más volvimos a hablar de este tema. Preguntas al respecto, sé que pueden surgir muchas, pero no tengo respuestas para ninguna, aunque las sospechas sean infinitas.

También en aquella época tuvo lugar la única petición de actividad informativa que, personalmente, me dirigió el general Manglano en todo el tiempo que permanecí en Londres, y a la que no di cumplimiento. Alonso Manglano quería que investigase las actividades y negocios que el empresario José María Ruiz Mateos pudiera estar desarrollando en Londres, e incluso pidiera ayuda a los servicios británicos. Yo no tenía conocimiento de ninguna actividad ni me había preocupado por saber nada al respecto, pero pude intuir que aquello tenía claramente un matiz político y ningún componente que pudiera afectar a la seguridad nacional o del Estado, por lo que decidí obrar en conciencia y busqué la manera de no cumplir su petición. La excusa me vino enseguida y fue perfecta cuando le dije al general que ya el Ministerio del Interior español había tomado cartas en el asunto y estaban sobre ello, lo que nunca supe realmente ni era verdad, pero que Manglano aceptó sin más, y dándome la razón me dijo que no investigase nada, y fin de la historia. Nunca supe cuál era el objeto de tal petición, ni lo comenté con nadie ajeno.

La picaresca española de Rinconete y Cortadillo me llegaría hasta mi puesto en Londres mediante dos pequeños incidentes que, aunque no tenían relación con mis funciones, merecen ser conocidos por el lector. El primero de ellos tuvo como protagonista a un oportunista llamado Julio Feo. En el momento en el que los hechos sucedieron era consejero del Patrimonio Nacional, un puesto irrelevante de un organismo dedicado al cuidado y mantenimiento de los bienes históricamente vinculados a la Corona española. El Sr. Feo vino a Londres en visita privada, y se vio implicado en una aventura con una «dama», a raíz de la cual sufrió el robo de un reloj de oro, un abrigo de alta calidad, y una cartera que supuestamente contenía documentos clasificados de la OTAN, según él mismo afirmó. Me llamó el embajador personalmente —era un domingo—, y me reuní con él en su despacho, haciéndole saber mis reservas sobre el asunto que él compartió sin ninguna reserva. El asunto levantaba dudas por doquier y, de ser cierto, era realmente competencia de la Policía, por lo que tras una pequeña entrevista con el inspector Mariano Rayón al día siguiente, el Sr. Feo[268] decidió cerrar el asunto y no decir nada más, regresando a Madrid esa misma tarde. Todo era falso, ni había documentos OTAN ni nada, y eso lo había inventado, pensando que así la Policía británica se tomaría el caso con más interés. Fue, nunca mejor dicho, un incidente muy «feo».

El siguiente episodio —que desvié a la atención del inspector Rayón una vez más— lo protagonizó un diputado del PSOE, cuyo nombre no merece la pena recordar, al ser detenido por la policía británica cuando intentaba llevarse sin pagar algunos artículos de los almacenes Marks & Spencer, en Oxford Street. El personaje, al ser detenido, increpó a la policía, diciéndole a los agentes que «no sabían con quién estaban hablando», con lo cual fue directamente al calabozo de la comisaría más próxima. Tras pagar una fuerte multa, fue puesto en libertad y conducido al aeropuerto de Heathrow, donde embarcó en el primer vuelo disponible a España.

Mucho más trascendente y relevante sería lo que considero el gran episodio de la contrainteligencia en España sobre los servicios soviéticos desvelado gracias al MI-6, a pesar de toda la transparencia y reestructuración de la URSS iniciada por Gorbachov. Creo que la gravedad del asunto, a pesar del tiempo transcurrido, es grande, por lo que omitiré los nombres completos, aunque el

268 Julio Feo era militante del PSOE, y su trayectoria estuvo muy vinculada a Felipe González, del que fue secretario general de Presidencia del Gobierno, hasta 1987. Desde finales de la década de los ochenta abandonó la actividad política y se dedicó a actividades de consultoría.

lector avezado y con conocimiento será capaz de descubrir la identidad del personaje en cuestión. A finales de 1988, un oficial checo del servicio de inteligencia StB[269] desertó en Nueva Delhi buscando asilo en la Alta Comisaria británica[270]. El oficial checo en cuestión fue trasladado en vuelo militar británico al Reino Unido en los primeros días de 1989, cuando ya el sistema político en Checoslovaquia estaba a punto de derrumbarse, a pesar de lo cual se hizo con la mayor discreción.

Pasado un tiempo prudencial, tras los *debriefings* e interrogatorios de rigor, salió a relucir que el oficial checo —que figuraba como diplomático acreditado en India— conocía el hecho de que había un ciudadano español que trabajaba con el StB, por indicación del KGB, de lo que fui informado oficialmente por mi amigo John Fisher del MI-6. Este individuo había sido reclutado en Londres por el StB cuando era estudiante en la London School of Economics (LSE), según nuestra fuente creía, con una beca de la Fundación Pablo Iglesias, del PSOE, una institución muy en el punto de mira del KGB, como fuente de reclutamiento de posibles nuevos agentes, como se hizo patente. Sin embargo, eso era todo lo que él sabía; desconocía todo lo demás: ni nombre, ni edad aproximada, ni fechas de su reclutamiento, ni tiempo que había permanecido en Londres. Encontrarlo no era tarea fácil ya que hubo bastantes estudiantes españoles en Londres becados por el PSOE en los ochenta y noventa.

Sin embargo, me puse manos a la obra, pero acordé, por propia iniciativa con el MI-6, no decir nada, de momento, al CESID, en Madrid, ya que yo no tenía confianza plena en el manejo de una información tan sensible por parte del Centro. Propuse hacer una investigación conjunta, con Simon Butler-Madden —él desde

269 Las iniciales StB correspondían a Seguridad del Estado (Státní bezpečnost), que operó desde 1945 hasta su disolución en 1990. Durante ese período sirvió como organismo de inteligencia y contrainteligencia, además de ocuparse de toda actividad que pudiera ser considerada anticomunista y subversiva. Era un servicio completamente ligado al KGB soviético por cuya cuenta actuaba muchas veces.

270 La denominación «Alta Comisaría» (High Commission) es como se llama a las representaciones diplomáticas británicas en los países miembros de la Commonwealth en vez de utilizar la palabra «Embajada», pero cumplen la misma función. En las Altas Comisarías solía haber representantes del MI-6 y también del MI-5.

Madrid y yo, por el momento, en Londres—, lo que le pareció bien a sir Colin McCall. Iba a ser una tarea de varios meses, pero el esfuerzo se vería premiado.

Investigué en el Consulado de España, ya que consideré que, como mínimo, el personaje a localizar habría permanecido un año en Londres, o incluso más. De manera muy discreta pregunté en la secretaría de admisiones de la LSE, donde fueron muy reacios a darme información, ya que yo no era capaz de dar ni siquiera un nombre. Por su parte, en España, Simon Butler indagó en la Fundación Pablo Iglesias y consiguió un elenco de estudiantes becados en los tres últimos años, pero no en qué escuelas habían ido a estudiar.

Cuando no veíamos claro cómo seguir se hizo la luz en la forma de un contacto personal mío. Se trataba del profesor Christopher Cooker[271], de la LSE, a quien yo conocía y con quien había trabado una buena amistad. Ignoro cómo no se me ocurrió antes hablar con él, simplemente no caí en la cuenta. Chris Cooker era un buen chico, con gran cultura política y era profesor de relaciones internacionales en la LSE desde 1982, experto en temas de seguridad y defensa y miembro del Royal United Services Institute (RUSI), donde nos habíamos conocido. Recuerdo que habíamos quedado para almorzar en el restaurante Rib Room del hotel Carlton Tower, en Belgravia, muy cerca de la Embajada, que era uno de los sitios habituales que yo solía frecuentar.

Nuestra conversación discurrió por los derroteros habituales, y hablamos un poco de todo hasta que, sin que yo tuviera que decir nada, Chris me preguntó, como algo casual, si conocía a un antiguo alumno suyo que había venido a Londres con una beca de la Fundación Pablo Iglesias, y que siempre era el alumno que demostraba más interés y que poseía mayores conocimientos. Me dijo que me lo preguntaba por pura curiosidad, ya que desde que dejó Londres y se graduó *cum laude* en la LSE no había vuelto a saber de él. Le dije que lamentablemente no le conocía ni había oído hablar nunca de él, aunque sus apellidos me eran conocidos

271 Aunque el profesor Cooker ya está retirado, sigue trabajando y dirige en la actualidad el centro de pensamiento político de la LSE llamado LSE Ideas, trabajando en temas de política internacional, seguridad y de actividades de la OTAN, habiendo escrito varios libros al respecto, y desarrollado labor de consultoría para el Gobierno británico.

ya que eran los mismos de un escritor famoso español, posiblemente su abuelo, que había sido militante falangista y muy afecto al régimen de Franco. El nieto, de nombre Carlos, sin embargo, era militante del PSOE. Ni por un momento me creí que Chris me hubiera preguntado por su exalumno casualmente, sino que más bien mis amigos británicos habían descubierto ya algo y querían que fuera yo quien desentrañase el misterio, y así lo hice.

Sin todavía decir nada al CESID, pero ya con un nombre, profundizamos en la investigación y ahí es donde vino la sorpresa. El personaje en cuestión se encontraba trabajando, ni más ni menos, que, en la Secretaría General de la OTAN, en Bruselas, como responsable de la oficina de prensa del propio secretario general Manfred Woerner. Anteriormente había estado trabajando en el Gabinete del presidente Felipe González, en la Moncloa, y había sido el propio González quien, por sugerencia de Woerner en una visita que realizó a España[272], le dijo que no había ningún español en su secretaría. El caso, a simple vista, recordaba el sucedido con el canciller alemán Willy Brandt, y su secretario Gunter Guillaume, quien resultó ser un espía comunista.

Cuando tras investigaciones que ya fueron hechas por los servicios británicos, junto con los norteamericanos, se descubrieron indicios que incriminaban claramente al personaje, fui yo, una vez más, quien, de forma personal y verbal, se lo comunicó al general Alonso Manglano. Le entregué un dosier detallado con toda la información obtenida que preparé yo mismo, y del que no hice ninguna copia, en castellano, exponiendo incluso viajes que el personaje había venido realizando a Viena, con cierta periodicidad, donde se entrevistaba supuestamente con sus contactos del StB, e incluso cruzaba a veces la frontera con Checoslovaquia, con pretextos de viaje turístico. Detalles, todos ellos, que no habían llamado antes la atención porque nadie sabía quién era el personaje.

272 El traslado a Italia de los setenta y dos aviones F-16 norteamericanos, entonces estacionados en la base de Torrejón, por exigencia del Gobierno de Felipe González, constituyó el principal tema de la visita del secretario general de la OTAN, Manfred Woerner, a Madrid, en julio de 1988, entrevistándose con el rey, con el presidente Felipe González y con el ministro de Asuntos Exteriores, Fernández Ordóñez. Era la primera vez que Woerner viajaba a España en su calidad de secretario general de la OTAN, tras sustituir a lord Carrington. Las negociaciones entre la OTAN y España constituyeron el centro de la agenda durante la visita.

Manglano me indicó que no debía tratar este asunto con nadie —que era lo que precisamente había hecho—, sino solo con él, pero para referirnos al asunto acordamos una palabra clave, a propuesta mía, de modo que yo le alertaría si había algo refiriéndome a él como «Sansón». Hasta aquí llegó mi intervención.

Parece ser que el general Alonso Manglano despachó el asunto con el ministro Narcís Serra, y con el secretario de Estado de Asuntos Exteriores, Inocencio Arias, y la consigna fue única: el tema no podía salpicar ni implicar al presidente González. Había que sacar al personaje de Bruselas, y el encargado de ello fue el coronel de Artillería, Antonio Urquía —jefe de seguridad OTAN en el CESID—, quien viajó a la capital belga y se entrevistó con el personaje, dándole una única opción: se le dijo que se conocían todas sus actividades y que estaba bajo vigilancia, y que disponía de cuarenta y ocho horas —bajo vigilancia— para dimitir de su puesto debido a razones graves de salud y que se trasladaba a España para recibir atención médica y ser hospitalizado. Una vez en España, estaría en régimen incomunicado el período de tiempo que se juzgase necesario, y posteriormente, privado de su pasaporte, estaría en régimen de libertad vigilada y se le proporcionaría un empleo en algún sitio donde no tuviera acceso a ninguna información de ningún tipo. Al secretario general, Manfred Woerner, se le advirtió de todo de forma reservada. No volví a saber nada de este individuo[273] excepto que acabó trabajando en algún despacho de la Comunidad de Madrid, cuando Joaquín Leguina fue presidente, y quien, curiosamente, presidiría la comisión de Defensa del Congreso en la primera legislatura del presidente Zapatero. Y hasta aquí esta historia, y como diría alguien, «pelillos a la mar»[274]. En el Reino Unido, probablemente, el personaje estaría todavía en prisión.

Personalmente, nunca supe el resultado de la evaluación de daños —que obviamente en la OTAN se hizo—, ni ninguna de las consecuencias derivadas de la actividad del individuo, quien, en realidad, había estado trabajando en la OTAN escasamente un año,

273 El personaje se incorporaría a la vida pública como un subdirector general más del Ministerio de Trabajo y Asuntos Sociales en el primer Gobierno del presidente Rodríguez Zapatero en 2004.

274 Rodríguez Marín, Francisco. *Cantos Populares Españoles* (1882-1883). Biblioteca de la Comunidad de Castilla y León.

aunque no se debe olvidar que, anteriormente, trabajó en Presidencia del Gobierno en España y desde allí pudo haber realizado igualmente una labor considerable en beneficio de los soviéticos.

Llegados a este punto, nos encontrábamos ya en las Navidades de 1989 y cuando constaté que llevaba ya cinco años viviendo en el Reino Unido, expuse mi situación en conversación privada al general Alonso Manglano en el sentido de que, honestamente, consideraba que había permanecido ya un período de tiempo más que razonable en Gran Bretaña, y lo que parecía ser el objetivo principal de mi destino que, a mi entender en ausencia de otras directrices, era establecer unas relaciones firmes con los servicios británicos, podía darse por logrado. Con ello no quería dar a entender que estaba cansado o quería un cambio de aires, sino simplemente que la institución podía necesitarme en algún otro lugar o haciendo otra labor. Normalmente, los agregados militares permanecían tres años en su destino, y algo parecido ocurría con los diplomáticos; además, yo siempre dije que era un oficial del Ejército destinado temporalmente en el CESID, pero no un profesional de la inteligencia. No sé, a ciencia cierta, si Manglano interpretó correctamente mis pensamientos, pero al hablar como lo hice acababa de abrir la caja de Pandora, sin darme cuenta, y lo que vino tuvo sus consecuencias.

Ignoro si mi estancia en el Reino Unido fue útil para España, al menos no creé ningún conflicto, y en un lugar y en un contexto donde anteriormente no había existido presencia del CESID y donde se desconocía la existencia de un organismo de inteligencia español, ahora éramos conocidos. Personalmente, había aprendido mucho, en todos los campos, y había vivido historia en primera fila, algo impagable. Lo que iba a venir era un mundo diferente, y no precisamente el nuevo orden que muchos habían creído y, quizás, esperado.

13. EMPIEZA EL CAOS MUNDIAL Y TODO CAMBIA. BÉLGICA, TIERRA DE COMPROMISO

«Bruselas es un laboratorio. Es la ciudad más cosmopolita del mundo donde conviven ciento ochenta y tres nacionalidades. La fuerza y la riqueza de Bruselas es ese caldo cultural, ese intercambio cultural que hay por todas partes».

Rachid Madrane, ministro responsable de la promoción de la Federación Valonia-Bruselas

«Bruselas cambia a todo el que va a vivir allí, sobre todo cuando se tienen inquietudes políticas y sociales».

Patricia Betancourt, presidenta de la Asociación Venezuela-Europa

«Si alguna vez vuelve a haber otra guerra en Europa, será debido a cualquier estupidez que surja en los Balcanes».

Otto von Bismarck

El decenio se inició con gran cantidad de países, especialmente los del Este, en un doble proceso de transición: de autoritarismo a democracia, y de economía planificada a economía de mercado. Checoslovaquia y Yugoslavia, países artificiales nacidos tras la Primera Guerra Mundial, y la propia Unión Soviética se desintegraron. El caso yugoslavo, debido a los nacionalismos exacerbados, provocaría las guerras civiles más brutales en Europa, en todo el decenio, originando unas rivalidades que siguen latentes. En la antigua Unión Soviética también se abriría la puerta que dio paso a nuevas guerras civiles, una de las cuales está teniendo lugar en nuestros días. Otros países que estaban ligados económica y militarmente a la Unión Soviética sufrieron gravemente como Cuba y Corea del Norte, y en Afganistán encontrarían refugio los nacientes movimientos radicales fundamentalistas islámicos. Por otra parte, en Europa se aceleró la constitución de la Unión Europea y del Banco Central Europeo (BCE), de acuerdo con el Tratado de Maastricht que se firmaría en 1993.

En agosto de 1990 estallaría la llamada primera guerra del Golfo, cuyas consecuencias todavía perduran. La era Thatcher llegaba a su fin; mi embajador cesó en su puesto y le sustituyó un hombre gris que estaba en las postrimerías de su carrera, y en España el inefable Alfonso Guerra, que parecía ser la piedra angular del Gobierno de Felipe González —el que había pronosticado que cuando ellos, el PSOE, abandonasen el poder «a España no la conocería ni la madre que la parió»—, era cesado de forma poco elegante gracias a las intrigas llevadas a cabo por el tándem Narcís Serra-Alonso Manglano, encaramándose Narcís a la vicepresidencia del Gobierno. Hoy, en retrospectiva, hay que admitir que el gran espectáculo del circo se había adueñado del panorama geopolítico mundial y España no quedaba al margen. Y todo ¿por qué?, ¿debido a la caída del comunismo en la URSS y a haber finalizado la Guerra Fría? La profecía de Arbatov.

El último período de Mrs. Thatcher al frente del Gobierno estuvo claramente marcado por la evolución que inexorablemente tomaba la Comunidad Económica Europea hacia lo que sería la Unión, ya cuando ella no lideraba el Reino Unido. En general, existía un gran escepticismo en el pueblo británico respecto del futuro de la posible Unión Europea, pero ello no debe interpretarse como una actitud antieuropea, sino solo como resistencia ante la posible intromisión en lo que consideraban eran sus propios asuntos que, no sin razón, estimaban que eran desconocidos e ignorados por unos políticos que residían al otro lado del canal de la Mancha. También existía resistencia, y serias dudas, a que las relaciones exteriores y la política de defensa fueran gestionadas desde Bruselas, y no digamos ya a que una moneda tan apreciada y sentimental para ellos como era, y es, la libra esterlina, fuera sustituida por una divisa desconocida e inexistente en el momento, aspecto en el que no les faltaba razón, habiéndose demostrado que Gran Bretaña, gracias a no haber ingresado en el Sistema Monetario Europeo, ha navegado mejor las aguas turbulentas de la economía mundial y las sucesivas crisis que las finanzas internacionales han sufrido desde aquella época. A título de resumen, baste decir que parodiando a Mrs. Thatcher, «todas las crisis y amenazas sufridas por el Reino Unido le habían venido siempre desde el continente europeo, mientras que todas las soluciones habían llegado desde el Nuevo Mundo». De igual manera, explicaba su actitud reacia ante la unificación alemana. Ese pensamiento explicaba su antieuropeísmo y justificaba su americanismo, sin embargo, no era compartido por todos los miembros de su gabinete y tendría mucho que ver con su caída en noviembre de 1990.

Durante este último período de mi estancia en Londres, de 1988 a 1990, tuve algunas visitas de delegaciones del CESID, como fueron una del Área 3, de la División de Inteligencia Exterior, liderada por el comandante Flores Calderón, al MI-6, para tratar los acontecimientos que tenían lugar en la URSS —a sugerencia mía—; una de la División de Contrainteligencia, dirigida por el teniente coronel Manuel Chalud, al MI-5, consecuencia de las declaraciones de Gordievsky, y una de la División de Interior, también al MI-5, liderada por el coronel Manuel Guerrero, para intercambiar puntos de vista sobre contraterrorismo. Todas transcurrieron sin contratiempos y puede decirse que fueron simples tomas de contacto sin mayores consecuencias. Tuve una visita muy agradable, por cierto, del coronel Vicente Mateo Canalejo —Sr. Marte—, jefe del Departamento de Asuntos Económicos del Centro, acompañado de su mujer, que solo pretendía conocer cómo me desenvolvía económicamente y saber mis necesidades; el coronel no había visitado nunca Gran Bretaña y fue una ocasión en la que verdaderamente agradecí la compañía y el interés, y a raíz de la cual establecí una buena amistad con él.

También recibí alguna visita aislada y sin trascendencia de algunos directivos del Centro como fueron Clara «Balmes» —sobrina de Manglano—, mi oficial «responsable», que me visitó motivada por la curiosidad, sobre todo, y Miriam Jáudenes, la responsable del espinoso asunto de Gibraltar en el CESID, y a quien puse en contacto con Mr. David Ratford, en el Foreign Office, que era quien trataba los temas relativos al Peñón, sin que hubiera mayor novedad. Igualmente me visitaron el teniente coronel Joaquín Riera, jefe del Área 2 —a la que teóricamente yo estaba adscrito de alguna forma—, Fabiola Moreno de Alborán, que vino a despedirse ya que dejaba el Centro, y, con sorpresa por mi parte, Paz Esteban[275], mi «pupila» por así decir, ya que no tenía ninguna relación conmigo puesto que era responsable de Bélgica, pero que, al visitar Londres, en un viaje privado, tuvo el gesto de venir a saludarme.

En otro ámbito, recibí y atendí las visitas de los tenientes generales Iñiguez, Faura y Porgueres, que llegarían los tres a ocupar el puesto de jefe del Estado Mayor del Ejército, del teniente general del Aire Gonzalo Puigcerver, y del general Alejo Arnaiz, director del Museo del Ejército, a quien puse en contacto con el Museo Imperial de Guerra, provocando que se estudiase el posible intercambio de uno de los carros soviéticos T-26 capturados en la Guerra Civil por algún otro que pudiera ser de interés en España. También me vi implicado en una visita del buque-escuela Juan Sebastián Elcano a Londres, y en la visita del Grupo ALFA[276] de la Armada a la base naval de Portsmouth. Asimismo, mantuve un periodo de encuentros muy interesante con el general del Aire, José Sánchez Méndez, que estuvo asistiendo a un curso de estudios sobre gestión de defensa en el Royal College of Defence Studies, una especie de escuela de Altos Estudios Militares (ALEMI) española, que tengo entendido

275 Paz Esteban es sobrina de un antiguo subordinado mío, y yo avalé su ingreso en el CESID. Ni ella ni yo mismo podíamos imaginar que un día sería la directora general del CNI y la primera mujer en ese puesto, aunque ello le ocasionaría un gran disgusto, y sería sacrificada por los políticos de turno en el altar del oportunismo.

276 Coincidiendo con la caída de la Unión Soviética, la disolución del Pacto de Varsovia, y el viraje de los intereses estratégicos de la OTAN hacia otros escenarios de menor intensidad, como las intervenciones de imposición/mantenimiento de la paz y humanitarias, destacando el conflicto en la antigua Yugoslavia, la Armada española dispuso de un grupo naval especializados en el ataque y defensa aeronaval, con un componente centrado en un portaaeronaves y sus fragatas de escolta (el portaaviones Príncipe de Asturias R-11 y fragatas FFG-7 clase Santa María F-80), que se denominó Grupo ALFA, dotando a la Armada de esa época con una capacidad militar notable para una potencia de tamaño medio.

que ya no existe. Sánchez Méndez era un oficial con mucho interés y conocimiento de los temas de inteligencia y casi todas las semanas me contaba qué conferencias y debates habían tenido, y en muchas ocasiones aportaba unos puntos de vista interesantes, aunque para nuestros mandos en España resultaban irrelevante.

En esta época saltó a la luz el escándalo del caso KIO, sobre fraude y falsas inversiones de la Oficina de Inversiones de Kuwait (Kuwait Investment Office/KIO), cuya sede estaba en Londres, que, en la parte relativa a los intereses que este grupo tenía en España, empezaron a apuntar a la Casa Real española, aunque naturalmente nada se descubrió ni nadie fue acusado de ningún delito, aunque las sospechas apuntaron claramente al entorno del propio Juan Carlos. Afortunadamente, ni el CESID ni mucho menos yo tuvimos nada que ver ni supimos nada, ni se me pidió tampoco ninguna gestión ni ninguna información. En la actualidad sigue siendo un tema todavía no bien aclarado ni explicado, sobre el que abundan los claroscuros; el dinero que se manejó nunca ha sido encontrado.

En este período fue cuando tuvieron lugar dos visitas oficiales a Londres de Alonso Manglano, y una tercera visita extraoficial e inesperada que aún hoy en día, treinta y tres años después, no acabo de digerir ni comprender del todo.

La primera visita del general Alonso Manglano a Londres tuvo lugar en 1988 y fue una primera toma de contacto con los servicios británicos, en realidad fue solo con el MI-6, sin que mediara ninguna necesidad ni operativa ni política. La causa real de la visita había sido mi insistencia y capacidad de convencimiento tras constatar, con el paso del tiempo, que las relaciones entre servicios de inteligencia no podían quedar limitadas solamente a la labor que hiciéramos los representantes respectivos, en Madrid y en Londres, y era necesario que los directores se conocieran. No obstante, el protocolo británico llevó a que se firmasen unos acuerdos de cooperación en materia de intercambio de información y de lucha antiterrorista fuera del Reino Unido que eran puras generalidades, pero eran algo inexistente hasta la fecha. Yo ya había advertido a Manglano de que eso iba a ocurrir y no hubo ningún problema[277].

277 En pura teoría todo lo que son acuerdos internacionales debían ser sancionados por el rey, pero por supuesto, Manglano no hizo nada en ese sentido. Ignoro si, acaso, no lo sabía.

El aspecto de las relaciones entre los directores de los servicios de inteligencia es algo esencial que los británicos cuidaban mucho y que no me consta que fuera igual en Madrid. Positivamente sé que, en España, Manglano prácticamente no hablaba con Rafael Vera, a la sazón director general de Seguridad del Estado, ni con los jefes de las divisiones de inteligencia de los Estados Mayores, ni con el jefe del servicio de información de la Guardia Civil, a no ser de forma ocasional, y en el marco de alguna actividad institucional. De cara a los servicios de inteligencia amigos y aliados, el principal hándicap de Manglano era su desconocimiento de idiomas y una cierta timidez —diría que hasta «opusina»—, incluso con sus subordinados. Que yo sepa, no había en el despacho de Manglano un «teléfono rojo» para comunicarse con ninguno de sus colegas occidentales, mientras que sí lo había en el despacho de sir Christopher por poner un ejemplo. En esta visita hubo un encuentro también con el teniente general Derek Boorman, director del DIS, en Whitehall, que fue mucho más distendida, quizás por la condición militar de los interlocutores. Manglano invitó a sir Derek a visitar España, cosa que no hizo con sir Christopher Curwen, ni con sir Patrick Walker. Ninguno de los directores, durante mi tiempo en Londres, ni del MI-6, ni del MI-5, llegaron a visitar oficialmente España, mientras que sí lo hicieron los del DIS. Durante su estancia en Londres, Manglano recibió un trato exquisito por parte de las autoridades británicas.

Manglano, aparentemente, se fue contento de su visita y me felicitó por la labor que yo realizaba ya que, según supe, el agregado militar, coronel Peñaranda y Algar[278], le había escrito encomiando el desempeño de mis funciones. Curiosamente, no consideró oportuno visitar brevemente al embajador de España, a pesar de la amistad que, aparentemente, tenían, ni tampoco quiso que nos reuniéramos con los agregados militares. No pregunté ni hice la menor observación al respecto.

Un año más tarde, Alonso Manglano volvió a Londres —en la que fue su segunda visita oficial—, pero esta vez acompañado por su

278 El coronel Juan María de Peñaranda y Algar, agregado militar desde 1987, había sido miembro destacado de los servicios del almirante Carrero Blanco, siendo capitán, y aunque no conocía personalmente a Manglano, le gustaba estar en contacto con el CESID. Más tarde, y ya siendo general de división, sería mi superior en el Mando de Apoyo Logístico del Ejército, tras dejar yo el CESID.

esposa. La visita obedeció a una invitación oficial del SIS; el hecho de que Manglano estuviera casado con una dama norteamericana no católica añadía un punto de interés para los ingleses y tenían bastante expectación. La segunda visita de Manglano fue de mayor relieve que la primera, aunque solo se entrevistó y reunió con sir Colin McCall, que era el nuevo director del MI-6, y de quien hemos hablado anteriormente. Manglano vino solo, sin ningún auxiliar ni secretaria, al margen de su mujer. Mi mujer se brindó a acompañarla a ella y tuve la impresión de que conectaron bastante bien. Además de recibirle formalmente en su despacho de Century House, sir Colin estuvo especialmente atento y bien yo mismo o Simon Butler-Madden, que estuvo presente en todo momento, hicimos de traductores ya que ni sir Colin hablaba español ni Manglano inglés. Tras la bienvenida, nos reunimos en una sala de trabajo donde se hizo un repaso considerable de todos los aspectos del panorama geopolítico que eran de interés para ambos países y Manglano hizo una exposición muy coherente, siguiendo un documento que traía preparado y del que entregó copia a sir Colin, sobre la situación en el Norte de África —Marruecos y Argelia—, especialmente, mientras que los analistas del SIS presentaron la actualidad de la URSS y Europa del Este. Hubo un momento crítico cuando —en inglés— Simon Butler-Madden expuso una queja amarga y seria —que tuve que traducir— respecto de la forma en que era tratado por el responsable de la Oficina de Relaciones del CESID, el comandante Manuel Durbán Romero, quien dijo que bloqueaba todos sus intentos de conectar con las diferentes divisiones y directivos del CESID, así como de sistemáticamente ignorar sus peticiones para ser recibido por el propio Manglano, a diferencia —e insistió en este aspecto—, de cómo se me trataba a mí por parte del MI-6. Fue todo un poco incómodo y desagradable, pero era la realidad, y sir Colin McCall no intervino en ningún momento, sencillamente escuchó sin añadir nada. Manglano tomó nota y prometió resolver la situación. Realmente no resolvió nada y acabaría complicándolo más, aunque yo ya no tuve nada que ver. Fue en esta ocasión cuando traté, en privado, con el general Alonso Manglano el asunto del agente español al servicio del StB, y por extensión del KGB —caso Sansón—, expuesto en el capítulo anterior.

La tercera visita de Manglano a Londres tuvo lugar en el primer trimestre de 1990, y, como he anticipado, me sorprendió totalmente ya que no tuve conocimiento de ello por los canales habituales. La visita fue totalmente privada, si se puede utilizar este calificativo, y me fue anunciada previamente por una dama que, aparentemente, trabajaba en la Oficina de Relaciones, subordinada teóricamente al citado Sr. Durbán, pero que, de alguna forma, actuaba también como secretaria de Manglano y le iba a acompañar. No haré más comentarios; fue una visita de, escasamente, cuarenta y ocho horas, y emplearon la jornada en atender asuntos personales de diversa naturaleza sin que el general Manglano y yo hablásemos de nada profesional en ningún momento. No es mi intención ni entrar en la privacidad de nadie ni juzgar conductas, y si lo expongo es porque tuvo consecuencias.

Pasadas algunas semanas tuve la sorpresa de ver que se me cargaban gastos correspondientes a viajes y estancias en hoteles de Londres como si fueran gastos operativos, de desplazamientos realizados por la dama antes citada —que había estado viniendo a Londres de forma personal sin que a mí se me comunicase nada—, y de los que yo nunca tuve el mínimo conocimiento. Automáticamente los rechacé y me puse en contacto con el coronel Mateo Canalejo, como jefe de administración, a quien informé del hecho, y me dijo que había obrado correctamente y que trataría él personalmente el asunto con el general Alonso Manglano. No volví a saber nada, pero sí expongo que el coronel Mateo, en su momento, acabaría dejando el CESID al igual que hice también yo, y esta vez de forma definitiva.

Mi asombro alcanzaría su culminación cuando finalmente el general Alonso Manglano tomó la decisión de enviarme a cubrir el puesto que dejaba libre en Bruselas el comandante Alberto Pinilla —que no tardaría mucho en dejar el CESID también—, y para sustituirme en Londres se enviaba —nada más y nada menos—, que al ya teniente coronel Manuel Durbán —Sr. Dardo—, sobre el cual había presentado sus quejas el representante del MI-6 acreditado en Madrid hacía menos de un año, delante de su jefe —sir Colin McCall—, y del propio Manglano. Además, este señor chapurreaba un mal inglés, y, por si ello fuera poco, vendría acompañado por la dama que había venido con el general Manglano en su inesperado viaje ya mencionado, y que, en consecuencia, desempeñaría funciones de auxiliar y secretaria, al tiempo que se presentaba también como su pareja.

Naturalmente, me vi en la obligación de exponer respetuosamente al general Alonso Manglano —mediante carta manuscrita y personal— las posibles consecuencias del nombramiento del Sr. Dardo de cara a sus funciones ante los servicios británicos y le aconsejé vivamente que reconsiderase su decisión, sin mencionar para nada sus circunstancias personales, aunque ello sería objeto de comentarios de mayor o menor fortuna en el ámbito social de la comunidad diplomático-militar española en Londres[279]. Nunca recibí contestación, ni el mínimo comentario, por parte del general a mi carta, aunque tengo motivos para considerar que actuó con efecto bumerán y llevó a que mis días en el CESID quedasen contados. Nada es permanente y, en este caso, resultó patente.

Aún permanecería dos años destinado en el CESID —que no fueron precisamente agradables—, y no dejé Londres hasta el mes de octubre de 1990. Habían transcurrido prácticamente cinco años día a día desde que llegué a Londres tras mi periplo en Italia. Me tocaría vivir en Londres el comienzo de la crisis de Kuwait, con la consecuente invasión iraquí, y lo que fue el principio de la primera guerra del Golfo, aunque ya desde el primer momento tras conocer la decisión del general Manglano, reduje mis comunicaciones con el Centro en Madrid, limitándome a lo estrictamente necesario y de naturaleza esencialmente administrativa e inevitable, y no informé nada, en absoluto, relativo a Kuwait.

El embajador fue relevado por un diplomático de carrera, Felipe de la Morena y Calvet, que se encontraba también en vías próximas a su jubilación y no dio la impresión de estar muy dispuesto a desarrollar una labor que dejase huella y focalizó su labor en actividades culturales y de la vida social londinense. Había sido embajador anterior-

279 Informé con absoluta sinceridad de los hechos al embajador Puig de la Bellacasa, quien abandonaba Londres ya definitivamente en aquellos días, y aunque se echó las manos a la cabeza, no se inmiscuyó para nada en la situación. También lo comenté con el nuevo agregado militar, coronel Juan Ortuño Such, un exmiembro del CESID, quien se escandalizó por el hecho de designar al Sr. Dardo, a quien consideraba un incapaz, pero también prefirió mantenerse al margen, como, por otra parte, era lógico.

mente en China, y en sitios tan peculiares y distintos como Siria, Túnez y Chipre. Cesaría en su puesto en 1992, al retirarse, y pasó a presidir la Fundación Hispano-Británica en Madrid. Personalmente, solo tuve contacto con él durante tres meses y no tuve ninguna sesión de trabajo. Puig de la Bellacasa retornó al servicio de la Casa Real en Madrid, donde desavenencias con el general Sabino Fernández Campo, y con el monarca, le llevarían a cesar al poco tiempo —escasamente un año—, y a desaparecer del escenario político-diplomático, siendo torpe y zafiamente maltratado, desde la propia monarquía[280], pero todo eso no es ya objeto de esta obra.

La crisis de Kuwait nos cogió por sorpresa a la mayoría de los que desempeñábamos tareas diplomáticas, militares, o políticas en Londres. Oriente Medio llevaba ya tiempo siendo un polvorín a punto de estallar, y a la sempiterna confrontación árabe-palestino-israelí había que añadir la rivalidad de dos crueles dictadores como eran Sadam Huseín y el ayatolá Khomeini, pero la situación en lo que se consideraba el sector árabe moderado de los emiratos y el golfo parecía carente de tensión. Gran Bretaña había establecido unas fructíferas relaciones con Arabia Saudí, que habían cristalizado en el proyecto Al-Yamamah, que se firmó en 1985, y mediante el cual se suministraron, por parte británica, más de cien aviones de combate Tornado, repuestos, municiones, misiles, aviones de enseñanza, y cursos de adiestramiento para la fuerza aérea saudí. En particular,

280 Según Jesús Cacho, «Puig de la Bellacasa fue despedido, poco menos que con cajas destempladas de la Zarzuela, con la complicidad de un Sabino —más el apoyo de Manuel Prado y Colón de Carvajal, y la cobertura del general Alonso Manglano— que en el lance se comportó muy mal. Fue cesado por haber pretendido imponer un poco de cordura en una familia que acabaría rota por la incontinencia y la voracidad de un personaje que se soñó investido de un poder absoluto tras haber presentado una brillante hoja de servicios como enterrador del franquismo». Opinión, «La segunda muerte de José Joaquín Puig de la Bellacasa» *Vox Populi*, 21 de abril de 2021. Nadie se ha atrevido a desmentir estas tremendas palabras hasta la fecha. En cualquier caso —aunque ignoro qué papel pudo jugar Manglano en todo esto—, coincide con las revelaciones efectuadas por otros periodistas: Juan Fernández-Miranda y Javier Chicote Lerena en *El jefe de los espías: El archivo secreto de Emilio A. Manglano, Consejero del Rey y Director del CESID, del 23-F a la caída del felipismo*, y Fernando Rueda en *Al servicio de Su Majestad: La familia real y los espías. 50 años de conspiraciones, manipulaciones y ocultamientos.* Puig de la Bellacasa terminó por refugiarse en el silencio, rechazado, aislado en su casa, hablando apenas con un reducido grupo de amigos con los que solía reunirse en el hotel Fénix, plaza de Colón, para tomar café por la tarde, casi igual que Sabino, y como también acabaría, en alguna forma, el propio Manglano.

la propia Margaret Thatcher había desempeñado un papel esencial en la firma del contrato —que fue considerado como el contrato del siglo—, en su esfuerzo por apoyar a la industria aeronáutica británica. En 1990 había casi cuatro mil técnicos y especialistas británicos en Arabia para apoyar el proyecto, proporcionando asistencia técnica y de enseñanza. Nada hacía presagiar una tormenta. Irán era otro tema, sin embargo, había provocado tensiones en el golfo Pérsico.

Oriente Medio, para los españoles, es una expresión utilizada para denominar a una región de contornos imprecisos de Asia y a veces también de África, pero no existe consenso sobre su delimitación. La expresión «Oriente Medio» se utiliza tanto en la ONU como en el mundo hispanoamericano y es la que utiliza el Ministerio de Asuntos Exteriores (MAE) para definir a la región situada al sudoeste de Asia. No obstante, el uso popular de la locución «Oriente Medio» está muy relacionado con la traducción directa del inglés: Middle East. Durante la Segunda Guerra Mundial, se incluía también bajo la denominación Middle East a Egipto y a Libia. En el CESID no recuerdo que se utilizase de ninguna forma —solo se hablaba de países—, y de hecho, el Área 1 de la División de Inteligencia Exterior abarcaba desde Mauritania hasta Irán, aunque no hubiera ningún oficial destacado en ningún país de la zona fuera de los que conformaban el Norte de África. El responsable de seguir los conflictos en la zona —Irán en particular— era el teniente coronel Sabino Lauda, Sr. Lancha, pero ignoro las decisiones que pudo tomar.

El pensador y gran estratega naval norteamericano Alfred T. Mahan usó la denominación, en 1902, para identificar la región entre Arabia y la India británica, diciendo que

> [...] Oriente Medio, si puedo adoptar un término que nunca he visto, un día necesitará su Malta, su Gibraltar, es decir, su enclave británico en el golfo Pérsico. La fuerza naval tiene la ventaja de la movilidad, lo cual trae consigo el privilegio de las ausencias temporales; pero necesita encontrar en cada escenario de operaciones bases establecidas para reparaciones, provisiones y, en caso de desastre, para seguridad. La Royal Navy debería tener la facilidad de concentrar su fuerza, si llega la ocasión, en Adén, India y el golfo Pérsico[281].

281 Alfred T. Mahan, en *National Review*, septiembre de 1902.

Es decir, lo que llamábamos Oriente Medio —y seguimos llamándolo así— en gran medida era una maquinación británica inspirada por Mahan.

La maquinación se hizo, no obstante, con la ayuda de Francia y cristalizó en el acuerdo conocido como Acuerdo Sykes-Picot, firmado en 1916 para, en principio, definir las esferas de influencia y control de ambos países en Oriente Medio tras la victoria sobre Turquía, —como aliado de los imperios centrales—, en la Primera Guerra Mundial. Se considera que el acuerdo, en cierto modo, dio forma a la región; se definieron las fronteras de Irak y Siria —lo que acabaría llevando al conflicto actual entre Israel y los palestinos—, pero también llevó a negar las promesas hechas a los árabes por Lawrence de Arabia sobre una patria nacional y árabe en el área, a cambio de haberse aliado con los británicos en contra del Imperio turco durante la Gran Guerra. La arquitectura geopolítica fundada por Sykes-Picot[282] favorecería circunstancias que darían lugar a la protección que disfrutaron ciertas minorías religiosas y étnicas, que han sido y son motivos de conflictos.

En este marco, Kuwait fue un próspero enclave comercial que rivalizó con la ciudad iraquí de Basora como centro de intercambio para las mercancías que circulaban entre India y otros países en la zona. Después de la Gran Guerra, Kuwait se configuró como un emirato independiente bajo el Imperio británico. En 1937 se descubrieron los primeros pozos de petróleo en territorio kuwaití, pero Kuwait no ganó su independencia del Reino Unido hasta 1961. En realidad, Kuwait no era más que un inmenso yacimiento petrolífero[283]. El petróleo convirtió a Kuwait en uno de los países más ricos de la península arábiga y en 1953 el país se convirtió en el mayor exportador de petróleo del golfo Pérsico, atrayendo

---

282 Los británicos establecieron el Mandato británico de Palestina entre 1920 y 1948 y el Mandato británico de Irak desde 1920 hasta 1932, mientras el Mandato francés de Siria y Líbano duró desde 1923 hasta 1946. Los diplomáticos británicos y franceses liderados por Mark Sykes y François Georges-Picot negociaron los términos del acuerdo.

283 El nombre proviene de su ciudad capital, Kuwait, a partir de la cual se formó como un emirato y un protectorado británico, pero la realidad es que Kuwait —que se pronuncia en inglés Kiueit— responde a la designación Q8, que en inglés se pronuncia del mismo modo, y que no era sino la designación que hacía British Petroleum (BP) del yacimiento principal.

a numerosos inmigrantes. Kuwait, habiendo amasado una gran riqueza, fue el primero de los Estados árabes del golfo Pérsico que declaró su independencia con el apoyo británico. Esta declaración nunca fue reconocida por Irak.

El régimen de Sadam Huseín había venido demostrando ser, desde su nacimiento en 1979, una amenaza real para sus vecinos y para sus propios ciudadanos. Sus tendencias expansionistas se concretaron en Kuwait en 1990 y en la guerra con Irán en los años ochenta. Sus masacres de la población kurda en el norte del país y de la chiíta en el sur eran frecuentes. Está probado que acumuló un arsenal de armas biológicas y químicas y que, además, intentó dotarse del arma nuclear; a la vista de los cientos de miles de muertos que habían causado sus agresiones, cabe pensar qué hubiese sucedido si hubiese invadido Kuwait una vez dotado del arma nuclear. El problema que planteaba Irak, por lo tanto, no era que se dotase de armas de destrucción masiva —cosa que habían hecho ya muchos Estados en todo el mundo—, sino su predisposición a utilizarlas. Sadam Huseín era visto, no obstante, como un mal menor comparado con los radicales fanáticos que gobernaban Irán, y él lo sabía, por lo que estimaba que mientras Irán —ya calificado por el presidente Reagan, en su día, como integrante del Imperio del mal— no cambiase su línea política, los países occidentales, especialmente Estados Unidos y Gran Bretaña, le iban a tolerar muchas de sus barbaridades y desmanes[284]. Los iraníes habían iniciado una política de ataques sin sentido, dirigidos esencialmente contra los intereses de Arabia Saudí y Kuwait, como represalia por haber apoyado a Irak en la guerra, y hostigaban el tráfico marítimo, minaban las rutas de navegación, e incluso disparaban misiles contra instalaciones y buques en el golfo. Mrs.

284 Irán, en efecto, no había contribuido mucho a facilitar las cosas, y al margen de su radicalismo, provocó a mediados de los ochenta acciones peligrosas para la navegación internacional. La Royal Navy se retiró del golfo Pérsico, de forma efectiva, en 1971, en conformidad con la decisión británica de retirarse del este del canal de Suez. Sin embargo, las tensiones provocadas por la guerra entre Irán e Irak, con amenazas e incluso ataques, al tráfico naval comercial en la zona, especialmente a los buques petroleros, llevaron a constituir un destacamento naval británico que se llamó Armilla Patrol, constituido usualmente por un destructor y una o dos fragatas, junto con un buque de apoyo logístico, que patrullaban regularmente el golfo Pérsico.

Thatcher lo calificó como «guerra de guerrillas naval». Ello llevó a mantener en servicio activo un destacamento naval británico, y a que Estados Unidos también hiciera acto de presencia para proteger la navegación.

Sin embargo, uno de los antecedentes inmediatos de la guerra estuvo en la Conferencia de la Liga Árabe de mayo de 1990, ya que, en la apertura de esa conferencia, Sadam Huseín atacó a Kuwait diciendo que su sobreproducción de barriles ocasionaba una baja en el precio del petróleo y perjudicaba a Irak. Le exigió diez mil millones de dólares en concepto de indemnización y, además, la cancelación de la deuda que mantenía con aquel país por su ayuda durante la guerra con Irán, que ascendía a treinta mil millones de dólares.

En julio, Huseín tuvo una reunión con la embajadora norteamericana, Mrs. April Glaspie, en donde se quejó por la presión a la que se sometía a su país por las sospechas estadounidenses respecto al apoyo del terrorismo, y, aparentemente, expuso a la embajadora que si se veía obligado a ir a la guerra, lo haría, y, consecuentemente, movilizó tropas hasta la frontera con Kuwait. Por otra parte, Sadam incorporó reclamaciones territoriales a las económicas: las islas de Warbah y Bubiyan. También reclamó el campo petrolífero de Rumaila, campo entre Arabia Saudita y Kuwait, y el yacimiento más extenso de todos. En el Reino Unido hubo cierta alarma, pero no se tomaron en serio las demandas iraquíes, lo que, en cierto modo, se puede considerar un fracaso de los servicios británicos, especialmente el MI-6.

Hasta aquí lo que trascendió al mundo diplomático de Londres sobre la situación en Oriente Medio. La realidad, sin embargo, era muy distinta y supuso un choque radical cuando el conflicto estalló en la zona de los que, precisamente, se consideraban los Estados moderados del golfo. La atención política y diplomática en 1989-1990 seguía focalizada en lo que ocurría en la Unión Soviética y en Europa del Este, mientras que los servicios de seguridad estaban pendientes de la hipotética actividad terrorista palestina, cuando el eco de lo ocurrido sobre Lockerbie resonaba todavía en los pasillos de los diferentes Ministerios del Interior europeos.

El 2 de agosto de 1990 —para complicar más las cosas—, cuando se iniciaron las hostilidades, Mrs. Thatcher[285] se encontraba viajando en ruta hacia Aspen, Colorado, donde iba a asistir a una conferencia junto con el presidente Bush, en la que ella debería pronunciar el discurso de cierre. Ese día, yo me encontraba reunido en una charla informal de intercambio de ideas, en Century House, sobre el futuro de la obtención de información en el nuevo orden mundial con mis amigos del MI-6, cuando nos dieron la noticia de que tropas iraquíes habían invadido y ocupado Kuwait. Automáticamente cerramos la reunión y yo volví a mi despacho en la Embajada donde, lo digo públicamente, no hice absolutamente nada, ya que nadie me pidió nada y, por supuesto, Oriente Medio no entraba en mis competencias. Como dicen los británicos, cerré mi despacho, y me dispuse a regresar a mi domicilio, no sin antes hacer honor al dicho británico de que, en tiempos de crisis, lo mejor es tomarse una taza de té, y me detuve brevemente en el hotel Sheraton Belgravia, donde pedí un té con leche. No había nada que yo pudiera hacer.

Era la primera vez que las naciones europeas iban a entrar en guerra desde el final de la contienda mundial, y no contra el enemigo que se había venido considerando hasta ahora, sino contra un adversario totalmente inopinado, y, además, en un escenario geográfico absolutamente desconocido y nunca evaluado debidamente. También era la primera vez desde Corea, en 1950, que la ONU daría amparo a una fuerza de combate multinacional liderada por Estados Unidos. Ni que decir tiene, aunque el riesgo fue mínimo, que era la primera vez que una fuerza de combate española iba a participar también en una misión de combate multinacional[286]. Sobre el papel, las fuerzas que podía alinear Sadam Huseín parecían formidables: casi un millón de hombres

285 Según se supo posteriormente, fue Mrs. Thatcher quien tomó las primeras decisiones tras conocer la invasión, desde Estados Unidos, ordenando en el acto a dos barcos de la Royal Navy que patrullaban en el océano Índico que se desplazasen al golfo, en donde ya estaba, en Dubai, el destructor HMS York.

286 A pesar de una fuerte oposición política, España envió una fuerza naval para contribuir a las operaciones de embargo marítimo, compuesta por dos corbetas desplegadas en el mar Rojo, y una fragata en el golfo Pérsico. Los buques de la Armada realizaron casi cinco mil quinientas intervenciones de control de mercancías. A esta misión se sumaron aviones de transporte C-130 Hércules del Ejército del Aire.

—organizados en sesenta divisiones, de las cuales doce eran divisiones acorazadas—, con cuatro mil carros de combate soviéticos modernos y mil piezas de artillería, a lo que había que añadir unos setecientos aviones de combate, soviéticos —de todos los tipos, incluyendo MiG-29—, y franceses Mirage F1.

Para mí, al margen de las circunstancias bajo las que el nuevo orden se veía obligado a iniciar su andadura, comenzaba un nuevo periodo de mi vida profesional. Todo iba a ser muy distinto; la era Thatcher tocaba a su fin, la Unión Soviética desaparecería, Europa del Este entraría en la senda de las naciones democráticas, la reunificación alemana sería un hecho, el embajador Puig de la Bellacasa se difuminaría en el olvido, un nuevo enemigo para la estabilidad universal estaba naciendo en Oriente Medio, y, en España, el PSOE se encaminaba a ser relegado a las filas de la oposición tras catorce años en el poder. El CESID también iba a encontrar su némesis, y el que pareciera invulnerable, el general Alonso Manglano, en su día no sería más que un recuerdo, que algunos, pronto, no querrían ya recordar, y yo me reintegraría a la cadena de mando militar, volviendo a mis orígenes. Dejaba una Gran Bretaña, en cierto modo desorientada, pero de pie. También dejé una infraestructura y situación desde la que arrancar, muy distinta de como empecé yo, sin nada, en 1985.

No pude irme discretamente como me hubiera gustado y preferido, aunque las despedidas no fueron por parte española —naturalmente no recibí ninguna comunicación formal por parte del CESID, desde Madrid[287], ya que se puede decir que después de mi carta a Manglano había caído en desgracia—, ni en Londres, donde ya casi era un desconocido puesto que casi todo el mundo era nuevo en la plaza, y no hubo ninguna, pero sí me despidieron mis amigos británicos. Por parte del MI-6 me ofrecieron una cena formal y me entregaron una réplica de una espada de Enrique VIII con la inscripción «From your Friends from London», lo que fue muy emotivo. Sir Patrick Walker me entregó una jarra de cerveza en cristal de Waterford, en la que estaba grabado el símbolo del MI-5, y por parte del DIS recibí un volumen especial numerado con la historia del Royal Tank Regiment, firmado por sir Basil Liddell Hart. También me despidió de una manera muy especial

287 A Bruselas fui destinado por orden comunicada secreta del propio CESID.

el representante del BND alemán, Hans Jochen Kretschmann, quien me ofreció una cena en su casa, en compañía de su esposa, en la que, de manera muy especial, presentaron la cena de forma muy expectante en una vajilla impresionante, que era la vajilla del regimiento que había mandado su padre durante la Segunda Guerra Mundial, y que era un regimiento de aviación de caza, por lo que la vajilla llevaba impresa en todos los platos el águila de la Luftwaffe. Fue todo muy cálido y emocionante y ha permanecido siempre en mi memoria. En nombre del Reform Club recibí una carta de despedida firmada por Gerry Frost, director del Institute for European Defence and Strategic Studies[288] que decía: «[...] Te vamos a echar de menos, pero si aportas la misma independencia de criterio e imaginación a tu nuevo puesto que la que de ti hemos conocido aquí nosotros, sé que obtendrás un éxito enorme».

Nadie me había escrito nada semejante sobre mi labor profesional antes. Me sentí muy halagado y lamenté profundamente dejar Gran Bretaña.

Con este bagaje me trasladé al Reino de Bélgica, en el que la reina era una española: Fabiola de Mora y Aragón, consorte del rey Balduino, quien tan solo hacía unos meses había presentado su renuncia al negarse a firmar una ley que iba en contra de sus profundas convicciones cristianas, afirmando que «su conciencia no le permitía firmar la ley», un acto de valentía, en mi opinión, sin precedentes en la historia belga y en la de la mayoría de las monarquías constitucionales europeas en las que los monarcas suelen firmar todo lo que les ponen por delante. Fue un gran honor para mí ser condecorado con la Orden de Caballero de la Corona de Bélgica, en 1992, que fue una de las últimas recompensas que otorgó el rey Balduino, ya que falleció en 1993.

Bélgica, en efecto, era una tierra de compromiso, ya que de otra forma nunca habría existido. La existencia de Bélgica como nación se debe al triunfo de la Revolución de 1830 para independizarse de Holanda, que llevó al establecimiento de una Bélgica independiente, católica, y neutral, bajo un Gobierno provisional dirigido por Charles Rogier, y con un mando militar a las órdenes del general

288 El Instituto era un centro de pensamiento conservador creado en 1979 por lord Blaker para estudiar los cambios políticos en Europa y su posible influencia en la defensa colectiva, así como en la estrategia occidental.

Juan Van Halen[289], un militar español exiliado entonces, que, en 1830 se encontraba en Bruselas y fue nombrado comandante en jefe de las fuerzas belgas al iniciarse la guerra contra los holandeses. Consiguió una espectacular y rápida victoria liberando las provincias belgas y abriendo paso a la independencia del país y haciendo posible la llegada al trono del rey Leopoldo I. Un congreso especialmente formado, por insistencia de Gran Bretaña, se materializó en el Tratado de Londres de 1839, mediante el cual las grandes potencias se comprometieron a garantizar la independencia de Bélgica. Ello ha motivado que exista desde entonces una relación especial entre Gran Bretaña y Bélgica que se ha venido manteniendo con el tiempo[290]. El inglés era de uso corriente, además, en la sociedad belga, y en cine y televisión se emitían frecuentemente programas en inglés.

Bélgica era efectivamente una tierra de compromiso y ello se podía apreciar en todos los órdenes de la vida. Ese concepto de compromiso se derivaba de la propia naturaleza del país, en el que convivían tres grupos étnicos diferentes desde tiempos casi ancestrales: valones, flamencos y germanos. Por ello, en Bélgica se hablaban oficialmente tres idiomas: francés, en el sur, en Valonia; flamenco igual al holandés y dominante en el norte, en Flandes, y alemán, muy minoritario, en el este, en la región de Eupen. En la administración era obligatorio hablar los tres idiomas. A pesar de que ello fue fuente de tensiones en otras épocas, en la década de los noventa era un aspecto casi totalmente superado. Bruselas era considerada ciudad bilingüe, aunque dadas las organizaciones internacionales que se habían instalado en la capital, era más bien una ciudad internacional. A ello había que sumar un elevado porcentaje de inmigrantes procedentes del Magreb

---

289 Juan Van Halen es un personaje curioso, natural de San Fernando, Cádiz, e hijo de un marino español, militar en cinco países, que es digno de estudio. Está enterrado en el Puerto de Santa María y tiene dedicada una calle en Madrid, y hay un busto suyo en el Parque del Retiro. Pío Baroja escribió un libro sobre su historia, *Juan Van Halen, el oficial aventurero*, en el que dice: «Todos los que conocieron a don Juan Van Halen en su juventud están conformes en pintarle como hombre inquieto, inteligente, de conversación agradable, donjuanesco, de grandes atractivos para figurar en sociedad».

290 En 1944 fueron las fuerzas británicas al mando del mariscal Montgomery, las que liberaron Bruselas de la ocupación alemana. En Bruselas hay una plaza (rotonda) en el centro de la ciudad llamada Square Montgomery, y una estación de metro, dedicadas al mariscal.

—especialmente de Marruecos, Argelia y Túnez—, pero también de Turquía, Rumanía, y las antiguas colonias belgas del Congo y Ruanda, lo que daba un carácter multicolor a la sociedad belga, no exento de conflictividad en ocasiones.

A este carácter multicolor hay que añadir la consideración que Bélgica siempre ha tenido de ser «tierra de asilo». La tradición de dar asilo a los disidentes políticos en Bélgica empezó en el siglo XIX. Karl Marx y Víctor Hugo vivieron su exilio en Bruselas. A menos que los exiliados fuesen predicando constantemente su causa, se les permitía quedarse. En esa «tierra de asilo» encontraban refugio y permisividad grupos e individuos considerados subversivos, revolucionarios e incluso terroristas —y aquí entraban Herri Batasuna (HB), ETA, e IRA—, según la legislación de no pocos países. Palestinos e iraníes añadían su contribución, naturalmente. Y, por si fuera poco, el carácter internacional de Bruselas, y el hecho de ser la sede de las mayores organizaciones político-militares y económicas del mundo occidental —la OTAN y la Comunidad Económica Europea entonces— convertía a la capital belga en terreno fértil para la actividad de los principales servicios de inteligencia del planeta. No hace falta decir que todo este cóctel, con tantos ingredientes, daba a Bruselas, y por ende a Bélgica, un carácter de peligrosidad que no se reflejaba en la imagen que se proyectaba de una sociedad apacible y familiar, pero que era posible intuir al observar simplemente las frecuentes patrullas de policía perfectamente armadas y equipadas que circulaban por zonas públicas o lugares de esparcimiento.

A diferencia de lo que sucedió en Gran Bretaña, en Bélgica no se tenía que empezar desde cero. Anterior al CESID, los servicios de información de Franco, en la inmediata postguerra, habían mantenido una discreta presencia en Bélgica y Luxemburgo con objeto de estar al corriente de los posibles planes de los republicanos exiliados en la región. Ni que decir tiene que esos servicios actuaron fuera de la ley, y aparentemente, sin el conocimiento de las autoridades locales. En Luxemburgo, existieron hasta fecha ya tardía dos librerías especializadas en literatura española montadas por los servicios del Alto Estado Mayor, con el único objeto de atraer posibles clientes republicanos españoles. El general Gutiérrez

Mellado intervino directamente en la instalación y seguimiento de las oficinas de información, llamadas «bases», establecidas en las Embajadas de Bélgica, Francia, Portugal y Suiza, y cuyo objetivo era fundamentalmente de orden interno de cara a la política nacional[291].

En Bélgica, posteriormente a esa época, ya hubo representantes oficiales del Alto Estado Mayor/CESID, como fueron el capitán de Caballería DEM José Conde Monge, y el comandante de Infantería DEM Luis Calero Torrens, a los que conocí bien, y algunos de ellos, anteriores incluso al general Alonso Manglano, con cobertura diplomática y acreditados de alguna forma ante las autoridades belgas. La misión principal en Bélgica, no obstante, en este período, era el control o vigilancia sobre las posibles actividades de grupos subversivos o separatistas. Yo, como he mencionado, sustituía al comandante de Artillería Alberto Pinilla, que, por decisión propia, regresaba a Madrid. La delegación del CESID estaba instalada en la sede oficial de la Embajada de España ante Bélgica, ubicada en el 19 de la calle de la Science, en el barrio de Etterbeek, muy cerca del Ministerio de Asuntos Exteriores belga, del Palacio Real, y del edificio Berlaymont, sede entonces de la Comisión Económica Europea, y también a corta distancia de la Representación Permanente de España ante la Comisión. Era una ubicación céntrica y cómoda, aunque el edificio de la Embajada era una antigua casa señorial, en cuyo vestíbulo había una vidriera con las armas del emperador Carlos V, pero necesitada de reparaciones y renovación. Mi propio despacho en la última planta del edificio tenía goteras y necesitaba pintura, algo que resolví lo antes que pude.

A falta de un embajador, en Bruselas tenía cuatro, nada menos, a los que atender o responder, de alguna forma, aunque uno de ellos se descartó por sí solo ya desde el primer día. Mi embajador principal, con el que convivía profesionalmente —por así decir—, era el embajador ante Bélgica, Nicolás Martínez-Fresno y Pavía, que era justo lo contrario a José Joaquín Puig de la Bellacasa, y que acababa de incorporarse a su puesto, tras dejar la Presidencia del Gobierno.

El Sr. Martínez-Fresno fue cortés conmigo en todo momento, y amable, se mostró siempre muy interesado en escuchar mis puntos

291 El objetivo de estas «bases» no era otro que el de conocer la actividad de la oposición al régimen y de los exiliados republicanos residentes en el país en cuestión.

de vista, y llegamos a tener una buena relación, saliendo juntos a almorzar en más de una ocasión. Guardo buen recuerdo de él. Dicho lo cual, debo explicar quién era. Para empezar, no era muy bien visto en la vieja guardia del Cuerpo Diplomático y se decía de él que había llegado a embajador como un favor especial de Felipe González; para muchos era la personificación del poder, leal, sin fisuras, al presidente del Gobierno entonces —de lo que doy fe—, y luego al presidente Zapatero. Fue jefe de Protocolo de la Presidencia del Gobierno entre 1987 y 1990. En 1992, al cesar en Bruselas, fue nombrado embajador en Argentina, y luego cónsul en Roma hasta que, con la victoria socialista de 2004, fue designado secretario general de la Presidencia del Gobierno, y en 2008, el presidente Zapatero le nombró alto representante para la presidencia española de la UE en el primer semestre del 2010[292]. Martínez-Fresno era un embajador socialista, en un país con un Gobierno socialista, lo cual hasta tenía sentido.

Mi segundo embajador, aunque quizás el de mayor peso e importancia, era el embajador-representante permanente de España en la OTAN, Máximo Cajal López. Socialista militante, fue embajador en Guatemala, y sobrevivió a la matanza y asalto ocurridos en la sede diplomática española, en donde se encontraban aquel día un grupo de indígenas, acompañados por estudiantes miembros del llamado Frente Estudiantil Robin García —una organización considerada subversiva—, que fueron todos a la misión por invitación del propio embajador, en enero de 1980. Fue acusado por las autoridades guatemaltecas de ser comunista y de haber organizado la presencia de los estudiantes en la legación española, y posiblemente tenían razón.

Como secretario general de Política Exterior, en Madrid, Máximo Cajal había sido el interlocutor por parte española en la renegociación del acuerdo hispano-norteamericano de 1988, por el que se

292 En su época de diplomático en Bruselas parece que Nicolás Martínez-Fresno hizo excelentes amistades, entre ellas el multimillonario belga Albert Frère, el barón Frère —como se le conoce en Europa—, primer accionista hoy de Iberdrola en donde curiosamente se encuentra hoy también el general Sanz Roldan, que fuera director del CNI. Se dice que Martínez-Fresno se sigue moviendo como pez en el agua por la Moncloa y, especialmente, en los aledaños del despacho presidencial. Acabada la presidencia española de la UE, fue nombrado presidente del Consejo de Administración del Patrimonio Nacional, dependiente del Ministerio de la Presidencia. Fue cesado en 2015 tras la victoria electoral de Mariano Rajoy.

cerró la base aérea de Torrejón. Era profundamente anti-OTAN, antinorteamericano, y antimilitar[293]. Resultaba difícil entender que le hubieran nombrado embajador precisamente ante la OTAN. Todo presagiaba una relación difícil y, sin embargo, me atrevo a decir que fue quizás la mejor relación que tuve, después de Londres. Una vez de regreso a España pidió el retiro anticipado en desacuerdo con la línea política del presidente Aznar. Es obvio que yo sabía más sobre el embajador Cajal que él sobre mí, y en ese aspecto jugué con ventaja. Podría decir que, incluso, llegamos a ser amigos, aunque yo nunca le revelé mi pensamiento, y ahí reconozco que no obré bien, pero sí llegué a respetarle y hasta comprenderle[294], no sé si era comunista en el fondo, pero sí era un idealista, y un trabajador incansable y extremadamente sensible a la situación de los refugiados de Palestina. Solíamos pasear juntos por los aledaños de la plaza Sablon, en el centro de Bruselas, donde conversábamos sobre lo divino y lo humano. A Máximo Cajal le sustituyó Carlos Miranda, el Conde Rojo, citado anteriormente ya, y las relaciones no fueron iguales. De regreso a España fui a visitarle con cierta frecuencia y siempre fue extremamente amable y cordial conmigo, podíamos estar en bandos distintos, pero tuvimos una relación muy cercana a la amistad. Afirmo que era una persona honrada.

Carlos Westendorp fue, en teoría, mi siguiente embajador, pero ni le conocí ni le traté. De hecho, el día que fui a presentarme a él, no me recibió y yo procedí a olvidarme de él y no me preocupé más. Arrogante, prepotente, y por supuesto militante socialista, no tenía ningún interés por la política de defensa ni por lo militar y eso era lo que trascendía y el motivo esencial por el que no me recibió. Evitaba cualquier contacto con todo lo que tuviera que ver con defensa. De origen holandés, hablaba perfectamente flamenco y llevaba en el puesto desde 1986, justo tras la incorporación de España a la CEE, nombrado por Felipe González, como representante permanente de

293 Fue nombrado, posteriormente, embajador de España en Francia, y fue asesor y representante personal del presidente Zapatero, para ese tema tan controvertido e ineficaz que fue la Alianza de Civilizaciones.

294 En su libro *Ceuta y Melilla, Olivenza y Gibraltar. ¿Dónde acaba España?* publicado en 2003, Editorial Siglo XXI, postulaba la cesión de las ciudades autónomas y demás posesiones españolas en el Norte de África a Marruecos como paso previo a la recuperación de Gibraltar y normalización de fronteras en Europa. Era una utopía.

España ante la Comunidad[295]. Cesaría en 1991 y fue sustituido por Camilo Barcia, un diplomático a quien ni siquiera recuerdo ni con quien tuve ninguna relación tampoco. Westendorp fue nombrado al poco tiempo ministro de Asuntos Exteriores, puesto en el que estuvo hasta que el PP ganó las elecciones en 1996. La persona que hacía y deshacía, no obstante, en la representación de España ante las Comunidades, siguiendo al pie de la letra la línea de Westendorp, era Javier Elorza —igualmente socialista—, quien acabó siendo embajador en Rusia en 2004, y con quien tampoco tuve contacto alguno. La representación permanente de España ante la CEE estaba en un edificio suntuoso y moderno (Edificio Ducal), mucho más representativo y lujoso que la Embajada ante Bélgica, situado en el bulevar Regent, igualmente en el centro de Bruselas, que comunicaba directamente con la llamada Porte de Namur.

Finalmente, tengo que mencionar a mi cuarto embajador, que era el embajador de España en el Gran Ducado de Luxemburgo, algo que nadie me había dicho y que, una vez en Bruselas, confieso que me sorprendió, ya que además existía una relación formal ya establecida con los servicios de seguridad y contrainteligencia de Luxemburgo. Luxemburgo, al margen de ser miembro de la OTAN y de la CEE, era un centro logístico importante de la OTAN y la flota de aviones de alerta temprana y reconocimiento AWACS de la OTAN está registrada en Luxemburgo. Luxemburgo, además, había acogido a dos instituciones europeas relevantes: el Tribunal de Justicia, y el Tribunal de Cuentas, y, asimismo, era la sede de instituciones como el Banco Europeo de Inversiones, y la Secretaría General del Parlamento Europeo. En un país tan pequeño, tanta profusión de organismos internacionales producía un incremento notable de población flotante, que los servicios de seguridad luxemburgueses se afanaban en controlar de alguna forma.

El embajador español en Luxemburgo era Alonso Álvarez de Toledo y Merry del Val, una excelente persona y muy dispuesto desde el primer momento. Me estuvo muy agradecido por haberme presentado, aún sin tener obligación real de hacerlo, y me ofreció su apoyo total. La Embajada estaba situada en un elegante palacete,

295 Según se ha sabido ahora, Westendorp fue mentor de Pedro Sánchez en sus primeros días en el PSOE.

aunque pequeño, en el 4 del bulevar Emmanuel Servais, en un barrio elegante y discreto de la capital. El embajador me explicó que era su último destino y estaba próximo a su jubilación. Tenía una gran personalidad y era de una modestia y sencillez encomiables, a pesar de ser, sin duda alguna, quien tenía el linaje más alto de todos los embajadores que yo había conocido. Había sido el último embajador español en la difunta República Democrática Alemana (RDA) y había sido testigo de la caída del Muro de Berlín desde el lado oriental; su relato de aquellos hechos era apasionante. No tuve la fortuna de verlo con frecuencia ya que yo solía ir a Luxemburgo una vez al mes nada más.

El lector se echará las manos a la cabeza al constatar el número de embajadores, representaciones, oficinas, funcionarios que España desplegaba en Bruselas, todo, sin duda, necesario, y que conllevaba obviamente una duplicación de esfuerzos, se mire por donde se mire. Si se calcula, además, lo que significaba ese esfuerzo multiplicado por el total de naciones acreditadas en Bélgica, con presencia similar a la española, la conclusión nos dice que en Bruselas casi había más habitantes extranjeros que belgas propiamente dichos.

Por el contrario, la representación militar era más sobria y solo había un agregado militar, de defensa, que hacía las veces de representante de los tres Ejércitos. En la OTAN era distinto y había un representante militar (MILREP) en la estructura político-militar en Bruselas, que era el teniente general Fernando Pardo de Santayana y Coloma, con un Estado Mayor reducido, y también una oficina de enlace con la estructura militar, aunque España no perteneciese a ella —al igual que Francia—, en el Cuartel General del Mando Supremo en Europa (SHAPE), en Mons —al sur de Bruselas—, al mando del entonces general de brigada Javier Pardo de Santayana y Coloma, hermano del anterior. Curiosamente, a sus órdenes estaba el teniente coronel, en aquellos días, Félix Sanz Roldán, con quien tenía amistad desde mi época de capitán en la División Acorazada, y quien acabaría siendo director general del CNI[296]. Tuve excelentes relaciones con todos ellos.

296 Ironías de la vida, Félix Sanz Roldán me insistía mucho en que dejase el CESID y volviese a mi carrera puramente militar. No le gustaba nada la inteligencia y mucho menos el general Alonso Manglano.

Si cuando me destinaron a Londres, en 1985, nadie me dijo cuál era mi misión, ahora, en Bruselas, mucho menos. Lo diferente, no obstante, era que, en Bruselas —en 1990—, no tenía que empezar desde cero. Ahora ya disponía de comunicaciones, oficina en la Embajada y hasta una auxiliar —Charo—, una joven valenciana eficiente y simpática que llevaba ya casi cinco años en Bélgica y conocía perfectamente el funcionamiento de la delegación. Fue muy leal y eficiente, y guardo un buen recuerdo de ella. En Madrid, se suponía que ahora era Paz Esteban mi punto de contacto y debo decir que no me molestó en ningún momento.

En Bélgica, la función principal a la que se dedicaba mi antecesor era la lucha contraterrorista, y en especial el seguimiento de la actividad de ETA y de su rama política legal Herri Batasuna (HB), y en segunda prioridad la de grupos palestinos o radicales islámicos que pudieran tener conexiones en España. HB tenía incluso una representación formal y de cara al público, con oficinas, tolerada por las autoridades belgas, en el 128 del camino de Ixelles, relativamente céntrica, en Bruselas. Esas oficinas fueron usadas durante largo tiempo como residencia y oficina de trabajo del representante de Herri Batasuna para Europa, un tal Karmelo Landa, elegido europarlamentario en septiembre de 1990 hasta junio de 1994, que solía acudir con cierta frecuencia a la sede parlamentaria europea con total inmunidad y desparpajo, utilizando sus instalaciones para apoyar a la organización terrorista ETA.

Bruselas era una de las capitales mundiales del tráfico internacional de armas —Gerald Bull, citado en el capítulo anterior, tenía sus oficinas allí—, por lo que muchos movimientos armados mantenían representantes oficiosos allí, donde, además, era relativamente seguro realizar contactos con organizaciones afines —ETA lo hizo, como mínimo, con el IRA y con las llamadas Células de Combate Comunistas belgas—, y la ciudad era también considerada el punto de salida más seguro para viajar hasta los campos de entrenamiento de Yemen del Sur, vía Roma y Beirut, dirigidos entonces por el Frente Popular para la Liberación de Palestina (FPLP), en los que fueron adiestrados al menos una docena de etarras. Algunos bancos belgas eran utilizados también por la organización ETA para recibir transacciones, como el

Banque Bruxelles Lambert. Pero, sobre todo, ETA se beneficiaba de la renuencia de una judicatura belga que se resistía a autorizar la extradición a España de los etarras que resultaban detenidos en Bélgica. Era la verdadera muestra del «Estado de compromiso».

No era mucho lo que el CESID, al margen de estar informado, podía hacer en Bruselas, si, además, faltaba la voluntad política de hacer algo por parte del Gobierno español, lo que ocurría en numerosas ocasiones. Me pareció extraño que la Dirección General de Seguridad —que tenía un representante en Londres, el inspector Rayón, como se ha expuesto— no tuviera a nadie similar en la Embajada española para estar en contacto con la Policía y la Gendarmería belgas. Era en Bruselas donde hacía falta y no en Londres.

En mi función de representante del CESID ante las autoridades belgas debía relacionarme con los servicios de información e inteligencia que, básicamente, son dos: el Servicio de Seguridad del Estado (Sûrete de l'État/Staatsveiligheid/VSSE), hoy llamado Servicio Público Federal de Justicia (SPF Justice), comparable en cierta medida al MI-5 británico, pero dependiente del Ministerio de Justicia, como el FBI norteamericano, y el Servicio de Información Militar (Service Général du Renseignement et de la Sécurité/SGRS/ Algemene Dienst Inlichting en Veiligheid/ADIV), que dependía del Ministerio de Defensa. Adicionalmente tenía que relacionarme también con las Oficinas de Seguridad y Protección de la Información en la OTAN (NATO Security Office/NOS) y en la CEE cuyas sedes estaban en Bruselas y disponían de sus propios servicios de información, aunque limitados en su alcance y proyección. Por último, también tenía relación con el servicio de información de Luxemburgo, el Servicio de Información del Estado Luxemburgués (Service de Renseignement de l'État Luxembourgeois/SREL/ Lëtzebuerger Staatlëchen Noriichtendéngscht), que resultaría ser un pequeño servicio de inteligencia extremadamente eficaz.

Cuando llegué a Bruselas en el otoño de 1990, el Gobierno belga era un Gobierno «de compromiso», presidido por el cristianodemócrata flamenco Wilfried Martens, que llevaba siendo presidente desde 1979, con una interrupción breve en 1981, para seguir siéndolo hasta 1992, sucediéndole Jean Luc Dehaene, flamenco nacido en Francia y también del mismo partido. Ambos eran católicos y se habían formado en la Universidad Católica de Lovaina, un centro que visité en varias ocasiones. El ministro de Asuntos Exteriores era Mark Eyskens, igualmente del mismo partido que Martens, que fue sustituido en 1992 por Willy Claes, del Partido Socialista flamenco, educado en la Universidad Libre de Bruselas, y que sería secretario general de la OTAN en 1994, siendo cesado por corrupción en 1995[297]. El ministro de Defensa era Guy Coëme, socialista valón, y educado en la Universidad de Lieja, que cesó en 1992, y también se vio salpicado por el mismo escándalo del ministro Claes, sucediéndole Leo Delcroix, flamenco y cristiano, educado en la Universidad de Amberes, que llevó a cabo importantes proyectos en el marco de la defensa en Bélgica —entre otros, la supresión del servicio militar obligatorio—, pero que también dimitiría en 1995 por un caso de corrupción ligado a financiación ilegal del Partido Cristiano Demócrata Flamenco. Me pareció todo bastante caótico y, efectivamente, muy dado al «compromiso». El ministro de Justicia, a quien cito por ser, en última instancia, el responsable del servicio de Seguridad del Estado belga (VSSE), era Melchior Wathelet, valón y miembro del Partido Socialista Cristiano, educado con los jesuitas. No tuve, en cualquier caso, relación alguna con ninguno de ellos.

España y Bélgica mantienen relaciones diplomáticas desde el primer momento de la independencia belga en el siglo XIX, y en 1990, venían siendo tradicionalmente buenas, desde la entronización de la democracia en España. La condición de socios de la CEE y aliados en la OTAN, así como la pertenencia común de ambos países a numerosos organismos internacionales, hacía que sus relaciones tuvieran un amplio desarrollo. Sin embargo, debido a la influencia del separatismo flamenco en la política belga, favorable a las ideas similares en Cataluña y en el País Vasco, existía bastante disparidad de criterios en materia jurídica.

Las relaciones con la Sûreté de l'État (VSSE) eran correctas, formales y cordiales, aunque no tanto como en años anteriores, debido al cese del anterior director —que parece que estableció una relación de amistad con el general Alonso Manglano—, y la llegada de un nuevo jefe. Independientemente de ello, la realidad

297 Willy Claes fue acusado de corrupción por haber aceptado una elevada suma de dinero en relación con la compra de helicópteros A109 y la modernización de cazas F-16, para las fuerzas belgas, por parte de las empresas Agusta, italiana, y Dassault, francesa.

es que no había una gran necesidad de colaboración ya que no se daban muchos temas que lo requiriesen, al margen del sempiterno tema del separatismo vasco, por nuestra parte, o la identificación de algún posible radical fanático islámico, residente en Bélgica, que se encontrase en España, por parte belga.

Stéphane Schewebach.

La sede del servicio era un edificio de oficinas más entre los muchos existentes en Bruselas, situado en el 6 del bulevar Roi Albert, adscrito al Ministerio de Justicia. El nuevo director —la denominación correcta era la de «administrador general»—, que acababa de tomar posesión de su cargo, era *monsieur* Stephane Schewebach, que era un oscuro funcionario flamenco del Ministerio de Justicia, humilde, de modales amables y correctos, con el que tuve varias reuniones, siempre en tono muy cordial y de mutuo entendimiento. *Monsieur* Schewebach cesaría como administrador del servicio belga en 1993. Mi interlocutor en el servicio, con el que sí establecí una relación cercana a la amistad era *monsieur* Guy de Bonnay de Nonancourt, de origen francés y aristócrata, y funcionario profesional del servicio, que dirigía la secretaría del administrador general. Prácticamente, manteníamos ambos una reunión con frecuencia semanal, y siempre que fue necesario fui recibido por *monsieur* Schewebach sin mediar ningún protocolo. Tuve una discusión airada, sin embargo, con *monsieur* Schewebach, con ocasión del triple atentado de ETA en Madrid en octubre de 1991, en el que además de otras víctimas, una niña de trece años —Irene Villa— perdió las dos piernas. Ese día me personé en su despacho y, en tono muy poco diplomático, le llevé la prensa de España y le enseñé las fotografías de lo ocurrido, diciéndole que Bélgica no podía ser tierra de asilo para unos asesinos. Se mostró muy compungido, y me prometió hablar con el ministro Wathelet, pero no hizo realmente nada.

Tuve la impresión, desde el primer momento, de que el director en la sombra —o administrador general—, del VSSE seguía siendo *monsieur* Albert Raes, el anterior administrador y amigo de Alonso Manglano, a quien conocí muy pronto, por mediación de *monsieur* de Bonnay[298], y que era un verdadero intrigante. Raes había sido director del servicio desde 1977, el mismo año de creación del CESID, y fue cesado por el ministro Wathelet en 1990 debido a ciertas irregularidades detectadas en el servicio, que apuntaban incluso a ilegalidades en su actuación. Pasó a integrarse directamente en el Ministerio de Justicia y se retiró de toda actividad en 1997. Mantuve con él varias reuniones informales, e incluso alguna vez en mi propio domicilio. Era un gran conversador, pero muy vanidoso, y se había educado en la Universidad de Lovaina, pero siempre me mostré con él, prudente y desconfiado a la vez. Ignoro la realidad de la relación Raes-Manglano[299], y aunque inicialmente pensé que trataría de conocer mis pensamientos y actitud hacia Manglano, pude apreciar cierta disconformidad de *monsieur* Raes con lo que él calificó como «endiosamiento del general», en mis últimos tiempos en Bruselas, aun sin que fuera más específico. Y eso lo decía alguien que era un arrogante y prepotente sin parangón, y que era la personificación real del «endiosamiento» más exagerado.

No puedo decir que por parte del VSSE, ni por parte del CESID, hubiera una gran colaboración ni intercambio de nada interesante. El servicio belga era un servicio pequeño limitado a la obtención de

298 Guy de Bonnay me indicó que mantuviera absoluta confidencialidad respecto de encontrarme con Raes ya que estaba bajo investigación y no sería bien visto que, yo, como oficial de un servicio extranjero, tuviera relaciones con él. Me pareció todo sospechosamente confuso.

299 Albert Raes había sido cofundador del Club de Berna, del que era presidente desde 1977. Fue gracias a su mediación, que Alonso Manglano, y por consiguiente el CESID, fuera admitido al Club. Posteriormente, Raes sería condecorado en España con una Gran Cruz al Mérito Militar y con la Gran Cruz de la Orden de Isabel la Católica, obviamente a propuesta de Alonso Manglano.

todo tipo de información que pudiera ser de interés para prevenir la ejecución en suelo belga de actividades que pudieran constituir una amenaza para los intereses del Reino en cualquier orden (subversión, seguridad interior y exterior, relaciones internacionales, estabilidad democrática, y protección de personalidades), y solapaba mucho su actuación con la de las fuerzas de seguridad y de orden público.

Albert Raes.

El otro servicio de inteligencia belga era el servicio de inteligencia militar —dependiente del Ministerio de Defensa—, llamado Servicio General de Inteligencia y Seguridad (Service Général du Renseignement et de la Sécurité/SGRS/ Algemene Dienst Inlichting en Veiligheid/ADIV), y su director era el general Raymond Van Calster, quien desempeñaba a la vez el puesto de adjunto al jefe de Estado Mayor para Inteligencia y Seguridad en el Estado Mayor de la Defensa belga, ubicado en el acuartelamiento de la reina Isabel —Quartier Reine Élisabeth—, en el distrito de Evere, muy cerca de la sede principal de la OTAN. Las relaciones con este servicio eran simplemente formales y apenas había intercambio alguno de información, lo cual no significa que no fueran cordiales. Fui recibido formalmente solo en una ocasión por un coronel y no hubo lugar a ninguna reunión. Ellos sabían dónde estaba y si me necesitaban me llamarían. Decidí no molestarles ya que en Madrid no parecía interesarles tampoco mucho.

En Bruselas también me relacionaba con los servicios de seguridad de la CEE y de la OTAN, que, en realidad eran servicios que velaban esencialmente por la protección de la información. El servicio de la OTAN (NATO Office of Security/NOS) estaba dirigido casi por norma por funcionarios norteamericanos de diversa procedencia, pero expertos en el tema, y como se relacionaban directamente con la Oficina de Seguridad OTAN del CESID no tuve una relación especial, mientras que con el servicio de la CEE —denominado Service de Securité/SS—, que estaba dirigido por Pieter de Haan, un holandés que había sido anteriormente director del servicio de inteligencia holandés, y con su segundo de a bordo, Claude Willeme, un francés, procedente de la DST, que era el servicio de inteligencia interior francés entonces, sí me relacioné más. Dependiente del SS estaba la unidad de protección en Luxemburgo, al mando del comandante del Cuerpo Jurídico Militar español en situación de supernumerario, Álvaro Migoya[300], con quien tuve una excelente relación.

El servicio de inteligencia luxemburgués, SRE, como he mencionado, era un servicio pequeño pero eficiente, dirigido por *monsieur* Charles Hoffmann[301], ubicado en un antiguo acuartelamiento militar en el 207 de la calle de Esch, en la ciudad de Luxemburgo. El servicio se creó en 1960 con la finalidad de proteger dentro del territorio luxemburgués los intereses de la seguridad nacional, y esencialmente la misión principal era la de asegurar que las personas que tenían acceso a información confidencial eran dignas de confianza, y, en consecuencia, descubrir eventuales agentes potencialmente enemigos, que estuvieran actuando dentro del Gran Ducado, así como estar en contacto con los servicios de inteligencia de los demás aliados de la OTAN. En este marco de actuación cooperaban con gran entusiasmo con el CESID, en lo que ellos creían que podía ser de nuestro interés, incluso sin pedírselo.

Uno de estos aspectos que el SRE consideraba de posible interés era el seguimiento y control de las personas sospechosas o susceptibles de ser simpatizantes o afiliados a ETA, que residían en Luxemburgo y que habían identificado en alguna forma, algo que no hacía el

300 Álvaro tenía muy mala opinión de Manglano y de cómo dirigía el CESID.
301 Charles Hoffmann fue director del servicio luxemburgués desde 1985 a 2003.

servicio belga. En este sentido les llamó la atención la conducta de una joven española que trabajaba en las comunidades europeas[302]: Inmaculada Gracia Monge[303], militante del PCE (reconstituido), que había obtenido una plaza en la CEE por oposición.

Inmaculada frecuentaba un lugar de ocio donde se solían reunir disidentes políticos de terceros países, por lo general radicales de izquierda, generalmente de ideología marxista, con una cierta mayoría de emigrantes procedentes de Nicaragua, Bolivia, El Salvador, e incluso Cuba, que se habían acogido a la hospitalidad de Luxemburgo, y con los cuales se relacionaba bien, dada la comunalidad del idioma, y, sin duda, la ideología. Inmaculada vivía sola, en una especie de casa de campo, con cierto tamaño de terreno y excesivamente grande para una joven que no tenía familia, en las inmediaciones de la pequeña localidad de Ettelbruck (literalmente «El puente de Atila»), bien comunicada, a poco más de 20 km del centro de Luxemburgo capital. Todo ello les pareció muy raro y poco común en una persona con sus capacidades y posición dentro de la comunidad europea, y decidieron someterla a una discreta vigilancia, incluyendo la intervención de la línea telefónica de su domicilio y grabar sus conversaciones. Por ello, dado que carecían de personal que hablase y comprendiese el español, me pidieron ayuda, a lo que accedí gustoso.

La situación surgida motivó que me desplazase a Luxemburgo con mayor frecuencia y solía acudir a la sede del SRE cada quince días, no sin antes haber acordado que si llegaban a apreciar algún cambio radical me avisasen con la mayor urgencia posible. Todo esto lo comuniqué con urgencia igualmente a la División de Inteligencia Interior del Centro, en Madrid. En Luxemburgo, me dedicaba a escuchar las grabaciones de las llamadas de Inmaculada, descubriendo que se comunicaba con frecuencia, semanal como mínimo, con Karmelo Landa, de HB, quien le daba instruccio-

302 En su condición de miembro fundador y gracias a su ubicación geográfica central en Europa, Luxemburgo había acogido la sede de dos instituciones comunitarias: el Tribunal de Justicia y el Tribunal de Cuentas. Asimismo, era sede del Banco Europeo de Inversiones, y de la Secretaría General del Parlamento Europeo.

303 Inmaculada había protagonizado una huelga de hambre en 1978 en España, por la que tuvo que ser hospitalizada, como consecuencia de haber sido detenida junto con otros ocho individuos, acusados de pertenecer a la banda terrorista GRAPO. En suma, era conocida y tenía antecedentes.

nes sobre gestiones a realizar. Así, descubrimos que la casa en Ettelbruck la costeaba HB y que también le habían comprado un automóvil a Inmaculada para sus desplazamientos. Naturalmente el dinero salía de una cuenta de la propia Inmaculada en la que HB depositaba fondos de manera regular, según se descubrió. Estaba clara la labor de Inmaculada y la posible función de la casa —servir de albergue o refugio a miembros de ETA con cualquier propósito—, de la que el SRE me proporcionó incluso un plano detallado, pidiéndome que no lleváramos a cabo ninguna actividad operativa, si es que resultaba necesario, sin antes estudiarlo conjuntamente y realizarlo solo con el consentimiento de las autoridades de Luxemburgo. Les tranquilicé y les dije que no se preocupasen ya que no veía viable una decisión política en Madrid favorable, como así fue.

Informé detalladamente a Madrid de todos los detalles, pero nunca —una vez más— recibí respuesta. Con ocasión de una visita a Bruselas del general Manglano, en la que tuve ocasión de hablar con él, le expuse el tema con la mayor precisión y su respuesta fue «¿y qué quieres que haga yo?», lo que me dejó sin palabras y con lo cual no hago más comentarios, pero comprendí que debía dejar el CESID lo antes posible si no quería ser testigo de más complicaciones ni situaciones controvertidas. No creo que la contribución del CESID en la lucha contra el terrorismo separatista fuera decisiva en ningún momento. Todo tiene un final y para mí estaba claro que mi final en ese destino —en el CESID— era ya. No obstante, como el tema me parecía bastante grave tomé la decisión de entregar directamente, y en mano, todo el dosier de la señora Gracia Monge al comandante de la Guardia Civil destacado en la Embajada de España en París, sin decir nada al CESID, y advirtiéndole de que él no dijera nada tampoco. También informé al comandante Álvaro Migoya. Nunca más volví a saber de este asunto.

Mis relaciones con el CESID, en Madrid, se habían deteriorado mucho desde que escribí la carta personal, ya citada, al general Manglano, y hubo hasta operaciones de hostigamiento —por llamarlas de alguna manera— que, todo lo más, me llevaron a precipitar mi salida del Centro. Así, en febrero de 1991 se publicó un artículo en *Diario 16*, en Madrid, en el que un corresponsal a quien no conocía de nada, ni nunca había visto, exponía que la ambigua situación en la que el Gobierno español se encontraba respecto de la guerra ya abierta con Irak era culpa mía, dado que yo había venido informando directamente al general Manglano, diciéndole que no habría guerra puesto que Sadam Huseín acabaría retirándose pacíficamente de Kuwait antes de que se cumpliese el plazo marcado por el Consejo de Seguridad de la ONU. El problema era que yo no había mandado nunca, en ningún momento, un informe semejante ni ningún informe sobre Irak, y por lo tanto era una invención. En el artículo, además, se decía que yo ejercía una notable influencia sobre Manglano y que hasta Felipe González estaba informado de «mis análisis» y «creían todo lo que yo dijera», aunque yo no hubiera dicho nada, y que era el «jefe de la estación del CESID» en Bruselas. Lo peor vino cuando desde Madrid, recibí una llamada telefónica del Sr. Osma —teniente coronel ya, Orzáez Lamoneda—, pidiéndome explicaciones sobre mi relación con el autor del artículo, y el porqué de haber dicho que yo tenía influencia sobre el general Manglano[304]. Simplemente le mandé a paseo y colgué el teléfono, diciéndole que esperaba que las explicaciones me las diera él. No hace falta que diga que mis días en el CESID estaban contados, aunque fui yo quien tuvo la última palabra. Esta era la respuesta de Manglano a mi carta personal. Manglano estaba rodeado de una capilla de aduladores que solo se limitaban a aplaudir sus decisiones, fueran las que fueran.

El artículo tuvo consecuencias que quizás eran lo que alguien buscaba. A mi regreso a España, en el otoño de 1992, tuve conocimiento formal a través de la División de Inteligencia del Estado Mayor —no del CESID—, de que según se les comunicaba por parte del Ministerio del Interior, la policía francesa había incautado documentación a una célula de ETA en Toulouse, en la que, en un documento, se me citaba como objetivo para un atentado en el momento que fuera oportuno. Se me indicó que fuera armado y tomara precauciones, pero nada más. El CESID no dijo ni palabra. Dejo libre al lector para que estime lo que crea oportuno.

304 No tengo pruebas, pero estoy convencido de que el artículo del periodista se lo dictaron, o se lo dieron hecho, desde el propio CESID.

Hubo otra intriga absolutamente ridícula cuya finalidad no alcanzo siquiera a comprender. Los hechos fueron los siguientes: en un día como otro cualquiera, gris y lluvioso, como era habitual en Bruselas, en el primer trimestre de 1992, se puso en contacto conmigo *monsieur* Guy de Bonnay, del VSSE, para decirme que el representante acreditado del aún KGB soviético en Bélgica le había pedido que me solicitara acceder a tener una reunión con él, al objeto de exponerme un posible plan de cooperación en la lucha contra el terrorismo entre el KGB y el CESID. Me pareció absurdo y totalmente inapropiado, máxime cuando la URSS tenía una Embajada en España y suficiente personal del KGB en Madrid, como para poder entretener una conversación formal directamente con el CESID, y, sobre todo, ya existían relaciones formales entre el CESID y el KGB y había también un oficial español en la Embajada en Moscú. Me sonaba muy raro todo, pero le dije a *monsieur* de Bonnay que le diera mi teléfono directo en la Embajada y que ya veríamos. A continuación, informé a Madrid del hecho. Nunca me llamó nadie, y el supuesto oficial soviético no se puso en contacto conmigo en ningún momento, pero según supe, alguien de la Embajada soviética en Madrid sí se puso en contacto con el CESID, en Madrid, pidiendo aclaraciones de porqué yo solicitaba entrevistarme con el representante del KGB en Bruselas, ¡lo que era el colmo! Como no podía faltar, me volvió a llamar el teniente coronel Orzáez ¡pidiéndome explicaciones a mí! Y naturalmente, volví a despedirlo con cajas destempladas.

A los pocos días me llamaron desde el CESID, del Departamento de Personal —y estábamos ya en el mes de abril de 1992—, ofreciéndome un nuevo destino: Teherán o Buenos Aires, sin que yo hubiera indicado que quería cambiar. Tuvo gracia el asunto; les respondí que ninguno, sin dar más explicaciones. En esa situación fui invitado a una cena en el domicilio del agregado aéreo, en la que el invitado de honor era el almirante Gonzalo Rodríguez Martín-Granizo, que, en esos momentos era el jefe del Estado Mayor de la Defensa (JEMAD), que estaba considerado como un modernizador de las Fuerzas Armadas, clave en la coordinación con la OTAN y en desarrollar un papel internacional en misiones de paz para el Ejército español. Sin ningún rodeo, el almirante me preguntó si me gustaría ir destinado al Estado Mayor de la Defensa, y sin pensarlo le respondí que cuándo empezaba. No tuve que solicitar destino ni tramitar nada; fui destinado al EMAD, en vacante de comandante/teniente coronel de libre designación. Al día siguiente llamé por teléfono directamente al general Alonso Manglano y le comuniqué que dejaba el Centro, diciéndole que saldría destinado al EMAD próximamente. Así acababa mi período de diez años de permanencia en el CESID —en la Casa—, sin mayor pena ni gloria. Nunca más volví a hablar, ni a ver, al general Alonso Manglano.

Mi destino no fue inmediato, aún tardaron varios meses en formalizar todo, y no fue efectivo hasta el mes de octubre, con lo cual no me incorporé al EMAD hasta diciembre, pero yo ya no desempeñé ninguna función para el CESID, ni nadie me pidió que lo hiciera. Fui sustituido por un joven oficial de Caballería, Francisco Montes Álvaro, a quien no conocía, y que no tenía experiencia internacional, pero gozaba de buena reputación en el Centro. Tras el relevo nunca volvería a ver a esta persona, ni supe más de él. Todo acaba en algún momento y nada es permanente en la vida.

Mi permanencia en Bélgica había sido de dos años casi exactos —día a día—, y no puedo decir que resultase ser una experiencia inolvidable. Bélgica era, en realidad, un país relativamente aburrido, en líneas generales, y lo que siempre recordaré es que todo el mundo, cuando llegué, me decía que era un sitio estupendo «a una hora de Colonia, una hora de Ámsterdam, una hora de París, y no más de dos horas de Londres», es decir que, de alguna manera, todo el mundo pensaba escapar de Bruselas en cuanto pudiera. Las comunicaciones eran excelentes y como ya funcionaban los acuerdos de Schengen, casi no nos dábamos cuenta de que, conduciendo a alta velocidad en la autopista, pasábamos de Bélgica a Francia, a Alemania o a Holanda,en un santiamén y no habíamos visto ni una señal avisándolo, aunque naturalmente las había.

No tengo conciencia de haber sido útil para España en mi puesto en ningún momento, ni creo haber contribuido a resolver ningún asunto, porque, en primer lugar, no hubo asuntos que resolver, y, en segundo lugar, porque tampoco se me encomendó ninguna misión, y mucho menos fui un «espía» en ningún momento. No había nada que espiar en Bélgica, y lo que había —como era el tema separatista— estaba vetado en términos prácticos. Karmelo Landa siguió con sus actividades, con absoluta tranquilidad, y de la señora Gracia Monge no se supo mucho.

Bélgica había participado en la liberación de Kuwait, como España —con la boca pequeña—, solo con dos dragaminas. No habiendo enemigo ya, o eso parecía, la política belga pedía a gritos el desarme o la reducción de los presupuestos de defensa. Era ya otro mundo muy distinto del que nos habían hablado y para el que algunos nos habíamos preparado.

Con mi conciencia tranquila, pero no exenta de amargura, cerré mi capítulo profesional del mundo de la inteligencia y me reintegré a las Fuerzas Armadas. Sin embargo, habían sido diez años intensos.

CONCLUSIONES Y EPÍLOGO

Una visión desapasionada del mundo de la inteligencia, y de la situación internacional, tras diez años entre Madrid, Roma, Londres y Bruselas

«Hay que preguntarse por qué Europa es incapaz de tomar decisiones ni siquiera en su propio territorio».

Richard Holbrooke, diplomático norteamericano, 1995

«Lo peor del comunismo es lo que viene después».

Adam Michnik, historiador y disidente polaco

«El remedio está en romper ese círculo vicioso en el que siempre han estado, y en que los ciudadanos europeos recobren la confianza en sus Gobiernos y en su futuro económico, así como en la idea de Europa como un concepto global».

George C. Marshall, estadista y militar norteamericano

En 1994, el escritor y comentarista político norteamericano William Pfaff[305] —veterano de la guerra de Corea— se atrevió a decir lo que muchos pensábamos: «Necesitamos inteligencia, necesi-

305 Pfaff, William. «We Need Intelligence Not Spies». International Herald Tribune, 21 julio 1994.

tamos conocer, pero no necesitamos espías», y preguntaba: «¿Para qué sirven los espías?», refiriéndose, obviamente, a los servicios de inteligencia occidentales y a las numerosas operaciones fracasadas —construcción del Muro de Berlín en 1961, caso Profumo en 1963, operación Rainbow Warrior en 1985, caída del Muro de Berlín en 1989 y derrumbamiento de la URSS en 1991, entre los más notorios—, que habían dañado la imagen de los servicios, llegaba a la conclusión de que los servicios de inteligencia, tal y como estaban estructurados, estaban llegando al final de su vida útil.

Los diez años que pasé en Europa, alejado de los problemas y la situación de España, me hicieron tener una óptica muy diferente al respecto. A mi regreso, todo se me antojaba pequeño y hasta provinciano. Los problemas que se suscitaban eran locales, sin visión pragmática alguna de lo que ocurría más allá de nuestras fronteras. Se empezaba a despertar, pero muy lentamente, y en ese despertar no hay duda de que Europa, con la CEE y la OTAN, ejercía un papel notable. Aun así, quedaba todavía un largo camino por recorrer. El CESID iba a entrar en crisis inmediata y acabaría transformándose en el actual CNI, que no me atrevo a calificar pero que me ofrece una duda, que llamo razonable, a tenor de su origen y la metamorfosis sufrida por el personal que yo conocí y que sigue todavía, incluso en puestos que podemos considerar claves. La situación de los servicios de inteligencia en España era muy distinta y mucho peor que la de sus homólogos occidentales, y lo más grave es que no existía conciencia de ello. También es cierto que los servicios de inteligencia podrían haber detectado el peligro y la autoridad política les haya silenciado por razones que nunca podrán ser explicadas, y menos aún, comprendidas.

«Trabajar en el mundo de la inteligencia conlleva vivir con un sentimiento de fracaso permanente», me comentó una vez mi buen amigo Barry Gane, director de operaciones del MI-6, aludiendo a la gran evolución que los servicios de inteligencia habían experimentado a lo largo de todo el siglo XX, preguntándose si, en 1990, la actividad de inteligencia seguía siendo útil para los Gobiernos, y afirmando que era urgente para la comunidad occidental definir qué tipo de servicios se necesitaban para afrontar las amenazas específicas que se presentaban y las que el futuro próximo podría acarrear. Los espías clásicos seguían siendo una constante en el mundo que conocíamos, y continúan siéndolo, pero ¿marcan alguna diferencia hoy, en relación con las amenazas a las que se enfrenta la colectividad internacional? Un buen agente de inteligencia podría haber salvado vidas el 11-S, pero, al mismo tiempo, se puede decir que informes erróneos llevaron a invadir Irak con el pretexto de impedir la utilización por parte de Sadam Huseín, de unas armas de destrucción masiva inexistentes. Lo ocurrido en Madrid el 11-M es mejor no comentarlo.

El espionaje es una vieja costumbre humana en muchos ámbitos de la vida y encontramos mención a ello no solo en la Biblia sino en la ancestral China y en el antiguo Egipto, pero resultó algo consustancial a la Guerra Fría con el KGB, y aliados, en un bando, y la Agencia Central de Inteligencia y sus asociados, de otro. Después de ese periodo, la actividad de contrainteligencia y contraespionaje fue remplazada por la actividad de contraterrorismo, algo que se intensificaría especialmente tras el 11-S. Una característica muy particular que hizo su aparición fue que, mientras el espionaje clásico había resultado útil en el marco de las tensiones Este-Oeste, resultaría irrelevante contra objetivos como el radicalismo fundamentalista islámico, en donde resultaba prácticamente inviable infiltrar a ningún agente. El terrorismo, qué duda cabe, revalorizó la necesidad de tener inteligencia sobre el adversario, pero en favor del uso de la tecnología avanzada y de los métodos electrónicos o de control del espacio radioeléctrico antes que del espionaje que llamamos clásico, o de «inteligencia humana» (HUMINT).

Por otra parte, con la desaparición de la «amenaza soviética» y del riesgo de guerra nuclear, la probabilidad de que surgieran por doquier atrocidades o conflictos locales a pequeña escala aumentó. Una virtud de la Guerra Fría fue que mantuvo suspendidos temporalmente muchos conflictos serios de índole nacional o regional. La «benevolencia» de las superpotencias había subvencionado a dictadores que, de otro modo, se habrían lanzado por el sendero conflictivo. Sin esas subvenciones, o interés, las luchas internas y las rivalidades se reanudaron. Vivíamos, como pronosticó Arbatov, en un mundo mucho más peligroso. De alguna manera, la desaparición del bloque oriental —que algunos consideraron como el final de los servicios de inteligencia tal como se habían venido considerando— había aumentado exponencialmente la necesidad de información y de inteligencia, al producirse una inclinación de algunas democracias frágiles hacia el totalitarismo, mientras que además tenía lugar un contrabando de científicos sin trabajo, y de materiales con capacidad de transformarse en armas de destrucción masiva, y los países del llamado tercer mundo, hasta ahora bajo control de las superpotencias, empezaban a ir por libre en el panorama internacional. Sucesos como la invasión de Kuwait, Somalia en 1991, las barbaridades en Bosnia, y el genocidio de Ruanda dieron a la mayoría de los líderes occidentales la excusa de incrementar la actividad de sus servicios de inteligencia. Hasta el CESID acabó destacando algún oficial de inteligencia a la antigua Yugoslavia, y pronto hubo participación de tropas españolas en las misiones internacionales en los Balcanes.

En la segunda mitad de la década de los noventa, la aparición masiva de teléfonos móviles, asequibles para casi todos los ciudadanos, y el uso ya indiscriminado de Internet y de los correos electrónicos ofreció una nueva forma de comunicación que resultó, para los especialistas, fácil de interceptar y vigilar. El espionaje clásico no solo era caro, sino que comportaba no pocos riesgos políticos y hasta físicos de índole personal para los que lo llevaban a cabo, incluso en tiempo de paz. La interceptación de las comunicaciones, por el contrario —como hacía el GCHQ británico—, no tenía riesgos y era relativamente barato el montar los sistemas. Lo importante, no obstante, era establecer un equilibrio adecuado entre ambos métodos de obtención de inteligencia ya que ambos tenían su campo de aplicación específico. Al-Qaeda resultaría un objetivo muy difícil para el espionaje clásico. En cualquier caso, tras el 11-S, el terrorismo sustituyó por completo a la anterior amenaza soviética. Ya bien entrado el siglo XXI se puede decir que más de un 70 % de la actividad de inteligencia se dedicaba ya a combatir el terrorismo. El espionaje clásico aún podría proporcionar resultados en la confrontación con China o con la nueva Rusia de Putin, pero resultaría irrelevante contra el moderno terrorismo radical islámico.

Por otra parte, Europa, diciéndolo alto y claro —no nos confundamos—, estaba en guerra. No era una guerra abierta y declarada, ni había un enemigo identificado con claridad, pero tras el período de paz casi absoluta, que realmente significaron la Guerra Fría y la amenaza soviética —que, hoy, no está tan claro que fuera tal amenaza—, en los noventa los europeos vivíamos dos guerras importantes: la primera guerra del Golfo —una caja de Pandora que aún sigue abierta—, y la tremenda guerra civil de la antigua Yugoslavia, latente todavía, una verdadera guerra en suelo europeo en la que todas las naciones intervinieron de alguna forma, y que supuso para España la primera intervención militar en combate de sus soldados fuera de sus fronteras en todo el siglo XX, a excepción de la participación en el frente del Este al lado del III Reich durante la Segunda Guerra Mundial. El problema es que esas guerras siguen abiertas, y se han incrementado aún más con nuevos ingredientes —Ucrania, Corea del Norte, China, etc.—, que aumentan su gravedad, y el problema es que los servicios de inteligencia occidentales —no solo el CESID— no han sido capaces, en ningún momento, de detectar lo que venía y se estaba gestando.

En Europa, además, estaba ocurriendo algo de suma importancia a efectos de soberanía, de seguridad nacional y de política de defensa, al margen de otros muchos aspectos, que no estoy seguro de que se estuviesen analizando y valorando debidamente. Por lo menos, en nuestra querida España no se hacía y, de entre todos los organismos, el CESID no hacía honor a su pomposo nombre de Centro Superior de Información de la Defensa. El mecanismo para llevar a los europeos hacia una unión seria y casi plena se había puesto en marcha en 1987, con la aprobación de la llamada Acta Única Europea, pero el verdadero impulso se lo dio el fin de la Guerra Fría, y eso se sancionó con el Tratado de Maastricht en 1992, cuando yo todavía estaba en Bruselas. Todo parecía muy bonito y todo el mundo hablaba, casi en exclusiva, de la libre circulación de bienes y personas, de la moneda única[306], etc., pero Maastricht tuvo

306 El tema de la moneda única tuvo aspectos muy discutibles y poco equitativos. Por ejemplo, los alemanes se despertaron un buen día con sus cuentas bancarias igual que las habían tenido el día antes, pero ahora en euros en lugar de marcos. Los españoles despertaron con su poder adquisitivo drásticamente disminuido y sus cuentas divididas por 166 nada menos. Los expertos en macroeconomía

varios efectos colaterales. El primero de ellos fue que provocó un impulso inesperado para la OTAN.

Así, dados los términos estrictamente restringidos del tratado —al menos tal como Francia los planteó—, los países de la antigua Europa del Este no podrían tener acceso a la nueva Unión Europea en un futuro inmediato. En cambio, se les ofreció, como premio de consolación, unirse a la OTAN. Ello agradó a las nuevas democracias, aunque no estaban muy claros entonces los beneficios que suponía, pero provocó bastante resentimiento en la nueva Rusia, que ha perdurado hasta nuestros días, como se manifiesta en todos los discursos de Putin. El segundo efecto fue que puso, por primera vez, en la mesa y ante el conocimiento público, la noción de Europa como concepto supranacional, y empezó a haber sectores no tan a favor de ello, en casi todos los países. Por último, abrió el camino para la integración de la Europa que podemos calificar como occidental[307], es decir: Suecia, Finlandia y Austria, hasta entonces sometidas a unos conceptos de neutralidad derivados de la Segunda Guerra Mundial, y a la necesidad de llevarse bien con la Unión Soviética, lo que ya no era el caso. No obstante, el proyecto de la UE, visto con imparcialidad, era algo esquizofrénico; de un lado, culturalmente, era muy inclusivo y estaba abierto a todos, pero, por otra parte, era funcionalmente muy exclusivo, y cada nuevo acuerdo que se establecía suponía una serie grande de limitaciones, restricciones, y complicaciones que había que superar para seguir estando en la «gran familia europea» —con la consiguiente pérdida de soberanía nacional—, y que, además, pronto se vio que estaban prácticamente acordadas *sotto voce*, previamente, por Francia y Alemania. El Reino Unido se desligó pronto de todo eso y mantuvo

---

dirán que eso no es importante, pues no, es muy importante. Maastricht consagró una Europa de dos velocidades. Los negociadores alemanes impusieron a España medidas verdaderamente draconianas para asegurar el cumplimiento de los criterios económicos; medidas que afectaron a todos los órdenes de la vida. Pero eso no parece que fuera de interés para la inteligencia española. Hubo corrupción aquí, y el presidente de la Comisión Europea, entonces Jacques Delors, prometió amplios fondos estructurales si se firmaba el acuerdo. Nadie parece que dijera algo.

307 Ni Noruega, ni Suiza, ni Islandia son miembros de la Unión Europea. El Reino Unido abandonó la Unión en enero de 2020. En Suecia hubo un referéndum en 1994 y se puso de manifiesto un gran escepticismo. Para la antigua Europa del Este, el convertirse en miembros de la UE era el único camino.

su independencia, no adhiriéndose ni a la moneda única ni a otras muchas cosas, terminando en separarse totalmente. No parece que nadie diese la alarma ante la creciente preponderancia del eje París-Bonn/Berlín. Hoy estamos donde estamos, y claramente hay dos niveles, al menos de miembros, en la UE.

Por otra parte, aunque la seguridad y la defensa fueran ajenas inicialmente a la UE en sus tratados constitutivos, la búsqueda de instrumentos específicamente comunitarios en esta materia estuvo en el «entorno» del proceso de integración, provocado todo ello por Francia y en detrimento de la OTAN. La ruptura de la bipolaridad y la caída del Muro de Berlín fue el elemento contextual que favoreció el cambio cualitativo desde una comunidad económica a la unión política, con el establecimiento de la Política Exterior y de Seguridad Común —PESC—, en el Tratado de Maastricht de 1992 como uno de sus ingredientes más notables. Desde entonces, la UE está tratando de erigirse en un actor internacional relevante para asumir mayores cotas de responsabilidad global. Sin embargo, sería la incapacidad comunitaria para enfrentar las crisis de los Balcanes la que impulsó la creación de la Política Europea de Seguridad y Defensa (PESD), de la cual resultaría ser su principal adalid el socialista Javier Solana, Mr. Pesc, un personaje claramente anti-OTAN en sus orígenes, a pesar de que acabaría siendo secretario general de la Alianza, que produjo un complicado andamiaje organizativo: Comité Político y de Seguridad, Comité Militar, Estado Mayor Militar de la UE, Agencia Europea de Defensa, Estrategia Europea de Seguridad, etc., que no se puede decir que haya tenido mucha efectividad, y que haya demostrado, en su defecto, que no se está preparado para intervenir en conflictos de alta intensidad y de gran complejidad y duración, como Afganistán o Irak, ante los cuales la UE se fracturó internamente, probando tener escasas capacidades y aún menos voluntad política.

Resumiendo, se puso de manifiesto que la defensa colectiva de los Estados miembros de la UE sobrepasaba el mandato de la PESC, y se puede decir que la PESC era todo menos la defensa colectiva, que correspondía a la OTAN. La función de la PESC era la gestión de crisis, lo que implicaba una amplia gama de misiones con un relevante componente militar. La OTAN, por su parte, es una alianza político-militar para la defensa colectiva que, cada vez más, ha acabado asumiendo también misiones de gestión de crisis, ante la incapacidad de la UE. En suma, hablar de defensa en la UE era como la fábula de los galgos y los podencos, y algo irrelevante. No me consta que del CESID saliera ningún informe advirtiendo estos aspectos. El solo hecho de que, en la actualidad, la política de seguridad y defensa de la UE esté en manos de alguien «tan competente» como el Sr. Josep Borrell habla por sí solo.

Los servicios de inteligencia saben hoy que están en crisis y va a ser muy difícil que remonten y recuperen la importancia que antaño tuvieron. Me refiero a los servicios de inteligencia tal y como los hemos conocido en la segunda mitad del siglo XX. Sin embargo, un servicio de inteligencia que sí va a subsistir, y quizás remplazar a todo lo anterior, es el servicio u organismo de adquisición de inteligencia electrónica y de interceptación de las comunicaciones, tal como el GCHQ británico, la NSA norteamericana, y otros cortados por el mismo patrón, en una era en la que todo circula a través de las redes privadas o públicas, sociales y de los medios de comunicación. Trasladado este aspecto a España el vacío o «agujero negro» que encontramos es pavoroso, pero quizás es que no es siquiera necesario. Dudo mucho de que el CNI y Presidencia del Gobierno, en España, tuvieran conocimiento de que las fuerzas rusas invadiesen Ucrania, en febrero de 2022, antes de que la CNN, o la BBC lo transmitiesen a todo el globo en tiempo real. Y, en el caso de que lo hubieran sabido, ¿qué? ¿De qué le habría valido al Gobierno español, en esa fecha, conocer con antelación lo que Putin había decidido?

Saber es poder, se dice, pero si se carece de esa facultad de poder, o de ejercer alguna acción, el saber se queda solo en lo que dice el viejo adagio: «el saber no ocupa lugar», y nada más. Invito al lector a reflexionar sobre la génesis de los servicios de inteligencia, que no de información, y en dónde se han desarrollado esos servicios. Estados Unidos comenzó a desarrollar su capacidad de inteligencia a raíz de la Primera Guerra Mundial, Gran Bretaña cuando se empezó a configurar un tercer poder en Europa que le podía hacer sombra, y se veía obligada a anticiparse a lo que pudiera ocurrir. Naturalmente, la inteligencia, la información, y el anticiparse a las decisiones del adversario son parámetros que siempre han existido, y los seres humanos siempre queremos saber, incluso lo que no nos hace falta. Pero en el mundo moderno, esos parámetros han variado ostensiblemente.

En España, el servicio de inteligencia que creó Gutiérrez Mellado no era un servicio de inteligencia, sino un servicio de información interno a caballo de los servicios de seguridad del Estado, con lo cuales no se relacionaba, y cuyo objetivo primordial era atajar la hipotética involución que el estamento militar tradicional podría llegar a intentar contra la naciente democracia, una amenaza irreal por otra parte. La designación del teniente coronel Alonso Manglano como director del CESID obedeció a este criterio, y el desarrollo posterior del Centro obedeció a otros criterios muy diferentes como he expuesto a lo largo de estas páginas. Nunca el CESID aportó ningún elemento esencial de información para la ejecución ni de la política exterior ni de la política de defensa. Y lo que vino después —el CNI— fue más de lo mismo, y quedó demostrado cuando se sucedieron varios directores que no solo no mejoraron su imagen, sino que llevaron a buscar un nuevo director por el procedimiento de urgencia, casi al igual que había sucedido con Manglano en 1981. Designar como director del nuevo Centro a un general prestigioso ya en la reserva, sin ningún conocimiento de inteligencia, que solo aportaba su lealtad incuestionable al partido en el poder, fue volver al pasado, y en su designación había mediado el monarca, peor aún. Hoy dirige el centro una mujer, segunda en la historia del servicio, tras el breve interregno de Paz Esteban, injustamente tratada, y aun cuando procede del antiguo CESID no la conozco y no puedo opinar. El mal, no obstante, no estará en ella sino en los que pretendan utilizarla para fines ajenos a lo que debería ser propio de un servicio de inteligencia.

El CESID, en la década de los noventa, se había expansionado aún más y se había destinado a oficiales, en principio todos militares, a Argentina, México, Costa Rica, Nicaragua y Cuba, en Hispanoamérica, y a la Unión Soviética[308], Checoslovaquia, y

308 El establecimiento de relaciones formales entre el CESID y el KGB fue muy comentado en ámbito OTAN y me consta que Manglano fue requerido a explicar en Bruselas qué tipo de relaciones se mantenían y qué temas se trataban. Que se sepa, en esas fechas, ningún director de un servicio de inteligencia occidental se había reunido con el director del KGB.

Yugoslavia, en Europa, además de Siria, y parece que se pretendió enviar alguien a Teherán, y se acabaría enviando alguien a Tel-Aviv, pero todavía nadie a China ni Japón. Desconozco el objetivo de tal despliegue, pero no obedecía a intereses de la seguridad nacional ni de política exterior. Era, más bien, una decisión errática, decidida en exclusiva por el tándem Serra-Manglano, con la aprobación tácita de Felipe González y la resignación del Ministerio de Asuntos Exteriores.

Pero no solo el CESID había ampliado sus bases y despliegue en el exterior, sino que finalmente se había desembarazado de la mayoría de la miríada de pisos, chalés o apartamentos, repartidos por Madrid, donde ubicaba sus instalaciones y oficinas. A mayor gloria de Alonso Manglano, el Centro contaba finalmente con una sede central, inaugurada provisionalmente en 1988 tras doce meses de construcción y unos dos mil quinientos millones de pesetas, y ubicada en el inicio de la carretera de la Coruña, a la altura de la llamada Cuesta de las Perdices. Nunca visité el nuevo complejo de edificios[309], ni fui invitado a conocerlo, ya que cuando finalmente regresé a España ya no estaba destinado en el CESID. Se sabe muy poco de cómo se adjudicaron las obras y a quién se designó como contratista, ya que, dada la naturaleza de los edificios, la contratación se realizó por el procedimiento de adjudicación directa sin publicidad y fue clasificado como secreto, con lo cual todo pudo ser posible.

La década de los noventa vio el encumbramiento máximo de Alonso Manglano, a la sombra de Narcís Serra, pero también su caída más estrepitosa. El llamado escándalo de «las escuchas del CESID» —como si el CESID fuera un GCHQ a la española— fue la espoleta de una crisis que no cesaría hasta la derrota del PSOE en las elecciones generales de marzo de 1996, detonando una serie de explosiones más o menos controladas que iban desde la filtración de los «papeles del CESID» al relanzamiento de los sumarios sobre la llamada «guerra sucia». Pero el inicio de la crisis, en realidad, se inició con el más

309 Entre todos los edificios que constituyen la sede, destaca el edificio principal, conocido como Estrella. Su forma de «Y» griega es muy útil: tres alas independientes de despachos, que evitan coincidir en los pasillos. En una de ellas tenía su despacho Emilio Alonso Manglano. Existen otros tres edificios secundarios: Pilar, dedicado a oficinas; Carmen, donde se encuentra la escuela del CESID, un gimnasio y un apartamento para uso exclusivo del director, y Singular, con el salón de actos y la cafetería/restaurante, cuya adjudicación, casualmente, recayó en familiares directos de una de las secretarias, o asistentes, favorita de Alonso Manglano.

conocido como caso Guerra. No obstante, el escándalo, en junio de 1995, provocó la dimisión del entonces vicepresidente del Gobierno, Narcís Serra, del ministro de Defensa, Julián García Vargas, y de Alonso Manglano, que presumía de haber dirigido el servicio durante catorce años, tantos como Andropov acabó dirigiendo el KGB.

No por esperado fue menos demoledor este asunto. La difusión de documentos del CESID que probaban la realización de escuchas telefónicas a personajes de la vida pública española, incluido Juan Carlos de Borbón, cayó como una bomba en el servicio. La primera reacción fue abogar por la dimisión de Emilio Alonso Manglano, para evitar males mayores. Sin embargo, el objetivo de quienes filtraron los documentos no era solo Manglano, sino Narcís Serra también, como superior directo de quien dependía el CESID en última instancia. La pregunta era: ¿cómo se había llegado a esa situación?

A esta situación se llegó tras un largo recorrido que comenzó con el llamado caso Guerra en 1989. El caso Guerra fue, por su importancia cualitativa más que cuantitativa, y por su imposible ocultación, el antecedente de todo un rosario de descubrimientos y revelaciones de cómo incumplía la legalidad no solo el CESID sino el ministro de Defensa, que se servía de él para sus propios fines políticos. Fue un caso en el que se acusó de corrupción a Juan Guerra, hermano de Alfonso Guerra, vicepresidente del Gobierno. A finales de 1989 Juan Guerra había sido contratado por el PSOE para trabajar en un despacho oficial de la Delegación del Gobierno en Andalucía en calidad de asistente de su hermano, y parece que el despacho fue utilizado para actividades diferentes a las asignadas, según algunos medios, lo que le valió a Juan Guerra ser acusado y juzgado por los delitos de cohecho, fraude fiscal, tráfico de influencias, prevaricación y malversación de fondos, y usurpación de funciones, lo cual resultó muy exagerado[310]. Sin embargo, a pesar de conocerse los

310 Finalmente, en 1995, Juan Guerra fue condenado por un solo delito fiscal a un año de cárcel, que no tuvo que cumplir al carecer de antecedentes penales, pero ese mismo año Serra y Manglano desaparecieron del escenario igualmente. En 2012 fue de nuevo archivada una causa sobre su persona en la que se le acusaba de cometer alzamiento de bienes, causa sobreseída por falta de pruebas. De alguna manera, los tribunales certificaron que todo había sido una operación en la que se infló un globo político con aviesas intenciones. Parte de la documentación fue incluso entregada a Manuel Fraga Iribarne como presidente del Partido Popular.

hechos públicamente desde junio de 1989, las circunstancias del caso no fueron explotadas políticamente por la oposición hasta enero de 1990, y, en consecuencia, Alfonso Guerra se vio forzado a dimitir como vicepresidente del Gobierno en enero de 1991. Todo ello redundó en beneficio de Narcís Serra que, aprovechando la situación, se convirtió en vicepresidente del Gobierno. Hubo evidencias de la implicación del tándem Serra-Manglano[311] en el asunto, pero todo quedó ahí.

El espionaje electrónico, de hecho, fue el primer gran escándalo que le estalló al PSOE ya que, nada más llegar al poder, empezó a espiar a todos sus adversarios políticos, para controlarlos. En realidad, lo que hizo aquel primer Gobierno socialista de la democracia española fue reutilizar y aprovechar las estructuras de espionaje que todavía se conservaban, desde la etapa de Carrero Blanco como presidente del Gobierno. Entonces, el antecesor del CESID, el SECED, utilizaba a los agentes para controlar los movimientos políticos y sindicales. La paradoja es que, cuando Felipe González llegó al Gobierno, usó para controlar el país el mismo centro que lo había espiado a él, a través del tándem Serra-Manglano. El escándalo se conoció años más tarde, en 1995, cuando el diario *El Mundo* publicó que el CESID llevaba más de diez años espiando y grabando a políticos, empresarios y periodistas. Y todo apunta a que fue una devolución de la jugada por parte de Alfonso Guerra, en relación con el caso de Juan Guerra de 1989. Alguien subestimó las capacidades del exvicepresidente[312].

---

311 El juez que indagó las escuchas telefónicas a la Policía Judicial de Sevilla, encargada del caso Juan Guerra, sospechó siempre que sus autores podrían ser miembros del CESID, según fuentes de la investigación. Las sospechas del juez eran compartidas por la propia Policía Judicial. Resultó significativo que se descubrieran las escuchas justo después de que un testigo implicara a altos cargos del Ministerio de Defensa en la operación inmobiliaria de los cuarteles de Madrid. La Policía Judicial de Sevilla denunció en el Juzgado de Instrucción número 7, que estaba de guardia en aquellos días, que su línea telefónica había sido intervenida. José Antonio Vidal, jefe de la Policía Judicial de Sevilla, declinó pronunciarse sobre las escuchas telefónicas. El juez del Tribunal Superior de Justicia de Andalucía reveló estar siendo sometido a presiones políticas desde el propio PSOE, y en concreto de un miembro del Gobierno, para que se imputase a Alfonso Guerra.

312 En 1991, las tensiones entre Felipe González y Alfonso Guerra eran públicas, nada que ver con la inseparable unidad de ambos en el pasado. Alfonso Guerra ya había dejado el Gobierno, por el escándalo de su hermano Juan Guerra, pero aún controlaba el aparato del partido. Entonces, el CESID, siguiendo órdenes de Narcís

¿Cómo llegaron los documentos de las escuchas a *El Mundo*? Se dijo que el responsable de la filtración fue el coronel Juan Alberto Perote, antiguo responsable del Área de Misiones Especiales del CESID (AOME), pero es obvio que Perote no fue más que un chivo expiatorio; hubo alguien antes que Perote que indujo a revelar el asunto. Sin embargo, nada quedó claro y la Justicia, después de varios avatares, cerró el caso con penas mínimas para Perote, y también para Alonso Manglano, que, de esta forma, acabó pasando por el banquillo[313]. Narcís Serra, que negó todo, sin embargo, se fue a casa, aunque cesó como vicepresidente del Gobierno. Un año después de dimitir fue elegido primer secretario del PSC en sustitución de Raimon Obiols y fue diputado hasta 2004, y luego pasó a ser presidente de La Caixa. Los casos de escuchas ilegales realizados dentro del CESID provoca-

---

Serra, le grabó una conversación a su número dos, el secretario de Organización del PSOE, Txiki Benegas, en la que hablaba despectivamente del propio Felipe González. «Aquí el problema no es Solchaga, es el one», decían del presidente, al que también se referían como «dios». «¿Está tranquilo dios?», preguntaba uno y Benegas contestaba: «No, no, dios está encabronado». Los informes del CESID los recibía directamente Narcís Serra, y la difusión de las cintas por parte de los medios de comunicación, del grupo PRISA al que se le daban, también tenía un objetivo: Jesús de Polanco quería crear un grupo de comunicación entre el Grupo Z, Telecinco y la ONCE, controlado por él. *El Confidencial*, Javier Caraballo, 20/2/2022. En 2004 participé en una tertulia —más bien una reunión gastronómica— en el restaurante madrileño La Parra a la que asistió Alfonso Guerra; en un momento determinado no pude evitarlo y le espeté sin más que había estado muy bien el gol que le metió a Narcís Serra en 1995 con el tema de las escuchas, y el Sr. Guerra con su sarcasmo habitual me dijo: «Amigo Candil, a Ud. que veo que le gusta el fútbol, ¿qué prefiere el Betis o el Sevilla?».

313 Manglano se sentó posteriormente en el banquillo, en marzo de 1999, para responder de los delitos de interceptación de comunicaciones telefónicas, prevaricación y revelación de secretos, presuntamente cometidos por el Gabinete de Escuchas del CESID, que entre 1984 y 1990 interceptó y grabó las conversaciones mantenidas a través del teléfono móvil por múltiples personalidades, incluido el propio Juan Carlos. Triste final del Sr. Ra. Sin embargo, la ausencia más notable en el banquillo fue la del teniente coronel José Manuel Navarro Benavente, responsable directo del Gabinete de Escuchas, quien, casualmente, falleció, en enero de 1999, dos meses antes de prestar declaración, en un accidente de tráfico en Albacete. El teniente coronel había sido cesado en esas fechas, curiosamente, cuando llegó a seguir un tema delicado. Habían detectado que un alto cargo político estaba involucrado en un tema de drogas y entonces Manglano le había dicho que no volviera a escuchar, pero Navarro Benavente volvió a hacerlo. Cuando se supo, fue cesado en el CESID y él puso a continuación un recurso administrativo en la Audiencia Nacional. Ignoro si el accidente del teniente coronel se investigó en detalle. El director del Centro era entonces el teniente general Javier Calderón, que había sido designado por Aznar en 1996.

ron los mayores escándalos protagonizados por el Centro hasta ese momento. La Audiencia de Madrid condenó a Manglano a seis meses de arresto por un delito continuado de escuchas ilegales telefónicas, y a ocho años de inhabilitación absoluta. Manglano recurrió ante el Tribunal Supremo, que, contra todo pronóstico, confirmó la sentencia. Pero el 29 de marzo de 2004, sorprendentemente, el Tribunal Constitucional, que no tenía vela en aquel entierro, ordenó la repetición del juicio[314] y fue finalmente exculpado por la Audiencia el 13 de abril de 2005. ¡No podía ser de otro modo! Manglano sabía demasiado, pero aun así había estado diez años sometido a duda permanente, apartado del escenario político; sin duda, la mayor afrenta que el Sr. Ra podía sufrir. Durante un año Manglano pasó a ser asesor del ministro de Defensa Suárez Pertierra como premio a los servicios prestados; la victoria del PP en las elecciones de 1996 lo eliminó definitivamente del panorama. Lo que vino después no es objeto de estas páginas, pero eso no significa que fuera mejor.

Todo había empezado cuando, en 1993, el periodista Antonio Rubio, al que alguien indicó dónde y qué debía investigar, destapó en el diario *El Mundo* el llamado caso Godó, una trama política en la que miembros del CESID, periodistas y el vicepresidente del Gobierno aparecían inmersos en actividades de espionaje político y escuchas ilegales. Según las informaciones que presentó Antonio Rubio, el general Emilio Alonso Manglano daba instrucciones manuscritas —y con el sello del CESID— al coronel de Infantería Fernando Rodríguez González, Sr. Romeo —un antiguo miembro del Área 1 de la División de Inteligencia Exterior (DIE)—, para que se pusiera en contacto con el propietario del diario *La Vanguardia*, Javier Godó. Así, Narcís Serra utilizó la protección de *La Vanguardia*

314 La repetición de este juicio fue ordenada por el Tribunal Constitucional (TC) el 29 de marzo de 2004 para que los acusados fueran juzgados por magistrados que no tuvieran «comprometida su imparcialidad». El TC declaró vulnerado el derecho a la imparcialidad judicial en el juicio que en 1999 condenó a seis meses de arresto y ocho años de inhabilitación a Manglano. El Tribunal Constitucional (TC) es un órgano constitucional español independiente de los demás órganos constitucionales. Es el intérprete supremo de la Constitución de 1978 y solo está sometido a ella y a la Ley Orgánica del Tribunal Constitucional. A pesar de que se denomina «tribunal», no forma parte del Poder Judicial. No se comprende cuál fue su justificación para actuar en el caso de Manglano ni cómo llegó a intervenir ni quién hizo el requerimiento de que actuase. Es obvio que quien hace la ley hace la trampa. Resultó vergonzoso.

en una operación totalmente ilegal. Serra aparecía en los documentos bajo las siglas VPG —vicepresidente del Gobierno— y Fernando Rodríguez, que era economista, como Romeo, empezó a trabajar como asesor financiero y económico para *La Vanguardia*. Rodríguez tenía la misión, ordenada por Manglano, de controlar las informaciones y de colocar las escuchas, los pinchazos telefónicos y las intervenciones de conversaciones. Alonso Manglano, y el teniente coronel Julio Leal Monedero[315], del Gabinete del propio Manglano, tuvieron que declarar ante el juez en Barcelona. Aquello, por sí solo, si el Poder Judicial fuera en España como debe ser, debería haberse convertido en el caso Serra, para descrédito del Ejecutivo entonces, y, en especial del vicepresidente.

Tanto política como técnicamente, quien debería haber comparecido en el Congreso, en la sesión que se celebró el 9 de diciembre de 1993, para dar explicaciones era Narcís Serra, en lugar del ministro García Vargas, y su negativa a hacerlo sólo se puede interpretar motivada porque tenía algo que ocultar, y porque quería que el caso se cerrase cuanto antes y que se hablase lo menos posible sobre ello. Algo, en democracia, extraordinariamente grave. El desenlace, cuando estalló la trama total de las escuchas, los derribó a todos ellos. En junio de 1995, Narcís Serra insistió en rueda de prensa en que «el Gobierno nunca ordenó realizar las escuchas y en ningún caso las ha utilizado». Según la versión que expuso, la grabación se produjo de manera aleatoria, con el escáner que tenía el CESID para barrer el espacio radioeléctrico en busca de mensajes de servicios secretos extranjeros o bandas criminales[316].

Al margen de todas las interpretaciones posibles estaban los hechos y las evidencias: las escuchas y grabaciones ilegales existieron y alguien las conservó durante años. El Gobierno trató de

---

315 Julio Leal Monedero había sido destinado tardíamente al CESID y estuvo en la División de Inteligencia Interior, pasando a dirigirla en 1995, cuando cesó en el Centro junto con Manglano, el recién ascendido a general Santiago Bastos, Sr. Baranda, su anterior jefe, citado anteriormente. Conocí al coronel Leal en mis prácticas de Estado Mayor en la Capitanía General de la Primera Región Militar en Madrid, en 1981. Ignoro si continuó en el CESID tras la victoria del PP en 1996.

316 En octubre de 2022, Narcís Serra, en declaraciones al periodista de *El Español*, Daniel Ramírez, admitió haber autorizado las escuchas ilegales del CESID, según él «para ocultar los devaneos de Juan Carlos». Y se quedó tan a gusto. Se pueden ver sus declaraciones en https://youtu.be/7QsRPORHzAU.

ofrecer explicaciones. En primer lugar, porque se admitió que había una parte de lo conocido que no podía ser revelado, aunque sí lo conocían los parlamentarios que integraban la comisión de secretos oficiales; en segundo lugar, porque se dijo que había una investigación —se supone que sobre quién ordenó las escuchas ilegales, y qué hizo con ellas— cuyos resultados se ignoraban, y finalmente, porque se insistía en que todo ello formaba parte de una conspiración contra el funcionamiento normal de las instituciones democráticas, pero sin ofrecer precisiones sobre la misma. La impresión que transmitía todo era de descontrol del Gobierno respecto del CESID. Y nadie respondió nunca políticamente sobre ello. Hay hechos concretos, y actuaciones puntuales, que explican con mayor claridad que cualquier análisis histórico la realidad política y social. A eso había llegado el CESID de Alonso Manglano.

La historia de Emilio Alonso Manglano es una historia oculta de España, una que no aparece en ningún libro. La realidad detrás de los acontecimientos que han marcado las últimas décadas estaba perfectamente registrada por Alonso Manglano, quizás uno de los hombres mejor informados de España, aunque otra cosa era la finalidad de esa información. Hoy, las nuevas generaciones no lo conocen y los no tan jóvenes se han quedado con una imagen en blanco y negro del Manglano que dimitió por el caso de las escuchas del CESID en 1995, aunque algunos insistan ahora en presentarlo como el creador de la inteligencia moderna. Llegó después del 23-F, que hay que recordar que fue un intento de pronunciamiento del que no se enteró el CESID y los que lo sabían estaban a favor. Manglano supo de la trama, pero no la denunció. El oportunismo fue su lema y ello le llevó a dirigir una organización de cuyos procedimientos y formas no sabía nada. Su tarea fue poner al día la organización creada por Gutiérrez Mellado con una finalidad exclusivamente de control del estamento militar, ampliando sus objetivos, y, a la vez, haciendo lo necesario para que el CESID no volviese a fracasar ante una situación de involución. Para ello incorporó civiles, mujeres..., algo imposible antes. En definitiva, se admite que modernizó el servicio. Y trató de relacionarse con los principales servicios occidentales. De hecho, tras permanecer catorce años en el puesto se convirtió en el «decano» al frente de un servicio de inteligencia en Europa. Su CESID no fue nunca un verdadero servicio de inteligencia, sino una herramienta de control al servicio del Sr. Narcís Serra, y, ciertamente, no tiene nada que ver con el CNI actual, con lo cual no quiero decir ni que fue mejor, ni que el CNI sea tampoco un verdadero servicio de inteligencia. Pero la situación de desprestigio que se generó, tanto dentro como fuera de España, a raíz del escándalo de las escuchas en 1995 fue enorme.

El problema de los servicios de inteligencia en España es algo de naturaleza endémica y albergo dudas razonables sobre su resolución en un plazo de tiempo útil. Tras las elecciones de 1996 llegó sorprendentemente a la dirección del Centro un viejo conocido de la Casa: el teniente general Javier Calderón, que ya había sido secretario del CESID durante el intento de golpe de Estado de 1981, que no supo ni controlar ni reorganizar el servicio. En esta fase de coordinación, el CESID debería haber entrado en su fase divisional. Antes de que el CESID se hubiera recuperado del escándalo de las escuchas, en marzo de 1998, la prensa reveló, de nuevo, que el Centro venía controlando también las comunicaciones de las principales sedes de Herri Batasuna. Este episodio debe entenderse como una secuela del escándalo de 1995 y como una manifestación de que había que imprimir mayor ritmo a las reformas que el que pretendía introducirse desde el Centro. Por su parte, según pude saber, los servicios de inteligencia extranjeros aliados, con los cuales el CESID mantenía relaciones frecuentes, manifestaron su profunda preocupación por la situación que entonces se planteaba, y restringieron al máximo la información que compartían con el Centro.

Bajo el Gobierno del PP, con José María Aznar, en 2002, el Centro Nacional de Inteligencia (CNI) vino a sustituir al CESID creado en 1977, con un marco legal muy difuso y sin un modelo claro, ni de crecimiento ni de control. Externamente, el CNI se mantuvo como el único servicio de inteligencia español. Se abandonaron así los intentos de dividir la inteligencia española en dos o tres servicios diferentes, según se encargaran de la dimensión interior, la exterior o la militar; una idea que algunos propugnaban. Tampoco variaría con respecto al CESID la adscripción orgánica del Centro: el CNI seguiría dependiendo funcionalmente del presidente del Gobierno, del que es órgano informativo, sin perjuicio de que, a efectos presupuestarios y de personal, dependiera del Ministerio de Defensa. El propio ministro de Defensa defendió ante el Parlamento, en mi opinión de forma muy forzada, la adscripción del CNI a su ministerio debido a que los acontecimientos del 11-S demostraban cómo estas nuevas amenazas debían ser combatidas desde Defensa, algo muy discutible y contrario a lo que sucedía en la mayoría de los países occidentales.

Tras Alonso Manglano fue evidente que el liderazgo del Centro ya no podría ser tan carismático por dos motivos: por un lado porque no se estaba ya ante un momento de creación como en 1977, y, por otro, porque los directores vieron limitado su mandato a cinco años, lo que dificulta que su permanencia en el puesto les lleve a relajarse en el control de la organización, o que alcancen una autonomía excesiva, aunque la designación de Félix Sanz Roldán vino a establecer un paréntesis en estas ideas. Además, los agentes externos que envenenaron lo que debería haber sido una organización modélica —la figura de un ministro como Narcís Serra, y la influencia o interferencia del monarca demérito— ya no están presentes.

A pesar de todo, creo no equivocarme si califico el momento actual de la inteligencia en España como de desconcierto e indefinición. Los líderes sucesivos que la nación ha tenido —me atrevería a decir que desde la transición incluida— no solo han demostrado un desconocimiento absoluto en cuanto a política de defensa y seguridad nacional, sino que han ignorado por completo el significado de un servicio de inteligencia, y lo han utilizado siempre con los fines más absurdos cuando no personales, y el ejemplo más claro lo ha dado el monarca demérito, aunque él, precisamente, debería haber permanecido al margen de la gestión de Gobierno. Pero no solo han sido los líderes políticos, sino los propios directores del CESID —o CNI— quienes tampoco han sabido utilizar la herramienta que dirigían y no salvo a ninguno. Desde el teniente coronel paracaidista que se encarama a hacer algo de lo que no sabe nada, hasta el general ya retirado que odiaba la función de inteligencia, y que en repetidas ocasiones me dijo que tenía que dejar el Centro, para acabar convirtiéndose en su director durante nada menos que nueve años. Ninguno sabía lo que hacía. Fue Napoleón quien dijo que lo más innoble que un hombre podía hacer era desempeñar un cargo para el que no estaba preparado. No hace falta añadir más.

El que hoy día, algún prestigioso militar —antiguo miembro del servicio— diga públicamente que «la comunidad de inteligencia española está coordinada y es eficaz» resulta sorprendente, ya que no hay nada más lejos de la verdad, y es algo, además, de dominio público. Yo preguntaría, por otra parte, qué se entiende por comunidad, porque no existe tal cosa y la realidad, duela a quien duela, es que la inteligencia española —si se puede llamar así— está constituida por casi una decena de organismos sin coordinación y duplicados en su mayoría. Recientemente, en 2019, el Centro Superior de Estudios de la Defensa Nacional (CESEDEN)[317] llevó a cabo un estudio en el que el inspector jefe de la Policía Nacional, Juan Miguel Martín, mantiene que «existen debilidades importantes en la comunidad de inteligencia española» como diversidad de órganos y autoridades, duplicidades, descoordinaciones, y presentaba las siguientes conclusiones:

- ¿Existe en España una autoridad directora de la llamada comunidad de Inteligencia? No.
- ¿Existen centros de coordinación de todos los servicios de inteligencia o información? No.
- ¿Existen servicios compartiendo espacio y competencias? Sí.
- ¿Existe un servicio de inteligencia específico para la inteligencia exterior? No.
- ¿Existe un servicio de inteligencia específico para la contrainteligencia? No.
- ¿Existe un servicio específico para la inteligencia militar? Sí.
- ¿Existe un servicio específico para la inteligencia electrónica? No, aunque se lancen las campanas al vuelo en relación con el Centro Cibernético del CNI, pero no hay nada similar al GCHQ o la NSA.

Se puede defender la existencia de una Autoridad Nacional de Inteligencia y Contrainteligencia en España, pues así lo declara la Ley del CNI, pero lo cierto es que esa autoridad no ejerce ninguna función real de dirección o coordinación de la comunidad de inteli-

317 «La Comunidad de Inteligencia española, presente y futuro», por Juan Miguel Martín Cuevas, inspector jefe de la Policía Nacional, y coordinador de la 3.ª Unidad de Intervención Policial.

gencia. Esta es la situación actual porque las autoridades políticas así lo han decidido. Muestra de lo dicho es que los dos intentos de dotar al director del CNI de auténticos poderes, el último de ellos el malogrado proyecto de Real Decreto regulador de la Autoridad Nacional de Inteligencia y Contrainteligencia de junio de 2015, fueron frustrados tras los informes en contra provenientes de la Seguridad del Estado y del Ministerio del Interior. También se puede afirmar que España tiene un servicio de inteligencia para la inteligencia exterior, y efectivamente lo tiene, el CNI, y en materia antiterrorista la Policía Nacional y la Guardia Civil, a tenor de su regulación, pero lo que el estudio del CESEDEN refleja es la existencia —o no— de un servicio específico para la inteligencia exterior como es el caso del Reino Unido o Francia. Lo mismo puede decirse en relación con el servicio de contrainteligencia, no existiendo un equivalente al MI-5 o al BfV alemán. En España, doctrinalmente las áreas de competencias se superponen, y eso asegura la posibilidad de conflicto, como de hecho ocurre casi habitualmente.

Resumiendo, y para justificar mi afirmación sobre la no existencia de un verdadero servicio de inteligencia en España, se debe resaltar la ausencia de una Autoridad Nacional de Inteligencia y Contrainteligencia dotada de poder y capacidad de mando, la falta de mecanismos de vertebración de la llamada comunidad de inteligencia, donde cada servicio actúa según estima oportuno, la duplicidad de organismos en los Ministerios del Interior, de Asuntos Exteriores y de Defensa, y la descoordinación en materia de contrainteligencia, a lo que hay que unir una considerable falta de fluidez en la comunicación de la inteligencia a los órganos del Estado encargados de la acción exterior: esencialmente Presidencia del Gobierno y Ministerio de Asuntos Exteriores. Por si fuera poco, no se debe olvidar la deslealtad constitucional de ciertos servicios de información autonómicos, sin que sea necesario citarlos.

Según pude saber, el 6 de noviembre del 2013, ante la Comisión de Secretos Oficiales del Congreso, el que fuera director del CNI, Félix Sanz Roldán, describió la situación crítica, casi terminal, por la que atravesaba entonces el servicio, tanto a nivel de personal como de medios materiales, indicando que apenas quedaban en activo un centenar de agentes de los antiguos, los que tenían experiencia, de los más de tres mil con que llegó a contar. Dijo también que el presupuesto se había reducido drásticamente a costa de la crisis, que no había inversión de ninguna clase, y que el Centro llevaba mucho tiempo sin realizar cursos de formación en adquisición de inteligencia y en contrainteligencia. Cierto o no, algo ocurrió y la realidad es que recientemente, en abril de 2023, la directora actual del Centro, Sra. Esperanza Casteleiro, declaró que por fin se había culminado un proceso de reorganización interna que había durado cuatro años, es decir, desde 2019 como poco, tras el cese de Sanz Roldán. La ministra Margarita Robles subrayó la necesidad de acercar el trabajo del Centro a los ciudadanos —algo que se deberá explicar en detalle en su momento—, y asumió que el desconocimiento está motivado por el secreto al que obligan sus actividades. Yo le añadiría que el «secretismo» es lo que permite, además, ocultar los errores.

Finalmente, se presentaron públicamente en esa jornada las cuatro áreas en las que se centra actualmente el trabajo de la inteligencia española: Inmigración Ilegal, Contraterrorismo, Contrainteligencia y Contraproliferación de Armas no Convencionales. Respecto a la primera, claramente algo que no es competencia del Centro, llevará a conflictos de competencia con la Guardia Civil, y, en el apartado de la contraproliferación —algo que confieso no entender—, me gustaría mucho saber cómo pretende el Centro adquirir inteligencia al respecto. Veo que ya no hay inteligencia exterior o quizás se reduzca al tema de la contraproliferación. Me parece toda una perfecta receta para el fracaso, pero nadie se enterará gracias al mantenimiento del secreto.

Mi tiempo en el CESID fue, sin duda, interesante y en momentos críticos para el mundo, aunque yo no tuviera ninguna capacidad para intervenir ni mis testimonios interesasen lo más mínimo ni a mis jefes ni al Estado. En cierto modo considero que fueron diez años de mi vida dedicados a la nada. Mi tranquilidad está en que no tuve participación en ningún episodio del que puedan avergonzarse ni mis hijos ni mis amigos. Parodiando a Hermann Hesse en su obra *El juego de Abalorios*, tengo que decir que nada es permanente en la vida —muchas veces ni siquiera el amor—, y debemos estar listos para partir y para encontrar una esperanza que el pasado no nos va a ofrecer. En cada nuevo capítulo de la vida existe una fuerza mágica que nos protege y nos ayuda a continuar. He intentado trasladarme espiritualmente a lugares lejanos y no dejar que los recuerdos me aten a mi pasado, ni me hagan ser un esclavo de lo que creemos permanente.

Gracias por haber llegado al final de estas páginas. Confío en haber sido capaz de transmitir adecuadamente mi experiencia.

BIBLIOGRAFÍA

Andrew, Christopher[318]. *The Secret World: A History of Intelligence (The Henry L. Stimson Lectures Series*. Yale University Press, 2018.

—. *The Sword and The Shield: The Mitrokhin Archive and The Secret History of the KGB*. Basic Books, 1999.

—. *Her Majesty's Secret Service (The making of the British Intelligence Community)*. Viking, 1986.

—. *In Defence of the Realm, the authorized history of the MI-5*, Knopf Publishing Group. 2009.

Colby, William. *Honorable Men*. Simon & Schuster, 1978.

Cradock, Percy. *Know your enemy: How the Joint Intelligence Committee saw the world*. John Murray, 2002.

—. *In Pursuit of British Interests: Reflections on Foreign Policy Under Margaret Thatcher and John Major*. John Murray, 1997.

Crumpton, Henry A. *The Art of Intelligence*. Penguin Books, 2013.

Ferris, John. *Behind the Enigma: the authorized history of GCHQ*. Bloomsbury Publishing, 2021.

Gordievsky, Oleg. *Next Stop: Execution*. Lume Books, 2015.

—; Christopher Andrew. *KGB: the inside story of its foreign operations from Lenin to Gorbachev*. Perennial, 1991.

Helms, Richard. *A look over my shoulder*. Presidio Press, 2004.

Manningham-Buller, Eliza. *Securing Freedom: The Former Head of MI-5 on Freedom, Intelligence, the Rule of Law, Torture and Security*. Profile Books, 2013.

Peñaranda, Juan María. *Los servicios secretos de Carrero Blanco: los orígenes del CNI*. Espasa Libros, 2015.

---

318 Christopher Andrew es profesor de Historia Contemporánea y Moderna, y catedrático en la Universidad de Cambridge, en el Reino Unido.

—. *Desde el corazón del CESID*. Espasa Libros, 2012.

Reynolds, Nicholas. *Need to Know*. Mariner Books, 2022.

Rimington, Stella. *Open Secret, the autobiography of the former Director-General of the MI-5*. Random House UK, 2002.

San Martín, José Ignacio. *Servicio Especial, a las órdenes de Carrero Blanco*. Planeta, 1993.

Thatcher, Margaret. *The Downing Street Years*. Harper & Collins, 1993.